© 2024. Auteur : P. Erol GIRAUDY, Erol GIRAUDY-OSMAN

Co-auteurs : Martine ROBERT.

Relecteur : Claude SOTROISC.

Édition : BoD • Books on Demand GmbH, In de Tarpen 42, 22848 Norderstedt (Allemagne)

Impression : Libri Plureos GmbH, Friedensallee 273, 22763 Hamburg (Allemagne)

ISBN : 978-2-3225-2590-4

Dépôt légal : Août 2024

Voyage dans le temps : Une enquête généalogique ottomane.

L'exil vers la France des ottomans à Nice : leur généalogie.

Figure 1 Trois ottomans.

Mon grand-père conservait un arbre généalogique en turc ancien avec de nombreux documents. Je l'ai fait traduire. Ainsi a commencé ma quête sur les Ottomans, je vais vous la raconter dans ce livre.

P. Erol GIRAUDY-OSMAN.

L'exil des Ottomans à Nice et leur généalogie.

Figure 2 Armoirie[i] Ottomane[ii].

Voyage dans le temps : Une enquête généalogique ottomane.

Table des matières :

La princesse Méliké me disait parfois : 6
Prologue : un essai et mes 6 carnets. 22
Carnet n°1: Apatrides en exil -15 XII 2022 : 34
Chapitre 1 - Les apatrides et Nansen : 40
Chapitre 2 – L'exil sur la riviera française : 54
Chapitre 3 – Mes carnets généalogiques - 01 XI 2021 : 70
Carnet n°2 : Leurs terres d'exils - 24 I 2023. 128
Chapitre 4 – Le dernier Sultan Ottoman à Sanremo : 132
Chapitre 5 - Le Calife sur la riviera française : 150
Chapitre 6 - Un Damad à Nice : 192
Chapitre 7 – Les Ottomans sur la riviera française et italienne : 206
Carnet n°3 : Cinq Princes - 22 XII 2023. 234
Chapitre 8 - Le Prince Damad OSMAN Rashid FENARIZADE de LARISSA : 238
Chapitre 9 - Le Prince Mehmed Abdulaziz : 250
Chapitre 10 – SAI Le Général Prince Fuad OSMAN : 264
Chapitre 11 – SAI Le Prince Orhan OSMAN : 306
Chapitre 12 – S.A.I. Le Prince Ibrahim TEVFIK : 354
Chapitre 13 - Les tombes perdues de ma famille : 374
Carnet n°4 : Six Princesses – 23 XII 2023. 400
Chapitre 14 – Les Princesses Nilüfer et Dürrüşehvar : 402
Chapitre 15 – S.A.I. la Princesse Fevziye OSMANOĞLU : 440
Chapitre 16 -S.A.I. la Princesse KADRIYE notre grand-mère : 454
Chapitre 17- La Princesse Méliké GIRAUDY - OSMAN : 464
Chapitre 18 – La Princesse Emiré ma Tante : 484
Carnet n°5 : Découvertes – 02 IV 2023/2024. 496

L'exil des Ottomans à Nice et leur généalogie.

Chapitre 19 - Les livres et les réseaux : 498
Chapitre 20 - Des rencontres. 506
Chapitre 21 - Les souvenirs. 528
Chapitre 22 – Réflexions et découvertes : 540
Carnet n°6 : Épilogue – 18 II 23 au 14 VIII 24. 564
L'auteur : 570
Table des illustrations : 574
Index : 586
Bibliographie : 598
Glossaire : 608
Notes de fin : 612

Figure 3 La tuğra du Sultan Abdülmecid.

La princesse Méliké me disait parfois :

« Nous sommes des apatrides, des exilés ». Elle avait le visage triste et je ne comprenais pas bien ce qu'elle voulait me dire. J'étais un enfant de 6 ans, un peu insouciant, et surtout bien loin de la Turquie que je n'avais jamais connue, vivant à Nice depuis ma naissance. Avec le temps, j'ai compris la signification de ces mots. Cette phrase a pris de l'ampleur dans mon esprit. En lisant des écrits sur les Ottomans, j'ai souvent rencontré le mot « EXIL ».

Naturellement, cela est devenu une réalité pour moi. Il y a un siècle, ce sujet était au cœur de leurs préoccupations et de leur désespoir il y a 100 ans.

Ce livre m'a permis de mieux comprendre la famille ottomane. J'ai ensuite « rencontré » des « jeunes Turcs » qui connaissent remarquablement l'histoire de notre famille. J'ai également fait la connaissance de nombreuses autres personnes qui ont éclairé ma compréhension de tous ces événements familiaux.

Ces écrits se concentrent exclusivement sur les princes et princesses que j'ai eu le plaisir et l'honneur de rencontrer à Nice ou à Paris.

J'ai créé un groupe privé sur Facebook intitulé « Les Ottomans », nous y reviendrons plus loin dans ce livre (nous y avons plus de 70 membres en 2024).

Tout cela m'a ouvert de nouvelles perspectives et m'a permis de mieux comprendre la famille ottomane. De nombreux membres de ce groupe sur Facebook ont partagé des photos avec des commentaires très utiles pour la compréhension de ces ancêtres ottomans. Je vais vous raconter toutes ces histoires et vous présenter la généalogie de la famille ottomane, en y incluant mes découvertes, notamment des rencontres inattendues et improbables avec des cousins et bien d'autres personnes. Maintenant, je vous invite à venir chez la princesse Méliké à Nice, voici son salon :

Figure 4 L'appartement de Méliké à Nice.

Sur le mur de gauche trônaient majestueusement les portraits des sultans ottomans, formant une galerie visuelle de notre dynastie. À droite, au-dessus du petit secrétaire richement décoré, prenait place une tuğra impériale, symbole de puissance et d'autorité, accompagnée d'un délicat médaillon représentant le visage bienveillant du Sultan **AbdülMedjid I Osmanoğlu**, mon aïeul vénéré.

Ce modeste meuble renfermait non seulement des secrets familiaux[iii], mais aussi un trésor de correspondances et de photographies soigneusement préservées au fil des générations. Les lettres portaient les récits de nos ancêtres, et les photos capturaient des moments figés dans le temps. Au-dessus de la vitrine, des tableaux turcs égayaient l'espace, mettant en scène des derviches tourneurs et offrant une touche d'élégance mystique à l'ensemble. À droite, au sommet des deux modestes marches menant vers la terrasse, trois tableaux dépeignaient avec une précision remarquable les paysages enchanteurs de la Turquie ottomane, révélant ainsi la splendeur des terres qui ont façonné notre histoire.

Ce coin de mon quotidien était bien plus qu'une simple collection de souvenirs visuels. Sans que je m'en aperçoive, il est devenu le témoin silencieux de mon apprentissage de l'histoire familiale. Les visages jadis anonymes sur les photos sont devenus familiers, et les noms ont trouvé leur place à côté de leurs portraits, lentement leurs vies se sont faites réalités. Des histoires, parfois héroïques, parfois tragiques, se sont tissées autour de ces images figées, évoquant un passé glorieux et des moments intimes.

J'ai écouté attentivement les récits des faits et des événements passés, sans me rendre compte que ces histoires s'imprégnaient en moi, façonnant ma compréhension de mes racines et de mon héritage.

Mais, faut-il savoir que l'on ne voit bien qu'avec son cœur, ceci doit être une des explications de ma compréhension de l'histoire de ma famille.

L'exil des Ottomans à Nice et leur généalogie.

Figure 5 Seconde photo de l'appartement de Méliké à Nice.

Au-dessus du petit secrétaire, la tuğra de la famille impériale se dresse fièrement, gravée sur une plaque de cuivre, tandis que le médaillon représentant le Sultan **AbdülMedjid I Osmanoğlu**, mon aïeul, trône à gauche.

À droite, au-dessus du grand secrétaire en acajou, un tableau turc évoque un passé empreint de richesses et d'histoire.

En fait, je me rends compte que j'avais peu de photos de l'appartement de mes parents, nous devrions en faire plus souvent, ce sont des témoins importants de notre passé.

Le décor ainsi planté, il suffit de peu d'imagination pour y intégrer les acteurs de ce récit familial.

Mes oncles et tantes, ainsi que les cousines et cousins, prennent vie dans ce tableau mental, faisant revivre les récits du passé. Les souvenirs remontent lentement dans les tourbillons de la mémoire, au début sous forme de fragments, puis s'assemblent au fil de la lecture de documents et d'informations qui se recoupent.

Les photos sont des témoins silencieux de l'histoire, elles jouent un rôle essentiel dans la reconstitution de nos récits. Les échanges avec d'autres personnes, que ce soit à travers les réseaux sociaux ou les sites internet historiques, ouvrent une porte sur un monde fascinant, pour qui sait s'en servir.

Cependant, la barrière linguistique ajoute une complexité supplémentaire, nécessitant la traduction de textes turcs pour une compréhension approfondie.

Un long parcours initiatique débute, ponctué de surprises et de découvertes inattendues.

Les conférences du Collège de France deviennent une source précieuse de connaissances, jetant une lumière nouvelle sur la Turquie ottomane et sa complexité, ses traditions et rituels, et aussi bien entendu sur la révolution de 1923.

Les cinq années de cours et de conférences passionnantes du Collège de France, dispensées par Edhem ELDEM de 2018 à 2022, consacrées à l'histoire turque et ottomane (chaire internationale), ont contribué grandement à approfondir ma compréhension de cette période cruciale.

C'est dans ce contexte que la révélation tardive de notre lien de parenté, en tant que cousins, ajoute une dimension personnelle à cette quête de connaissances.

Edhem ELDEM me réservera une surprise, je vais vous en dire plus dans ce livre.

L'exil des Ottomans à Nice et leur généalogie.

Cent ans se sont déjà écoulés depuis cet exil des Ottomans sur la terre de France.

Cette histoire familiale, imprégnée d'une richesse culturelle et d'une complexité historique, trouve désormais son écho à travers des souvenirs réanimés, des récits partagés et des connaissances acquises au fil d'un voyage initiatique qui transcende les frontières du temps et de l'espace. Cent ans, c'est aussi pour cette raison que je voulais écrire ce livre, en leurs mémoires.

En tout premier lieu, je tenais à vous présenter ma famille et sa généalogie.

Dans les méandres complexes de ma famille, les liens tissés au fil des générations semblaient souvent échapper à ma compréhension d'enfant.

Mes tantes et oncles, avec leurs histoires mystérieuses, formaient un « puzzle généalogique » complexe que je pensais quasi inextricable.

Cependant, une figure émergeait au sommet de notre arbre généalogique, éclairant l'origine de notre histoire familiale : **AbdülMedjid I Osmanoğlu**, sultan ottoman, de la noble famille impériale de Turquie.

Né aux alentours de 1823 et emporté par le souffle du temps vers 1861, il incarne, pour moi et dans le cadre de cet essai, le point de départ de notre lignée, mon fil d'Ariane.

Voyage dans le temps : Une enquête généalogique ottomane.

Figure 6 AbdülMedjid I Osmanoğlu.

Sous le règne d'**AbdülMedjid**, notre histoire familiale se déploie en une trame complexe, tissée de différentes branches, chacune contribuant en apportant une richesse unique à notre patrimoine.

Chaque membre de la famille représente un maillon essentiel dans cette chaîne, portant avec lui le poids de son héritage et la responsabilité de préserver la grandeur héritée des générations précédentes.

Au fil des générations, notre histoire a évolué, se ramifiant en une multitude de destins individuels, mais toujours ancrée dans les racines profondes de l'Empire ottoman.

Les récits de nos ancêtres résonnent encore dans les couloirs du temps, rappelant la splendeur d'une époque révolue.

Chacun de nous, descendant de cet illustre sultan, porte la charge et la fierté de perpétuer le récit familial, de transmettre le flambeau de génération en génération.

Ainsi, dans la diversité de nos expériences et de nos chemins de vie, nous demeurons liés par cette ligne généalogique qui

L'exil des Ottomans à Nice et leur généalogie.

s'étend jusqu'à AbdülMedjid Kan I Osmanoğlu, notre patriarche ancestral.

Son héritage, riche et complexe, constitue la trame sur laquelle s'inscrivent nos vies, unissant le passé, le présent et l'avenir d'une famille dont la saga continue à s'écrire, éternellement ancrée dans les mémoires et les cœurs de ses descendants.

Il faut connaître le passé pour comprendre le présent et construire l'avenir.

A la deuxième Génération, nous trouvons mon aïeul le prince **Mehmed BURHANEDDIN**, l'un de mes aïeuls qui a contribué à façonner l'identité et les valeurs de notre famille. Son influence et son héritage sont présents dans chaque génération qui a suivi.

Figure 7 Prince Mehmed BURHANEDDIN.

A la troisième génération de cet arbre généalogique, nous trouvons mon arrière-grand-père le prince **Ibrahim Tevfic Osmanoğlu**. Son héritage se reflète dans les récits, les traditions et les valeurs que nous chérissons en tant que famille. Son impact continue de se faire sentir dans notre vie quotidienne.

Figure 8 Notre arrière-grand-père Prince Ibrahim Tevfic Osmanoğlu.

Le passé ne peut être changé, oublié, édité ou effacé. Il peut seulement être accepté.

Enfin, **à la quatrième** génération, nous découvrons mon grand-père, le damad OSMAN Rashid FENARIZADE, et ma grand-mère, Princesse Arife Kadriye Osmanoğlu, que je n'ai malheureusement pas eu la chance de connaître, car elle est décédée prématurément dans sa jeunesse vous allez la découvrir dans le chapitre 16.

Leurs mémoires vivent à travers toutes ces histoires que nous allons partager, et elles restent une partie précieuse de notre héritage.

Au plus bas de notre arbre généalogique nous y trouvons Méliké et Émiré. Elles sont les fruits de notre histoire, les représentantes de notre lignée actuelle.

Figure 9 Méliké et Émiré en infirmières pendant la guerre.

Bien sûr, le Sultan a eu de nombreux autres enfants, mais cette branche de mon arbre généalogique demeure une part essentielle de mon histoire familiale.

Chacun de ses descendants a insufflé sa contribution singulière, sa personnalité propre et tracé son propre destin au sein de notre vaste et variée famille en exil, dépourvue de patrie.

Je vous ai dévoilé une grande part de ma lignée, depuis les sommets de l'arbre généalogique jusqu'aux ramifications les plus récentes.

Voyage dans le temps : Une enquête généalogique ottomane.

Notre récit familial se dessine comme un captivant mélange de traditions séculaires et de perspectives nouvelles, chaque génération jouant un rôle fondamental dans l'édification de notre héritage singulier.

Figure 10 Généalogie simplifiée avec nos grands-parents.

Vous allez rencontrer cinq princes et six princesses, ainsi que des Généraux, dont certains appartiennent à des branches collatérales de notre famille Ottomane.

Le Sultan AbdülMedjid Khan, Ier 31ème Souverain de la Maison d'Osman 95ème Calife (sur 102).

Ici il a 425 descendants sur 9 générations :

41 enfants : 20 fils et 21 filles 55 petits-enfants

90 arrière-petits-enfants de la 4e génération

L'exil des Ottomans à Nice et leur généalogie.

84 arrière-petits-enfants de la 5e génération

98 arrière-petits-enfants de la 6e génération.

42 arrière-petits-enfants de la 7e génération

12 arrière-petits-enfants de la 8e génération

3 arrière-petits-enfants de la 9e génération.

Voir le lien permettant de télécharger le livre gratuit sur notre généalogie en fin de ce chapitre :

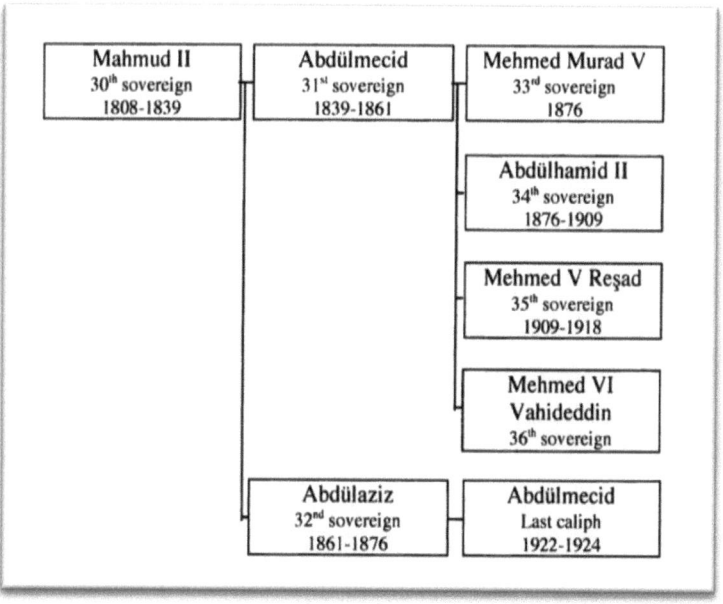

Figure 11 Notre arbre généalogique réduit.

L'essentiel de cette publication est consacré à la généalogie de la famille ottomane, à partir du sultan Mahmoud II (1785-1839, r. 1808-1839). Un choix logique si l'on considère qu'il était le seul membre masculin survivant de la dynastie après la mort de son frère, le sultan Mustafa IV, le 16 novembre

Voyage dans le temps : Une enquête généalogique ottomane.

1808. La structure de cet ouvrage généalogique suit la séquence dynastique, avec une section distincte consacrée à chacune des branches issues des sept sultans qui ont régné de 1808 à 1839 - Mahmud II, AbdülMedjid, Abdülaziz, Murad V, Abdülhamid II, Mehmed V Resad et Mehmed VI Vahideddin - et au dernier calife, AbdülMedjid (1922-1924).

Ce travail a été dans une large mesure un travail collectif et collaboratif... Qu'ils soient chaleureusement remerciés.

Jamil ADRA.

« *Ne pas comprendre le passé, c'est être comme l'ignorant qui ne voit pas derrière lui ; ne pas comprendre l'avenir, c'est être comme l'aveugle qui ne voit pas devant lui.* »

Nichiren Daishonin.

Les Ombres de l'Empire

« *Beaucoup ne savaient pas ce qu'étaient devenus mes ancêtres ; ces écrits vont lever un coin du voile sur cet exil et leur vie en France. Il est certain que pour ces familles en déshérence, le choc fut rude : la langue, l'écriture, les coutumes vestimentaires et bien plus encore, en comparaison de leur univers feutré en Turquie ottomane.* »

L'exil des Ottomans à Nice et leur généalogie.

SOURCES ET URL :

Ibrahim Tevfic Osmanoğlu et mes trois aïeuls sur Geneanet :
Şehzade Mehmed Burhaneddin Efendi :
https://gw.geneanet.org/pierreerol_w?lang=fr&p=ibrahim&n=tevfic+osmanoglu&oc=0&type=tree

Şehzade Mehmed Burhaneddin Efendi n. 23 mai 1849 d. 4 novembre 1876 ses Descendants :
https://fr.rodovid.org/wk/Special:ChartInventory/865254

AbdülMedjid Kan I Osmanoğlu sur Geneanet :
https://gw.geneanet.org/pierreerol_w?lang=fr&p=abdulmecid&n=de+turquie&oc=0&type=tree

Arife Kadriye Osmanoğlu sa généalogie sur Geneanet :
https://gw.geneanet.org/pierreerol_w?lang=fr&p=arife+kadriye&n=osman+osmanoglu&oc=0&type=tree

Vous vous en doutez, il est quasi impossible de faire figurer un arbre de cette taille **dans ce livre.**

> Ouvrez-le lien ci-dessous et vous allez vite comprendre pourquoi, en cliquant sur l'url : permettant la lecture du livre sur la **Généalogie de la famille impériale ottomane,** édition de 2005 par Jamil ADRA :

https://archive.org/details/GenealogyOfTheImperialOttomanFamily2005

Le Sultan AbdülMedjid Khan, Ier 31ème Souverain de la Maison d'Osman 95ème Calife (sur 102). La liste des califes :
https://fr.wikipedia.org/wiki/Liste_des_califes

https://www.lesclesdumoyenorient.com/Abdulmajid-et-son-regne-1839-1861.html

Voyage dans le temps : Une enquête généalogique ottomane.

Il a 425 descendants sur 9 générations :
Voici AbdülMedjid Kan I Osmanoğlu sur geneanet :

> https://gw.geneanet.org/pierreerol_w?lang=fr&p=abdulmecid&n=de+turquie&oc=0&type=tree

Ottoman family tree (simplified) :
> https://en.wikipedia.org/wiki/Ottoman_family_tree_(simplified)

Nichiren (est un moine bouddhiste japonais) :
> https://fr.wikipedia.org/wiki/Nichiren

À propos de l'édition électronique de ce livre :

« Bien sûr, dans l'édition au format ePUB qui sera publiée conjointement avec ce livre, tous ces liens (URL) seront actifs.

De plus, les photos en couleurs seront visibles dans la version électronique, contrairement à la version papier, où elles seraient coûteuses à imprimer, donc le prix du livre serait beaucoup plus élevé.

Le prix de vente du livre au format ePUB sera inférieur à trois euros. »

Dans l'idéal il faudrait lire le livre et explorer les liens internet en parallèle, afin de mieux comprendre notre généalogie et son histoire.

L'exil des Ottomans à Nice et leur généalogie.

Figure 12 La tuğra du Sultan Abdülmecid.

Voyage dans le temps : Une enquête généalogique ottomane.

Prologue : un essai et mes 6 carnets.

Je ne vais pas vous narrer des récits historiques sur la Turquie et ma famille à Constantinople, car il en existe pléthore, y compris des livres et des vidéos de haute qualité, certains contenant des interviews de mes tantes, oncles et cousines. Vous trouverez une liste de ceux-ci en annexe et sur mon site, afin de pouvoir vous plonger dans les détails de notre histoire et de notre héritage.

Dans les pages qui suivent, je vais partager avec vous mes réflexions sur certains sujets qui m'ont intéressé. Ce que vous allez lire est une analyse que j'ai menée après avoir fait beaucoup de recherches et lu sur ces sujets. C'est un essai qui inclut mes réflexions. Mais il faut savoir dès le début que les choses dans la vraie vie sont souvent plus complexes que ce que l'on trouve dans les livres ou dans divers ouvrages.

En abordant ces sujets, je souhaite vous offrir mon point de vue personnel, basé sur ce que j'ai vécu, lu et observé autour de moi. Je ne prétends pas avoir toutes les réponses ou détenir la vérité absolue. Au contraire, j'espère que vous vous poserez des questions et réfléchirez à ces idées.

L'histoire, la politique, la société, la culture, tous ces domaines sont délicats et s'entremêlent souvent. Mais en examinant les choses sous différents angles et en étant prêt à dialoguer avec les autres, on peut espérer se rapprocher un peu plus de la vérité et de la compréhension mutuelle.

Donc, je vous invite à lire ce que j'ai écrit avec curiosité et esprit critique, en gardant à l'esprit que c'est simplement ma façon de voir les choses, et que la vérité peut parfois être surprenante.

L'exil des Ottomans à Nice et leur généalogie.

Cela va vous emmener dans un voyage à travers le temps, en découvrant des thèmes qui ont façonné notre histoire familiale, parfois de manière plus profonde que ne le laissent paraître les récits officiels.

Quand ma mère, la princesse Méliké, me parlait de mes tantes, c'était aussi pour me raconter les Indes lointaines et la Turquie ottomane. Ma cousine Kenizé Mourad, elle aussi, me racontait ces pays lointains et la magie d'Hyderabad, à travers ses livres et ses nombreuses interviews sur les Ottomans et sur sa famille en Inde. Cela m'a fait beaucoup voyager dans le passé et, notamment, en Orient.

Je me suis souvent rendu à l'Institut du Monde Arabe à Paris, où il y avait des expositions fantastiques sur tous ces pays lointains. Je vous conseille de visiter ce magnifique musée. J'y voyais mes tantes à Paris, et la magie de l'Orient était toujours présente grâce à elles.

Certaines histoires qui me sont arrivées sont assez inattendues. Par exemple, lors d'une de mes escapades virtuelles à Istanbul, j'ai découvert de vieux manuscrits cachés dans un coin poussiéreux de librairies anciennes. Ces parchemins renfermaient des récits oubliés de la vie quotidienne à Constantinople au XIXe siècle, des anecdotes captivantes qui n'avaient jamais trouvé leur place dans les pages officielles de l'histoire.

Ces histoires inattendues et souvent négligées, comme des trésors cachés, sont les perles qui donnent une saveur unique à notre passé familial. Elles éclairent des coins sombres de nos racines et ajoutent des nuances fascinantes à la trame de notre histoire. En partageant ces récits, je souhaite vous inviter à explorer avec moi ces aspects moins connus mais tout aussi riches de notre héritage.

En fin de compte, la réalité de notre histoire familiale se révèle dans ces moments inattendus, dans ces fragments d'histoire qui se cachent derrière les faits établis.

Rejoignez-moi dans ce voyage à travers le temps, où les surprises et les découvertes n'attendent que d'être dévoilées.

Trois princes ont bercé mon enfance : l'un portait une fleur à la boutonnière, l'autre avait une apparence très sérieuse, et notre troisième oncle, le prince Orhan, était à la fois si présent et lointain, car mystérieux. Néanmoins, ce dernier prince était fantaisiste et riait beaucoup chez nous. Ils aimaient converser avec mon père, et le prince Orhan allait à l'aéroport de Nice pour voir les avions décoller, cela lui rappelait certainement « le bon vieux temps quand il était pilote pendant la guerre ».

Mon grand-père évoquait pour moi nos voyages en Suisse en été, son monocle et nos balades en montagne. Les montagnes nous obligent à lever les yeux, à être humbles, à oublier de nous donner de l'importance dans notre petitesse, et elles nous font sentir que nous faisons partie de quelque chose de beaucoup plus grand et plus important : l'univers.

Lors de nos promenades dans Nice, et surtout à Cimiez, ma mère me racontait qui avait vécu ici et qui ils étaient. C'était un peu confus, j'ai dû faire pas mal de tri dans ces informations anciennes. Mais il me reste les images de nombreuses villas et palais ; elles sont gravées dans ma mémoire à tout jamais. L'histoire de ma famille à travers ces palais et villas niçois où mes aïeux ont vécu. Je passais

L'exil des Ottomans à Nice et leur généalogie.

devant depuis des années, sans vraiment savoir qui avait habité ces lieux souvent invraisemblables. Un patrimoine incroyable qui subsiste à Nice, bien que certains de ces palais aient disparu au profit de quelques promotions immobilières malheureuses.

L'Histoire avec un grand « H », celle de pays lointains et proches à la fois, que je découvre, avec ses merveilles, contes, aventures, mystères et légendes d'Orient, ses traditions séculaires. Comme toutes les civilisations, du moins je le crois.

Dans ce livre, je vais vous décrire l'affaire des héritiers du Sultan et les deux clans, qui a laissé une trace indélébile dans la famille. J'ai conservé les dossiers et documents des tribunaux relatifs à ce procès. C'était un univers où les intrigues, l'espionnage et la corruption ont prévalu, aboutissant à ce procès et finalement, à la défaite des deux clans au profit de tiers peu scrupuleux.

La fin du Calife à Nice, dont les mémoires demeurent inédites, a été marquée par des interdictions imposées à des descendants de la famille.

Un officier français a joué un rôle clé[iv], entretenant des relations complexes avec la famille et certaines princesses : le colonel SARROU. Des questions surgissent : espionnage, manipulations, et autres subtilités entourant cette figure mystérieuse.

L'histoire de la Turquie s'entrelace avec les implications des enfants de la Veuve, les confréries, et les secrets des Lumières. Les puits sans fond de Mossoul et les procès ont scellé le destin tragique de cette histoire tumultueuse.

Voyage dans le temps : Une enquête généalogique ottomane.

Le rêve de l'Orient et l'empreinte de l'Occident seront à jamais dans mon cœur quand il s'agit de ma tante Émiré. Nous prenions le café chez elle dans sa petite villa au soleil en haut de Nice, sous une tonnelle avec une treille qui nous préservait du soleil méditerranéen. Avec les poèmes de ma tante princesse Émiré, la sœur de ma mère, il y avait les contes de Nasreddin Hodja, et bien sûr ses collections de soldats de Napoléon et de clowns. Ma mère n'aimait pas Napoléon ; pour ma part, j'étais indifférent au personnage, mais pas à cette extraordinaire histoire de la France.

Pourquoi avoir des livres d'histoire sur les Ottomans ?

Ils étaient dans ma maison. Ils ont bercé mon enfance et mon adolescence. Il me fallait écouter et comprendre ces histoires lointaines, elles étaient extraordinaires pour tout le monde, et c'était mon quotidien. Mes oncles et tantes étaient de véritables « livres vivants ». L'Orient avec ses histoires merveilleuses était toujours présent, et le décor de mon salon y incluait Turgas, l'Arbre Généalogique, des portraits, des photos en noir et blanc et des paysages anciens de Constantinople

Ha ! Oui, maintenant c'est Istanbul, mais j'entendais toujours son autre nom ottoman quand je me souvenais de mes aïeux.

Je me posais la question sur une première partie de quelques pages sur l'histoire ottomane, mais finalement je les ai supprimées.

Pour ceux qui veulent rapidement mieux comprendre notre famille et son histoire, je recommande de lire «

L'exil des Ottomans à Nice et leur généalogie.

L'Empire ottoman » d'**Edhem ELDEM**[v] Éditions « Que sais-je ? ».

Ma nourriture était faite de nombreux plats orientaux et de délicieux desserts et pâtisseries orientales, bien entendu. C'était un incontournable, ma mère savait en faire certaines, et c'était la fête à la maison quand elle commençait la confection de ces pâtisseries.

J'étais jeune (11 ans), et la table était haute. J'attendais sagement afin d'avoir un échantillon… Comme beaucoup d'enfants j'imagine qu'ils voyaient leurs mères faire de la cuisine.

Ces pâtisseries m'ont toujours bien plu, combien de restaurants libanais et turcs ont eu ma visite. Il faut dire que cela a peut-être contribué à améliorer ma gestion du diabète de type 2, il est stabilisé à ce jour et je vais bien et reste raisonnable.

Ma mère était l'une des plus anciennes des princesses ottomanes qui a quitté l'Empire (en 1923) ; c'était un bébé, de ce fait elle avait été connue par beaucoup de princes et princesses. Le téléphone sonnait souvent chez nous, les cousines parlaient beaucoup avec elle (un peu en turc et un peu en français, mais manifestement elles se comprenaient).

Chez moi un coq faisait kikiríku ou U-urru-urru (phonétique), beaucoup de mots me sont restés étrangement, notamment Baba : papa ; Djijim : chérie (employé pour les enfants). Oudh, Damad, (voir le glossaire en fin de ce livre et l'autre sur mon site).

Lentement, ma mère est devenue le point de rencontre et de partage des informations sur et pour les membres de la famille, avec une grande partie des Osmanoğlu. Il venait aussi visiter Méliké à Nice quand ils étaient de passage sur cette Côte d'Azur française qui les avait accueillis il y a bien longtemps.

Beaucoup se sont intégrés et ils ont été assimilés, d'autres n'ont pas survécu malheureusement. La France a été une merveilleuse terre d'accueil pour ma famille ; elle nous a aidés et soutenus, il y a 100 ans.

Souvent, les découvertes que j'ai faites sont troublantes. J'ai eu la chance de pouvoir vérifier la véracité de ces faits en croisant mes sources d'informations. Ensuite, j'ai conforté celles-ci avec une recherche généalogique et avec la lecture de livres, plus le suivi de conférences, tout ceci grâce à internet couplé à l'Intelligence Artificielle.

Nous vivons une période merveilleuse, les bibliothèques sont arrivées dans mon salon avec internet. J'adore ce monde actuel et ses possibilités incroyables depuis 1995 j'utilise l'internet et actuellement je sollicite **l'Intelligence Artificielle** (Les IA : ChatGPT + COPILOT et CLAUDE 3.5).

À contrario de beaucoup je ne dirais pas c'était mieux avant, j'attends après avec plaisir et curiosité. J'ai même écrit deux livres sur **l'IA et Copilot avec OpenAI et Microsoft**.

Au début, j'ai essayé de comprendre cette famille où les oncles et tantes se multipliaient, ainsi que les cousines et cousins. À 11 ans, j'avais du mal à cerner cet univers ottoman et turc si complexe pour un enfant né en occident. De plus les prénoms et noms en turc ne m'étaient en aucun cas familiers. Ce n'est que plusieurs années plus tard que les arbres généalogiques ont éclairé mon cheminement. J'avais peut-être aussi une meilleure lecture de ceux-ci.

Ce sont ces arbres que je vais vous présenter. Ce n'est pas la fin de cette incroyable histoire, juste une suite… 100 ans après. C'est une longue quête que j'ai menée sur mes familles et leurs généalogies sur la période 1800 à 2024.

Depuis des décennies, je me suis plongé dans les méandres de la généalogie. C'est une passion qui m'anime depuis plus de 30 ans maintenant. Si vous le voulez bien, je vous convie à m'accompagner dans un voyage à travers les terres d'origine de mes ancêtres en Turquie. Tout a commencé avec la création de carnets de notes électroniques, que j'ai patiemment reliés aux réseaux sociaux et à OneNote, plus Trello dans le cloud (les nuages électroniques).

Le premier des six carnets m'a permis de rédiger cette introduction un vendredi 17 décembre 2021. Ces précieux outils ont été la pierre angulaire de mon livre, mais aussi de mes recherches généalogiques approfondies (faisant l'objet d'un septième carnet actualisé en permanence). Ils sont les squelettes de ce livre.
Ils m'ont permis de rassembler, d'organiser et de contextualiser les fragments épars de l'histoire de ma famille, tissée à travers les siècles et les continents.

J'étais un peu aussi un « apatride, d'un Constantinople que nul ne pourra connaître », sauf bien évidemment à travers des livres.

Voyage dans le temps : Une enquête généalogique ottomane.

Celui-ci est le fruit de nombreuses heures de travail et d'une « passion dévorante » afin de mieux comprendre mes racines et celles de ma lignée ainsi que sa généalogie complexe grâce à des outils numériques, internet et avec l'intelligence artificielle (IA).

Nous allons voir à travers cet essai comment ma famille s'est implantée, intégrée et assimilée dans le Comté Niçois, puis en France, non sans rebondissements et certaines surprises.

Ironie de cette histoire, c'est quand je vais en Andorre que je dois raisonner sur un parcours et réaliser de nombreuses recherches sur le département des Alpes-Maritimes et en France.

Vous comprendrez mieux ce sujet en lisant ces chapitres ainsi que leurs sources et liens.

De nombreux articles que j'ai publiés sur mon blog[vi] viennent également compléter certains chapitres de ce livre, tout en y ajoutant des photos illustratives.

La vie prend souvent des chemins surprenants et assez fantasques :

> Allons, c'est bien le départ, cette fois, la fin de cette étape de ma vie ; et toutes les fins sont tristes même celle de l'exil, à ce qu'il paraît. (Pierre LOTI - PROPOS D'EXIL).

L'exil des Ottomans à Nice et leur généalogie.

Je vous confirme la pertinence de cette citation de ce grand écrivain admirateur de la Turquie.

Cette approche développée dans cette introduction va conditionner toute l'articulation de mon livre.

Erol GIRAUDY OSMAN.

www.erolgiraudy.eu

« Il est clair que mon épouse Martine, a joué un rôle important dans ma recherche généalogique en m'aidant à organiser et à conserver mes archives familiales.

Sa patience et son soutien ont probablement été cruciaux pour me permettre de poursuivre mes recherches sur une si longue période.

C'est l'une des nombreuses preuves de son amour et de son engagement envers ma famille et plus encore. Je l'en remercie infiniment. »

Voyage dans le temps : Une enquête généalogique ottomane.

Sources et URL :

Edhem ELDEM Que sais-je ? :
https://www.quesaisje.com/edhem-ELDEM

OSMANLI TARIHI (enfal.de) :
http://www.enfal.de/osmtarih.htm

Généalogie d'Erol GIRAUDY OSMAN :
https://en.rodovid.org/wk/Person:1384539

La généalogie de Pierre Erol GIRAUDY sur Geneanet :
https://gw.geneanet.org/pierreerol_w?lang=fr&n=giraudy&oc=0&p=pierre+erol+arthur&type=fiche

Erol GIRAUDY mes sites :
https://www.erolgiraudy.eu/2022/11/le-general-et-la-princesse.html

https://www.erolgiraudy.eu/p/mes-retours-sur-lutilisations-doutils.html

https://www.ugaia.eu/

Méthodes Généalogie :
https://www.erolgiraudy.eu/2022/02/plusieurs-types-de-recherches.html

https://www.erolgiraudy.eu/2020/12/methodes-genealogie.html

https://www.erolgiraudy.eu/p/mes-retours-sur-lutilisations-doutils.html

Intelligence artificielle (IA) | CNIL :
https://www.cnil.fr/fr/technologies/intelligence-artificielle-ia

Glossaire de l'intelligence artificielle (IA) | CNIL :
https://www.cnil.fr/fr/intelligence-artificielle/glossaire-ia

L'exil des Ottomans à Nice et leur généalogie.

Figure 13 La tuğra du Sultan Murad V.

Voyage dans le temps : Une enquête généalogique ottomane.

Carnet n°1: Apatrides en exil -15 XII 2022 :

> C'est le soir, quand la nuit tombe, qu'on se sent perdu ici, et comme exilé à jamais. (Pierre LOTI - Propos d'exil[vii]).

Les racines de l'exil.

Nous remontons au point crucial de 1923, année qui a marqué le départ forcé de ma famille de Turquie. Les bouleversements historiques et politiques de cette époque ont jeté les bases d'une nouvelle vie en terre étrangère.

Les premiers chapitres explorent les « motivations » et les émotions qui ont accompagné cette pénible transition, mettant en lumière les premiers défis auxquels la famille ottomane a été confrontée.

Parce que, ce n'était pas une immigration voulue, mais un exil, brutal assorti d'une situation d'apatride en Occident.

La loi d'exil adoptée le 3 mars 1924 pour les Ottomans a visé 37 descendants masculins de la famille impériale, mais sa portée a été étendue à inclure également les épouses et les enfants des sultans, des princes et des Califes.

C'est au total, au moins 155 personnes qui ont été exilées, mais le nombre réel d'exilés était de 250, y compris des mères, des enfants, des grands-mères et des serviteurs qui ont été obligés de quitter leurs maîtres.

Certains de ces exilés étaient des personnes âgées ou des bébés de 15 jours, c'était le cas de ma mère.

L'exil des Ottomans à Nice et leur généalogie.

L'exil a duré 28 ans pour les hommes et les femmes et 50 ans pour les princes.

La loi adoptée en 1952 permettant aux membres et aux descendants de la dynastie ottomane, autres que les princes, de retourner dans leur pays d'origine. C'était difficile à mettre en œuvre pour les survivants de l'exil de 1924 ; 18 des 42 descendants figurant sur la liste des exilés étaient décédés en 28 ans dans des conditions épouvantables.

De plus, il était difficile pour les survivants et les nouveaux membres nés entre-temps de rentrer chez eux car ils ne voulaient pas laisser derrière eux leurs proches, comme leur père, mari ou fils, qui étaient encore interdits dans le pays où ils se trouvaient. En conséquence, seul un nombre très limité de personnes a réellement pu bénéficier de cette autorisation de retour. Ce retour était dans les faits très compliqué.

Un demi-siècle plus tard, le 15 mai 1974.

Lorsque les descendants masculins de la dynastie ont été autorisés à entrer dans la patrie, seuls 10 des 37 membres masculins expulsés du pays en mars 1924 étaient en vie.

Aucune des 250 personnes forcées de quitter le pays par train et par bateau en mars 1924 n'est en vie aujourd'hui. Bilun Hanım sultane, née en 1918, décédée à Beyrouth le 17 janvier 2019, était la fille de Fatma Zehra Sultane, petite-fille du sultan Abdulmecid Khan. C'était probablement la dernière.

« Même en 1923, il y avait une forte opposition contre lui (Atatürk). Lorsque le califat a été aboli en 1924, cette préoccupation a même été à l'origine de l'exil de la dynastie, du bébé au berceau au vieil homme avec une canne, des hommes et des femmes. »

Il subsiste des secrets, j'en connais quelques-uns, et de plus, je vais vous faire part de certains souvenirs, notamment sur des bijoux et des odalisques. Nous allons également enquêter sur certains points qui me sont apparemment obscurs, mais je vous rassure je les ai éclaircis. Si vous voulez mieux comprendre cet épisode de la vie de mes ancêtres je vous conseille de lire ce livre. Il va vous éclairer sur les six jours de mars où tout a basculé. Déportation, expulsion et bannissement de la dynastie ottomane, du 1er au 6 mars 1924 de **Jamil ADRA**. Il est écrit par un cousin cela vous donne une vue synthétique et chronologique sur cet Exil. C'est un regard intéressant : « **Chronique des six jours fatidiques où le sort de la dynastie ottomane a été scellé, un extrait de STAMBOUL, quotidien turc en langue française, publié à Péra, Constantinople.** »

Figure 14 Couverture du livre : Les 6 jours de mars où tout a basculé.

L'exil des Ottomans à Nice et leur généalogie.

Figure 15 Les nombreux livres de Jamil ADRA.

Dans les coulisses de l'Histoire, là où les intrigues s'entremêlent, où les destins se jouent à cache-cache avec le pouvoir, se trouve un chapitre peu exploré de la chute de l'Empire ottoman. C'est ici, à Nice, que notre récit prend vie, dans l'ombre de la grande tragédie d'une nation et de ma famille.

L'Empire ottoman, qui avait dominé le monde pendant des siècles, s'effritait comme un château de sable emporté par la marée tumultueuse de la Première Guerre mondiale. Les feux de l'histoire embrasaient l'Empire, le laissant en ruines. Les Ottomans se trouvaient à un tournant crucial de leur destin.

C'est dans ce tourbillon de bouleversements historiques que la famille impériale ottomane a dû faire face à une réalité inattendue : l'exil. Une chute douloureuse du trône doré aux recoins pittoresques de la Côte d'Azur. Nice, la perle de la Méditerranée, devint le témoin silencieux de cette histoire. Une ville de contrastes, où le bleu de la mer Méditerranée se mélangeait à la richesse de la culture ottomane.

Voyage dans le temps : Une enquête généalogique ottomane.

Imaginez-vous, si vous le pouvez, la famille impériale débarquant sur ces rives ensoleillées, emportant avec elle les espoirs brisés d'une époque révolue.

Des visages marqués par le poids de l'histoire, des regards portant les cicatrices de la défaite. Nice les accueillit avec ses bras ouverts, mais aussi avec ses interrogations silencieuses.

Que d'espoirs et de désillusions certainement

pour notre famille en exil et apatride.

Au fil de ces pages, nous plongerons dans cette époque charnière. Nous suivrons les pas hésitants de la famille impériale dans les ruelles étroites de Nice, et nous explorerons les complexités de leur vie en exil.

Là où le passé rencontre le présent, l'Histoire se dévoile sous un nouvel angle. Dans les pages à venir, vous découvrirez le destin de ceux qui ont été chassés du pouvoir et contraints de se réinventer dans une France en pleine transformation.

Quels bouleversements de civilisation pour ma famille : un nouveau langage, des mœurs très différentes, une nouvelle écriture, une place différente pour la femme, trouver un métier, etc.

Bienvenue dans ce voyage à travers le temps et l'espace, à la découverte des Ottomans en exil à Nice, une histoire aussi intrigante que captivante que j'ai souhaité partager avec vous. Pour ceux qui me liront sur liseuse ou tablette parcourez mon site et mes photos.

L'exil des Ottomans à Nice et leur généalogie.

SOURCES ET URL :

L'Empire ottoman». Edhem ELDEM[viii] - |Que sais-je ?».
https://www.quesaisje.com/edhem-ELDEM

Livre gratuit la généalogie de la famille impériale ottomane :
https://archive.org/details/GenealogyOfTheImperialOttomanFamily2005/page/n3/mode/2up

Dans ce cas pour tous les généalogistes qui travaillent sur la turquie cette correspondance de ces calendriers est indispensable.

Calendrier annuel hégirien (1255-1345 AH) et correspondance selon le calendrier grégorien.
https://archive.org/details/HIJRICALENDARFR/page/n88/mode/2up

Ekrem Buğra Ekinci - LA RÉPUBLIQUE DU JOUR AU LENDEMAIN !
https://www.ekrembugraekinci.com/article/?ID=1388&bir-gecede

Généalogies impériales en République : le cas de la Turquie | Cairn.info
https://www.cairn.info/revue-d-histoire-moderne-et-contemporaine-2011-2-page-146.htm#

La DYNASTIE OTTOMANE EN EXIL sur le site d'EROL :
https://www.erolgiraudy.eu/2024/05/la-dynastie-ottomane-en-exil.html

Les autres livres :
https://archive.org/search?query=creator%3A%22Jamil+ADRA%22

Kitaplar (ekrembugraekinci.com)
https://www.ekrembugraekinci.com/books/

A Farewell To Imperial Istanbul - Ayşe Osmanoğlu :
https://ayseOsmanoğlu.com/product/a-farewell-to-imperial-istanbul/
https://www.amazon.es/dp/B0CZJ7TYC3?geniuslink=true

Voyage dans le temps : Une enquête généalogique ottomane.

Chapitre 1 - Les apatrides et Nansen :

Comme je l'ai indiqué, Méliké, ma mère, était apatride en France. Ma mère, son père, mon grand-père Rashid, avait-il un passeport Nansen ?

J'ai souvent entendu ce mot dans la bouche de ma mère. Dans un des nombreux livres de Murat Bardakç [ix] (c'est un journaliste turc, qui a écrit de nombreux livres et articles sur la famille ottomane), il en parle et indique que le prince Orhan, mon oncle, aurait pendant longtemps utilisé ce type de passeport.

C'est à la lecture de son livre que j'ai compris

> « Femmes, hommes et enfants, ils étaient 155. La dynastie ottomane se composait de ces 155 personnes, et en mars 1924, ils ont tous été expulsés de Turquie. Ils ont reçu deux mille livres britanniques chacun et un passeport pour un an, mais irrévocable. Leurs actifs ont été liquidés. Il leur était interdit d'entrer et de transiter par la Turquie. Ils n'avaient plus de patrie ni de revenu. Ils vivaient dans un exil aventureux. »

Il fallait renouveler ce passeport d'un an, le NANSEN a pris la suite :

Le passeport Nansen était, entre 1922 et 1945, un document d'identité reconnu par de nombreux États. Il permettait aux réfugiés apatrides de voyager à une époque où le régime international des passeports, qui avait émergé à la faveur de la Première Guerre mondiale, assujettissait les déplacements aux formalités douanières.

L'exil des Ottomans à Nice et leur généalogie.

Le Passeport Nansen :

Il a bénéficié d'abord principalement à d'anciens Russes déchus de leur nationalité en 1922, puis à des réfugiés venus de l'ancien Empire ottoman, Arméniens et Assyriens, puis, ironie de l'histoire, à la famille ottomane.

Figure 16 Passeport NANSEN.

Quelques précisions sur les passeports temporaire ou définitif.

Il ne s'agit pas en fait du passeport donné aux descendants de la famille impériale avant de quitter Istanbul en 1924. Plusieurs d'entre eux ont reçu le Passeport Nansen, d'autres ont eu des passeports diplomatiques, alors que d'autres ont reçu la nationalité et le passeport de leur pays de résidence (c'était le cas au Liban) me disait Boussaid Ayoub, membre de notre groupe privé « Les Ottomans ».

Effectivement, notamment, le Prince Fuad avait un passeport diplomatique (je dois en avoir une copie). C'est son ami le **Comte Raymond de Castellane**[x] qui l'a aidé, ainsi que les autres membres de la famille impériale, à avoir ce passeport français.

> *Compléments d'informations sur ce sujet de Ekrem Buğra Ekinci : PAS DE PASSEPORT POUR VOUS ! (voir à la fin de ce chapitre l'URL - article en turc, mais GOOGLE ou CLAUDE 3.5 vous aideront pour la traduction).*

Voici l'inventeur du passeport : Fridtjof Nansen

Le passeport Nansen a été imaginé en 1921 et créé le 5 juillet 1922 à l'initiative de Fridtjof Nansen, premier Haut-Commissaire pour les réfugiés de la Société des Nations, via l'Office international Nansen pour les réfugiés. Il était destiné à l'origine aux réfugiés de la Russie soviétique fuyant la terreur rouge et/ou la famine soviétique de 1921-1922.

Le prix Nobel de la paix 1922

Fridtjof Nansen, un explorateur norvégien et diplomate, a consacré la dernière décennie de sa vie à la Société des Nations en tant que Haut-Commissaire pour les réfugiés. Il a reçu le prix Nobel de la paix en 1922 pour son travail en faveur des victimes déplacées de la Première Guerre mondiale et des conflits liés. Il a introduit le « passeport Nansen » pour les apatrides, reconnu par plus de cinquante pays. Il est mort soudainement en 1930.

L'exil des Ottomans à Nice et leur généalogie.

Figure 17 Fridtjof Nansen.

Office général des réfugiés turcs.

Cet office, créé en 1932, a été agréé par le ministère des Affaires étrangères. Dirigé par Mehmed Ali Bey[xi], ancien ministre de l'Intérieur turc, il a cessé de fonctionner en 1939, année du décès de M. Ali Bey.

Pendant la seconde guerre mondiale.

Dans son livre "La Princesse Neslişah" (Neslişah: Cumhuriyet Devrinde Bir Osmanlı – 13 octobre 2011), il précise que le Calife avait délivré des documents certifiant que le porteur de ce dernier était de la famille ottomane, des LAISSER-PASSER (car les Allemands étaient en bons termes avec les Turcs). Voir les pages 201 et 202 du livre "Princesse Neslişah" par Murat Bardakçı[xii]. « Lorsque la fille du Calife AbdülMedjid, Dürrüşehvar, a déménagé en Inde et que son fils Ömer Faruk Efendi a déménagé avec sa famille en Égypte, il est allé seul à Nice, s'installant à Paris dans les premières années de la Seconde Guerre mondiale, lorsque la ville était sous occupation allemande. Pendant la Première Guerre mondiale, les Turcs s'étaient rangés du côté des Allemands, alors quand Paris était occupé, ils étaient très respectueux envers le chef de la dynastie déchue dont le pays avait été autrefois leur allié. De temps en temps, quand AbdülMedjid Efendi faisait une demande pour quelque chose, ils essayaient de satisfaire ses exigences.

Et, le Calife appellera les Allemands à intercéder en faveur des membres de sa famille : la famille ottomane exilée n'avait ni nationalité, ni passeports, et la plupart d'entre eux n'avaient pas d'argent pour vivre. Avec l'éclosion de la guerre, la vie était devenue encore plus difficile, surtout pour ceux qui vivaient dans les territoires occupés.

AbdülMedjid Efendi avait distribué une « sorte de certificat » aux membres de la famille qui l'avaient demandé.

Cette carte permettait de prouver leur identité. Il était également mentionné que 'cette personne est un membre de la famille ottomane' et elle était signée par 'Le sultan-Calife AbdülMedjid II.

Le Calife a utilisé les titres de prince et de princesse pour tous les membres de la famille, sans distinction de statut, tels que şehzade, sultan, Hanımsultane ou sultanzade, même pour les gendres (Damad).

À cette époque il était à Paris dans le XVIème comme vous pouvez le lire dans le document ci-après : 15, avenue du Maréchal-Maunoury. »

L'exil des Ottomans à Nice et leur généalogie.

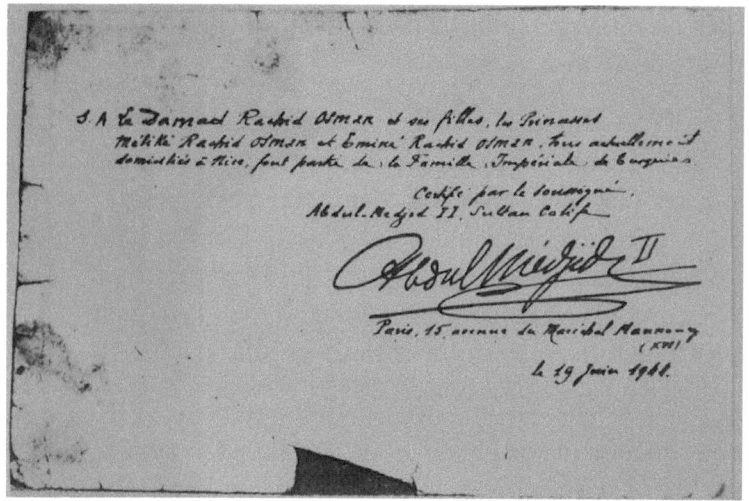

Figure 18 Carte adressée à mon grand-père et signée de la main du Calife.

Mon grand-père avait aussi ce genre de carte avec lui afin de lui éviter des problèmes avec la soldatesque allemande à cette époque compliquée de l'histoire de l'Europe. « Neslişah Osmanoğlu, la petite-fille du dernier Sultan Vahideddin et du dernier Calife AbdülMedjid Efendi, était la dernière princesse à être née avant l'effondrement de l'Empire ottoman vieux de six siècles. Elle est née le 4 février 1921 et le livre de la dynastie dans lequel les descendants de la famille Osmanoğlu étaient enregistrés était ponctué de son nom. Neslişah Osmanoğlu a vécu une vie pleine d'aventures, notamment à Nice dans sa jeunesse, puis en Égypte, et elle a terminé sa vie en Turquie. Alors qu'elle était la première dame d'un pays étranger, l'Égypte où elle est allée en tant qu'épouse, elle a été prise dans les vents de la révolution et du coup d'État, et elle a été traînée du sommet de sa gloire aux jours de danger devant les juges des tribunaux militaires avec un sourcil froncé... Elle a été expulsée à l'âge de trois ans, elle n'a pu retourner dans sa patrie, à savoir la Turquie, qu'après l'âge de 40 ans.

Et quand, en 1952, son mari a été nommé régent du jeune roi d'Égypte, elle a pris sa place au sommet de la société égyptienne en tant que première dame du pays, jusqu'à l'abolition de la monarchie l'année suivante. L'exil a suivi une fois de plus, cette fois d'Égypte, après que le couple royal eut été accusé de trahison. Finalement, la Princesse Neslişah a été autorisée à retourner dans sa ville natale, où elle est décédée à l'âge de 91 ans en 2012.

Basé sur des documents originaux et de nombreux entretiens personnels, ce récit de la vie extraordinaire d'une femme est aussi l'histoire de la fin de deux puissantes dynasties à trente ans d'intervalle.

Le livre de Murat Bardakçı, qui traite de l'histoire de la vie de Neslişah Osmanoğlu d'après ses propres histoires et documents, et qui est la première biographie complète jamais écrite sur un membre d'une dynastie exilée, est l'histoire non seulement de Neslişah Osmanoğlu, mais aussi de l'infiltration de l'aristocratie d'un empire effondré dans l'histoire. »

Basé sur des documents originaux et de nombreux entretiens personnels, ce récit de la vie extraordinaire d'une femme est aussi l'histoire de la fin de deux puissantes dynasties à trente ans d'intervalle.

Le livre de Murat Bardakçı, qui traite de l'histoire de la vie de Neslişah Osmanoğlu d'après ses propres histoires et documents, et qui est la première biographie complète jamais écrite sur un membre d'une dynastie exilée, est l'histoire non seulement de Neslişah Osmanoğlu, mais aussi de l'infiltration de l'aristocratie d'un empire effondré dans l'histoire. »

Figure 19 Le livre de la Princesse Neslişah Osmanoğlu.

La princesse avec un passeport diplomatique.

"Dürrüşehvar Sultane, la fille du calife AbdülMedjid Efendi qui a épousé le fils du Nizam d'Hyderabad, est venue en Turquie en 1945 avec le titre de princesse de Berar et un passeport diplomatique britannique. Elle a essayé d'enterrer le corps de son père dans son pays natal, mais elle n'a pas réussi. La visite de cette sultane d'une beauté unique a suscité un grand intérêt dans les journaux de l'époque et a fait sensation car ceux qui manquent encore au règne du sultan sont toujours en vie."

L'arrivée d'un membre de la dynastie en Turquie rendit fous les « fanatiques de la révolution ». Alors que les journaux écrivaient que le sultan se rendrait à Istanbul et à Ankara ; que cette visite, apparemment contraire à la loi n° 431, n'a pas été faite en tant que membre de la dynastie. Ils n'ont pas négligé de dire que le mariage avec le fils du Nizam d'Hyderabad s'est fait avec un passeport diplomatique en supprimant ce titre du sultan.

Le roi albanais Ahmed Zog était subordonné au sultan de Turquie Abdulhamid.

Plus tard, il a donné des passeports aux membres de la dynastie qui en ont fait la demande.

Şehzade Osman Ertuğrul Efendi, petit-fils du sultan Abdülhamid, a déclaré : "Avant la Seconde Guerre mondiale, j'avais l'habitude d'aller en Amérique pour affaires. J'ai vu que mon passeport français avait expiré. Mais la revalidation depuis 'Paris' n'était pas possible. Il devait aller à Nice ; parce que c'était arrangé là-bas, disaient-ils. Cependant, je n'ai pas eu le temps ; j'aurais dû partir le lendemain.

Assis dans un café, j'ai rencontré un ambassadeur albanais que je connaissais auparavant. Il a demandé la raison de mon état pensif. Je lui ai expliqué. Il a dit : 'Ne vous inquiétez pas, venez à l'ambassade'. Nous sommes allés...

Il a téléphoné au roi. Le roi voulait me voir. Nous avons parlé, il a dit : « Nous serions très heureux de vous donner un passeport ». Pendant la préparation du passeport, nous buvions un café avec l'ambassadeur.

Un secrétaire est venu et a dit que le roi avait appelé. De là, l'ambassadeur a décroché le téléphone et a commencé à

L'exil des Ottomans à Nice et leur généalogie.

parler albanais. J'étais excité, j'ai dit : 'Oh, notre affaire est faite'. Une fois la conversation terminée, je lui ai demandé ce qu'il avait dit.

Le roi a dit : "Ne prenez pas d'argent, faites-le gratuitement"... Puis, lorsque l'Albanie a été occupée par les Italiens, ce passeport est devenu obsolète. Je suis redevenu un « sans passeport » et de fait un apatride. C'était en 1951. J'allais au Pérou depuis l'Amérique.

J'ai demandé à l'avocat de la société ce qu'il fallait faire. « Qui vous a dit que le gouvernement devait donner le passeport pour voyager ?

"Le passeport est un papier pour délivrer un visa", a-t-il déclaré. J'ai préparé un papier avec une machine à écrire, une déclaration sous serment. Mais je n'ai jamais cru. Je l'ai emmené à l'ambassade ; l'officier l'a regardé et a mis le visa. J'en ai fait trois copies car en vieillissant il n'y avait plus de place.

Ce fut mon dernier passeport." Ertuğrul Osman Efendi a vécu comme apatride jusqu'à ce qu'il reçoive personnellement un passeport turc du Premier ministre Recep Tayyip Erdoğan à New York le 26 janvier 2004.

Un Passeport Nansen a été remis au prince Necip Ertuğrul Efendi par le gouvernement autrichien.

Il faut savoir qu'en 1925, Şehzâde [xiii] Ali Vâsıb Efendi rencontre le capitaine Toulouse, qu'il avait connu alors qu'il était officier dans les forces d'occupation à Istanbul au moment de l'armistice, dans un salon de thé à Nice.

Au cours de la conversation, lui et son ami le comte Raymond Castellane ont demandé pourquoi ils n'avaient pas demandé de passeports au gouvernement français. Lorsqu'il demanda à quel titre ils le feraient, le comte Castellane prit sur lui de le faire. Par l'intermédiaire de son ami le comte de Chambrun, sous-secrétaire français aux Affaires étrangères, il demanda les noms des princes et sultans qui voulaient obtenir des passeports et les documents nécessaires pour les remettre.

Le Şehzâde a informé les proches qu'il pouvait joindre et a présenté les noms de ceux qui voulaient obtenir des passeports dans une liste signée par le Calife. En une semaine, le sujet de « l'Ottoman » et de surcroît du « S.A.I. » (Son Altesse Impériale = Majesté Impériale) a reçu des passeports avec les titres de khan. Une partie du khanat qui était accessible à Vâsıb Efendi à cette époque a pu en bénéficier ; d'autres vivaient sans passeport. En 1922, le gouvernement italien avait délivré des passeports au sultan Vahideddin, à sa famille et à son entourage partis en exil.

La France n'a plus délivré de nouveaux passeports à la dynastie après 1974, date à laquelle les hommes ont été autorisés à revenir.

Maintenant je comprends un peu mieux le comportement de ma mère envers les documents administratifs et plus spécifiquement les passeports. Passer d'un statut de réfugiée ou d'apatride à celui de citoyenne française a dû représenter un changement significatif dans la vie de ma mère, tant sur le plan pratique qu'émotionnel. Ma mère a pu obtenir des documents français "définitifs", ce qui a dû être un grand soulagement.

L'exil des Ottomans à Nice et leur généalogie.

Malgré l'obtention de la nationalité française, les expériences passées de précarité administrative ont pu laisser une empreinte durable sur la façon dont ma mère percevait et gérait les documents officiels.

Son mariage s'inscrit dans un contexte plus large d'intégration des réfugiés et apatrides dans la société française après les bouleversements du début du 20e siècle.

Voyage dans le temps : Une enquête généalogique ottomane.

Sources et URL :

Ekrem Buğra Ekinci - SİZE PASAPORT YOK :
https://www.ekrembugraekinci.com/article/?ID=1280&size-pasaport-yok-

Passeport Nansen :
https://fr.m.wikipedia.org/wiki/Passeport_Nansen

https://fr.m.wikipedia.org/wiki/Fridtjof_Nansen

Maison de Castellane :
https://fr.m.wikipedia.org/wiki/Maison_de_Castellane

Mon Grand-père le Damad Rashid FENARIZADE de LARISSA (Généalogie)
https://www.erolgiraudy.eu/2021/12/mon-grand-pere-le-damas-rashid.html

Passeports ottomans au XIXe siècle | EHNE :
https://ehne.fr/fr/encyclopedie/th%C3%A9matiques/les-migrations-en-europe/surveillance-et-contr%C3%B4le-des-migrations/passeports-ottomans-au-xixe-si%C3%A8cle

Turkish passport :
https://en.wikipedia.org/wiki/Turkish_passport

L'exil des Ottomans à Nice et leur généalogie.

Figure 20 Nos armoiries.

Chapitre 2 – L'exil sur la riviera française :

> Je veux bien être un voyageur, je ne veux pas être un émigrant. J'ai appris tant de choses chez moi qui ailleurs seront inutiles. […] Alors seulement je crois qu'il vit encore. Alors seulement, déambulant au loin dans l'empire de son amitié, lequel n'a point de frontières, il m'est permis de me sentir non émigrant, mais voyageur.
>
> *(Saint-Exupéry, 1943 LETTRE À UN OTAGE).*

Mon grand-père est le premier des Ottomans que j'ai rencontré après ma Mère bien sûr. C'était un Monsieur charmant, j'ai fait avec lui de belles promenades en Suisse. **Rashid FENARIZADE de LARISSA** était d'un calme remarquable, qui n'avait d'égal que sa gentillesse. Pendant longtemps, quand j'étais petit enfant, j'ai confondu mon grand-père et le dernier Sultan ; ils avaient la même forme de visage et un monocle.

Rashid FENARIZADE de LARISSA était le fils du puissant prince Faik de LARISSA, lui-même souverain d'immenses terres en Albanie et en Grèce. Ce dernier était, en outre, ministre du sultanat turc et placé directement sous les ordres du sultan, avec qui il était parent.

Le fils du Prince Faik de LARISSA, **le Prince Rashid FENARIZADE de LARISSA**, avait étudié les sciences politiques à la Sorbonne à Paris. Durant la Première Guerre mondiale, le sultan fit appel à mon grand-père, alors âgé de 26 ans, pour des missions politiques. Dans un premier temps,

L'exil des Ottomans à Nice et leur généalogie.

le jeune politologue fut conseiller juridique auprès du ministère turc des Affaires étrangères.

Ensuite, il occupa la fonction de ministre plénipotentiaire dans la partie ottomane de la Grèce, marchant ainsi sur les traces de son père. C'était un damad. Je crois qu'il avait dû travailler à la SDN à GENÈVE comme Ministre Plénipotentiaire à l'époque du Sultanat Ottoman en 1920. Puis, vient l'Exil, je vais vous raconter cette partie de leurs vies et leurs tribulations.

L'amère histoire de l'exil de la dynastie ottomane :

Cette période d'exil a duré 28 ans pour les membres féminins de la dynastie et 50 ans pour les hommes. Dans le cadre de l'amnistie générale, avec la loi promulguée, les femmes ont obtenu leurs droits en juin 1952 ; les hommes ont obtenu les leurs en 1974. Le 3 mars 1924, les dirigeants de la République turque nouvellement formée ont ordonné l'exil des descendants de la famille royale ottomane.

Cela ne signifiait pas seulement la déportation, mais marquait également le début d'un voyage qui comprenait des conditions de vie difficiles dans différentes parties du monde. Lorsque le sultanat et le califat ottomans ont été abolis, les personnes appartenant à la famille royale se sont vu refuser la citoyenneté turque par une loi entrée en vigueur le 3 mars 1924 et ont été expulsées dans les trois jours suivants. Avec ceux qui étaient exilés avec leurs parents ou leurs enfants, même s'ils n'étaient pas soumis à la loi, et les serviteurs qui ne voulaient pas quitter leurs maîtres, le nombre d'exilés atteignait des centaines.

La loi leur interdisait même de passer par la Turquie en transit. On leur a également dit de liquider leurs actifs dans un délai d'un an, sinon ils seraient saisis par le Trésor. Le sultan Mehmed VI s'est exilé plus tôt.

Le sultan AbdülMedjid II et sa famille ont été expulsés dans les 24 heures, avant même que la loi n'entre en vigueur, et ils sont montés à bord d'un train à Çatalca au lieu de Sirkeci car les responsables craignaient les manifestations. Le directeur de la gare a été la dernière personne à témoigner du respect au sultan dans son pays natal. Bien que les femmes aient été interdites de gouverner un pays dans la tradition ottomane-islamique, les femmes et leurs enfants, même les mariés et les mariées, de la famille ottomane ont été exilés.

Aucune des dynasties des empires européens renversés par la révolution n'a été traitée de la sorte ; seuls les monarques ont été exilés et leurs biens et avoirs leur ont été restitués peu de temps après. Seuls le tsar et la tsarine de Russie ont été massacrés avec leurs enfants, et c'était parce que l'armée blanche tsariste était sur le point de sauver le tsar et sa famille.

Les membres de la famille ottomane ont reçu des passeports à sens unique. Ils voulaient aller en Égypte, l'un des pays autrefois situés à l'intérieur des frontières de l'Empire ottoman, mais ni les Britanniques, qui régnaient sur la région, ni le roi Fouad, qui était jaloux des Ottomans, ne les ont laissés s'y installer.

Lorsqu'ils ont voulu se rendre en Syrie, car elle était proche de leur patrie, la République de Turquie nouvellement établie les en a empêchés. Par conséquent, certains membres de la famille ottomane se sont installés à Beyrouth sous le règne

L'exil des Ottomans à Nice et leur généalogie.

des Français et les autres se sont dispersés dans toute l'Europe.

Leurs palais ont été saccagés sous la surveillance de la police avant même leur départ. Certains pouvaient vendre leurs maisons, antiquités et œuvres d'art de valeur pour presque rien et certains les donnaient à ceux en qui ils avaient confiance. Certains de ces "de confiance" les gens les ont trahis et ont pris tout leur argent et leurs biens tandis que le reste des biens a été saisi par l'État et leur droit de succession, hérité de leurs grands-pères, a été rendu invalide.

Ainsi, une cruauté qui n'a pas été vécue tant de fois dans le monde a été jugée appropriée pour les défunts d'Osman, le fondateur de l'Empire ottoman. La famille ottomane, qui descendait du légendaire Oghuz Khagan et était l'une des plus anciennes dynasties du monde, a été chassée de la scène politique. La famille ottomane ne pouvait pas croire ce qui se passait. Ils avaient entendu des rumeurs sur l'abolition du sultanat à la veille de l'exil, mais ils pensaient que le public les aimait et les favorisait encore et ne présumaient même pas une telle chose.

Une fois bannis, ils pensaient que l'exil était une situation temporaire. En fait, la plupart d'entre eux n'ont pas emporté tous leurs biens avec eux car ils pensaient qu'ils rentreraient chez eux dans quelques mois. Cependant, l'exil a duré 30 ans pour les femmes et 50 ans pour les hommes. Les princes ont été formés dans l'armée, dont ils ne pouvaient pas faire usage de ce savoir pendant l'exil. Il n'était pas possible pour les sultans âgés de travailler pour gagner leur vie.

Voyage dans le temps : Une enquête généalogique ottomane.

Mes descendants avaient l'habitude de donner de l'argent à des organismes de bienfaisance, ils n'avaient pas d'argent en banque ni d'argent liquide sur eux.

Lorsqu'ils ont été exilés de la République turque, chaque famille a reçu **1000 TL**, qui ne couvraient que leurs frais de voyage et d'entretien pendant un mois. Après avoir sous-vendu leurs bijoux, ils se sont retrouvés pour certains dans la misère. Il y avait des membres de la famille royale de Turquie qui nettoyaient la vaisselle dans les hôtels, d'autres mouraient de faims dans la misère.

Des nobles musulmans tels qu'Osman Ali Khan, Asaf Jah VII, le dirigeant d'Hyderabad, qui est situé dans l'Inde actuelle, le prince égyptien Ömer Tosun et le roi du Hedjaz Husain ibn Ali ont tenté d'aider financièrement les membres de cette dynastie déchue, mais la plupart de l'aide n'a pas atteint ceux qui en avaient besoin car la famille royale était dispersée dans le monde entier. De plus, le gouvernement d'Ankara réagit aux mariages entre étrangers et membres de la famille royale et surveille chacun de leurs pas dans l'exil. En conséquence, la France n'a pas accordé la citoyenneté aux descendants de Soliman le Magnifique qui a sauvé le roi français François Ier, mais leur a donné des passeports qui leur ont permis de voyager librement.

La famille ottomane était confrontée à la pauvreté, aux privations et aux maladies en plus du mal du pays et de la douleur de l'injustice. Cependant, ils vivaient tous dans la dignité et avec leur honneur. Ils ont été blessés par le traitement qu'ils ont subi, mais ils n'ont jamais travaillé contre leur pays. Les femmes de la famille ottomane ont été amnistiées en 1952 par le gouvernement dirigé par Adnan Menderes, et l'amnistie générale, entrée en vigueur en 1974,

L'exil des Ottomans à Nice et leur généalogie.

a permis aux princes ottomans de retourner dans leur patrie. Cependant, on ne peut s'empêcher de se demander s'ils ont attendu pour accorder l'amnistie à la famille royale jusqu'à ce que ceux qui connaissaient les chemins de la cour ottomane meurent ou non. Apparemment, la République de Turquie craignait encore ces personnes désespérées et exilées. Lorsque l'amnistie générale a été mise en pratique, très peu sont retournés en Turquie. Les jeunes se sont installés en exil et ont fondé des familles.

Ceux qui sont revenus n'ont pas obtenu la nationalité turque immédiatement et ont été suivis par des policiers en civil pendant un certain temps. Les gens qui se soucient tant de la tombe de Süleyman Shah feraient mieux de regarder l'état de ses descendants.

Les fils et les filles d'une dynastie, qui ont remporté de grandes victoires dans l'histoire ottomane et islamique, ont été privés de parler leur propre langue, d'apprendre leur religion, de respirer l'air du pays et de mourir dans leur patrie. Aujourd'hui, la famille ottomane n'attend ni bonté ni faveur de personne. Un pardon a été accordé à la famille royale, cependant, de nombreuses personnes sont nées en exil et ont établi de nouvelles vies dans leurs nouvelles maisons. Concernant la situation actuelle, l'exil continue toujours, et c'est une honte pour la Turquie et ceux qui vivent loin de leur pays d'origine. Si les cruautés dans le passé des personnes, des familles et des nations ne sont en aucune façon expiées, cela empêche toute bonne action. Si un État ne compense pas les injustices qu'il a causées dans le passé. La restitution et la récupération des avoirs qui ont été confisqués à l'époque est quelque chose qu'on attend de l'État.

De plus, c'est une dette nationale de payer un salaire mensuel à chaque membre de la famille ottomane pour maintenir leurs moyens de subsistance en Turquie jusqu'à ce que leurs biens soient rendus en toute sécurité. Une fondation devrait être créée pour mener à bien cette mission et elle devrait également être soutenue par l'État afin que l'État puisse tendre la main à ceux qui sont dans le besoin. Ainsi, la nouvelle génération de la famille royale ottomane serait élevée et se marierait dans la culture islamique turque, et les personnes âgées pourraient passer le reste de leur vie en paix dans leur patrie. À leur mort, ils seront enterrés avec un service funèbre propre à la gloire de leur famille.

Source : EKREM BUGRA EKINCI.

Mais où sont-ils ?

Il y a des centaines de membres de la famille ottomane qui vivent en Europe. J'en connais certains, mais bien entendu pas tous. La dynastie ottomane est l'une des familles les plus européennes au monde. En fait, ils sont plus européens que le citoyen européen moyen d'aujourd'hui. Du moins, je le pense.

> *La productrice Kerime Senyücel, qui a préparé le documentaire intitulé « L'exil d'Osmanoğlu » pour TRT et a réuni les membres de la dynastie qui sont vivants, a déclaré que les membres de la dynastie continuent leur vie sur 4 continents différents et 10 pays.*

Senyucel a déclaré que les descendants de la dynastie vivaient en Turquie, en Égypte, en Jordanie, au Liban, en

L'exil des Ottomans à Nice et leur généalogie.

Syrie, aux États-Unis, en Grande-Bretagne, en France, en Suède, en Espagne et en Andorre.

1- Harun Osmanoğlu : Fils du sultan Abdülhamid. Petit-fils de Selim Efendi. Le chef de famille de la dynastie en Turquie. Il se classe 5ème dans le classement des princes.

2- Osman Vasıf Osmanoğlu : Fils du petit-fils de Murat V. Fils d'Ali Vasıf Efendi. Il vit à Londres.

3- Selim Cem : Petit-fils du sultan AbdülMedjid. Il vit en Suisse à Genève.

4- Orhan Osmanoğlu : Fils de Harun Osmanoğlu. Petit-fils du sultan Abdülhamid.

5- Kayhan Osmanoğlu : Fils de Harun Osmanoğlu, petit-fils du sultan Abdülhamid. Il vit en Turquie.

6- Leyla Kadir Schelle Sultan : Petite-fille du sultan Abdülhamid. Elle vit en Australie.

7- Kenize Murad : Fille du sultan Murat V et de la princesse Selma. Elle vit en Turquie.

8- Bülent Osman : Petit-fils du sultan Abdülhamid du côté de sa mère. Il vivait en Turquie.

9- Osman Nami : Fils du sultan Abdülhamid. Fils d'Ayşe Sultan. Il vit à Paris.

10- Osman Mayatepek : Petit-fils d'AbdülMedjid du côté de sa mère. Il est le petit-fils de Naciye Sultan. Il vit à Ankara.

11- Adile Nami : Petite-fille du sultan Abdülhamid. Elle vit à Paris.

12- Clara Sultan : Fille de Leyla Sultan. Elle vit en Australie.

13- Murat Orhan : Petit-fils du sultan Murat V.

14- Ayşe Osmanoğlu : Fille d'Osman Vasıf Osmanoğlu. Elle vit à Londres.

15- Selim Osmanoğlu : Fils d'Orhan Osmanoğlu, petit-fils du sultan Abdülhamid.

16- Şehzade Murat Vasıf Osmanoğlu : Petit-fils de Murat V, fils de Şehzade Osman Vasıf Osmanoğlu.

17- Rukiye Nami Osmanoğlu : Fille d'Osman Nami Osmanoğlu.

Figure 21 Photo d'une partie de la famille en Turquie.

La conséquence de cette « éparpillement » de la Famille dans divers pays et sa généalogie :

Il y a des centaines de membres de la famille ottomane qui vivent en Europe. J'en connais certains, mais bien entendu

L'exil des Ottomans à Nice et leur généalogie.

pas tous. La dynastie ottomane est l'une des familles les plus européennes au monde. En fait, ils sont plus européens que le citoyen européen moyen d'aujourd'hui. Du moins, je le pense. Senyucel a déclaré que les descendants de la dynastie vivaient en Turquie, en Égypte, en Jordanie, au Liban, en Syrie, aux États-Unis, en Grande-Bretagne, en France, en Suède, en Espagne et en Andorre.

1- Harun Osmanoğlu : Fils du sultan Abdülhamid. Petit-fils de Selim Efendi. Le chef de famille de la dynastie en Turquie. Il se classe 5ème dans le classement des princes.
2- Osman Vasıf Osmanoğlu : Fils du petit-fils de Murat V. Fils d'Ali Vasıf Efendi. Il vit à Londres.
3- Selim Cem : Petit-fils du sultan AbdülMedjid. Il vit en Suisse à Genève.
4- Orhan Osmanoğlu : Fils de Harun Osmanoğlu. Petit-fils du sultan Abdülhamid.
5- Kayhan Osmanoğlu : Fils de Harun Osmanoğlu, petit-fils du sultan Abdülhamid. Il vit en Turquie.
6- Leyla Kadir Schelle Sultan : Petite-fille du sultan Abdülhamid. Elle vit en Australie.
7- Kenize Murad : Fille du sultan Murat V et de la princesse Selma. Elle vit en Turquie.
8- Bülent Osman : Petit-fils du sultan Abdülhamid du côté de sa mère. Il vivait en Turquie.
9- Osman Nami : Fils du sultan Abdülhamid. Fils d'Ayşe Sultan. Il vit à Paris.
10- Osman Mayatepek : Petit-fils d'AbdülMedjid du côté de sa mère. Il est le petit-fils de Naciye Sultan. Il vit à Ankara.

11- Adile Nami : Petite-fille du sultan Abdülhamid. Elle vit à Paris.

12- Clara Sultan : Fille de Leyla Sultan. Elle vit en Australie.

13- Murat Orhan : Petit-fils du sultan Murat V.

14- Ayşe Osmanoğlu : Fille d'Osman Vasıf Osmanoğlu. Elle vit à Londres.

15- Selim Osmanoğlu : Fils d'Orhan Osmanoğlu, petit-fils du sultan Abdülhamid.

16- Şehzade Murat Vasıf Osmanoğlu : Petit-fils de Murat V, fils de Şehzade Osman Vasıf Osmanoğlu.

17- Rukiye Nami Osmanoğlu : Fille d'Osman Nami Osmanoğlu.

À **Bobigny** en France, les noms sur les registres du cimetière ont pu être mal retranscrits. En effet, seul un imam tenait ces registres quand le cimetière a été ouvert. Les archives de la mairie de Bobigny donnent une liste de noms qui figurent également dans le livre de la princesse Ayşe, "Mon père, le Sultan Abdulhamid" :

- *La princesse Rabia Peyveste (épouse d'Abdulhamid II)*
- *Le prince Ahmed Nureddin (fils d'Abdulhamid II)*
- *Le prince Abdurrahim Hayri (fils d'Abdulhamid II)*
- *La princesse Şehsuvar (épouse du Calife Abdulmecid)*
- *La princesse Pınardil Fahriye (épouse du prince Abid)*
- *Le prince Osman Fuad (petit-fils de Murad V)*

L'exil des Ottomans à Nice et leur généalogie.

- *Monsieur Mehmed Ali Rauf (époux de la princesse Ayşe)*
- *La princesse Ayşe Sıdıka (petite-fille d'Abdulmecid)*
- *La princesse Selma (petite-fille de Murad V)*

Je peux en témoigner, car je suis allé sur ces tombes et j'ai rapidement compris la réalité de la dispersion de notre famille : elle reposait dans le monde entier.

À Nice, nous avons perdu les tombes de plusieurs membres de la famille. Il y a plusieurs raisons à cela : d'une part, personne n'avait jamais eu à administrer des sépultures et à s'occuper du renouvellement des contrats de concession, en conséquence de quoi, elles n'ont jamais été renouvelées. D'autre part, nous ne savions pas où certains membres de la famille avaient été enterrés avant la guerre de 1940.

Ils ont perdu un pays, puis nous avons perdu leurs sépultures :

Je vais développer ce sujet douloureux au chapitre 13 (Les tombes perdues de ma famille) et suivants.

La dépouille du dernier calife Abdulmecid Efendi, décédé en 1944, n'avait pas été acceptée par le gouvernement turc. Elle avait donc été accueillie par la Grande Mosquée de Paris durant dix ans avant d'être inhumée à Médine, dans le cimetière où repose le Prophète Muhammad.

Le Sultan Mehmet VI Vahideddin est mort d'une crise cardiaque à San Remo, le 16 mai 1926, avec une importante dette en Livres. Son corps sera saisi par un huissier jusqu'à ce que sa fille Sabiha Sultan trouve de l'argent pour un enterrement. Au terme d'un long combat juridique, elle parvient à faire transporter le corps à Damas où il a finalement été enterré dans la mosquée du sultan Yavuz Selim.

Il avait 65 ans lorsqu'il est mort. Il souhaitait être enterré dans son pays natal. Il le savait impossible et avait choisi d'être enterré à Şam (Damas) près de la tombe de Saladin Ayyubi, et c'était sa dernière volonté.

À cause des dettes, ses créanciers ont séquestré son cadavre. Le président syrien Ahmed Nami a entendu cela et a payé toutes ses dettes et a apporté son corps en Syrie. Même après la mort, le corps du sultan n'a pas trouvé de repos, le jardin de la tombe de Saladin Ayyubi était plein et il n'y avait pas de place pour sa tombe. À présent, il est enterré dans le jardin de la mosquée du sultan Selim.

Cette Mosquée est surnommée la Mosquée carrée en raison de sa structure distinctive. Elle se dresse majestueusement au cœur de la vieille ville ottomane d'Edirne, évoquant l'élégance et la grandeur de l'architecture islamique. Conçue par Sinan, le virtuose des architectes ottomans du XVIe siècle, cette œuvre exceptionnelle est saluée comme son chef-d'œuvre incontesté.

Couronnée par une imposante coupole et encadrée par quatre minarets élancés, la silhouette de la mosquée est emblématique de la richesse artistique et culturelle de l'époque ottomane. Ma mère me parlait souvent de Sinan, elle faisait état d'un lien de parenté.

C'était un maître dans l'utilisation de la lumière et de l'espace, et ses œuvres ont souvent été saluées pour leur élégance, leur harmonie et leur ingéniosité technique. Son style architectural a influencé de nombreuses générations d'architectes ottomans et a laissé une empreinte durable sur l'architecture islamique. En raison de ses nombreuses réalisations exceptionnelles, Sinan est parfois appelé "le Michel-Ange de l'architecture ottomane".

Outre sa fonction religieuse, la Mosquée Selimiye constitue le pivot d'un ensemble social complet. Les madrasas, ou écoles coraniques, témoignent de l'importance accordée à l'éducation dans cette communauté. Les étudiants y découvrent les préceptes de l'Islam et se familiarisent avec les sciences religieuses.

À proximité, un marché couvert vibrant d'activité évoque l'effervescence économique de l'époque. La maison de l'horloge, symbole du passage du temps, s'inscrit harmonieusement dans cet ensemble, rappelant que la spiritualité et la temporalité convergent au sein de la Mosquée Selimiye. La cour extérieure, aménagée avec soin, offre un espace de rencontre et de méditation, invitant les fidèles et les visiteurs à se retrouver dans une atmosphère sereine.

Une bibliothèque, riche de connaissances, complète cet ensemble, soulignant l'importance de la quête intellectuelle dans la vie de la communauté.

L'intérieur de la mosquée est une ode à l'artisanat exceptionnel des céramiques d'Iznik. Ces œuvres, produites à l'apogée de leur période créative, dévoilent une maîtrise artistique inégalée. Les motifs floraux et géométriques captivent le regard, créant une expérience visuelle et spirituelle unique.

L'ensemble formé par la Mosquée Selimiye et ses structures associées est salué comme l'expression la plus harmonieuse du külliye ottoman, incarnant un modèle complet de vie sociale et spirituelle.

Chaque élément de cet ensemble témoigne du génie architectural de Sinan et de la richesse culturelle de l'Empire ottoman au sommet de sa splendeur.

Ainsi, la Mosquée Selimiye transcende son rôle de lieu de culte pour devenir un véritable joyau de l'histoire, unissant la foi, l'éducation, le commerce et la contemplation dans une symphonie architecturale inégalée.

L'exil des Ottomans à Nice et leur généalogie.

SOURCES ET URL :

Mosquée Selimiye et son ensemble social - UNESCO World Heritage Centre :
https://whc.unesco.org/fr/list/1366   whc.unesco.org/fr/documents/131750

Mimar Koca Sinan ibn Abd al-Mannan (en turc ottoman: قوجه معمار سنان آغا) dit Sinan, ou encore Mimar Sinan (l'« architecte Sinan »), né vers 1488/1491 à Kayseri[réf. nécessaire], en Anatolie :
https://www.bing.com/search?q=sinan+architect&form=ANNTH1&refig=947735b501824ccbbfd32cfa3cb6493b&pc=HCTS&adppc=reversed&sp=1&lq=0&qs=UT&pq=sinan+archi&sc=6-11&cvid=947735b501824ccbbfd32cfa3cb6493b

"Şam" (nom turc de Damas) :
https://en.wikipedia.org/wiki/Damascus

Souvenirs tristes – Histoire profonde (derintarih.com) :
https://www.derintarih.com/editorden/10284/

Chapitre 3 – Mes carnets généalogiques - 01 XI 2021 :

Je vais aborder ce sujet afin d'apporter des compléments d'informations sur ma famille proche, car mon grand-père m'avait laissé des écrits et un début d'arbre généalogique, ainsi que mes parents et oncles. Mais, avant tout, il est nécessaire de bien percevoir le nombre incroyable de personnes qui ont été expulsées de Turquie, d'où les listes dans ce chapitre.

Le 3 mars 1924, lorsque la loi d'exil des Osmanoğulları a été promulguée, il y avait 37 membres masculins de la famille, dont le dernier sultan, le sultan Mehmed Vahideddin Han, le dernier Calife AbdülMedjid Efendi et 35 personnes portant le titre de prince.

Alors qu'il était prévu de ne couvrir que ces 37 personnes pouvant mener une affaire de sultanat, l'étendue de l'exil dans notre pays était très large, contrairement à d'autres pays. Les sultanes (filles de sultans et de princes, 42 personnes), les sultanzade (garçons, 16 personnes) et les dames sultanes (filles, 15 personnes), ainsi que les épouses de sultans, Califes et princes (27 personnes, en fait celles qui sont parties sans y être obligées) ont également été touchés.

Le nombre de personnes dénombrées par la loi a atteint un minimum de 155 avec les épouses des sultans (18 personnes). Parmi eux se trouvaient une personne de 72 ans comme Seniha Sultane, et un bébé de 15 jours comme Méliké Hanımsultane dans les bras de sa mère. Les épouses et les épouses des enfants mariés des sultans ont également

L'exil des Ottomans à Nice et leur généalogie.

été exilées, bien que cela ne soit pas explicitement indiqué dans la loi.

Le nombre réel d'exilés était de 250, y compris des mères qui ne pouvaient pas être séparées de leurs enfants, bien qu'elles n'aient pas été légalement tenues de s'exiler, des enfants qui ne pouvaient pas être séparés de leur mère, des grand-mères qui sont parties avec leurs petits-enfants parce que leur fille était décédée, des serviteurs qui ne pouvaient être séparés de leurs maîtres tels que des compagnons, des propriétaires, des gouvernantes et des enseignants.

Je me suis intéressé à la généalogie il y a environ 30 ans. Il est important de bien comprendre les liens familiaux entre nos différentes branches. C'est l'une des raisons qui a motivé la création de ces arbres généalogiques et mes recherches. Ce carnet est toujours ouvert, car je continue mes mises à jour sur Geneanet[xiv] et Rodovid[xv] plus Trello Vous allez découvrir environs une trentaine d'arbres généalogiques dans ce livre.

Cette généalogie familiale :

Celle-ci a pour particularité de remonter dans le temps et de récolter des informations sur nos ancêtres, génération par génération. Le terme "familial" indique aussi que le noyau familial est étudié pour donner du contexte à mes recherches et mieux comprendre la vie de nos ancêtres.

L'arbre Généalogique sur Rodovid :

Il offre une possibilité de partager une application avec un document généalogique collectivement mis à jour. Nous ne sommes pas à l'abri d'erreurs et il se peut qu'il y en ait malheureusement, car il y a souvent des confusions avec les prénoms de certains membres de ma famille. Certaines personnes ont changé leurs prénoms, une petite coquetterie, qui pose des petits problèmes de généalogie, comme vous pouvez vous en douter. Les arbres généalogiques ne cachent pas la forêt (cette petite phrase m'amuse). Vous allez trouver dans ce livre plusieurs arbres généalogiques issus de solutions (logiciels) différentes, car certaines personnes ont complété ceux-ci avec des informations dont je ne disposais pas.« C'est en fait une agrégation de ces arbres qui m'a permis une meilleure visibilité de l'ensemble de cette généalogie ottomane. »

Les Osmanoğlu : leur généalogie par Pierre Erol GIRAUDY avec la solution geneanet.

C'est un outil extrêmement puissant qui permet de créer des arbres, tableaux, fiches, statistiques et plus encore. Il dispose de systèmes de contrôles automatiques qui signalent les incohérences, et offre aussi la possibilité de positionner des alertes sur des profils de recherches. Allez voir sur mon site mon compte geneanet, les liens pour y accéder sont à la fin de ce chapitre.

Exemples d'outils de généalogie :

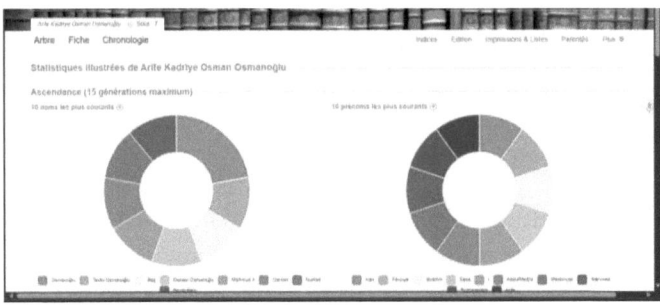

Figure 22 Statistiques sur Geneanet.

L'exil des Ottomans à Nice et leur généalogie.

Les outils de **geneanet** sont vraiment un plus. J'utilise aussi d'autres solutions (voir la bibliographie et mon site). Les outils apportent des possibilités de recherches et de découvertes complémentaires. Comme les statistiques avec 9 possibilités. La fonction des **Ancêtres manquants** permet d'éditer un tableau au format PDF, afin de suivre et corriger la généalogie. Il y a aussi la **liste des doublons** potentiels, plus les anomalies de l'arbre.

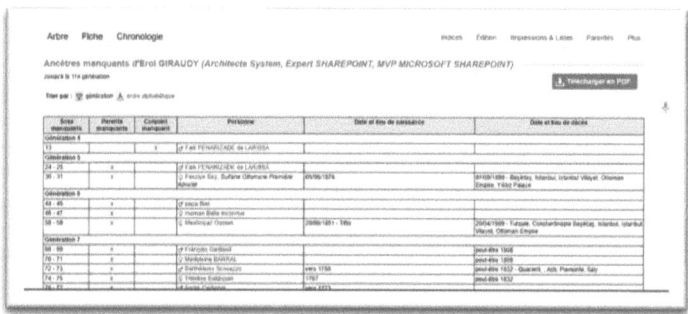

Figure 23 Ancêtres manquants sur Geneanet.

Figure 24 Évolution de mon arbre généalogique sur Geneanet.

Mon évolution de 2020 à 2021 a été la plus forte, c'est le début de mes recherches. En 2019, je faisais des recherches documentaires avant de commencer mes carnets. L'outil

"Suivi de recherches des membres de la famille et ascendants" est particulièrement pratique. Ce tableau permet de trouver tous les ascendants incomplets d'une personne. Il distingue les individus complets (dont les informations de naissance/baptême, mariage et décès/inhumation sont remplies) des autres.

Figure 25 Utilisations des outils sur Geneanet.

L'approche généalogique de la lignée ottomane s'est avérée cruciale pour mieux appréhender la complexité des liens familiaux, exposés sur plus de 800 ans. Tout en tenant compte de la complexité des noms orientaux pour un occidental. Des carnets de notes (6) m'ont accompagné tout au long de ce périple ottoman. Ils font parties intégrantes de ce livre.

Qui plus est, les noms des future Kadine[xvi] ne sont pas son nom et prénom d'origine. Voici un exemple :

Le 2 janvier 1827, Mme Nukhetseza est née en Abkhazie sous le nom de Khadija Baras, membre des Baras, une famille noble abkhaze. Son père était le noble abkhaze Khatugh bey Baras, et sa mère était la Géorgienne

L'exil des Ottomans à Nice et leur généalogie.

Ferhunde Hanım. Il avait un enfant âgé, une sœur nommée Şekbar Hanım (morte en 1911). Hatice a été amenée à Istanbul en 1835 à l'âge de 8 ans et confiée aux soins de Bezmiâlem Sultan par son père. Ici, selon les traditions de la cour ottomane, son nom a été changé en Nükhetsezâ.

Bien entendu cela complique les recherches, ainsi que la construction des arbres, car le logiciel comprends difficilement les liens entre les multiples épouses du Sultan, jusqu'à 40 pour l'un des Sultan.

Nyukhetseza *est la mère de notre tri-aïeul. (sosa : 57 dans mon arbre) et la 5e génération pour moi.*

Nyukhetseza est l'épouse (ikbal[xvii] principal) du sultan ottoman Abdulmejid Ier, la mère de ses enfants, dont : Mehmed Burhaneddin Osmanoğlu, , Prince OTTOMAN et arrière-arrière-grand-père.

Nom d'origine : **Khadija** Nom : **Baras** Origine : **Abaza** Nom du père : **Hatug Bey** Nom de la mère : **Ferhunde Hanım** Naissance : 2 janvier 1827 en **Abkhazie**.

Voir comme exemple concret :

Nukhetseza Khatugh - Geneanet

Nyukhetseza Khanym-efendi - wiki7.org

La saisie des membres de notre famille sur geneanet est limité aux membres de notre branche à partir de Mahmud II. Cela va représenter plus d'une centaine de personnes.

Voyage dans le temps : Une enquête généalogique ottomane.

Arbre Rodovid vue partielle de l'arbre généalogique :

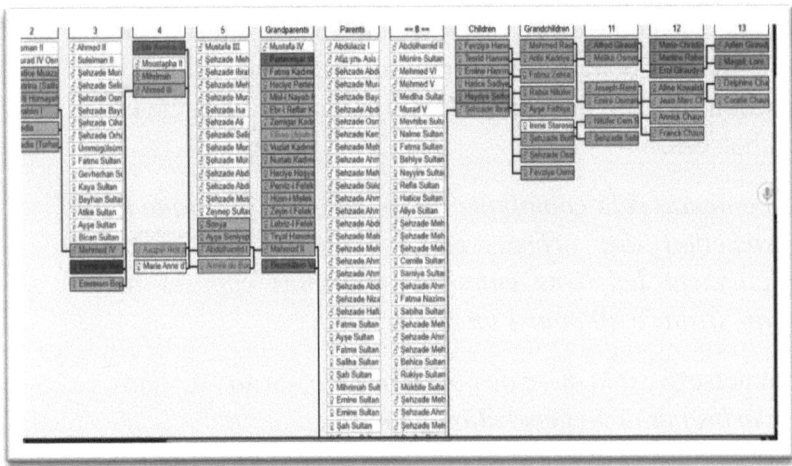

Figure 26 Vue partielle de notre arbre sur Rodovid.

Extrais de notre arbre sur Rodovid :

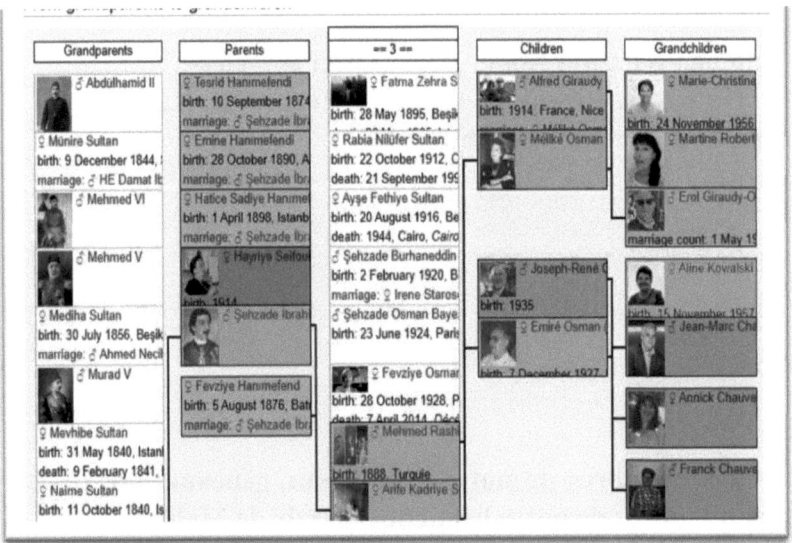

Figure 27 Vue de détail sur notre arbre sur Rodovid.

L'exil des Ottomans à Nice et leur généalogie.

> *« Une famille se constitue en se racontant et se reconnaît grâce à la narration »* (Isabelle CARON).

La généalogie m'a permis de mieux comprendre et cerner les tenants et aboutissants de notre arbre et de ses nombreuses branches.

La généalogie agnatique se consacre à l'étude de la lignée mâle d'un individu.

La généalogie cognatique se concentre sur la lignée des femmes, on parle aussi de lignée utérine (celle-ci est fort compliquée dans le cadre de cette généalogie ottomane, car les lignées des concubines[xviii] étaient souvent méconnues).

La maison de la famille Ottomane (ou HANEDAN) :

Les publications de Jamil ADRA, il travaille depuis des années sur cette généalogie.

Ma mère et moi nous avons largement contribué à cette recherche de 1999 à 2005, j'ai participé à de nombreuses réunion chez lui à Paris. Ensuite, ils se sont rapprochés d'autres personnes et de certaines organisations, cela ne me convenait plus. Je ne pouvais plus participer à ces réunions.

J'ai eu le plaisir d'être contacté par Ibrahim PAZAN (un grand spécialiste de notre famille qui veille à la mise à jour de cet ouvrage).

Cela m'a un peu étonné, mais j'ai prévenu mon cousin Jean-Marc CHAUVEL et nous lui avons communiqué des indications afin d'actualiser notre arbre généalogique.

Voici son site, c'est une source d'informations importante et de qualité.

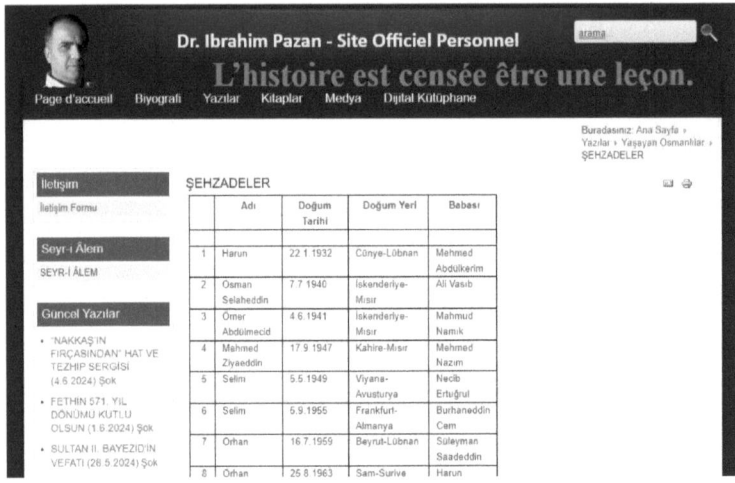

Figure 28 Le site Internet d'Ibrahim PAZAN.

İbrahim Pazan, né en 1958, est un ingénieur diplômé de l'Université technique d'Istanbul. Il a travaillé comme officier du génie pendant 18 ans et a occupé des postes de direction dans les médias. Il enseigne actuellement à l'Université Topkapı d'Istanbul.

Passionné d'histoire ottomane, il a publié de nombreux articles et livres sur le sujet. Il a obtenu son doctorat de l'Université de Marmara en 2013 et est devenu professeur associé en 2024.

Il est membre de plusieurs associations de journalistes et père de trois enfants.

L'exil des Ottomans à Nice et leur généalogie.

Extrais des pages de ce petit livre gratuit sur notre Famille :

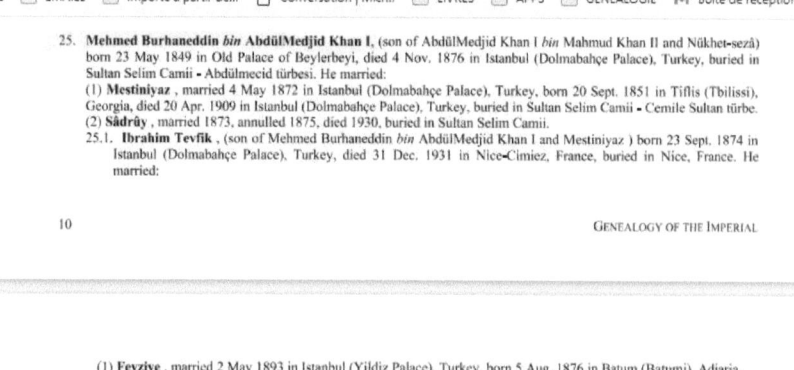

Figure 29 Notre branche dans cet arbre généalogique.

Le Dr Ibrahim Pazan s'intéresse particulièrement à l'histoire ottomane depuis le lycée.

Il a publié son premier ouvrage sur la « Guerre de Crimée et la domination britannique en Inde » en 12 épisodes dans un journal turc en 1977, alors qu'il était encore étudiant à l'université.

Il est membre de l'Association des journalistes turcs (TGC) et de l'Association des journalistes sportifs de Turquie (TSYD). Il détient une carte de presse permanente.

Voyage dans le temps : Une enquête généalogique ottomane.

> 25.1.1.1.1.2. **Magali Méliké GIRAUDY**, (daughter of Pierre Erol GIRAUDY OSMAN and Marie-Christine MEHOUAS) born 10 Oct. 1981 in Neuilly-sur-Seine, France.
> 25.1.1.2. **Emiré OSMAN**, born 7 Dec. 1927 in Nice, France. She married Joseph-René CHAUVEL, married 17 Dec. 1957 in Nice, France. She died 23 May 2004 in Nice, France, and buried 25 May 2004 in Nice, France.
> 25.1.1.2.1. **Jean-Marc Vély CHAUVEL**, born 16 Oct. 1957 in Nice, France. He married Aline KOWALSKI, married 21 Sept. 1983 in Nice, France, born 15 Nov 1957 in Saint-Gaudens, Haute-Garonne, France, (daughter of Jean KOWALSKI and Marie-Rose MAUVEZIN).
> 25.1.1.2.1.1. **Delphine Marie-Claire Roxane CHAUVEL**, born 2 Apr 1984 in Nice, France.
> 25.1.1.2.1.2. **Coralie Estelle Emiré CHAUVEL**, born 2 May 1988 in Nice, France.
> 25.1.1.2.2. **Annick Kadriye CHAUVEL**, born 4 May 1959 in Nice, France. She married Jean-Pierre GHIRINGHELLI, married 28 Nov. 1987 in Saint-Laurent du Var, France.
> 25.1.1.2.2.1. **Roland GHIRINGHELLI**, born 6 May 1988 in Nice, France.
> 25.1.1.2.2.2. **Gaëtan GHIRINGHELLI**, born 13 Nov 1990 in Nice, France.
> 25.1.1.2.3. **Franck Erol CHAUVEL**, born 21 Nov 1961 in Nice, France.
> 25.1.1.2.3.1. **Anthony Daniel Giovanni CHAUVEL**, born 1 Mar. 1998 in Nice, France.
> 25.1.2. **Fatma Zehra**, (daughter of Ibrahim Tevfik and Tesrid) born 28 May 1895 in Istanbul (Yildiz Palace), Turkey. She married Selâmi Süleyman ALPAN, married 25 Oct. 1917 in Istanbul (Erenköy Palace), Turkey, born 1894, died 1945 in Haifa, Palestine. Fatma died 26 May 1965 in Istanbul, Turkey, buried in Mahmud II Türbesi haziresi.
> 25.1.2.1. **Biloun ALPAN**, born 25 Aug 1919 in Istanbul, Turkey. She married Hasan JARALLAH, married 15 Aug 1940 in Jerusalem, Palestine, divorced 1948.
> 25.1.2.1.1. **Nahida JARALLAH**, born 1 Sept. 1942 in Jerusalem, Palestine.
> 25.1.2.2. **Yavuz ALPAN**, born 11 Sept. 1928 in Haifa, Palestine. He married Marjorie DUMMIT, married 11 Sept. 1960 in Beirut, Lebanon, born 1940, died 1993.
> 25.1.2.2.1. **Cynthia ALPAN**, born 10 Aug. 1962 in Beirut, Lebanon.
> 25.1.3. **Rabia Nilüfer**, (daughter of Ibrahim Tevfik and Emine) born 22 Oct. 1912 in Istanbul (Ortaköy Palace), Turkey. She married (1) Michel Mourad KEFELI, married 3 Feb. 1931 in Neuilly-sur-Seine, France, born 20 Jan. 1893 in Nikolaiev, Ukraine, died 31 Mar. 1966 in Paris, France. She married (2) Joseph CIERNOSKI, married 1950 in New York, USA, born 1902, died 1987. Rabia Nilüfer died 21 Sept. 1997 in New York, USA.
> 25.1.3.1. **Youssouf Medjid KEFELI**, (son of Michel Mourad KEFELI and Rabia Nilüfer) born 16 Nov. 1932 in Paris, France. He married Anne TOUDIC, married 29 Apr. 1957 in Paris, France, born 22 Apr. 1930 in Pleumeur-Bodou (Côtes-d'Armor), France.
> 25.1.3.1.1. **Agnès Nilufer KEFELI**, born 5 Dec. 1959 in Brussels, Belgium. She married John Eugene CLAY, married 21 June 1986 in Chicago, Illinois, USA, born 14 Aug. 1959 in Norfolk, Virginia, USA.
> 25.1.3.1.1.1. **Anne Safiya CLAY**, born 28 Aug. 1989 in Chicago, Illinois, USA.
> 25.1.3.1.1.2. **Joy Nilufer CLAY**, born 6 July 1994 in Mesa, Arizona, USA.
> 25.1.3.1.2. **Eva Hanzade KEFELI**, born 17 Feb. 1964 in Fontenay-aux-Roses, France. She married Olivier BEILLET LE BÉHÉREC, married 27 May 1999 in Paris, France, born 6 Oct. 1968 in Versailles, France.
> 25.1.3.1.2.1. **Odon Medjid BEILLET LE BÉHÉREC**, born 10 Oct. 2000 in Paris (11°), France.
> 25.1.4. **Ayshe Masume Fethiye**, (daughter of Ibrahim Tevfik and Emine) born 20 Aug. 1916 in Istanbul

Figure 30 Les descendants de Mehmed Burhaneddin notre aïeul.

Le lien pour télécharger le livre gratuit sur notre généalogie :

Le livre incluant les pages ci-dessus est disponible en ligne et téléchargeable dans différents formats. Vous trouverez l'URL à la fin de ce chapitre. Cela permettra à ceux qui le souhaitent d'avoir une vue plus large de notre généalogie.

https://archive.org/details/GenealogyOfTheImperialOttomanFamily2005

L'exil des Ottomans à Nice et leur généalogie.

> USA.
> 25.1.3.1.1.1. **Anne Safiya CLAY**, born 28 Aug. 1989 in Chicago, Illinois, USA.
> 25.1.3.1.1.2. **Joy Nilufer CLAY**, born 6 July 1994 in Mesa, Arizona, USA.
> 25.1.3.1.2. **Eva Hanzade KEFELI**, born 17 Feb. 1964 in Fontenay-aux-Roses, France. She married Olivier BEILLET LE BÉHÉREC, married 27 May 1999 in Paris, France, born 6 Oct. 1968 in Versailles, France.
> 25.1.3.1.2.1. **Odon Medjid BEILLET LE BÉHÉREC**, born 10 Oct. 2000 in Paris (11°), France.
> 25.1.4. **Ayshe Masume Fethiye**, (daughter of Ibrahim Tevfik and Emine) born 20 Aug. 1916 in Istanbul (Kuruçeshme Palace), Turkey. She married Rashid SHAFIQ. Ayshe died 1944 in Cairo, Egypt.
>
> OTTOMAN FAMILY 2005   11
>
> 25.1.4.1. **Nilüfer**, born 14 Sept. 1942 in Cairo, Egypt. She married Wafik Tevfik, born 2 Nov. 1931.
> 25.1.5. **Burhaneddin DJEM**, (son of Ibrahim Tevfik and Hadice Sadiye) born 2 Feb. 1920 in Istanbul (Beshiktash Palace), Turkey. He married Irène (Irina) STAROSSELSKY, married 1951 in Paris, France, born 30 Sept. 1928 in Neuilly-sur-Seine, France.
> 25.1.5.1. **Nilufer DJEM**, born 19 Mar. 1954 in Monterey, California, USA. She married Luigi de ANDRIA, married 11 July 1981 in Gibraltar, divorced 1984, born 13 Dec. 1953.
> 25.1.5.1.1. **Tatiana de ANDRIA**, born 18 Dec. 1981 in Geneva, Switzerland, died 18 June 1998 in Berne, Switzerland.
> 25.1.5.2. **Selim DJEM**, born 5 Sept. 1955 in Frankfurt-am-Main, Germany.
> 25.1.6. **Osman Bayezid**, (son of Ibrahim Tevfik and Hadice Sadiye) born 24 June 1924 in Paris, France.
> 25.1.7. **Fevziye OSMANOGLU**, (daughter of Ibrahim Tevfik and Hayriye SEIFOULLINE) born 28 Oct. 1928 in Paris, France. She married Mehmed Hüseyin Hayri, born 23 Dec. 1924.
> 26. **Sabiha bint AbdülMedjid Khan I**, (daughter of AbdülMedjid Khan I bin Mahmud Khan II and Meh-tâb) born 15 Apr. 1848, died 27 Apr. 1849, buried in Yeni Cami - Refia Sultan türbesi.
> 27. **Ahmed Nureddin bin AbdülMedjid Khan I**, (son of AbdülMedjid Khan I bin Mahmud Khan II and Meh-tâb) born 31 Mar. 1852. He married (1) Nazli Emsâl, born 1852, died 1870 in Istanbul (Dolmabahçe Palace), Turkey, buried in Istanbul (Yahya Efendi), Turkey. Ahmed Nureddin died 11 Dec. 1885, buried in Yeni Cami - Murad V türbesi.
> 28. **Mehmed Fuad bin AbdülMedjid Khan I**, (son of AbdülMedjid Khan I bin Mahmud Khan II and Nergis) born 7 July 1848, died 28 Sept. 1848, buried in Yeni Cami - Refia Sultan türbesi.
> 29. **Seniha bint AbdülMedjid Khan I**, (daughter of AbdülMedjid Khan I bin Mahmud Khan II and Nâlânidil) born 22 Nov.

Figure 31 Surlignés les descendants de Mehmed Burhaneddin notre aïeul.

Dans mon livre, on trouve plus de cent occurrences des termes "généalogie" et "généalogique", ainsi que plus d'une trentaine d'arbres généalogiques - une petite forêt, en somme.

Liens permettant de télécharger notre généalogie :

Le livre sur la généalogie de la famille impériale ottomane, édition gratuite de 2005 se trouve en fin de ce chapitre.

Les Osmans sont sur **Rodovid**, Geneanet ou Geni. L'intérêt d'utiliser plusieurs solutions permettant de construire des arbres généalogiques réside dans le fait d'avoir des rendus différents qui permettent une meilleure visualisation des données. L'aperçu de la **ChartInventory** sous Rodovid est très intéressant. C'est une vision complémentaire que je recommande.

L'exportation d'un fichier au format **GEDCOM**[xix] permet ensuite une importation dans d'autres logiciels sans aucun problème. Que ce soit sur des solutions en ligne ou sur votre PC, ces outils de généalogie sont accessibles et utiles. Pour plus d'informations à ce sujet, consultez la partie à la fin de ce livre : Bibliographie, les sources et les carnets avec leurs outils. Geneanet, en particulier, dispose de fonctions d'exportation avec des options intéressantes. Une sauvegarde au format GEDCOM (**.ged**) peut vous servir pour les échanges avec d'autres généalogistes. Un fichier GEDCOM (GEnealogical Data COMmunication) est un format utilisé pour sauvegarder et partager des arbres généalogiques.

Ces outils permettent des interprétations différentes, et l'utilisation de certaines fonctions de recherche, telles que celles de geneanet, offre la possibilité de faire de la **veille généalogique** avec la **création d'alertes**.

Une nouvelle fonction existe sur geneanet. Il vous propose d'essayer cette nouvelle fonctionnalité pour **importer** des personnes, et certaines de leurs informations, depuis un autre arbre vers le vôtre.

Cet outil permet de sourcer l'information avec un lien vers l'arbre d'origine, tout en évitant les erreurs de recopie.

En savoir plus : https://www.geneanet.org/beta/tree-import

L'exil des Ottomans à Nice et leur généalogie.

Genealogy of the Imperial Ottoman Family 2005 by Jamil ADRA :

Figure 32 Genealogy of the Imperial Ottoman Family 2005.

Voyage dans le temps : Une enquête généalogique ottomane.

Figure 33 Maquette du livre 1er version 1999.

Les premiers travaux sur ce livre ont commencé entre 1999 et 2005. J'y ai largement contribué, ainsi que de nombreux autres membres de notre famille.

L'exil des Ottomans à Nice et leur généalogie.

Une version 2011 est disponible (GENEALOGY OF THE IMPERIAL OTTOMAN FAMILY 2011). Elle a été révisée et complétée par OSMAN SELAHEDDIN OSMANOĞLU, Jamil et Edhem ELDEM.

« Rien n'est plus compliqué que de rendre facilement compréhensible un tableau généalogique. C'est d'autant plus vrai lorsqu'il s'agit d'une famille aussi complexe que la Maison d'Osman. Certes, le choix arbitraire mais compréhensible qui a été fait de prendre Mahmoud II comme l'ancêtre commun et unique de la famille actuelle réduit le thème à une taille un peu plus gérable - au prix de perdre la trace d'un certain nombre de descendants de ses 29 prédécesseurs - mais cet avantage est considérablement compensé par la décision qui a été prise d'inclure tous les membres de la famille plutôt que les seuls membres de la dynastie.

En effet, il faut se rappeler que le système dynastique ottoman était principalement patriarcal et patrilinéaire, ne permettant qu'à deux générations successives de femmes de détenir un titre dynastique, tandis que la lignée masculine constituait la seule base légitime du pouvoir et de l'appartenance dynastique. Si les étendards dynastiques ottomans avaient été conservés, ce livret n'aurait inclus que les noms des princes et princesses du sang et de leurs épouses (:jehzades et sultans, ainsi que hanzmeJendis et damads), et ceux des princes et princesses nés de princesses du sang (sultanzades ou beyzades et hanzm sultans).

L'objectif, cependant, étant de dresser un tableau aussi complet que possible de la famille ottomane, plutôt que de la dynastie, chaque individu a été inclus, quels que soient son rang et son titre. Aussi arbitraire soit-il, ce choix peut être justifié par le fait que les grades et les titres n'ont plus le sens qu'ils avaient lorsque la dynastie régnait encore sur l'empire qui portait son nom. Depuis la chute du sultanat, le 1er novembre 1922, et celle du califat, le 3 mars 1924, les membres de la dynastie ont clairement fait savoir qu'ils avaient renoncé à toute prétention au pouvoir politique en Turquie.

Néanmoins, aussi désuet qu'il ait pu être, il n'y avait aucune raison d'abandonner complètement le protocole dynastique. C'est pourquoi nous avons essayé de combiner cette définition très inclusive de la famille avec une distinction claire de rang et de titre pour les membres qui appartenaient à la dynastie. Étant donné l'aspect peu pratique de la répétition constante des titres de chaque individu, nous avons préféré créer des distinctions typographiques entre des individus de rang et de sexe différents. Pour rendre ces distinctions quelque peu cohérentes, nous avons essayé d'établir quelques règles générales qui pourraient être facilement identifiées par le lecteur.

Ainsi, le genre est systématiquement indiqué par la police de caractères romaine (masculine) par rapport à la police italique (féminine) ; les membres de la dynastie seraient caractérisés par des caractères gras contre des caractères réguliers pour les non-membres ; les personnes acquérant des titres dynastiques par mariage verraient leur nom souligné ; Enfin, le rang de tous les membres de la dynastie se refléterait dans la casse typographique, c'est-à-dire toutes les majuscules, les petites capitales et les minuscules.

L'exil des Ottomans à Nice et leur généalogie.

Ce « système » peut être résumé dans les deux tableaux suivants : le premier présente tous les grades possibles au sein de la famille, et leurs titres correspondants ; Le second est un tableau généalogique purement hypothétique qui place ces rangs et titres dans le contexte de relations verticales (lignée) et horizontales (mariage).

Edhem ELDEM. »[xx]

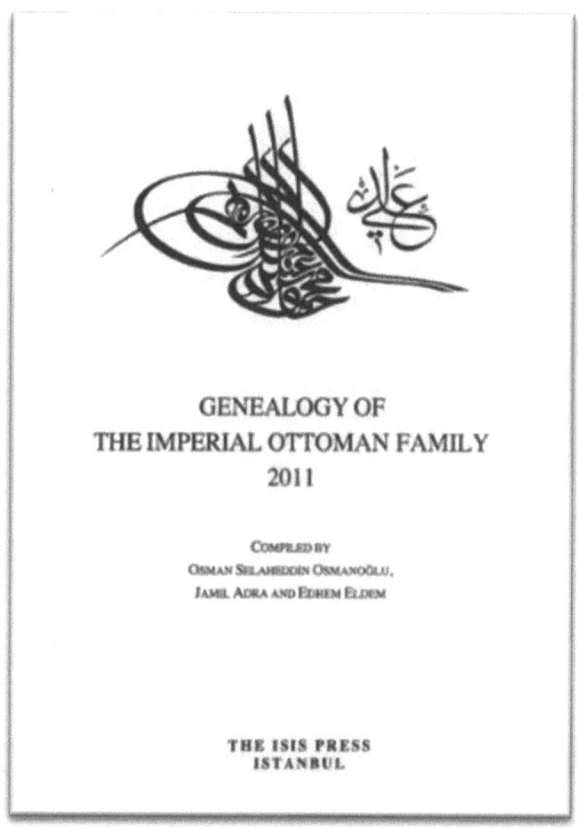

Figure 34 Version payante de 2011 du livre sur notre généalogie.

Voyage dans le temps : Une enquête généalogique ottomane.

La Hanedan est notre association familiale.

Elle a permis de réunir en partie certains membres de notre famille.

Cette étude généalogique est la première publication de notre association familiale, HANEDAN (Maison d'Osman), basée à Paris, France, et composée de membres répartis dans une quinzaine de pays.

Descendants d'une Famille qui a non seulement grandement influencé mais aussi dominé l'histoire de l'Asie Mineure, du Proche et du Moyen-Orient, des Balkans, des pays riverains de la mer Noire, de l'Afrique du Nord et de l'Europe de l'Est pendant près de sept siècles, ils perpétuent à notre époque la dynastie de l'un des plus grands empires sédentaires et non coloniaux du monde.

C'est le seul à avoir duré aussi longtemps – avec l'empire des Habsbourg – sous la direction d'une seule dynastie et en ligne directe de succession.

En effet, la famille ottomane (Âl-i-Osmân) a occupé le trône pendant 641 ans, de 1281 à 1922.

Ses souverains, tous musulmans sunnites, ont régné en tant que califes sur le monde islamique pendant 408 ans, de 1516 à 1924 (vingt-neuf califes, pendant 428 ans jusqu'à la mort du 101e calife, AbdülMedjid Efendi, en 1944).

Leur empire multinational, précurseur du système fédéral contemporain, a été l'une des civilisations les plus importantes du deuxième millénaire de notre ère.

L'exil des Ottomans à Nice et leur généalogie.

Voici un autre type d'arbre beaucoup plus ancien :

Source : Muqarnas, un annuel sur les cultures visuelles du monde islamique. Voir à la fin de ce chapitre pour le lien (URL). "Une généalogie illustrée entre les Ottomans et les Safavides" par Melis Taner.

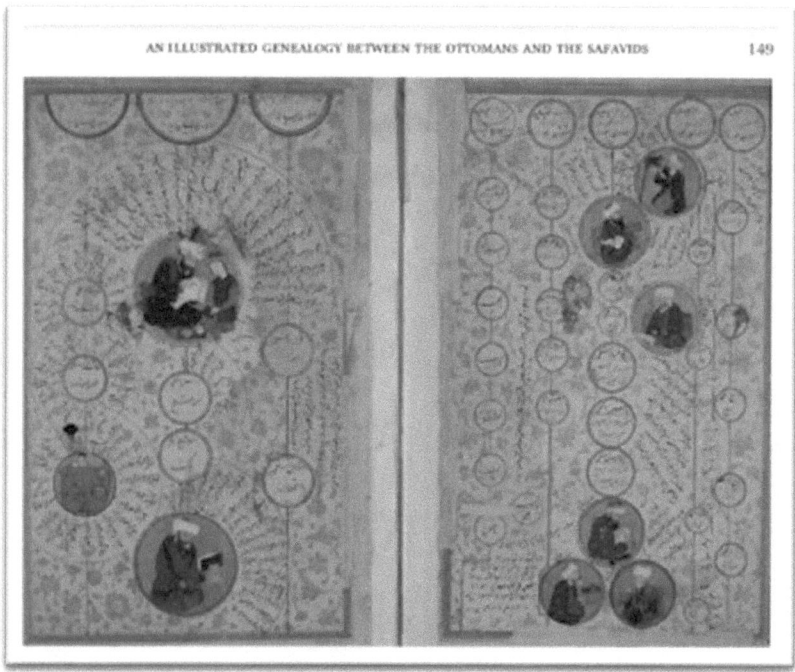

Figure 35 Généalogie illustrée entre Ottomans and Safavides.

Genealogy ResearchPapers. Source : Academia.edu

« Ces généalogies illustrées peuvent être attribuées à Bagdad sur la base du style. Par ailleurs, trois généalogies illustrées comportent des colophons donnant le nom du scribe, qui était un « habitant de Bagdad », répertorie Bagdad comme lieu d'exécution dans son colophon[xxi]. Une autre copie turque ottomane illustrée de l'œuvre n'a pas de colophon mais contient d'autres preuves d'un lien avec Bagdad. Outre la stylisticité des médaillons peints par rapport aux peintures de Bagdad, est annexé à cette généalogie un tableau représentant Mehmed III sur un trône. »

Taner, Melis. *"An Illustrated Genealogy between the Ottomans and the Safavids." Muqarnas Online 35.1 (2018) : 145–173. Web.*

Un colophon est une note finale placée à la fin d'un livre ou d'un manuscrit, généralement avec des détails relatifs à sa production. Ces détails peuvent inclure le nom de l'imprimeur et la date et le lieu d'impression.

Dans le contexte d'un livre ou d'un manuscrit, un colophon donne généralement des indications sur le titre de l'œuvre, l'auteur, parfois sur le copiste et la date de copie ou bien sur l'imprimeur et la date d'impression. Il sera par la suite remplacé par la page de titre.

Le mot colophon vient du grec ancien κολοφών / kolophṓn : « couronnement, achèvement ».

Ce sont des humanistes qui ont popularisé ce terme.

L'exil des Ottomans à Nice et leur généalogie.

Voici l'autre branche celle des Abdul-Medjid.

C'est la nôtre, je l'ai construite avec la solution geneanet.

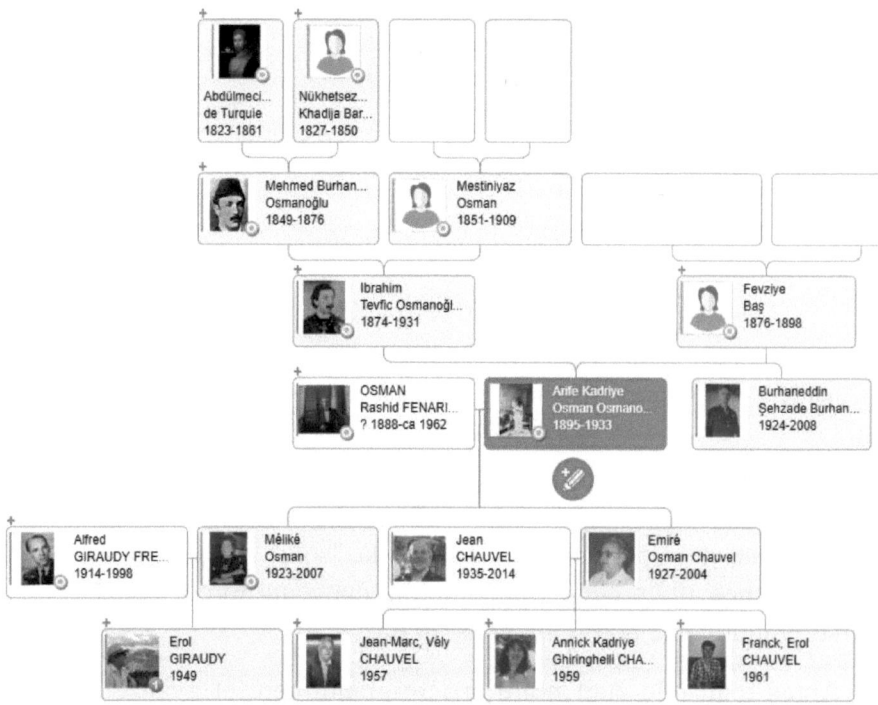

Figure 36 Mon arbre avec mes parents sur Geneanet.

https://gw.geneanet.org/pierreerol_w?lang=fr&p=melike&n=osman&oc=0&type=tree

La Princesse Arife Kadriye Osman Osmanoğlu et son époux le Damad OSMAN Rashid FENARIZADE de LARISSA.

Ma grand-mère Arife Kadriye a épousé Fenarizade Mehmed Raşid le 13 décembre 1914 au palais Nişantaşı à Constantinople, en Turquie.

Voyage dans le temps : Une enquête généalogique ottomane.

Figure 37 Les descendants d'AbdülMedjid Kan I Osmanoğlu.

https://gw.geneanet.org/pierreerol_w?lang=fr&pz=pierre+errol+arthur&nz=giraudy&ocz=0&m=D&p=abdulmecid&n=de+turquie&sosab=10&color=&t=A&v=5

J'ai eu le plaisir de connaître Hayriye SEFOULINE à Paris, une femme charmante avec une affection particulière pour le chocolat et le poisson, notamment la "sole". Bien que sa préférence pour cette alimentation peu équilibrée puisse surprendre, que pouvions-nous lui dire ?

Après tout, elle était notre arrière-grand-mère et avait été mariée au prince Ibrahim Tevfik. Les souvenirs que j'ai d'elle remontent à nos visites régulières, où nous prenions le temps de partager des moments agréables avec elle et sa fille, la Princesse Fevziye.

C'était une période où le simple plaisir de la compagnie et les petites indulgences gastronomiques prenaient toute leur importance. Elle avait participé aux 800 ans de la famille ottomane au Palais de Versailles en France, c'était une longue soirée riche en surprises et découvertes.

L'exil des Ottomans à Nice et leur généalogie.

Cependant, la fin de la vie de Hayriye a été compliquée. Alors qu'elle était en vacances à Corfou, en Grèce, accompagnée de sa fille Princesse Fevziye, elle tomba malade et nécessita un rapatriement en avion privé. À ce moment-là, ma femme Martine et moi étions à Paris.

Nous avons apporté tout notre soutien à la Princesse Fevziye, notre tante, tant dans l'organisation du rapatriement que dans les nombreuses démarches administratives qui ont suivi. Malheureusement, malgré tous nos efforts, la maladie eut raison d'elle.

La perte de Hayriye a laissé un vide dans nos vies, mais nous nous rappelons avec tendresse des moments partagés, de son amour pour la vie et de sa force face aux nombreuses épreuves.

Le prince Rashid FENARIZADE de LARISSA.

Rashid Osman, du nom de son épouse, avait comme titre celui de Damad, littéralement "gendre" (titre du gendre du chef de la famille impériale - en turc moderne, Damat).

Il s'est marié pendant le règne d'un des derniers Sultans. C'était le fils du puissant Prince Faik, lui-même souverain d'immenses terres en Albanie et en Grèce.

Ce dernier était en outre ministre du sultanat turc et placé directement sous les ordres du sultan, avec qui il était parent (je n'ai pas pu complètement vérifier ce point).

L'Étymologie de son titre de noblesse :

Larissa est une ville grecque située au bord du fleuve Pénée. Elle est la capitale de la région de Thessalie et le chef-lieu du district régional de Larissa. Elle est également la capitale du diocèse décentralisé de Thessalie-Grèce centrale. Pendant la période ottomane, la ville s'appelait Yenişehir ou Yenişehir-i Fener pour la distinguer des autres colonies de la région. C'est la plus grande ville de la région de Thessalie et le centre de la périphérie de Larissa.

Figure 38 Carte géographique Larissa.

Dans les ruelles de l'antique Yenişehir, l'Histoire a façonné des destins remarquables. Le poète Divan Avni y composa des vers qui inspirèrent le grand Namık Kemal. Şeyhülislam Fazıl Abdullah Efendi, par sa fatwa, y ouvrit la voie à la première imprimerie turque. Ahmet Bey quitta ces rues pour devenir le premier maire d'Izmir, tandis que Kemal Bey y puisa la sagesse qui ferait de lui le gouverneur de Boğazlıyan. Ainsi, cette cité millénaire a nourri des esprits qui ont marqué l'Empire ottoman et la Turquie moderne, tissant leur héritage dans la riche tapisserie de l'histoire nationale.

L'exil des Ottomans à Nice et leur généalogie.

L'Ombre du Croissant sur Larissa :

Sous le joug des Turcs, Larissa gémissait. Les champs autrefois libres se courbaient sous le poids du système des Timars, tandis que le peuple ployait sous le fardeau de taxes cruelles. La dîme arrachait le pain de la bouche des paysans, le haraç vidait leurs maigres bourses, et le sinistre devchirmé, ce παιδομάζωμα que les mères maudissaient dans leurs prières, volait les fils pour en faire les janissaires du Sultan.

Dans les tavernes sombres et les églises murmurantes, la colère grondait. Parfois, elle explosait en révoltes désespérées, aussitôt noyées dans le sang par les sabres ottomans. Mais de ces cendres naissaient des héros, mi-bandits, mi-libérateurs. On les appelait κλέφτες, ces klephtes insaisissables qui hantaient les montagnes et défiaient l'ordre turc.

Quand le vent de la liberté souffla sur la Grèce au début du XIXe siècle, ces bandes de rebelles devinrent le fer de lance de la révolte. Leurs chants de guerre résonnèrent dans les vallées de Thessalie, portant l'espoir d'une Larissa libre.

Pourtant, alors que d'autres cités grecques brisaient leurs chaînes, Larissa resta prisonnière. Il fallut attendre 1881, lorsque les puissances européennes, horrifiées par les massacres perpétrés par les Ottomans contre leurs sujets chrétiens, se réunirent à Constantinople. Là, dans les salons feutrés de la diplomatie, le destin de Larissa fut scellé. Enfin, la ville put rejoindre le giron de la mère Grèce, laissant derrière elle des siècles d'oppression et de lutte.

Ainsi s'acheva le long calvaire de Larissa sous le croissant ottoman, mais les cicatrices de cette époque restèrent gravées dans la pierre de ses murs et dans l'âme de son peuple.

Voyage dans le temps : Une enquête généalogique ottomane.

Souvenirs d'Istanbul :

Les souvenirs parfois surgissent comme des éclairs, illuminant le passé d'une lueur fugace. Je me rappelle ce jour à Nice, du temps où ma mère était encore parmi nous. Le soleil de la Côte d'Azur caressait les façades pastel quand j'ai croisé le chemin des Cerrahoğlu, ces avocats turcs au nom si particulier.

Leur présence évoquait un autre monde, une ville à cheval entre deux continents : Istanbul. Je pouvais presque sentir les embruns du Bosphore, entendre le muezzin appeler à la prière.

Aujourd'hui encore, je peux fermer les yeux et visualiser leur adresse, comme une incantation qui me transporterait dans les rues animées de Beşiktaş :

Barbaros Bulvarı, artère palpitante de la ville, Mustafa İzzet Efendi Sokak, ruelle aux échos ottomans, Et là, au numéro 11, le Cerrahoğlu Building se dresse, Fier dans le quartier de Balmumcu.

34349 Istanbul, Turquie. Ces chiffres et ces mots résonnent comme une promesse d'aventure, un pont jeté entre mes souvenirs de Nice et les mystères d'une métropole millénaire.

Les Cerrahoğlu, gardiens de la loi dans cette ville aux mille visages, restent pour moi le symbole d'une rencontre fortuite, d'un instant où le monde s'est rétréci, où Istanbul s'est rapprochée de la Méditerranée française, le temps d'une conversation sur une terrasse niçoise.

L'exil des Ottomans à Nice et leur généalogie.

Figure 39 Prof. Dr. M. Fadlullah Cerrahoğlu et sa fille.

Le Damad : Une vie entre deux mondes :

Dans les derniers feux de l'Empire ottoman, alors que le siècle nouveau n'avait que douze ans, naquit un enfant destiné à chevaucher deux époques. Les rues de Constantinople, en cette année 1888, bruissaient encore des échos d'une gloire millénaire, ignorant qu'elles seraient bientôt rebaptisées Istanbul.

Cet enfant, dont le nom se perd dans les méandres de l'Histoire, allait connaître un destin hors du commun. Le jeune homme qu'il devint sut s'élever dans les arcanes du pouvoir, jusqu'à gagner le titre convoité de Damad, gendre impérial. Par son mariage avec la princesse Arife Kadriye Osman, il entrait dans le cercle fermé de la dynastie d'Osman, devenant l'époux d'une sultane, un pont vivant entre le peuple et la famille impériale. Leur union, bénie par le destin, donna naissance à deux filles : Méliké, qui vit le jour en 1923 alors que la jeune République turque faisait ses premiers pas, et Émiré, née en 1927, portant dans son nom même l'écho d'un empire disparu.

Mais les vents du changement soufflaient fort sur le Bosphore. Notre Damad, fin diplomate, sut naviguer les eaux tumultueuses de la politique internationale, gagnant le titre de ministre plénipotentiaire. Son talent et son dévouement furent reconnus au-delà des frontières de sa patrie : la France lui décerna sa plus haute distinction, la Grande Croix de la Légion d'Honneur.

Le destin, capricieux, ne lui épargna pas les épreuves. En 1933, la mort lui arracha sa bien-aimée princesse Arife Kadriye, le laissant seul à guider leurs deux jeunes filles.

Les dernières années de sa vie, il les passa loin des rives du Bosphore, trouvant refuge dans la neutralité paisible de la Suisse. C'est là, peut-être dans l'ombre majestueuse des Alpes, qu'il s'éteignit en 1962, à l'âge vénérable de 74 ans.

Ainsi s'acheva le parcours extraordinaire de cet homme, né sujet ottoman et mort citoyen du monde, témoin et acteur d'une ère de bouleversements qui vit la chute d'un empire et la naissance d'une nation nouvelle.

Il est important de noter que la généalogie n'était pas une pratique courante chez les Ottomans et que les documents d'état civil n'existaient pas de la même façon qu'aujourd'hui.

Il est donc possible que les informations sur l'arbre généalogique de la famille du Damad Rashid Bey soient incomplètes ou manquent de précisions, en particulier sur les lieux et les dates.

Il serait donc nécessaire de consulter des archives ottomanes et post ottomanes pour trouver des informations plus détaillées sur cette famille.

L'exil des Ottomans à Nice et leur généalogie.

Cet arbre, laissé par notre grand-père fait état d'un aïeul GALIPE avec un croissant Turc.

Les X qui figurent sur cet arbre généalogique manuscrit doivent indiquer des personnes décédées.

Les secrets de l'arbre généalogique Ottoman :

Dans le grenier de notre vieille demeure familiale à Nice, parmi la poussière des siècles et les souvenirs oubliés, repose un document précieux : l'arbre généalogique laissé par notre grand-père. Ce parchemin jaunissant, aux contours flous de l'histoire, raconte en silence les mystères de notre lignée ottomane.

Les yeux plissés, on y discerne le nom de Damad Rashid Bey, figure énigmatique de notre passé. Mais chaque nom, chaque date sur ce papier est comme un mirage dans le désert de l'histoire ottomane. Car, voyez-vous, nos ancêtres n'avaient guère le souci de la généalogie comme nous l'entendons aujourd'hui. Les archives d'état civil, telles que nous les connaissons, n'existaient pas dans l'Empire ottoman finissant.

Chaque ligne tracée par la main tremblante de notre aïeul est une invitation au voyage, à l'exploration. Les lieux et les dates dansent dans un flou artistique, défiant notre soif moderne de précision. C'est un rappel silencieux que notre histoire familiale, comme celle de tant d'autres, est parsemée de zones d'ombre et d'incertitudes.

Au cœur de cet arbre aux branches tortueuses, un nom attire l'œil : GALIPE. À côté, un croissant turc, symbole éloquent d'un passé lié à l'Empire ottoman. Ce signe, plus qu'une simple décoration, est une ancre jetée dans les eaux troubles de notre histoire.

Voyage dans le temps : Une enquête généalogique ottomane.

Çà et là, des X parsèment le document, sentinelles silencieuses marquant le passage de la vie à la mort. Chacune de ces croix est une porte fermée sur des histoires non racontées, des vies dont les détails se sont évanouis dans la brume du temps.

Pour percer ces mystères, pour donner chair à ces noms et ces dates, il faudrait plonger dans les archives ottomanes et post-ottomanes.

Là, peut-être, dans la pénombre des bibliothèques d'Istanbul ou d'Ankara, se cachent les clés de notre passé.

Chaque document poussiéreux, chaque registre oublié pourrait être le chaînon manquant, le pont jeté entre notre présent et ce passé ottoman si proche et pourtant si lointain.

En attendant cette quête hypothétique, notre arbre généalogique reste là, témoin silencieux d'une époque révolue.

Il nous rappelle que notre histoire, comme celle de l'Empire ottoman lui-même, est un fascinant mélange de faits avérés et de légendes familiales, de certitudes gravées dans le marbre et de souvenirs aussi évanescents que la fumée d'un narguilé dans un café stambouliote.

Voici de la main de mon Grand-père cet arbre généalogique :

Les branches de cet arbre s'étendent sur six générations, remontant jusqu'au quatrième arrière-grand-père de Rashid Bey, le mystérieux Galip Bey. Chaque nom inscrit est comme

L'exil des Ottomans à Nice et leur généalogie.

une fenêtre ouverte sur un passé lointain, chaque ligne tracée, un pont jeté entre les siècles.

Au bas du document, une note énigmatique en turc ottoman a longtemps intrigué notre famille. Ce n'est que récemment, grâce à la gentillesse de jeunes Turcs versés dans l'art délicat de déchiffrer cette ancienne écriture, que nous avons pu percer son secret. La note, tracée de la main même de notre grand-père, affirme avec autorité : "Cette version est la plus correcte, alors que l'autre contient des fautes."

Cette simple phrase est comme un phare dans la brume de notre histoire familiale. Elle nous rappelle que même dans les méandres de la généalogie ottomane, où les certitudes sont rares, notre aïeul cherchait la vérité avec une rigueur toute scientifique. Il comparait, vérifiait, corrigeait, ne laissant rien au hasard dans sa quête de nos origines.

Imaginez un instant notre grand-père, penché sur ces deux documents, scrutant chaque nom, chaque date, chaque lien familial. Avec la patience d'un orfèvre, il a dû comparer, annoter, rayer peut-être, jusqu'à ce qu'il soit satisfait d'avoir restitué le plus fidèlement possible l'histoire de ses ancêtres.

Ce document, plus qu'un simple arbre généalogique, est un pont jeté entre les époques. De Galip Bey à Damad Rashid Bey, c'est toute l'histoire de la fin de l'Empire ottoman qui se dessine en filigrane. Chaque nom est une porte entrouverte sur un monde disparu, chaque génération un chapitre de la grande Histoire.

Aujourd'hui, alors que nous contemplons cet héritage précieux, nous ne pouvons-nous empêcher de ressentir une profonde gratitude envers notre grand-père. Sa rigueur, son souci du détail, nous permettent de remonter le fil du temps avec une certitude rare dans les affaires généalogiques ottomanes.

L'arbre généalogique de la famille du Damad Rashid Bey est plus qu'un document historique. C'est un témoignage vivant de notre identité, de nos racines profondément ancrées dans le sol fertile de l'histoire ottomane. Il nous rappelle que nous sommes les héritiers d'une lignée prestigieuse, dont l'histoire s'entremêle avec celle d'un empire aujourd'hui disparu.

Chaque fois que nous déroulons ce précieux parchemin, c'est un voyage dans le temps que nous entreprenons, guidés par la main sûre de notre grand-père, à la découverte de nos illustres ancêtres ottomans.

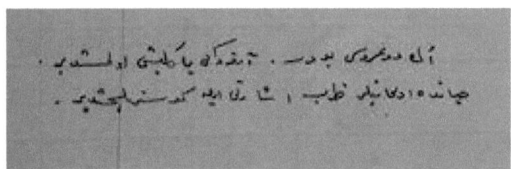

Figure 40 Traduction du document de mon grand-père.

Transcription en turc moderne :

En doğrusu budur. Arkadaki yanlış olmuştur. Hayatta olmayanlar darbe işareti ile gösterilmiştir.

Traduction :

Celle-ci qui est correcte. Celle qui est en arrière est fausse. La croix de multiplication souligne ceux qui ne sont plus en vie.

L'exil des Ottomans à Nice et leur généalogie.

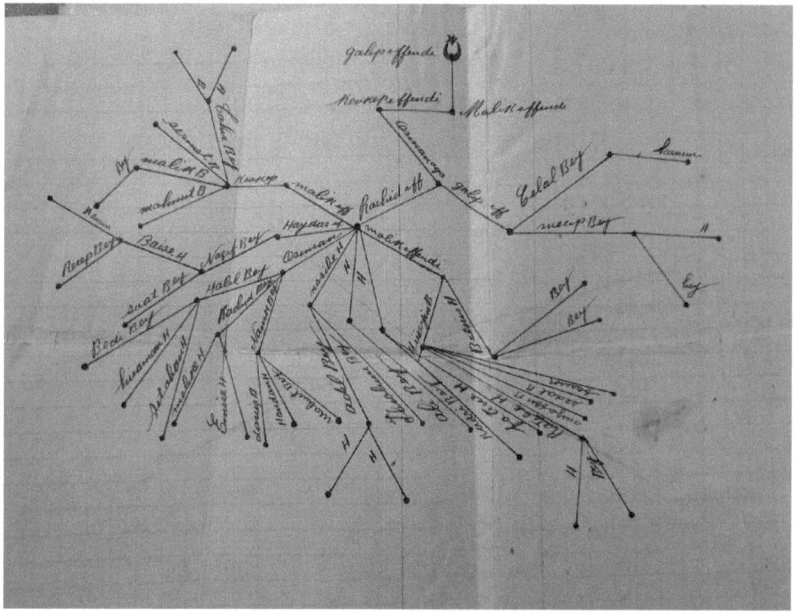

Figure 41 1er arbre de notre grand-père sans commentaires.

Les mystères de l'héritage Ottoman :

L'histoire de notre famille est comme un vieux tapis ottoman : plus on l'examine de près, plus on découvre de nouveaux motifs, de nouvelles nuances. Les deux documents généalogiques que nous possédons en sont la preuve vivante, chacun révélant une partie différente de notre passé.

Le premier document, celui que nous pensions être le seul, remonte jusqu'à Galip Bey, notre ancêtre lointain. Mais c'est le second qui m'a récemment surpris. En l'examinant de plus près, j'y ai découvert des noms familiers : ma Mère, ma Tante la Princesse Emiré OSMAN, et moi-même, EROL, inscrit discrètement en bas à gauche. C'est comme si, soudain, le passé et le présent se rejoignaient sur ce morceau de papier.

La survie de ces documents à travers les âges tient du miracle. Comme on dit en Turquie, "c'était écrit". Peut-être que ces papiers jaunis par le temps avaient leur propre destin, celui de nous parvenir pour que nous puissions continuer à tisser le fil de notre histoire familiale.

Mais comme toujours avec l'histoire, chaque réponse apporte de nouvelles questions. L'arbre généalogique, dans sa logique patrilinéaire, ne fait pas mention des épouses. C'est un rappel silencieux de la structure sociale de l'époque ottomane, où les lignées se traçaient principalement par les hommes.

En scrutant ces noms, ces liens familiaux, je commence à entrevoir la logique de cet arbre. Il semble que notre ancêtre avait deux frères. Mais une question persiste, me hantant comme un refrain : qui pouvait bien être Osman eff. ? Ce nom, inscrit là comme un défi à notre compréhension, est un mystère qui reste à élucider.

Dans ma quête de réponses, j'ai fait appel à un cousin, un véritable gardien de notre histoire familiale. Sa connaissance approfondie de notre lignée est comme une lumière dans l'obscurité de notre passé. Peut-être qu'un jour, grâce à ses recherches, nous trouverons la réponse à cette énigme d'Osman eff. et à tant d'autres questions qui sommeillent encore dans les replis de notre histoire.

Chaque fois que je déplie ces documents, c'est comme si j'ouvrais une porte sur un monde disparu. Je peux presque entendre le bruissement des robes de soie dans les couloirs du palais, sentir l'odeur des épices sur les marchés d'Istanbul. Ces noms, ces dates, sont plus que de simples inscriptions sur du papier. Ils sont les échos lointains des vies de ceux qui

L'exil des Ottomans à Nice et leur généalogie.

nous ont précédés, qui ont façonné notre identité à travers les méandres de l'histoire ottomane.

Notre arbre généalogique, avec ses certitudes et ses zones d'ombre, est un témoignage vivant de la complexité de l'histoire. Il nous rappelle que notre identité est un mélange subtil de faits avérés et de mystères à résoudre, de liens clairement établis et de connections encore à découvrir.

Alors que je continue à explorer ces documents, je me sens comme un explorateur naviguant sur les eaux tumultueuses de l'histoire familiale.

Chaque découverte est une île nouvelle, chaque question sans réponse, un horizon à atteindre. Et qui sait quels trésors, quelles révélations nous attendent encore dans les recoins inexplorés de notre passé ottoman ?

GALIP-Effendi :

Il est délicat de donner une hypothèse sur la généalogie de la famille du Damad Rashid Bey sans plus d'informations sur les lieux et les dates.

Il semblerait cependant que cette famille ait des liens avec l'Empire Ottoman, peut-être à travers un ancêtre nommé Galip Bey. Figure un croissant turc sur son nom.

Il est également mentionné que Sélim III était alors le souverain en place et qu'il y avait des relations tendues entre la France et l'Empire Ottoman à la suite de la campagne d'Égypte menée par Napoléon Bonaparte.

Cependant, il est difficile de relier ces informations à la généalogie de la famille en question sans plus d'éléments.

Voyage dans le temps : Une enquête généalogique ottomane.

Mais quel voyage passionnant dans l'histoire de ces pays, fait de nombreuses découvertes.

C'est certainement l'un des nombreux charmes de la généalogie.

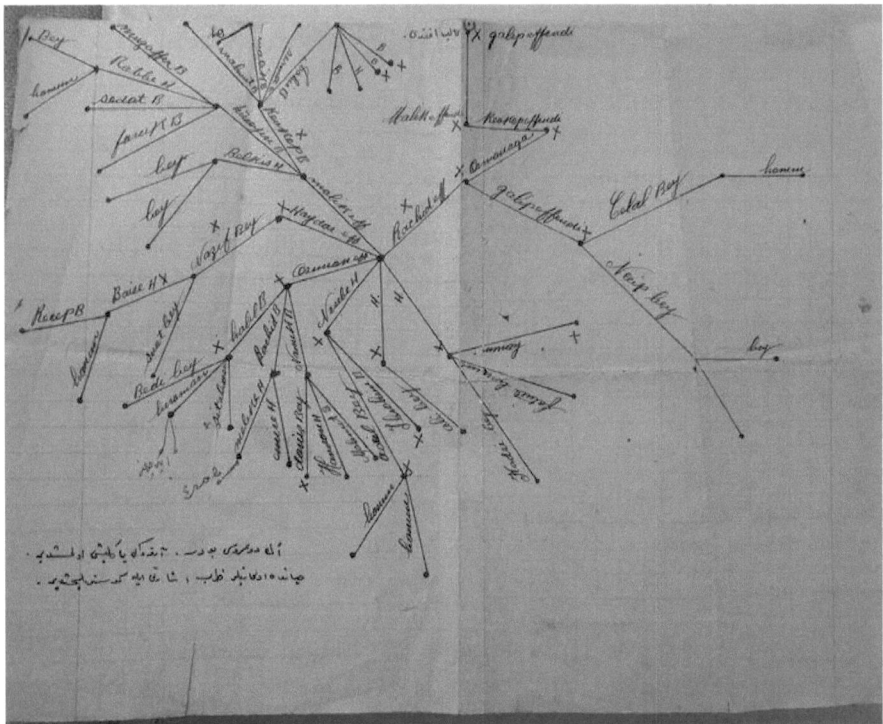

Figure 42 Le 2eme arbre avec les commentaires de notre grand-père.

La LISTE des exilés de la Famille Ottomane :
C'est une liste importante pour mes recherches généalogique, car elle recoupe d'autres données et les consolide.

Sa source est en fin de ce chapitre avec le lien vers cette URL.

L'exil des Ottomans à Nice et leur généalogie.

"Abolition du Califat et de la Dynastie Ottomane le 3 mars, concernant la suppression par la République de Turquie kémaliste, datée du 3 mars 1340 (1924) et la loi numérotée 431" publiée le 6 mars 1924 dans le Journal Officiel (Ceride-i Resmiye), la loi figurant sur les 6e et 7e pages.

PADİŞAH, Calife et ŞEHZADES DANS LE PORTÉE DE L'EXIL :

1- Mehmed Vahîdeddin Han (1861-1926) (fils d'AbdülMedjid Han)
2- Calife AbdülMedjid Efendi (1868-1944) (fils d'Abdulaziz Khan)
3- Mehmed Selim Efendi (1870-1937) (fils d'Abdulhamid Han II)
4- Mehmed Ziyaeddin Efendi (1873-1938) (fils de Mehmed Reşad Han)
5- Mehmed Seyfeddin Efendi (1874-1927) (fils d'Abdülaziz Han)
6- İbrahim Tevfik Efendi (1874-1931) (fils de Mehmed Burhaneddin Efendi)
7- Mehmed Abdulkadir Efendi (1878-1944) (fils d'Abdulhamid II)
8- Ahmed Nuri Efendi (1878-1944) (fils d'Abdulhamid Han II)
9- Ahmed Nihad Efendi (1883-1954) (fils de Mehmed Salahaddin Efendi)
10- Mehmed Burhaneddin Efendi (1885-1949) (fils d'Abdulhamid II)
11- Ömer Hilmi Efendi (1886-1935) (fils de Mehmed Reşad Han)
12- Mehmed Cemaleddin Efendi (1891-1946) (fils de Mehmed Şevket Efendi)
13- Abdürrahim Hayri Efendi (1894-1952) (fils d'Abdulhamid II)
14- Mehmed Abdülhalim Efendi (1894-1926) (fils de Selim Süleyman Efendi)

Voyage dans le temps : Une enquête généalogique ottomane.

15- Osman Fuad Efendi (1895-1973) (fils de Mehmed Salahaddin Efendi)

16- Ömer Faruk Efendi (1898-1969) (fils du Calife AbdülMedjid Efendi)

17- Ahmed Nureddin Efendi (1901-1944) (fils d'Abdulhamid II)

18- Mehmed Abdulaziz Efendi (1901-1977) (fils de Mehmed Seyfeddin Efendi)

19- Mahmud Şevket Efendi (1903-1973) (fils de Mehmed Seyfeddin Efendi)

20- Ali Vasıb Efendi (1903-1983) (fils d'Ahmed Nihad Efendi)

21- Mehmed Şerefeddin Efendi (1904-1966) (fils de Selim Süleyman Efendi)

22- Ahmed Tevhid Efendi (1904-1966) (fils de Mehmed Seyfeddin Efendi)

23- Mehmed Abid Efendi (1905-1973) (fils d'Abdulhamid II)

24- Mehmed Abdülkerim Efendi (1906-1935) (fils de Mehmed Selim Efendi)

25- Mehmed Nizameddin Efendi (1908-1933) (fils de Yusuf Izzeddin Efendi)

26- Mehmed Orhan Efendi (1909-1994) (fils de Mehmed Abdülkadir Efendi)

27- Mehmed Nazım Efendi (1910-1984) (fils de Mehmed Ziyaeddin Efendi)

28- Mehmed Fahreddin Efendi (1911-1968) (fils de Mehmed Burhaneddin

Efendi)

29- Osman Ertuğrul Efendi (1912-2009) (fils de Mehmed Burhaneddin Efendi)

30- Mehmed Ertuğrul Efendi (1912-1944) (fils de Mehmed Vahîdeddin Han)

L'exil des Ottomans à Nice et leur généalogie.

31- Ömer Fevzi Efendi (1912-1986) (fils de Mehmed Ziyaeddin Efendi)

32- Mahmud Namık Efendi (1914-1963) (fils d'Ömer Hilmi Efendi)

33- Necib Ertuğrul Efendi (1914-1994) (fils de Mehmed Abdülkadir Efendi)

34- Mahmud Hüsameddin Efendi (1916-1966) (fils de Mehmed Cemaleddin Efendi)

35- Alâeddin Efendi (1917-1999) (fils de Mehmed Abdülkadir Efendi)

36- Süleyman Sadeddin Efendi (1917-1985) (fils de Mehmed Cemaleddin Efendi)

37- Burhaneddin Cem Efendi (1920-2008) (fils d'Abraham Tevfik Efendi)

SULTANES SOUS L'EXIL :

1- Seniha Sultane (1852-1931) (fille d'AbdülMedjid Han)

2- Mediha Sultane (1856-1928) (fille d'Abdulmecid Han)

3- Fatma Saliha Sultane (1862-1941) (fille d'Abdulaziz Khan)

4- Nazime Sultane (1866-1947) (fille d'Abdulaziz Khan)

5- Hadice Sultane (1870-1938) (fille de Murad V.)

6- Zekiye Sultane (1872-1950) (fille d'Abdulhamid II)

7- Fehime Sultane (1875-1929) (fille de Murad V)

8- Fatma Naime Sultane (1876-1945) (fille du second Abdulhamid Han)

9- Fatma Sultane (1879-1932) (fille de Murad V.)

10- Münire Sultane (1880-1939) (fille d'Ahmed Kemaleddin Efendi)

11- Behiye Sultane (1881-1948) (fille de Mehmed Salahaddin Efendi)

12- Naile Sultane (1884-1957) (fille d'Abdulhamid Han II)

Voyage dans le temps : Une enquête généalogique ottomane.

13- Rukiye Sultane (1885-1971) (fille de Mehmed Salahaddin Efendi)

14- Ayşe Hamide Sultane (1886-1960) (fille d'Abdülhamid Han II)

15- Şadiye Sultane (1886-1977) (fille d'Abdülhamid Han II)

16- Adile Sultane (1887-1973) (fille de Mehmed Salahaddin Efendi)

17- Emine Nemika Sultane (1888-1969) (fille de Mehmed Selim Efendi)

18- Refia Sultane (1891-1938) (fille d'Abdulhamid II)

19- Emine Atiye Sultane (1891-1978) (fille de Mehmed Salahaddin Efendi)

20- Fatma Ulviye Sultane (1892-1967) (fille de Mehmed Vah i deddin Han)

21- Rukiye Sabiha Sultane (1894-1971) (fille de Mehmed Vah i deddin Han)

22- Arife Kadriye Sultane (1895-1933) (fille d'İbrahim Tevfik Efendi)

23- Fatma Zehra Sultane (1895-1965) (fille d'İbrahim Tevfik Efendi)

24- Emine Naciye Sultane (1896-1957) (fille de Mehmed Abdülhalim Efendi)

25- Behiye Sultane (1900-1950) (fille de Mehmed Ziyaeddin Efendi)

26- Fatma Gevheri Sultane (1904-1980) (fille de Mehmed Seyfeddin Efendi)

27- Hadice Şükriye Sultane (1906-1972) (fille de Yusuf İzzeddin Efendi)

28- Rukiye Sultane (1906-1927) (fille de Mehmed Ziyaeddin Efendi)

29- Hayriye Sultane (1908-1943) (fille de Mehmed Ziyaeddin Efendi)

30- Lütfiye Sultane (1910-1997) (fille de Mehmed Ziyaeddin Efendi)

31- Emine Mukbile Sultane (1911-1995) ((fille d'Ömer Hilmi Efendi)

32- Rebia Nilüfer Sultane (1912-1997) (fille d'İbrahim Tevfik Efendi)

L'exil des Ottomans à Nice et leur généalogie.

33- Hadice Dürrüşehvar Sultane (1914-2006) (fille du Calife AbdülMedjid Efendi)

34- Mihriban Mihrişah Sultane (1916-1987) (fille de Yusuf Izzeddin Efendi)

35- Ayşe Masume Fethiye Sultane (1916-1944) (fille d'İbrahim Tevfik Efendi)

36- Mihrişah Selçuk Sultane (1920-1980) (fille d'Abdürrahim Hayri Efendi)

37- Fatma Samire Sultane (1920-2000) (fille de Mehmed Abdulhalim Efendi)

38- Fatma Neslişah Sultane (1921-2012) (fille d'Ömer Faruk Efendi)

39- Mihrimah Sultane (1922-2000) (fille de Mehmed Ziyaeddin Efendi)

40- Hamide Nezahat Sultane (1923-1998) (fille de Mahmud Şevket Efendi)

41- Zehra Hanzade Sultane (1923-1998) (fille d'Ömer Faruk Efendi) 42- Bidar Sultan (1924-1924) (fille de Mehmed Abdülkadir Efendi)

SULTANZADES SOUS L'EXIL :

1- Mehmed Sabahaddin Beyefendi (1877-1948) (fils de Seniha Sultane)

2- Ahmed Lütfullah Beyefendi (1880-1973) (fils de Seniha Sultane)

3- Abdurrahman Sami Beyefendi (1880-1961) (fils de Mediha Sultane)

4- Hüseyin Hayreddin Beyefendi (1892-1987) (fils d'Esma Sultane)

5- Mehmed Sadeddin Beyefendi (1895-1976) (fils d'Esma Sultane)

6- Mehmed Cahid Beyefendi (1899-1977) (fils de Fatma Naime Sultane)

7- Ahmed Kemaleddin Beyefendi (1908-1987) (fils de Münire Sultane)

Voyage dans le temps : Une enquête généalogique ottomane.

8- Mehmed Ali Beyefendi (1909-1981) (fils de Fatma Sultane)

9- Mehmed Ömer Nami Beyefendi (1911-1993) (fils d'Ayşe Hamide Sultane)

10- Hayri Beyefendi (1912- ?) (Fils d'Hadice Sultane)

11- İbrahim Edhem Beyefendi (1915-1969) (fils d'Emine Nemika Sultane)

12- Kazım Kenan Beyefendi (1916-2003) (fils d'Emine Nemika Sultane)

13- Celaleddin Beyefendi (1916-1997) (fils de Fatma Sultane)

14- Osman Nami Beyefendi (1918-2010) (fils d'Ayşe Hamide Sultane)

15- Abdülhamid Rauf Beyefendi (1921-1981) (fils d'Ayşe Hamide Sultane)

16- Ali Beyefendi (1921-1971) (fils d'Emine Naciye Sultane)

LES HANIMSULTANES SOUS L'EXIL :

1- Ayşe Sıdıka Hanımsultane (1875-1938) (fille de Cemile Sultane)

2- Fatma Aliye Hanımsultane (1891-1972) (fille de Zekiye Sultane)

3- Adile Hanımsultane (1900-1988) (fille de Fatma Naime Sultane)

4- Ayşe Hadice Hanımsultane (1909-1968) (fille de Fatma Sultane)

5- Fatma Rebia Hanımsultane (1911-1988) (fille de Refia Sultane)

6- Fatma Fethiye Hanımsultane (1912-1998) (fille d'Emine Nemika Sultane)

7- Selma Hanımsultane (1914-1941) (fille de Hadice Sultane)

8- Nilüfer Hanımsultane (1916-1989) (fille d'Adile Sultane)

9- Mahpeyker Hanımsultane (1917-2000) (fille d'Emine Naciye Sultane)

L'exil des Ottomans à Nice et leur généalogie.

- 10- Suade Hümeyra Hanımsultane (1917-2000) (fille de Fatma Ulviye Sultane)
- 11- Ayşe Hamide Hanımsultane (1912-1929) (fille de Refia Sultane)
- 12- Fatma Samiye Hanımsultane (1918-1992) (fille de Şadiye Sultane)
- 13- Bilun Hanımsultane (1918-2019) (fille de Fatma Zehra Sultane)
- 14- Türkan Hanımsultane (1919-1989) (fille d'Emine Naciye Sultane)
- 15- Méliké Hanımsultane (1924-2007) (fille d'Arife Kadriye Sultane)

Soit un total de 110 personnes. *Source et URL de ces listes en fin de ce chapitre.*

Il existait aussi une liste civile :

Mon grand-père la tenait à jour et j'en conserve un exemplaire ainsi que d'autres documents. La liste civile désigne la somme d'argent mise à la disposition personnelle du monarque pour les besoins de sa maison ; c'est donc une composante du budget de l'État dans les monarchies.

> *Bien évidemment celle-ci n'a pas fonctionné correctement au début de l'exil, puis plus rien, il n'y avait plus que l'exil et les difficultés financières pour beaucoup de membres de la famille, avec en prime la situation d'apatride.*

Voir : Empire Ottoman - **Constitution** [xxii] **ottomane** promulguée le 7 zilhidjé 1293 - 23 décembre 1876. Article 6. La liberté des membres de la dynastie impériale ottomane, leurs biens personnels, immobiliers et mobiliers, leur liste civile pendant toute leur vie, sont sous la garantie de tous. *Source et URL en fin de ce chapitre.*

Voyage dans le temps : Une enquête généalogique ottomane.

Les passeurs d'histoires ou de mémoire que j'ai connu :

Mes oncles et tantes, plus des cousins et cousines, ainsi que toutes les photos et des souvenirs.

1. **Arvind ACHARYA** (Voir la collection de Saris de la Princesse Niloufer et ses archives. Ce sera l'objet d'un second livre et certainement ceci va figurer dans le livre d'Arvind).
2. Les lettres des membres de la Famille Ottomane.
3. Les documents de mon grand-père et de mes cousins.
4. Les sites Web et les réseaux sociaux, notamment « Les Ottomans » sur Facebook.
5. Les livres écrits par des membres de la famille ottomane et par des Historiens (Voir la bibliographie).
6. L'internet en général[xxiii].
7. Certains films et vidéos des membres de la famille ottomane et des Films (TV Turc).

Livres écrits par la famille Ottomane :

Plusieurs descendants de la Famille Impériale ont écrit leurs mémoires.

> Comme : le Sultan Mehmet VI Vahdettin (non publiées), le Prince Selaheddin Efendi et son petit-fils le Prince Ali Vasib Efendi (petits-fils du Sultan Murad V), le Prince Abid Efendi (sous forme de lettres non publiées), la Princesse Ayşe Sultane (fille du Sultan Abdülhamid II), la Princesse Şadiye Sultane (fille du Sultan Abdülhamid II), la Princesse Naciye Sultane (petite-fille du Sultan AbdülMedjid I), la Princesse Dürrüşehvar Sultane (fille du Calife AbdülMedjid II),

> la Princesse Fatma Pesent Hanımefendi (la conjointe du Sultan Abdülhamid II), la Princesse Nevzat Kadınefendi (la conjointe du Sultan Mehmet VI), Filizten Hanımefendi (la concubine du Sultan Murad V) et les deux belles-filles du Sultan Abdülhamid, Mislimelek Hanımefendi et Hatice Macide Hanımefendi.

Ajoutons à cela les romans écrits par la Princesse Nilüfer Sultane (petite-fille du Sultan AbdülMedjid I), la Princesse Kenizé Mourad (la petite-fille du Sultan Murad V), la Princesse Ayşe Gülnev Osmanoğlu (arrière-petite-fille du Sultan Murad V) et Azize Ethem (femme de Selim Ethem, le petit-fils du Sultan Abdülhamid).

En n'oubliant pas les mémoires dictées par la Princesse Sabiha Sultane et publiées dans « Neslişah » de Murat Bardakçı, ainsi que les articles écrits par la Princesse Satıa Hanımsultane (petite-fille du Sultan Abdülhamid).

> La copie manuscrite, écrite par la Princesse Ayşe Osmanoğlu en Turc Ottoman, se trouve aujourd'hui au musée du Palais de Topkapı. Ce livre paru sous le titre « Babam Sultan Abdülhamid » ou « Avec mon père le Sultan Abdülhamid », regroupe la série d'articles parus par la Princesse dans le magazine turc « Hayat » sous le même titre. La petite-fille de la Sultane Ayşe, Rebia Nami, a fait don, au profit du musée, de la copie manuscrite des souvenirs de sa grand-mère en bloquant l'accès à son contenu ou sa publication.

Voir ma bibliographie en fin de ce livre et celle sur mon blog www.erolgiraudy.eu

Voyage dans le temps : Une enquête généalogique ottomane.

Conclusion Sur la généalogie Ottomane :

« Nous avions quitté les Ottomans piètres généalogistes. Nous les retrouvons à la fin du XXe siècle en adeptes chevronnés de la pratique. Ils prennent l'affaire très au sérieux. En 1995, ils ont créé une association à Paris.

Ils publient les mémoires laissés par leurs parents, inventorient et classent les descendants (généralement par sultan) selon les statuts distingués plus haut.

Ils connaissent la position de chacun sur l'arbre de la famille, avant même de se rencontrer, tous, et ce pour la première fois, en septembre 2006. Des journalistes écrivent des livres à leur sujet qui font parler d'eux.

Le fait n'est paradoxal qu'au premier abord : la famille ottomane vit en exil, dispersée dans plusieurs pays, alliée à d'autres familles princières déchues ou régnantes ; mais l'État n'est plus là pour assurer la continuité de son statut ; elle est définitivement privée des moyens de se concevoir en dynastie politique ; c'est alors qu'elle s'affiche comme noblesse, comme une lignée dont tous les rameaux tirent un prestige semblable de l'ascendance ottomane, laquelle non seulement est ancienne, puisqu'elle remonte à Ertuğrul, donc à la seconde moitié du XIIIe siècle, mais reconnue comme ininterrompue : la continuité de l'État ottoman l'atteste. « Anoblissement de la mémoire » pour le coup, cette culture généalogique entretenue prend les formes d'une culture d'exil, d'une culture de diaspora même.

C'est la marque d'une famille qui répond, dans un contexte de globalisation, aux craintes de la dispersion par la mobilisation mémorielle. »

Olivier Bouquet.

L'exil des Ottomans à Nice et leur généalogie.

En Europe occidentale, l'arbre généalogique est un lieu bien connu de l'imaginaire familial. Les historiens ont retracé les formes d'émergence de cette pratique entre la fin du Moyen Âge et le milieu du XVIe siècle, les ethnologues ont analysé les points de passage entre le recours aux métaphores de l'arbre et l'étude scientifique de la parenté, et les sociologues ont décrypté l'effervescence de la recherche généalogique observée partout depuis les années 1970.

En Turquie, cependant, l'intérêt pour la généalogie est moins répandu et les sociétés de spécialistes sont rares. Les historiens expliquent cela par le fait que, dans l'Empire ottoman, l'intérêt pour la mémoire familiale était restreint et ciblé, le diagramme généalogique était généralement le produit d'infrastructures juridiques et religieuses de la mémoire avant d'être un appui symbolique d'un "sentiment de la famille" distinctif. Ce sentiment existait, mais ne suffisait pas à constituer un genre généalogique comme il en existait dans les monarchies et les empires voisins. Ce changement a eu lieu plus tard, après que la République fut instaurée en 1923.

> *Je peux témoigner ici que mes cousines, cousins, tantes… se sont pour beaucoup investis dans la généalogie, et moi aussi bien entendu.*

« Murat Bardakçı est celui qui s'est le plus illustré dans l'hagiographie des derniers Ottomans : Son Osmanlılar : Osmanlı Hanedanının Sürgün ve Miras Öyküsü, Istanbul, Pan Yayıncılık, 1991 (avec un pédigrée non exhaustif et des explications sur les difficultés de l'auteur à représenter un arbre d'un seul tenant, p. 211-219).

Murat Bardakçı, Şahbaba, Istanbul, Gri, 1998 (avec un arbre généalogique de la descendance de Sultan Mehmed Vahideddin, p. 677). Il est désormais facile de se procurer des représentations généalogiques des sultans dans les éditions populaires : voir Abdülkadir Dedeoğlu, Album of the Ottomans, Istanbul, Osmanlı Publishing House, 1982, p. 6-10. » J'ai conservé des arbres certainement faits par Murat Bardakçı dans des journaux turcs (Ce journaliste turc venait souvent visiter notre famille).

Je vais tenir à disposition un article en ligne sur ce sujet sur mon blog. Il a souvent rendu visite à ma mère Méliké.

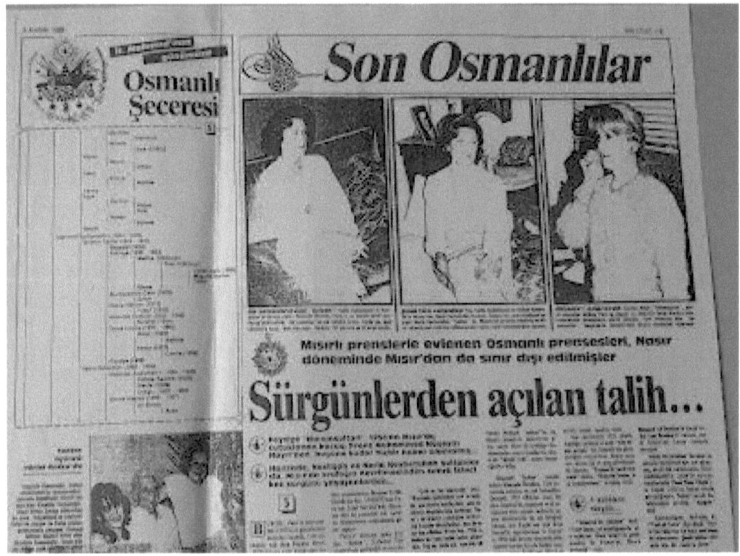

Figure 43 Article de presse 1995 extrait d'une série sur notre généalogie.

Vous pouvez voir sur cette page de journal un arbre qui a été rédigé par un journaliste, Murat Bardakçı (voir dans *Source et URL en fin de ce chapitre*). J'ai d'autres pages de journaux, mais compte tenu que celles-ci sont en turc, je ne vais pas les ajouter dans ce livre. Elles seront certainement publiées sur mon site.

« Maintenant en exil et en étant apatride, le souci principal prioritaire devait être autre que de faire un arbre généalogique. »

À cette époque de découverte de l'Europe et de ses nouvelles règles de fonctionnement.

J'ai complété cet arbre généalogique sur Rodovid ci-dessous :

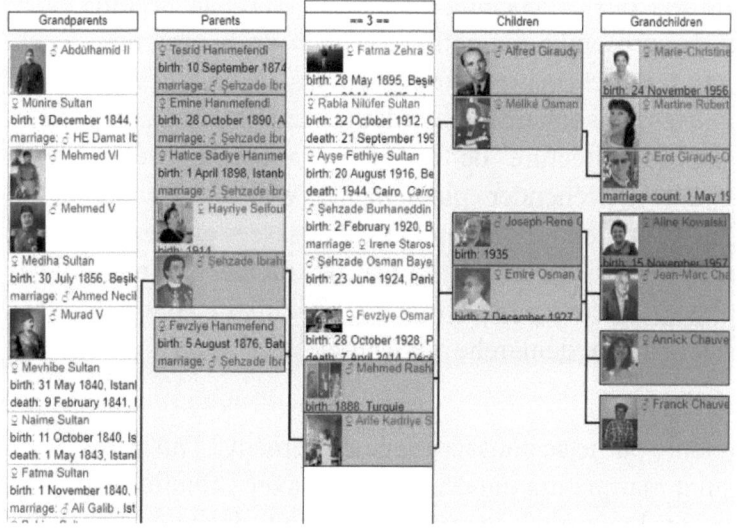

Figure 44 Notre arbre généalogique avec les derniers enfants sur Rodovid.

Compléter cet arbre a été un long travail. Il m'a fallu beaucoup de temps et de patience pour prendre l'habitude de ce logiciel de généalogie et le renseigner. Rodovid est cité cinq fois dans ce numéro hors-série, qui regroupe 2415 liens vers des sites internet, Rodovid est collectif et gratuit.

On peut y mutualiser le travail en joignant plusieurs arbres, en un arbre unique. Principe de base : une seule fiche pour une seule personne.

Pour commencer, inscrivez-vous et créez votre première fiche, après avoir vérifié qu'elle n'existe pas déjà. Consultez l'aide pour construire votre arbre. Pour les événements datés d'il y a plus de cent ans, citez vos sources.

Si vous connaissez MediaWiki (le logiciel de Wikipedia), vous retrouverez le même fonctionnement.

Source et URL en fin de ce chapitre.

« Au fil de ma quête généalogique, j'ai ressenti le besoin impérieux d'approfondir ma compréhension de la structure familiale. Les arbres généalogiques se dessinaient devant moi, complexes, foisonnants, et véritablement passionnants. Comprendre l'architecture de ces liens ancestraux était essentiel pour appréhender pleinement l'essence de ma famille. Une vision claire des interactions passées a émergé, me permettant ainsi de mieux cerner les racines de mon histoire. C'est dans cette perspective que je souhaite apporter une précision à ma démarche généalogique à travers cet essai.

Cette deuxième partie se consacre spécifiquement à l'histoire de l'exil qui a marqué ma lignée, explorant avec minutie ses intrications et les conséquences qui en ont découlé. En dévoilant ces épisodes, je souhaite partager avec vous les découvertes significatives qui ont enrichi ma compréhension de ma propre histoire familiale. »

L'exil des Ottomans à Nice et leur généalogie.

Voici mon arbre généalogique sur geneanet :

Arbre généalogique de pierre erol - geneanet
Source et URL en fin de ce chapitre.

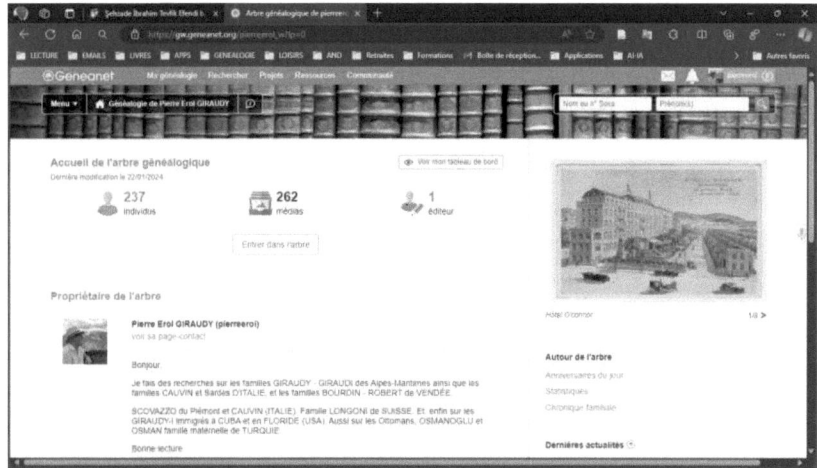

Figure 45 Mon site sur Geneanet.

Comme vous avez pu le voir de nombreux logiciels et outils permettent de réaliser votre généalogie.

Outils de Généalogie :

En ce qui concerne la recherche documentaire, certains manuscrits ont été traduits du turc ancien (Ottoman) par des personnes qui me suivaient sur les réseaux sociaux privés (Facebook).

D'autres documents anciens en français étaient compliqués à déchiffrer, pour ce faire j'ai utilisé l'intelligence artificielle.

Voir les solutions employées dans mon article sur mon Blog UGAIA et les URL sont dans les « Sources et URL ».

- Lettre SCAN-OCR Ömer Faruk Osmanoğlu" Généalogie et IA.
- Etude du document : Genealogy Of The Imperial Ottoman Family 2005 et analyses avec l'IA
- Sultane Neslishah - La dernière Sultane – Turquie.
- Artificielle Intelligence et poésie pour les ottomans en exil.
- Processus de classification et d'organisation de l'information en généalogie avec l'aide de l'IA (ugaia.eu)
- Utilisation de Copilot pour lire et commenter un article de presse au format JPG. (ugaia.eu)
- Un logiciel Transkribus utilisant l'AI pour transcrire des textes.

Pour la généalogie, le logiciel Transkribus est le plus approprié.

Voici quelques-unes de ses fonctionnalités :

- Transcription automatique,
- Recherche de texte,
- Balises et numérotations automatiques,
- Entraînement de l'IA à votre corpus,
- Reconnaissance d'écriture ottomane.

Mes commentaires sont dans cette note[xxiv] en fin de ce livre.

L'exil des Ottomans à Nice et leur généalogie.

SOURCES ET URL :

Généalogies impériales en République : le cas de la Turquie :
https://www.cairn.info/revue-d-histoire-moderne-et-contemporaine-2011-2-page-146.htm#

Le site en turque du Dr. İbrahim Pazan :
https://www.ibrahimpazan.com/index.php?option=com_content&view=article&id=6&Itemid=102

Référence électronique :
Olivier Bouquet, « Comment les grandes familles ottomanes ont découvert la généalogie », Cahiers de la Méditerranée [En ligne], 82 | 2011, mis en ligne le 15 décembre 2011 :
http://journals.openedition.org/cdlm/5747

Accueil - Rodovid FR :
https://fr.rodovid.org/wk/Accueil

Arife Kadriye Sultane b. 24 March 1895 d. 5 April 1933 :
https://en.rodovid.org/wk/Person:867417

Les arbres ne cachent pas la forêt :
https://www.erolgiraudy.eu/2022/02/plusieurs-types-de-recherches.html?m=1

Petit clin d'œil vers le futur :

Objectif 2113, la généalogie de demain :
https://geneafinder.com/blog?id=13:60

Nouveaux menus de Geneanet : les "Outils de travail" :
https://www.geneanet.org/blog/post/2024/02/nouveaux-menus-de-geneanet-les-outils-de-travail-dans-le-detail

Voyage dans le temps : Une enquête généalogique ottomane.

Arife Kadriye Osman Osmanoğlu sur Geneanet :

https://gw.geneanet.org/pierreerol_w?lang=fr&p=arife+kadriye&n=osman+Osmanoğlu&oc=0&type=tree

https://fr.rodovid.org/wk/Personne:1384536

Extrais de notre arbre sur RODOVID :

https://en.rodovid.org/wk/Special:ChartInventory/867417

https://en.rodovid.org/wk/Person:1384539

https://fr.rodovid.org/wk/Special:ChartInventory/865254

Erol GIRAUDY: Des adresses sur la généalogie :

https://www.erolgiraudy.eu/p/des-adresses-sur-la-genealogie.html

Outils de Généalogie :

https://www.erolgiraudy.eu/p/outils-de-genealogie.html

https://www.erolgiraudy.eu/search/label/G%C3%A9n%C3%A9alogie

https://gw.geneanet.org/pierreerol_w?lang=fr&n=osman+osmanoglu&oc=0&p=arife+kadriye&type=fiche

Voir les solutions employées dans mon article sur mon Blog UGAIA :

https://www.ugaia.eu/2024/04/des-logiciels-de-reconnaissance-de.html

Arbre généalogique Accueil de l'arbre généalogique :

https://gw.geneanet.org/pierreerol_w?lp=0

Erol : chronologie et événements de sa vie - Geneanet

https://gw.geneanet.org/pierreerol_w?lang=fr&n=giraudy&nz=giraudy&oc=0&p=pierre+errol+arthur&pz=pierre+errol+arthur&type=timeline

Geni Tree - Şehzade Mehmet Burhanettin Efendi

https://www.geni.com/family-tree/index/6000000008613265532

https://www.geni.com/list?focus_id=6000000181475259167

Murat Bardakçı :

L'exil des Ottomans à Nice et leur généalogie.

https://tr.wikipedia.org/wiki/Murat_Bardak%C3%A7%C4%B1

Voir aussi sur mon blog :
https://www.erolgiraudy.eu/2022/

Arbre en Turc par le Dr. Ibrahim Pazan :
http://www.ibrahimpazan.com/index.php?option=com_content&view=article&id=284:sultanzadeler-2&catid=12:yasayan-osmanl-lar&Itemid=103

HANEDAN ALBÜMÜ (ibrahimpazan.com) :
http://www.ibrahimpazan.com/index.php?option=com_content&view=article&id=219:hanedan-albuemue&catid=12:yasayan-osmanl-lar&Itemid=103

ALBUM DYNASTIE (ibrahimpazan.com) :
http://www.ibrahimpazan.com/index.php?option=com_content&view=article&id=6&Itemid=102

Empire ottoman, 1876 constitution turque :
https://mjp.univ-perp.fr/constit/tr1876.htm

https://mjp.univ-perp.fr/constit/tr1924.htm

Le lien pour télécharger un livre gratuit sur notre généalogie :
https://archive.org/details/GenealogyOfTheImperialOttomanFamily2005

Nom : Melike - Lire le livre - Afficher une page d'un livre :
https://en.geneanet.org/archives/ouvrages/?action=detail&livre_id=536418_&page=17&book_type=livre&name=Melike&tk=bf9c2b5435cbf1f5

Cerrahoğlu :
https://www.cerrahoglu.av.tr/

Larissa :
https://tr-m-wikipedia-org.translate.goog/wiki/Larisa?_x_tr_sl=auto&_x_tr_tl=fr&_x_tr_hl=fr

Voyage dans le temps : Une enquête généalogique ottomane.

BalkanTurks :
https://www.reddit.com/r/BalkanTurks/

La liste des Princes (ibrahimpazan.com) :
http://www.ibrahimpazan.com/index.php?option=com_content&view=article&id=21:bbb&catid=12:yasayan-osmanl-lar&Itemid=103

http://www.ibrahimpazan.com/index.php?option=com_content&view=category&id=12&Itemid=103

An Illustrated Genealogy Between the Ottomans and the Safavids :
https://www.academia.edu/40389078/An_Illustrated_Genealogy_Between_the_Ottomans_and_the_Safavids?email_work_card=view-paper
https://www.academia.edu/search?q=Ottomans%20genealogy

2015.69864.Structure-Of-The-Ottoman-Dynasty.pdf :
https://ia601406.us.archive.org/19/items/in.ernet.dli.2015.69864/2015.69864.Structure-Of-The-Ottoman-Dynasty.pdf

L'exil des Ottomans à Nice et leur généalogie.

Voyage dans le temps : Une enquête généalogique ottomane.

Carnet n°2 : Leurs terres d'exils - 24 I 2023.

Nice, le Refuge Azuréen :

Nice devient le décor enchanteur où se déroule la majeure partie de cette saga. À travers des descriptions pittoresques et des anecdotes poignantes, je partage les détails de l'installation de ma famille dans cette ville méditerranéenne, les joies et les difficultés de l'adaptation à un nouvel environnement, ainsi que les liens qui se tissent avec la communauté locale.

Ma mère était le point de rencontre de trois princes ottomans et de leurs familles à Nice après la guerre de 1940. Sa sœur, la princesse Émiré, et leur père, le damad Rashid OSMAN, étaient avec elle. Émiré et Méliké étaient très proches et se téléphonaient des heures après s'être vues (que pouvaient-elles se dire ? Mystère).

Mon oncle Djem (Şehzade Burhaneddin Cem Efendi, né le 2 février 1920, il est décédé le 31 octobre 2008). Il venait souvent en France les rencontrer ; il était, selon ce que l'on disait, en mission pendant la 2ème guerre mondiale.

J'imagine que c'était exact, il devait parler de nombreuses langues, dont le russe, et était un officier de l'armée américaine. Dans sa jeunesse ma mère, a aussi rencontré Djem, son oncle, à Nice en 1945. Pour ma part je l'ai rencontré beaucoup plus tard à Paris avec sa sœur.

L'exil des Ottomans à Nice et leur généalogie.

Pourquoi des membres de la famille impériale ottomane à Nice ?

Nice devient le décor enchanteur où se déroule la majeure partie de cette saga. À travers des descriptions pittoresques et des anecdotes poignantes, je partage les détails de l'installation de ma famille dans cette ville méditerranéenne, les joies et les difficultés de l'adaptation à un nouvel environnement, ainsi que les liens qui se tissent avec la communauté locale.

Mon oncle Djem (**Şehzade Burhaneddin Cem Efendi**, né le 2 février 1920, il est décédé le 31 octobre 2008). Il venait souvent en France les visiter ; il était, à ce que l'on disait, en mission pendant la 2e guerre mondiale. J'imagine que c'était exact, il devait parler de nombreuses langues, dont le russe, et était un officier de l'armée américaine. Dans sa jeunesse, ma mère a aussi vu en 1945, à Nice son oncle Djem. Pour ma part, je l'ai rencontré beaucoup plus tard à Paris avec sa sœur.

Pourquoi des membres de la famille impériale ottomane à Nice ?

Je souhaite vous faire part de quelques histoires autour des membres de ma famille ottomane, une partie de ces proches que j'ai eu le plaisir de rencontrer à Nice et de retrouver à Paris. Mon choix se porte sur des individus que j'ai côtoyés à différentes étapes de ma vie.

Permettez-moi de commencer par ma mère, Méliké. Avant sa période adolescente, les détails sur son passage à Nice demeurent un mystère, à l'exception de quelques photographies offrant quelques indices. Mais la vie à cette époque devait être assez compliquée.

Voyage dans le temps : Une enquête généalogique ottomane.

Figure 46 Rose KELLER-OSMAN et mon Grand-père Rashid au 1er plan et derrière Méliké et Emiré.

Nous n'avions jamais échangé sur son adolescence, en dehors de ses années d'études au Collège Marie-Clotilde à Nice et sur son emploi chez un ophtalmologiste pendant la guerre. Sur la photo ci-dessus, ma mère se trouve à droite, accompagnée de sa sœur Émiré. En avant-plan, on distingue Rose KELLER-OSMAN, ma grand-mère de cœur, et mon grand-père Rashid.

Il y a une période où ils devaient vivre au Parc Chambrun à Nice. J'ai vu des photos où Emiré et Méliké sont devant la porte de cet ancien Palais avec leur père. Quand j'étais enfant, je m'y suis rendu avec ma mère, ma tante y vivait encore. Puis, cet ancien palais fut détruit au profit de

L'exil des Ottomans à Nice et leur généalogie.

constructions modernes. Voir dans les annexes le parcours en 7 étapes à Nice à la fin de ce livre.

C'est à la fin du XIXe siècle que le comte Aldebert de Chambrun acquit le domaine de 11 hectares situé sur les hauteurs de Nice. Sur cette ancienne propriété maraîchère, qui appartenait au comte Caïs de Pierlas, trônait un château datant des débuts du XIXe siècle. Le comte s'appliqua, avec l'architecte Philippe Randon, à faire de ce lieu un magnifique parc d'agrément dédié à son amour de la musique.

Ces instantanés de vie retracent une partie de notre histoire familiale, capturant des moments riches en émotions et en liens qui transcendent les générations.

J'espère que cette brève introduction suscite votre intérêt pour en apprendre davantage sur les membres fascinants de ma famille ottomane.

Voyage dans le temps : Une enquête généalogique ottomane.

Chapitre 4 – Le dernier Sultan Ottoman à Sanremo :

Sanremo, ou San Remo, est une ville d'Italie située dans la province d'Imperia, dans la région de Ligurie, c'est la quatrième commune ligurienne. Elle est très proche de la France.

Je m'y suis rendu à de nombreuses reprises, comme je parle italien cela a facilité mes recherches.

Bien évidemment je n'ai pas connu le dernier Sultan ni l'ultime Calife. Pendant longtemps j'ai cru à tort que la personne figurant au centre de la photo ci-dessous était mon grand-père, j'étais un enfant. Ensuite j'ai vite compris que c'était le **Sultan Ottoman Mehmed VI Vahideddin**. Sept des 37 membres masculins de la dynastie qui descendaient du sultan et dont les noms figuraient sur la liste des exilés étaient déjà à l'étranger au moment de la promulgation de la loi.

En fait, l'exil avait commencé pour eux en premier.

Parmi eux, le **Sultan Vahideddin Khan** et son fils Mehmed Ertuğrul Efendi se trouvaient en Italie. Ils étaient déjà en exil depuis le 18 novembre 1922. Ils avaient fui la Turquie en bateau.

Le Sultan Ottoman Mehmed VI Vahideddin arrive à Malte sur un navire de guerre britannique.

9 décembre 1922. La Grande Assemblée nationale turque abolit le sultanat le 1er novembre 1922 et expulse Mehmed VI d'Istanbul.

L'exil des Ottomans à Nice et leur généalogie.

Figure 47 Le Sultan Vahideddin Khan et son fils Mehmed Ertuğrul Efendi.

À gauche se trouve le fils de 10 ans du sultan, **le Prince Mehmed Ertuğrul Efendi**. Ils avaient fui une tentative de lynchage (voir l'article de Murat Bardakci[xxv] en fin de ce chapitre, il est en turc, mais avec les traducteurs du net il est facilement lisible).

Le Prince Mehmed Burhaneddin Efendi et ses deux fils Mehmed Fahreddin et Osman Ertuğrul Efendi étaient également à Vienne à cette époque. Abdürrahim Hayri Efendi était à Rome.

Le Général Prince Fuad Efendi était en Suisse. Mediha Sultane, la fille du sultan AbdülMedjid et l'épouse de Damad Mehmed Ferid Pasha, l'un des derniers grands vizirs, s'était également rendue en France avec son mari en 1922.

C'est après la chute de l'Empire que de nombreux princes turcs se réfugient sur la Côte d'Azur. Leur triste sort est souvent contrasté avec les splendeurs d'antan de la Turquie ottomane.

Le premier d'entre eux est le dernier sultan calife, Mehmet VI Vahideddin, qui avait régné de 1918 à 1922. Mehmed VI accède au trône de l'Empire ottoman le 3 juillet 1918, à la mort de son frère Mehmed V, dans un contexte politique complexe.

L'Empire ottoman est alors engagé dans la Première Guerre mondiale aux côtés de l'Allemagne. Les Britanniques occupent Jérusalem et Bagdad, sans pour autant menacer directement les bases de la puissance ottomane.

Le 17 novembre 1922, Mehmed VI quitte Constantinople sur le cuirassé britannique HMS Malaya[xxvi]. Craignant d'être jugé, il trouve refuge à Malte. Le 18 novembre, la Grande Assemblée nationale élit AbdülMedjid II, cousin du sultan déchu, nouveau Calife.

L'ancien sultan ne reconnaît pas la décision de la Grande Assemblée nationale de le déchoir de son titre de Calife. Quelques semaines après son arrivée à Malte, il se rend à La Mecque à l'invitation du Chérif Hussein (15 janvier - 2 mai 1923). Cependant, ses intentions lors de ce pèlerinage sont mal connues.

Puis, il s'installe à San Remo en Italie et refuse l'aide offerte par le roi d'Italie : un ancien Calife ne pouvait s'abaisser à recevoir l'aumône d'un chrétien. Lentement, tout est devenu compliqué pour le Sultan et sa famille proche.

L'exil des Ottomans à Nice et leur généalogie.

Nous allons voir ceci dans la suite de ce chapitre avec l'histoire des trois villas.

Les villas Magnolia, Miraflores et Nobel, aux passés changeants.

Figure 48 Le Sultan Mehmet VI Vahideddin.

Le Sultan Mehmed VI Vahideddin est mort d'une crise cardiaque à San Remo, le 15 mai 1926. (Il est décédé sans nouvelles de la réunion du congrès le 16 mai 1926 à Sanremo, en Italie) avec une importante dette en Livres.

Son corps a été saisi par un huissier jusqu'à ce que sa fille Sabiha Sultane ait trouvé de l'argent pour un enterrement. Le cercueil a été emmené en Syrie et enterré à la mosquée Tekkiye du Sultan Soliman le Magnifique à Damas, au terme d'un long combat juridique. Sa fille est parvenue à faire transporter le corps à Damas où il a finalement été enterré dans la mosquée du Sultan Yavuz Selim. Il avait 65 ans lorsqu'il est mort. Il souhaitait être enterré dans son pays natal.

Dissociant sultanat et califat, Mustafa Kemal avait momentanément maintenu l'institution du second.

Comme un habile stratège, il divise pour mieux gouverner. En mars 1924, le Calife est à son tour déposé.

Cette abolition unilatérale du califat par les autorités politiques turques se fait au détriment de son successeur Şehzade Ahmed Nihad Efendi (6 juillet 1883 - 4 juin 1954). Ce dernier était un prince ottoman, le fils de Şehzade Mehmed Selaheddin et le petit-fils du sultan Murad V. Il a été le 38e chef de la maison impériale d'Osman de 1944 à 1954.

Mustafa Kemal, l'homme qui fit naître la nation turque.

L'échec de la contre-révolution a amené le Comité Union et Progrès à s'interroger sur son hétérogénéité et son incapacité à former un gouvernement. Cet événement mit également un terme à l'entente entre les Turcs et les Arabes, conséquence de la minimisation de l'aura califale.

Après l'Incident du 31 mars, les Jeunes-Turcs ont également proscrit les sociétés qui défendaient les intérêts des minorités ethniques, interdit la publication de journaux pro-islam et pro-califat. Sous couvert de politiques d'harmonisation pluri-religieuses, le Comité Union et Progrès mit en place une

L'exil des Ottomans à Nice et leur généalogie.

"ottomanisation" de la société, en privilégiant l'appartenance à une "nation" ottomane plutôt qu'à une ethnie ou une religion.

Cette mesure eut du succès en exaltant un sentiment d'appartenance à l'Empire parmi les populations non-turques, cimentant une communauté nationale contre l'Islam conservateur.

C'est la contre-révolution ottomane de 1909.

Pourquoi venir à NICE ?

La ville pittoresque de Nice, située sur la côte méditerranéenne française, a été le refuge de nombreux membres de la famille de la dynastie ottomane, contraints de quitter leur patrie. L'assimilation à ce nouveau pays n'a pas été dénuée de défis, étant donné l'immensité de la différence culturelle. Cependant, au fil du temps, une harmonie relative a émergé.

Dès 1922, l'ancien Sultan Ottoman Mehmed VI avait élu domicile à Sanremo, incitant ainsi de nombreux membres de la famille à se regrouper dans le sud de la France. Dans l'atmosphère enchanteresse de Nice, peut-être ont-ils trouvé une brise évoquant les souvenirs d'Istanbul, leur ville d'origine.

De plus, il était à l'abri des dangers et d'un éventuel lynchage (voir mes sources et URL en fin de ce chapitre).

Parmi ces familles exilées se trouvait celle de Zekiye Sultane, l'une des filles du Sultan Abdülhamid II, accompagnée de sa fille Fatma Aliye Hanımsultane et de leurs époux respectifs. Zekiye Sultane avait uni sa destinée à Ali Nureddin Pacha, fils de Gazi Osman Pacha, tandis que sa fille avait épousé Mehmed Muhsin Yeğen Pacha de la famille Kavalalı. Bien que non-inscrits sur la liste des exilés, les fils d'Aliye Hanımsultane, Osman et Salih Zeki, âgés de 11 et 3 ans, ne pouvaient naturellement pas être séparés de leur mère.

Refia Sultane, autre fille du Sultan Abdülhamid II Han et épouse d'Ali Fuad Pacha, avait également trouvé refuge dans cette même ville. Accompagnée de ses filles Rebia et Ayşe Hamide Hanımsultane, âgées de 12 et 13 ans, elle contribua à tisser des liens familiaux au sein de cette communauté exilée.

Ainsi, Nice devint le théâtre d'une nouvelle page de l'histoire de la dynastie ottomane, où les membres de la famille impériale, malgré les épreuves, cherchèrent à reconstruire leur vie et à préserver les liens qui les unissaient.

Le long voyage de la famille

Şehzade Osman Selaheddin Osmanoğlu, le petit-fils de Murad, a exprimé le désir de réunir les membres de la dynastie ottomane au sein d'une fondation commune. L'objectif était de rapprocher les jeunes membres de la famille impériale de la Turquie, de les informer sur les événements en cours dans le pays, et de favoriser une connexion plus profonde avec la culture turque.

Lors d'une séance de questions-réponses chez lui à Beylerbeyi, Osmanoğlu a partagé des détails sur l'exil de sa famille et la vie de ses parents, Şehzade Ali Vasıb Efendi et Mukbile Sultan. Şehzade Ali Vasıb Efendi avait vu le jour au palais de Çırağan en 1903. Ces récits familiaux révèlent les défis auxquels la dynastie ottomane a été confrontée, tout en mettant en lumière l'importance de préserver les liens avec la Turquie et sa culture. La création de cette fondation apparaît ainsi comme une initiative visant à renforcer ces liens historiques et culturels au fil des générations.

« Malheureusement, en 1924, ils ont été contraints à l'exil à l'âge de 21 ans. Ma mère avait alors 2 ans. Ils sont tous allés de Sirkeci à Budapest. Ils sont restés un moment à Budapest. Ils se sont arrêtés à Vienne et de là ils sont allés à Nice. Ils y ont vécu 11 ans. Ils n'étaient pas mariés à l'époque, ils se sont mariés en 1931. Ils ont voyagé de Nice à l'Égypte en 1935 et ont passé leur dernière année en Égypte. Je suis né à Alexandrie en 1940. Je suis allé à l'école anglaise là-bas. Nous parlions anglais, français, turc et arabe. J'ai vécu en Égypte jusqu'à mes 18 ans. Après le lycée, je suis allé en Angleterre pour faire des études supérieures. J'ai étudié la finance et la comptabilité. Ma carrière s'est déroulée en Angleterre. Je me suis marié là-bas. J'ai eu 4 enfants, l'un d'eux est décédé. J'ai 3 enfants et 8 petits-enfants. Ils vivent tous en Angleterre. » Mes pères ont pensé dans les premières années : « Nous serons de retour dans 3 à 5 ans ».

En 1952, les sultanes et leurs enfants ont été autorisés à revenir. Les princes n'ont été autorisés qu'en 1974. Exactement 50 ans s'étaient écoulés et mon père avait 71 ans. Je suis également venu quand j'avais 34 ans. Je venais en touriste. Puis je me suis retiré en Angleterre et je me suis installé ici.

Voyage dans le temps : Une enquête généalogique ottomane.

Source : en turc en fin de ce chapitre.

Aucune des 250 personnes contraintes à l'exil par trains et navires en mars 1924 n'est désormais parmi nous. En conclusion de cette époque tumultueuse, Bilun Hanımsultane, née en 1918, a fermé le chapitre de sa vie à Beyrouth le 17 janvier 2019. Fille de Fatma Zehra Sultane, son parcours reflète les vicissitudes de l'histoire et souligne la nécessité de se souvenir de ceux qui ont traversé ces épreuves, marquant ainsi une page inoubliable de l'histoire familiale et de la diaspora.

Trois villas en Italie et les Nobel à Sanremo.

Cette recherche a été longue, car il fallait retrouver ces lieux de résidence de ma famille, et malheureusement personne ne s'en souvenait vraiment. C'est un autre type de recherche généalogique[xxvii], que j'ai dû mener, afin de retrouver ces villas en Italie.

Des villas aux passés changeants, imprégnées d'histoires fascinantes, émergent les récits captivants des demeures Magnolia, Miraflores et Nobel. Chacune de ces résidences porte en elle le poids du temps, les échos de moments révolus, et les traces d'existences qui ont laissé une empreinte indélébile.

Que ce soit à travers des événements joyeux ou des péripéties poignantes, ces villas incarnent des témoins silencieux des époques passées, offrant une plongée dans un héritage riche en nuances et en récits captivants.

L'exil des Ottomans à Nice et leur généalogie.

Figure 49 Fleure de magnolia.

Le bâtiment actuel, situé dans la rue Magnolie juste au-dessus de Corso Cavallotti, est le résultat d'une série d'extensions d'une villa originale construite par le marquis Eugenio Dufour en 1864 sur un projet de l'arpenteur et entrepreneur de Biella Giovenale Gastaldi senior, tandis que le contrat de construction a été attribué au jeune maître d'œuvre Marco Carlo.

L'ensemble immobilier ainsi agrandi prit le nom de Villa Magnolie et la destination était celle de résidence de familles aristocratiques d'étrangers, dont en 1923 le séjour de la princesse Kadjar de la dynastie du Shah de Perse renversée par un coup d'État. En 1925, elle devint la résidence de la cour du dernier **Sultan Ottoman Mohammed VI,** qui quitta la Villa Nobel où il s'était précédemment installé et y mourut dans des circonstances mystérieuses en 1926. Le dernier sultan ottoman Mohammed VI, arrivé à Sanremo en exil volontaire le 19 mai 1923, s'installa avec sa cour pendant les deux premières années.

Voyage dans le temps : Une enquête généalogique ottomane.

Figure 50 La villa Magnolie en Italie.

Figure 51 Le sultan Ottoman Mohammed VI.

L'exil des Ottomans à Nice et leur généalogie.

Voici la Villa Nobel et la Villa Miraflores adjacente, puis le sultan se serait installé dans l'actuelle Villa Magnolie à la suite du mystérieux suicide d'un haut dignitaire de son entourage.

Figure 52 Ensemble immobilier des Villas Magnolie en Italie.

Villa NOBEL.

La saga de la villa de l'inventeur de la dynamite débute aux alentours de 1870, sur le Corso Cavallotti, lorsque le pharmacien de Rivoli, Pietro Vacchieri, fait l'acquisition de terrains dans la partie orientale de la ville. En 1871, un édifice élégant et élancé voit le jour, résultat d'un projet conçu par le jeune architecte local Filippo Grossi.

Cette villa, témoin des prémices de la dynamite, est bien plus qu'une simple résidence ; elle incarne l'alliance harmonieuse entre l'histoire, l'architecture et l'ingéniosité qui caractérise son illustre propriétaire. Au fil des décennies, elle a préservé l'héritage de son passé, offrant aux générations futures un aperçu captivant de l'évolution de cette demeure exceptionnelle.

Figure 53 VILLA NOBEL en Italie.

Le 28 juillet 1874, Vacchieri cède sa propriété au chevalier génois Lazzaro Patrone. La villa Patrone n'a donc subi aucun dommage lors du tremblement de terre de 1887, qui a plutôt gravement endommagé la villa Miraflores adjacente. Le 24 avril 1891, l'héritier du Chevalier Patrone, Lazzaro Fausto, vend la villa Miraflores à Mme Rosa Cassini, épouse de l'avocat Rossi, tandis que le lendemain il vend la Villa Patrone au savant suédois Alfred Nobel. Ce dernier, incapable de poursuivre ses expériences dans le laboratoire parisien de Sevran-Livry, avait décidé de s'installer à Sanremo, et notamment dans la villa du

L'exil des Ottomans à Nice et leur généalogie.

Chevalier Patrone, à la recherche d'un lieu calme et propice à ses travaux scientifiques.

Figure 54 Villa Patrone en Italie.

La saga de la villa de l'inventeur de la dynamite débute aux alentours de 1870, sur le Corso Cavallotti, lorsque le pharmacien de Rivoli, Pietro Vacchieri, fait l'acquisition de terrains dans la partie orientale de la ville. En 1871, un édifice élégant et élancé voit le jour, résultat d'un projet conçu par le jeune architecte local Filippo Grossi. Cette villa, témoin des prémices de la dynamite, est bien plus qu'une simple résidence ; elle incarne l'alliance harmonieuse entre l'histoire, l'architecture et l'ingéniosité qui caractérise son illustre propriétaire. Au fil des décennies, elle a préservé l'héritage de son passé, offrant aux générations futures un aperçu captivant de l'évolution de cette demeure exceptionnelle.

« Fausto Zonaro, le dernier peintre de la cour impériale de Constantinople, est resté dans la ville dorée jusqu'en 1909, année où il est retourné en Italie après le coup d'État qui a renversé le sultan Abdul-Hamid. De retour en Italie, il s'installe, après une longue recherche, à Sanremo, et le choix est tout à fait compréhensible. Sanremo est une authentique Constantinople miniature : une cité balnéaire riche et cosmopolite, la capitale incontestée de la Belle Époque italienne. Sanremo est la destination favorite de la noblesse européenne (surtout les Anglais et les Russes) qui y séjourne de longs mois, tant pour les loisirs que pour les soins.

Sans oublier qu'il était maçon dans sa jeunesse, il a aidé les ouvriers dans la construction de sa maison, un immeuble de trois étages via Dante Alighieri numéro 5, non loin de ce qui sera son atelier avec une salle d'exposition.

Il mourut à Sanremo le 19 juillet 1929. Ici s'achève l'histoire du dernier peintre de l'Empire et de son extraordinaire compagne Élisa, récits de vie uniques et rares, pour un passionné comme Zonaro, de l'Orient magique. Il repose au cimetière de la Foce. »

Figure 55 Villa de Fausto Zonaro à Sanremo.

Après 1928, la villa Magnolie a servi d'école à l'importante population anglaise présente dans la ville à l'époque et a pris le nom de "St. George's School Sanremo", mais en 1936, à la suite de la rupture des relations du gouvernement fasciste avec les États-Unis et le Royaume-Uni, l'école a été fermée. Vers le milieu des années 1950, une école privée d'inspiration catholique y a été créée, dirigée par les Pères doctrinaires, qui a fonctionné jusqu'aux années 1980.

La villa Magnolie, après une période de négligence, a été achetée en 2005 par la Province d'Imperia et utilisée comme succursale du Liceo Gian Domenico Cassini.

Le duc Amedeo, deuxième fils de Vittorio Emanuele II, qui était monté sur le trône d'Espagne le 2 janvier 1871, avait déjà abdiqué en faveur de la République en 1873 et se distinguait par son indépendance de caractère, son brio, la facilité d'un aristocrate « beau et mondain » comme on le définissait à l'époque.

Après la mort de sa femme le 8 novembre 1876, il est revenu à Turin avec ses trois enfants.

Il s'est remarié en devenant le fondateur de la branche Savoie-Aoste et a occupé des postes officiels sous le règne de son frère Umberto I.

Voyage dans le temps : Une enquête généalogique ottomane.

Sources et URL :

En collaboration avec le lycée Cassini de Sanremo :
https://www.erolgiraudy.eu/p/trois-villas-en-italie-et-nobel.html

Un document resté secret pendant cent ans : l'ordre écrit de Mustafa Kemal Pacha de lyncher le sultan Vahideddin s'il tentait de quitter Istanbul.
https://www.haberturk.com/yazarlar/murat-bardakci/3539526-tam-yuz-sene-boyunca-gizli

Erol GIRAUDY: Sanremo :
https://www.erolgiraudy.eu/search/label/Sanremo

Localiser les lieux-dits pour votre généalogie :
https://www.genealogiepratique.fr/localiser-lieux-dits-genealogie/

Remonter le temps avec les cartes IGN :
https://remonterletemps.ign.fr/

BOUCLES-DECOUVERTES 10-16 (2).pdf (nice.fr)
https://www.nice.fr/uploads/media/default/0001/12/BOUCLES-DECOUVERTES%20100x320%20BD%2010-16%20(2).pdf

Osmanlı Hanedanı dört kıtada yaşıyor - Milliyet.com.tr (archive.org) La dynastie ottomane vit sur quatre continents
https://web.archive.org/web/20160305091421/http://www.milliyet.com.tr/osmanli-hanedani-dort-kitada-yasiyor/guncel/haberdetay/15.07.2010/1263699/default.htm

Amédée Ier (roi d'Espagne) :
https://fr.wikipedia.org/wiki/Am%C3%A9d%C3%A9e_Ier_(roi_d%27Espagne)

L'exil des Ottomans à Nice et leur généalogie.

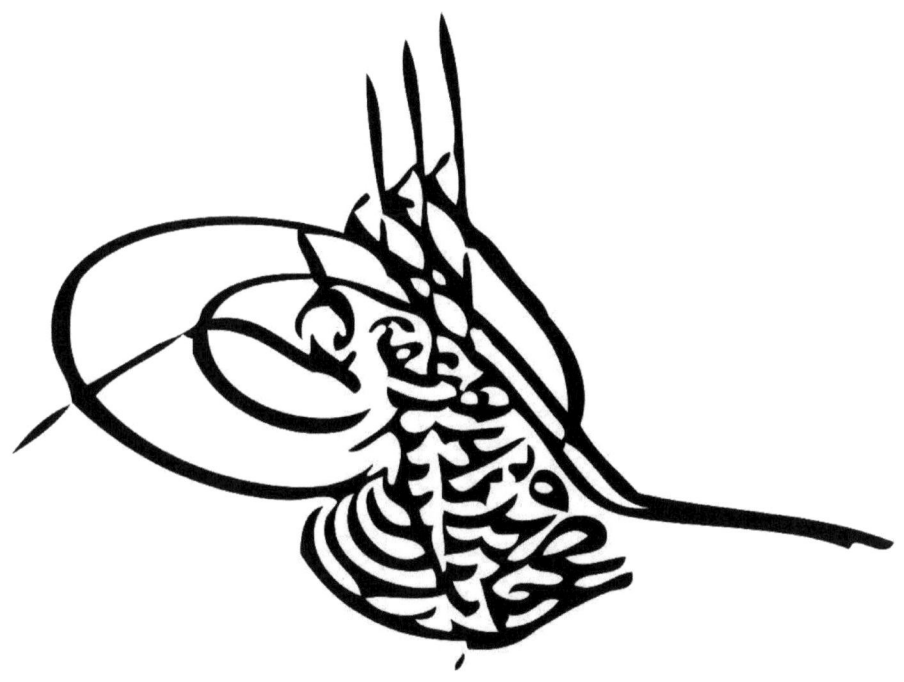

Figure 56 La tuğra du Sultan Mehmed VI

Chapitre 5 - Le Calife sur la riviera française :

Figure 57 Le Prince AbdülMedjid, Janvier 1337.

Une photo signée "AbdülMedjid, Janvier 1337" en calendrier hégirien, c'est-à-dire 1918. (Source : Jean-Marc Chauvel, mon cousin). *Je remercie aussi Boussaid Ayoub pour ses nombreuses précisions et indications.*

Le calendrier islamique est tributaire des mouvements de la Lune. Le début de chaque mois est marqué par l'observation d'une nouvelle lune vue pour la première fois. La visibilité de la nouvelle lune dépend de différents facteurs tels que la météo, et le calendrier islamique n'est donc qu'une estimation des événements islamiques à venir. Voir le calendrier annuel

L'exil des Ottomans à Nice et leur généalogie.

hégirien (1255-1345 AH) et correspondance selon le calendrier grégorien en fin de ce chapitre (Sources et URL).

Comment parvenir à Nice :

Simplon Orient Express, qui emmène la plupart des membres et descendants exilés de la dynastie ottomane en Europe. À cette époque, ce train partait de la gare d'Istanbul Sirkeci, s'arrêtait aux gares de Sofia, Belgrade, Venise et Milan, passait le tunnel du Simplon et arrivait à Paris via Lausanne. Une autre ligne Orient Express allait également à Paris via Istanbul, Bucarest, Budapest, Vienne, Munich et Strasbourg. Je vais revenir sur cet épisode du train Simplon Orient Express dans un paragraphe suivant. Source : En TURC en fin de ce chapitre, voir : Sources et URL.

Figure 58 Le Calife AbdülMedjid et le train de l'exil.

```
Et dans le vent qui souffle sur les rails,
    Résonne le chant des âmes errantes,
Qui murmurent : "Nous sommes toujours là,
    Dans le cœur d'Istanbul, immortels."
```

Comment et pourquoi rester à Nice ?

La présence du Calife et la proximité de l'ancien Sultan en Italie à Sanremo (ville très proche de Nice), sont peut-être deux raisons, mais elles sont certainement insuffisantes.

Le Califat et son abolition en 1924 :

Sous le nom d'Abdülmecit II, un cousin du sultan déposé est porté au califat par la Grande Assemblée Nationale. Avant d'évoquer sa future vie d'exilé à Nice en France, un bref rappel historique sera utile : fils du sultan réformateur Abdülaziz, il est né en 1868 et a donc cinquante ans passés lorsqu'il est porté à cette fonction religieuse par une décision politique. Étroitement encadrée, sa fonction de Calife ne durera qu'un peu plus d'un an : le 3 mars 1924, la Grande Assemblée Nationale vote l'abolition du califat, le 4 au soir Abdülmecit II et quelques proches sont mis dans le train Simplon Express à destination de la Suisse. Mis à part quelques affaires personnelles hâtivement réunies, il ne dispose alors que de deux mille livres sterling. Quand Abdülmecit Efendi est arrivé en Suisse, il a été détenu à la frontière pendant un certain temps.

Le Calife est un Exilé :

La décision a été signifiée à Abdülmecit Efendi par le gouverneur d'Istanbul, Haydar Bey, et le directeur de la police, Saadettin Bey. Abdülmecit et sa famille ont été secrètement emmenés du palais de Dolmabahçe à 5h00 le lendemain matin.

Il est emmené à Çatalca (gare des chemins de fer) en voiture. Après avoir été hébergés par le chef de la Rumeli Railways

Company pendant un certain temps, ils ont été placés dans le Simplon Express (l'ancien Orient Express).

Quand Abdülmecit Efendi est arrivé en Suisse, il a été détenu à la frontière pendant un certain temps en raison des lois de ce pays, car plus d'un conjoint n'était pas autorisé à entrer dans le pays, mais il a été admis dans le pays après ce délai.

Après avoir séjourné au Grand Alpine Hôtel au bord du lac Léman pendant un certain temps, Abdülmecit Efendi, en publiant une déclaration à Montreux, premier arrêt de l'exil, a accusé le gouvernement turc d'être irréligieux et a appelé le monde islamique à prendre des décisions sur le califat.

Après un séjour en Suisse, il s'installe à Nice, en France, en octobre 1924, où il passe une partie du reste de sa vie. Cependant, après la pression d'Ankara sur la Suisse, il n'a plus jamais prononcé de tels discours.

Le Calife était d'ores et déjà surveillé par les services secrets d'Ankara, ainsi que toute la famille. La S.O. « **seconde Organisation spéciale** (en turc Teşkilat-ı Mahsusa) » est une unité créée par les chefs de l'**Ittihad** en 1914.

Figure 59 La tuğra du calife Abdulmedjid II

Voyage dans le temps : Une enquête généalogique ottomane.

Son arbre Généalogique :

Le Calife AbdülMedjid II de Turquie sa généalogie sur geneanet :

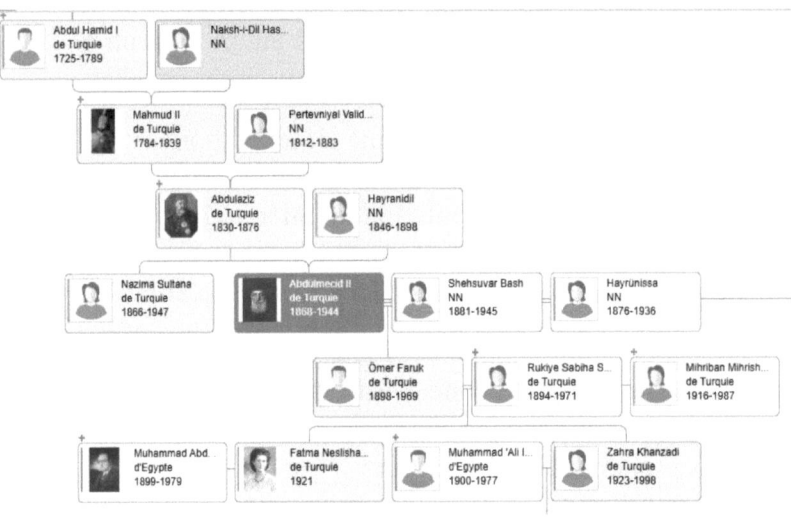

Figure 60 La descendance et ascendants du Calife AbdülMedjid II sur Geneanet.

Le Calife vient s'installer à Nice. Accompagné d'une suite de quatre-vingts personnes, ils s'établissent d'abord à l'hôtel Ahlambra, puis au Palais Carabacel à Nice.

Le Calife est aussi un nom important de la peinture turque du début du XXe siècle. Il avait une passion particulière pour l'art. Il jouait notamment du violon et du piano quand il ne composait pas lui-même de la musique.

L'exil des Ottomans à Nice et leur généalogie.

L'un des tableaux [xxviii] du calife ottoman ABDULMECID II - Turquie News.

Figure 61 Le tableau du Calife ABDULMECID II.

Ce tableau, peint par le dernier Calife ottoman, Abdülmecit II, a été vendu aux enchères en 2013 au prix de 1 million 600 mille livres turques, soit un peu plus de 600 mille euros. Même si l'heureux acquéreur a voulu rester anonyme en participant par téléphone aux enchères tenues au Yalı Esman Sultan d'Ortaköy le 6 octobre 2013, on apprendra plus tard qu'il s'agit de Madame Demet Sabancı Çetindoğan, une riche collectionneuse d'art avertie.

La toile est une peinture à l'huile au format 117x177 cm et se nomme : « Les femmes dans la cour ». Elle représente des femmes nues autour d'un bassin entouré de colonnes de style grec. Certains des personnages représentés seraient « hermaphrodites » selon l'historien Murat Bardakçı.

L'historien écrit que ce n'est pas le seul tableau de nus réalisé par le calife. Abdülmecit II a aussi écrit des livres-mémoires en 12 volumes (Souvenirs), conservés par sa fille Dürrüşehvar Sultan et jamais publiés. Maintenant ils sont égarés dans les méandres de l'histoire, peut-être un jour ils vont resurgir.

Abdülmecit II a réalisé ce tableau à l'âge de 31 ans lorsqu'il était prince héritier, soit 23 ans avant son accession au titre de Calife. AbdülMedjid II ou Abdulmejid II (29 mai 1868 - 23 août 1944) est le 101e et l'un des derniers califes du monde musulman (1922-1924). Sa fonction était uniquement religieuse.

Dans le monde arabe, Hussein ben Ali lui succède pendant seulement quelques mois. Les deux sont traditionnellement considérés comme les derniers califes de l'islam sunnite.

Seuls quelques princes et damads ont agis à cette époque.

Ceci a créé deux clans antagonistes. Avec un procès qui a eu lieu à Nice. J'ai conservé certaines lettres et documents sur cette période compliquée.

Ensuite, le calife a passé un moment pénible seul avec ses petits-enfants et ses épouses après le départ de son petit-fils et de son fils bien-aimés, qui ont quitté la France pour épouser les princesse de Kavala, en Égypte.

> *« Il meurt d'une crise cardiaque le 23 août 1944 à Paris, où il est en exil. Malgré les efforts de Dürrişehvar Sultane en tant que princesse de Berar, et des interventions auprès du président İsmet İnönü, il n'a pas été*

> *accepté en Turquie. Lorsque son corps n'a pas été accepté en Turquie, il a été conservé à la Grande Mosquée de Paris pendant environ 10 ans et transféré à Médine, puis enterré au cimetière de Bâki après que le conseil d'administration de la mosquée a annoncé qu'ils ne pouvaient plus garder le corps. »*

La princesse Niloufer, mariée à Moazzam Jah, le deuxième fils du dernier Nizam d'Hyderabad, Mir Osman Ali Khan, a aidé sa cousine la princesse Durru Shehvar à réaliser son désir de voir son père, le dernier calife de l'islam, Abdul Majid II, enterré dans le cimetière attaché à la sainte mosquée de Médine, une décennie après sa disparition. La princesse Durru Shehvar était mariée à Azam Jah, le fils aîné de Mir Osman Ali Khan.

Selon Mete Tunçay : « L'abolition du califat est parfaitement logique en termes de projet de modernisation jacobine de type Mustafa Kemal, qui attache de l'importance à la sécularisation plutôt qu'à la démocratisation. Seul le temps est ouvert à la discussion. En effet, le cours des événements indique que Mustafa Kemal a vu la lutte contre le califat comme une base appropriée pour liquider ses adversaires politiques et a utilisé cet événement pour prouver son pouvoir à tout le monde. En fait, toutes les mesures prises depuis lors renforcent encore la nature autoritaire du régime et l'unicité de Mustafa Kemal. »

Le califat a été aboli avec la « loi sur l'abolition du califat et le transfert de la dynastie ottomane au ministère des Affaires étrangères de la République de Turquie » en date du 3 mars

1924. Ainsi, la nouvelle Turquie a franchi une autre étape importante.

L'abolition du califat a eu de vastes répercussions en Turquie et dans le monde.

Le 3 mars 1924, lorsque le califat a été aboli, le ministère de la charia et des événements religieux a été aboli avec une autre loi. À la suite de l'abolition de la Şer'iye et d'Evkaf Vekaleti, les écoles et les madrasas gérées par ce mandat ont également été abolies. De plus, le même jour, le mandat de l'état-major général de l'Erkan Harbiye a été aboli.

Ainsi, le conflit militaro-politique a également été évité. La loi d'unification de l'éducation a également été acceptée ce jour-là.

À la mort du Sultan Mehmed Reşat[xxix] et à l'accession de Vahdettin au trône en 1918, Şehzade AbdülMedjid Efendi fut déclaré héritier. Le prince héritier AbdülMedjid Efendi a envoyé au sultan des déclarations critiquant le gouvernement de Damad Ferit Pacha alors qu'Istanbul était sous occupation à la fin de la Première Guerre mondiale.

Après l'établissement du gouvernement d'Ali Rıza Pacha à la place du gouvernement de Damad Ferit, il a changé son opposition à Vahdettin et a marié son fils, Şehzade Ömer Faruk Efendi, à Sabiha Sultan, la fille cadette de son oncle, Sultan Vahdettin. Il a suivi la réunion de Sultanahmet, qui s'est tenue le 13 janvier 1920, avec une large participation d'environ 150 000 personnes, depuis sa voiture, et a prononcé un bref discours qui a enthousiasmé les jeunes qui l'ont approché.

L'exil des Ottomans à Nice et leur généalogie.

Le mouvement Kuvâ-yi Milliye, qui s'est organisé en Anatolie pour sauver le pays des invasions, ne lui a pas répondu positivement lorsqu'il l'a invité à Ankara en juillet 1920, par l'intermédiaire d'un de ses anciens collaborateurs, Yumni Bey. Son contact avec Ankara a été pris depuis le bureau de la couronne à Çamlıca lorsqu'il a été informé par le sultan Mehmet Vahdettin et il a été placé en probation pendant 38 jours dans son appartement privé à Dolmabahçe.

Lorsque Mustafa Kemal, le chef du mouvement de libération, écrivit une autre lettre en février 1921 et lui proposa le sultanat, AbdülMedjid répondit une nouvelle fois « non ». Il a envoyé son fils Ömer Faruk à Ankara au lieu de lui-même, mais Mustafa Kemal a refusé d'accepter Ömer Faruk et l'a renvoyé. Fin 1921, AbdülMedjid Efendi tenta de passer en Anatolie par Fevzi Pacha.

La question a été discutée à l'Assemblée, mais n'a pas été jugée appropriée. Lors du conflit qui a commencé avec l'invitation des gouvernements d'Ankara et d'Istanbul à la conférence de paix qui devait être convoquée après la victoire de la guerre d'indépendance, la Grande Assemblée nationale turque a aboli le sultanat avec la loi qu'elle a adopté le 1er novembre 1922.

Avec l'abolition du sultanat, le titre d'héritier d'AbdülMedjid a disparu.

Détails sur son voyages d'Exile :

Le Calife, sa famille et ses proches collègues ont été emmenés à la gare de Çatalca pour se rendre en Europe et ont été conduits dans trois taxis depuis le palais de Dolmabahçe. Afin d'éviter tout chaos, la gare de Çatalca a été choisie à la place de Sirkeci. De nouveaux détails sur ce voyage historique ont été atteints.

Le billet du voyage montre combien de jours plus tard le groupe est arrivé en Hongrie. Avec ce billet unique en aller simple, il s'avère que ce seul billet a été émis pour le groupe.

Les informations sur ce billet de train, telles que la date, le nom de la ville où le train est pris, la ville à atteindre et le nombre de personnes, sont remplies à la main. Sur le billet, les chiffres 1-2, 3-4, 5-6, 7-8, 11-12, 13-14, 15-16 et 17 attirent l'attention. J'imagine que ces numéros appartiennent au siège ou au compartiment. Dans la partie date du billet, le sceau frappé sur le billet en écrivant le 4 mars 1924 contient la même date que celle manuscrite.

Le numéro du billet est 014645. La partie inférieure et le dos du grand billet regorgent de publicités d'hôtels de premier plan au monde.

Compléments : une Édition en Turc de Murat Bardakçı (Journaliste et Auteur).

Le voyage du ferry, qui a quitté la jetée de Galata à 16h30 l'après-midi du 16 mai 1919 avec 79 passagers, une femme et trois enfants, six chevaux et une automobile, s'est poursuivi pendant trois jours et s'est terminé à Samsun le matin du 19 mai 1919.

C'est le premier pas franchi vers la naissance d'un tout nouvel État sur les cendres d'un empire détruit, fragmenté et occupé depuis la guerre mondiale à laquelle il a participé.

Dans ce livre, Murat Bardakçı révèle quelques détails méconnus du départ de Mustafa Kemal Pacha vers Samsun à la lumière de documents dont certains n'ont pas été publiés jusqu'à présent. Il raconte qu'il s'agissait d'une opération d'État que le plus haut niveau de celui-ci, de l'état-major de l'époque au Grand Vizir et au Palais, a préparée ensemble pour faire quelque chose après la défaite de la guerre mondiale.

A State Operation - 19 May-Oversized (Relied): Mustafa Kemal Pacha's Journey to Samsun and Documents Related to the Journey Relied – 20 September 2019. - Édition en turc de Murat Bardakçı

BAGAGES 725 KILOS

Disposant de tout le confort de la vie dans les palais, la famille a naturellement laissé tous ses avoirs pour un nouveau voyage. Selon ce nouveau document et ces informations, le dernier Calife et son entourage ont un bagage de 725 kg sur ce trajet.

Un dessin au fusain daté du 6 mars 1924 révèle que le train transportant AbdülMedjid et ses accompagnateurs, qui était également le seul artiste « sachant dessiner » et membre de la dynastie ottomane, est arrivé en Hongrie deux jours après ce long voyage d'exil. « Malheureusement je ne dispose pas de ces dessins du calife ». Il m'a été rapporté que dans ce dessin au crayon, AbdülMedjid décrit un lieu montagneux et boisé. AbdülMedjid, qui a utilisé le train s'arrêtant à une gare en passant par la Hongrie, a transféré le paysage sur papier avec un dessin au crayon. Le Calife a également laissé tomber la note « Hongrie, où mes grands ancêtres sont passés victorieusement » dans le coin inférieur droit du dessin au crayon.

Voyage dans le temps : Une enquête généalogique ottomane.

Figure 62 Billet de train du 6 mars 1924.

Quand AbdülMedjid et ses partisans arrivent en Suisse, la famille Bomonti les accueille (Ils avaient fait fortune dans la bière : le « boza » est une boisson traditionnelle de la famille des bières épaisses acidulées, à base généralement de millet ou de blé ou, de nos jours, de riz ou de maïs. La fermentation atteint entre 0,8 et 1%). La famille ottomane s'installe au Grand Hôtel des Alpes au bord du lac Léman en Suisse.

Je n'ai jamais fait de politique indique le Calife :

Une note écrite par le fils d'Abdülaziz, le dernier Calife, dans sa propre écriture sur l'actualité dans la presse, fait partie des documents récemment publiés. Dans cette note, AbdülMedjid raconte qu'il ne s'est pas du tout engagé dans la politique et a maintenu sa neutralité. *En fait, il faisait de*

L'exil des Ottomans à Nice et leur généalogie.

la politique et était surveillé par les services secrets de plusieurs pays.

Lors de l'installation du calife à Nice, en France, un réseau de renseignement a été immédiatement établi à Nice et un flux de rapports a commencé de Nice à Ankara. Mais presque tous les rapports fournissaient de fausses informations. Voici quelques-uns de ces rapports qui sont conservés aux Archives de l'État aujourd'hui... (voir à la fin de ce chapitre les sources et URL).

Ses lieux de résidences :

Pour ceux qui connaissent Nice, le Palais Carabacel a été détruit en 1960. À Paris, le Calife était situé rue Suchet et avenue du Maréchal-Maunoury (vous pourrez lire une carte-lettre du calife à mon grand-père où figure son adresse à Paris dans le XVIe) et bien avant en Suisse.

Sa fin de vie :

Lorsque son corps n'a pas été accepté en Turquie, il a été conservé dans la **Grande Mosquée de Paris** pendant environ 10 ans, et lorsque le conseil d'administration de la mosquée l'a informé qu'il ne pouvait plus garder le corps, il a été transféré à Médine et enterré à Cimetière de Baqi.

Figure 53 Le Calife portrait en négatif.

Le calife a été laissé seul et a connu des jours douloureux. Abdulmecid Efendi, qui s'est ensuite installé à Paris, a continué d'appliquer le protocole traditionnel de la dynastie. Il a dirigé les prières du vendredi à la Grande Mosquée de Paris.

Il rompit des mariages et distribua des documents portant son propre monogramme. Il a préparé des documents indiquant qu'il avait expulsé les princes qui avaient un comportement inconvenant de la dynastie.

Lorsqu'on lui a demandé de donner un mandat conjoint à Vahdeddin à la suite de l'union familiale envisagée pour profiter des droits de la dynastie sur le pétrole irakien, il a refusé de donner un pouvoir conjoint, affirmant qu'il était le chef officiel du Calife et de la famille.

Ainsi, à la suite de cette tentative restante, la dynastie n'a pas pu obtenir les nombreux bénéfices qu'elle espérait.

Nombreux sont les prince qui ont été touchés par cette intransigeance du Calife et tous avaient perdu de vue qu'il n'avait plus aucun pouvoir effectif. Voir les chapitres suivants à ce sujet.

Le Palais avec des minarets.

Les grandes stations balnéaires de la Côte d'Azur se doivent de receler dans leur panorama cette silhouette aux clochetons à bulbes qui tentent d'évoquer le fameux minaret, aux baies encadrées d'arcs outrepassés, aux façades tapissées de faïences et aux débauches de stucs dentelés enveloppant le tout. À Nice, Jules Sioly a construit le fameux « Alhambra » pour la vicomtesse de Bernis (1900-1901) qui le loue sur plan à madame Sabatier, signataire du bail commercial avec l'hôtelier suisse Candrian. En 1909, le guide du Syndicat d'Initiative de la ville proclame qu'il « étale superbement sa façade mauresque au brillant soleil de la Côte d'Azur », elle est dominée par deux minarets.

Figure 63 Photo du Palais Alhambra à Nice.

L'essentiel de son exil, Abdülmecit II l'aura cependant passé à Nice. Les médias de l'époque gardent la trace des événements marquants de la vie familiale de l'ancien Calife. C'est ainsi que les Niçois ont été éblouis par la somptuosité exotique des vêtements portés lors du mariage de sa fille, la princesse Durru Shehvar (la « perle impériale ») avec le fils du Nizam d'Hyderabad.

En 1871, une famille de cordonniers niçois, les Bouchon, achète à M. Tori (pour 60 000 F) un immeuble de deux étages sur rez-de-chaussée sur le boulevard Carabacel. Par la suite, ils surélèvent le bâtiment qui devient le Grand Hôtel de Nice. Il est d'abord tenu par la famille suisse-allemande Krafft qui, en 1874, achète les murs pour la somme de 400 000 F. C'est un établissement prestigieux qui a été agrandi et modernisé au fur et à mesure de son succès. Il a accueilli des hôtes illustres comme la duchesse Vera de Wurtemberg, ou le gouverneur de la Pologne russe. C'est là que meurt Alfred Solvay en 1894, le frère d'Ernest Solvay, les célèbres chimistes et industriels belges. Le suicide d'un officier russe de 23 ans en 1906 a aussi défrayé la chronique. Pendant la Grande Guerre, le Grand Hôtel est transformé en hôpital militaire (N°19), comme c'est le cas pour un grand nombre d'hôtels niçois. L'hôtel rouvre après la guerre mais il cesse de fonctionner en tant que tel en 1937. Il est transformé en immeubles d'appartements privés sous l'appellation « Palais de Nice ». Il obtient le Prix du patrimoine des vieilles maisons françaises en 2006. C'est l'un des palaces Belle Époque les plus recherchés de Nice.

L'exil des Ottomans à Nice et leur généalogie.

Figure 64 Le Grand Hôtel à Nice..

Le Palais Carabacel lieu de résidence du Calife à Nice.

Pianiste et violoncelliste de talent, artiste tout aussi à l'aise de représenter des scènes de nu dans des cours de harem que des portes de mosquées, le prince ottoman AbdülMedjid fut l'homme de la renaissance turque par excellence.

Il eut aussi une corde majeure à son arc, un accomplissement pour lequel son nom restera à jamais gravé dans les annales de l'histoire : celui d'avoir été le dernier Calife musulman officiellement reconnu.

Lorsque le Parlement de la République turque éradiqua le dernier vestige du pouvoir ottoman en 1924, dépouillant AbdülMedjid de son titre, il mit fin à une institution créée par l'ami et successeur du prophète Mohammed.

AbdülMedjid et sa famille s'installèrent dans la ville française de Nice, où il vécut jusqu'en 1939, avant de s'installer à Paris.

L'essentiel de son exil, AbdülMedjid II l'aura cependant passé à Nice. Les médias de l'époque gardent la trace des événements marquants de la vie familiale de l'ancien Calife.

C'est ainsi que les Niçois ont été éblouis par la somptuosité exotique des vêtements portés lors du mariage de sa fille, la princesse Dürrüşehvar (la « perle impérial ») avec le fils du Nizam d'Hyderabad. « Mes tantes et oncles vivaient à Nice avec le Calife.

Ils se sont installés à leur arrivée à l'hôtel ALHAMBRA, il y avait une suite de 80 personnes en plus de sa Famille. »

Puis ils sont allés à la villa Xoucles et enfin au palais Carabacel à Nice.

Malheureusement, cette villa et ces palais ont disparu au profit de constructions modernes plus ou moins réussies. Cette belle demeure, la villa Xoulces, a été construite il y a quelques années par un riche industriel vosgien.

La villa est louée par ses propriétaires et a été occupée par de nombreuses personnes de haut standing.

Un fils de M. Venizelos [Sofoklis Venizelos, fils d'Eleftherios Venizelos], marié à Mlle Zervudachi [Kathleen Zervudachi] là-bas et la princesse Ismail, veuve d'un ancien Khédive égyptien, y termina sa longue vie. Cette villa est au bas du boulevard de Cimiez, elle n'existe plus depuis bien longtemps suite à de nombreuses opérations immobilières dans ce quartier de Nice.

Pour retrouver ces informations, je suis arrivé à ces documents, car je lisais un eBook sur la Princesse Niloufer.

Il y avait un lien hypertexte qui m'a conduit vers un forum, deux anglophones échangeaient sur ce sujet. **Le hasard fait**

L'exil des Ottomans à Nice et leur généalogie.

bien les choses de temps en temps. Ceci m'a intrigué et j'ai commencé des recherches. Ensuite, un de mes contacts en Turquie a validé mes sources.

Mais qui a construit cette villa ?

Ceci m'a intrigué et je découvre : « Alice Nicolas, surnommée Lily, est née le 28 décembre 1893 à Cornimont dans les Vosges. Ses parents étaient Jules Nicolas (1862-1898), industriel à Xoulces-Cornimont, et Marie Caimant Legay (1868-1937). Alice a grandi à Xoulces. En 1914, à 21 ans, Alice devient infirmière bénévole pendant la Première Guerre mondiale. Elle est affectée à l'Hôpital Auxiliaire n°8 à Nice, situé à l'École Normale de Jeunes Filles sur le Boulevard Washington. Cet hôpital comptait 300 lits pour soigner les soldats blessés. La villa Xoulces, où résidait Alice, était située à Cimiez, surplombant Nice. Elle servait de refuge aux soldats. » À ce sujet, lire cet article sur la **villa Xoulces de Cimiez** en France. J'ai poussé un peu plus loin mes recherches et vous pouvez en lire le résultat sur mon site :

https://www.erolgiraudy.eu/2022/05/la-villa-de-cimiez-xoucles.html

Voyage dans le temps : Une enquête généalogique ottomane.

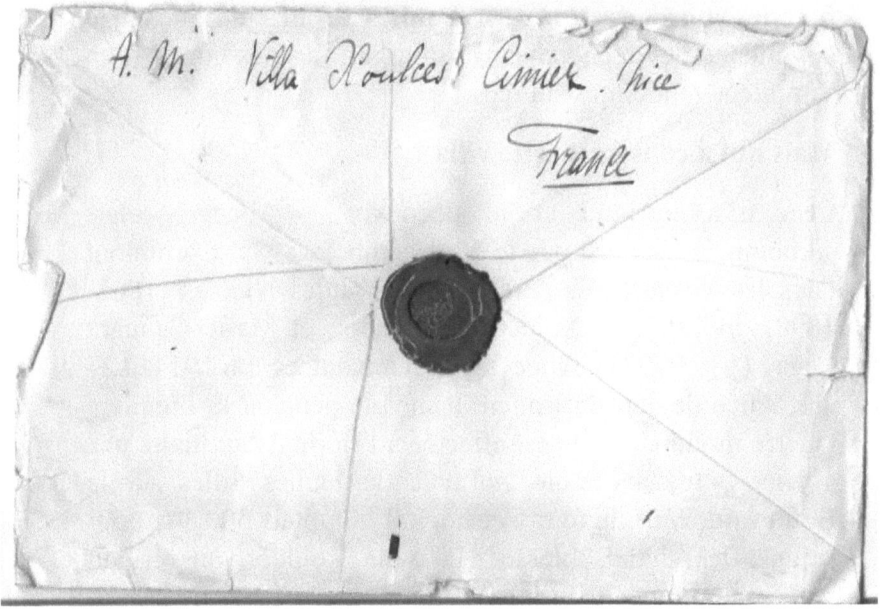

Figure 65 La lettre avec la croix bleue et le cachet rouge.

La croix bleue était effectivement un symbole utilisé dans le système postal français au début du 20e siècle pour indiquer qu'une lettre avait été envoyée en recommandé. Cette pratique a commencé vers 1892. La croix bleue signifiait que la lettre avait été envoyée par courrier recommandé. Elle permettait aux postiers de repérer rapidement les lettres recommandées qui nécessitaient un traitement spécial et un suivi plus rigoureux. Le cachet est certainement celui de l'expéditeur.

L'exil des Ottomans à Nice et leur généalogie.

Voici le journal Suisse « L'IMPARTIAL »qui contient un article sur le départ de l'ex-Calife. Nous allons le scanner.

Le départ de l'ex-calife

GENÈVE, 29. — Suivant le «Petit Parisien», l'ex-calife va transporter sa résidence de Territet à Cimiez près de Nice à la villa Xoulces, une belle demeure que fit construire, il y a quelques années, un riche industriel des Vosges. Cette villa que louent ses propriétaires a été occupée par des locataires de marque. Un des fils de M. Venizelos s'y maria avec Mlle Zervudachi et l'an dernier la princesse Ilmaïl, veuve d'un ancien khédive d'Egypte, y termina sa longue vieillesse. C'est la villa Xoulces, qui, sous peu — demain peut-être — servira de demeure à l'ex-calife de Turquie, Abd ul Medjid.

Non loin de la villa Xoulces, dans une habitation à l'architecture orientale, des princes de la famille royale résident déjà depuis leur départ de la terre ottomane. Ce sont : la princesse Zekjé, son mari, le prince Damad Noureddin pacha ; la princesse Naimé et son mari, le prince Djelaeddin pacha, la princesse Fékimé et son mari, le prince Damad Mohamed bey ; la princesse Kadrié et son mari, le prince Damad Rachid bey.

Auprès d'eux, Abdul Medjid supportera plus aisément les ennuis de l'exil dans ce prestigieux décor de palmiers qui évoque le souvenir de la patrie lointaine.

Figure 66 Le premier extrait est du journal suisse l'Impérial du 29 août 1924.

Voyage dans le temps : Une enquête généalogique ottomane.

Transcription par SCAN et OCR[xxx] de l'extrait de ce journal :

Le départ de l'ex-calife GENÈVE, 29. - Suivant le «Petit Parisien», l'ex-calife va transporter sa résidence de Territet à Cimiez près de Nice à la villa Xoulces, une belle demeure que fit construire, il y a quelques années, un riche industriel des Vosges. Cette villa que louent ses propriétaires a été occupée par des locataires de marque. Un des fils de M. Venizelos s'y maria avec Mlle Zervudachi et l'an dernier la princesse Ilmaïl, veuve d'un ancien khédive d'Égypte, y termina sa longue vieillesse. C'est la villa Xoulces, qui, sous peu, demain peut-être, servira de demeure à l'ex-calife de Turquie, Abdul Medjid. Non loin de la villa Xoulces, dans une habitation à l'architecture orientale, des princes de la famille royale résident déjà depuis leur départ de la terre ottomane. Ce sont la princesse Zekié, son mari, le prince Damad Noureddine pacha; la princesse Naimé et son mari, le prince Djelaleddine pacha, la princesse Fékimé et son mari, le prince Damad Mohamed bey; **la princesse Kadrié et son mari, le prince Damad Rachid bey.** Auprès d'eux, Abdul Medjid supportera plus aisément les ennuis de l'exil dans ce prestigieux décor de palmiers qui évoque le souvenir de la Patrie lointaine.

http://www.e-newspaperarchives.ch/?a=d&d=IMP19240829-01.1.5

Un autre utilisation d'un SCAN-OCR est au chapitre 17.

N'oublions pas son titre du Calife :

Du 18 novembre 1922 au 3 mars 1924, il est : Sa Majesté Impériale le Commandeur Loyal à la Terre, Calife des Fidèles et Serviteur de La Mecque et de Médine, Souverain de la Maison Impériale des Ottomans.

Il était également un vecteur d'interférences pour d'autres États dans la politique intérieure turque. Mustapha Kemal accentue aussi, par cette décision, la rupture avec le passé, et la distinction entre la Turquie, dont il veut faire un État laïc, et le monde musulman. Ils pouvaient constituer un danger

L'exil des Ottomans à Nice et leur généalogie.

pour la jeune république, et donc presque tous, en particulier le calife, devaient être gardés sous surveillance. Cependant, le consulat turc le plus proche de Nice était à Marseille, à quelques heures de route. Il serait difficile de suivre ce qui se passait dans la ville depuis Marseille, et la solution a été apportée par l'ouverture d'un consulat très encombré à Nice. La tâche principale du personnel consulaire était d'identifier les personnes qui allaient et venaient de la villa Carabacel ou de savoir de quoi parlaient les autres « prohibitionnistes » qui passaient leurs journées dans les cafés de la plage à Nice comme à Sanremo.

Un ou plusieurs rapports allaient de Nice à Ankara presque tous les jours, tandis qu'un décompte de ceux qui « s'embrassaient les mains et les jupes à Carabacel ».

Les raisons de l'abolition du califat sont essentiellement politiques. Car le Calife était devenu en quelques mois un des points de ralliement de l'opposition monarchiste et religieuse.

Avaient-ils établi une organisation secrète afin de prendre le trône ?

La plupart des dénonciations concernaient des personnes qui étaient au bord de la misère, et parmi elles se trouvaient même des descendants du sultan, qui dormaient sur les plages la nuit, coupant du pain avec de l'huile d'olive le matin et essayant de gagner leur vie.

Ankara a toujours gardé Nice dans sa ligne de mire en tant que représentant du califat jusqu'en 1939. Le calife s'installe à Paris cette année-là et vit dans le Paris occupé par les

Allemands jusqu'à sa mort en 1944. 150 des membres de notre famille avaient déjà été graciés en 1938 et autorisés à retourner en Turquie. Par conséquent, il n'était plus nécessaire de maintenir un grand nombre de fonctionnaires à Nice, et après le départ du calife pour Paris, le consulat a également été fermé.

Il est possible de lire certains des rapports secrets envoyés de Nice et Marseille à Ankara, où une grande partie des informations qu'ils donnent en commun sont fictives... Néanmoins, ces rapports ont déclenché des peurs à Ankara. Le Calife était surveillé par les services secrets d'Ankara, ainsi que toute la famille, la S.O. « Seconde Organisation spéciale (en turc Teşkilat-ı Mahsusa) » est une unité créée par les chefs de l'Ittihad en 1914.

Le califat est resté pendant des années dans leurs mémoires un sérieux problème. Certains de ces rapports secrets sont envoyés à Ankara depuis Nice et Marseille. Leurs informations fournies étaient toutes fausses et sont maintenant aux Archives de l'État. Dans le rapport sur le calife et le califat à la police nationale, c'est-à-dire au MIT de l'époque. National Intelligence Organization (mit.gov.tr).

Le 5 septembre 1939, il y avait des revendications fictives, et il a même été dit qu'AbdülMedjid Efendi avait mis le califat en vente. Qui sait où se situe la vérité, car les mémoires du calife ont disparu.

L'exil des Ottomans à Nice et leur généalogie.

Figure 59 Armoirie du Calife.

Les armoiries ci-dessus du califat ont été dessinées par le dernier calife AbdülMedjid Efendi.

« Dans un rapport envoyé par le consulat général de Marseille au ministère des Affaires étrangères le 27 novembre 1935, il est indiqué que le calife AbdülMedjid Efendi a été en contact avec divers pays musulmans et le Vatican, et conseille à Ankara de « saisir certains documents appartenant au calife ».

À mon avis, AbdülMedjid n'a pas dû s'abstenir longtemps d'écrire ses mémoires. Encore une fois, il ne fait aucun doute qu'il est en communication directe ou par l'intermédiaire de ceux qui sont à l'extérieur de la Turquie, à l'intérieur de la Turquie, et qui, pour une raison quelconque, sont contre notre régime actuel et ceux qui maintiennent ce régime sous leur haute administration.

Si une partie des documents d'AbdülMedjid pouvait être obtenue, des documents très importants pourraient être obtenus et des secrets très importants pourraient être découverts.

Parmi les mesures que les Français envisagent ces derniers jours pour prévenir le mécontentement qui s'est manifesté parmi les musulmans d'Algérie, de Tunisie et de Syrie et leurs identités nationales, il y a le désir de bénéficier du titre de « califat », qu'AbdülMedjid n'a jamais cessé de porter.

Préserver le sens de la religion et de la pensée entre AbdülMedjid et la papauté ; j'ai aussi appris qu'ils voulaient ouvrir la porte à des négociations sous prétexte de créer une paix entre le christianisme et l'islam.

Cette idée a été exprimée par la France... On dit aussi qu'il y a des gens et des institutions qui sont connus pour être favorables à l'Italie. Aujourd'hui, en France et en Italie, il y a plus de gens que jamais qui veulent faire de la religion un outil pour la politique. »

source : 2017 de Murat Bardakçı.

Voir en annexe à ce chapitre les URL des articles sur les services secrets.

L'exil des Ottomans à Nice et leur généalogie.

Plan de l'emplacement du Palais Carabacel.

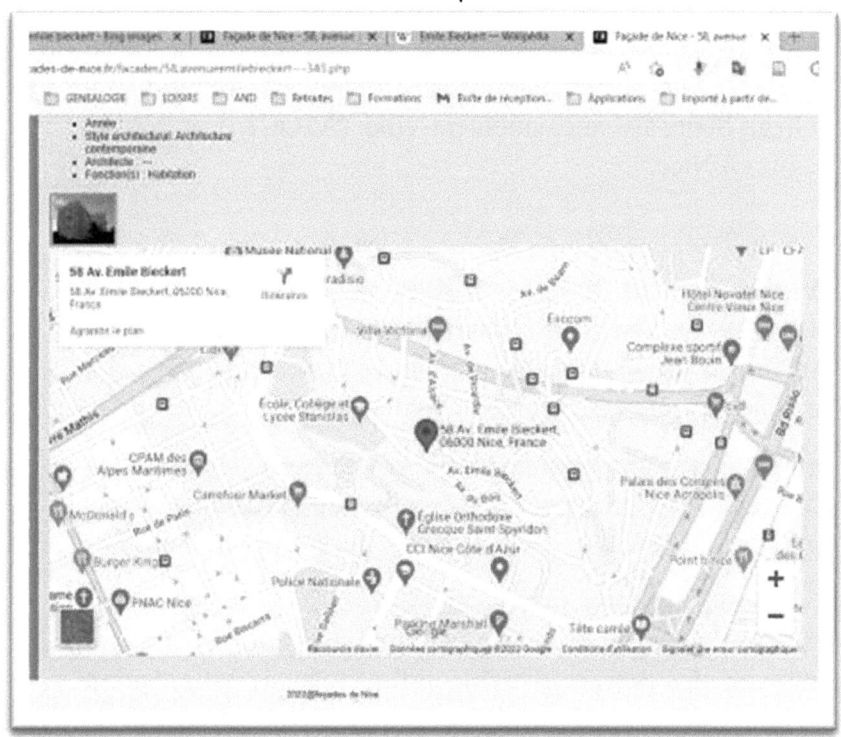

Figure 67 Plan sur l'emplacement du Palais Carabacel à Nice.

Mes recherches sur le **Palais Carabacel** (lieu de résidence du Calife pendant son exil) m'ont **conduite à l'Allée Carabacel**. Palais (Allée du), **cette Allée était proche du Palais Carabacel, démoli vers 1960** et qui appartenait à **Émile Bieckert** (une rue porte son nom et se trouve à proximité). Carabacel est le nom d'un quartier et d'un boulevard. L'origine étymologique est locale : car en celte = colline, mont, rocher.

Je la connaissais bien cette Allée, elle est proche du Collège Stanislas à Nice et du Grand-Palais, lieu de résidence de la Princesse Neslişah.

De plus, j'étais élève dans cette institution en 1965-66-67, le collège Stanislas, anciennement villa PATOCKA au bas de Cimiez à Nice.

Mais qui était Émile Bieckert ?

Origine du nom alsacien de Barr : Jean Émile Bieckert (1837-1913). Ce riche brasseur alsacien fit sa fortune en Argentine, où il fonda la première brasserie du pays. La marque de bière était mondialement connue.

Propriétaire d'une grande partie des terrains de la colline Carabacel, il y fit construire sa villa, aujourd'hui disparue (avenue du Palais). Ses terrains furent fractionnés en parcelles très nombreuses.

L'avenue zigzague en difficiles virages en épingle et laisse entrevoir des perspectives magnifiques sur la ville, sur sa partie supérieure qui se termine sur le même versant de la colline dans le boulevard de Cimiez, dont le tracé date des années 1900.

À Nice, il est à l'origine du lotissement du quartier de Carabacel, avec la construction du Palais Langham, mais aussi de l'ancien hôtel Hermitage, œuvre de l'architecte niçois Charles Dalmas (j'ai bien connu ses petits-enfants à Nice).

Une avenue niçoise porte le nom **d'Émile Bieckert**.

L'exil des Ottomans à Nice et leur généalogie.

PLAN de situation du Palais Carabacel.

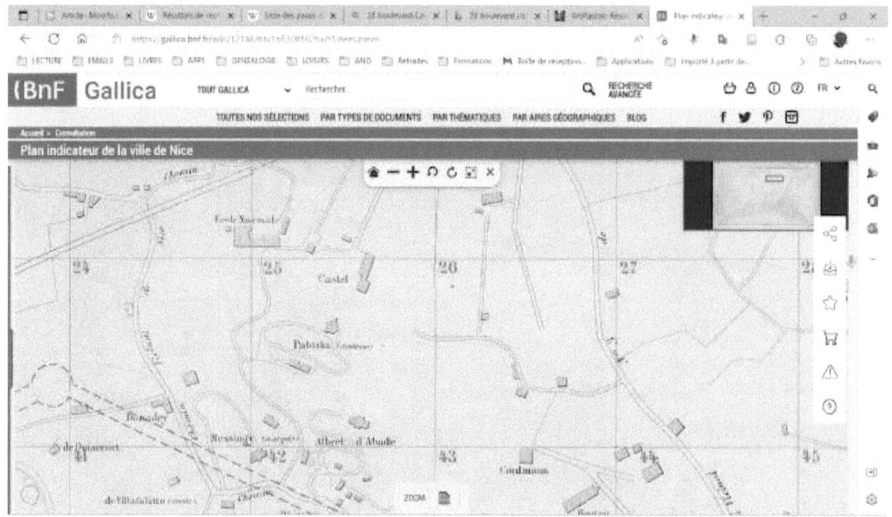

Figure 68 Plan indicateur de la ville de Nice | Gallica (bnf.fr)

Titre : Plan indicateur de la ville de Nice

Éditeur : Ch. Jougla (Nice) - 1865 **Sujet :** Nice

http://catalogue.bnf.fr/ark:/12148/cb407045361

Identifiant : ark:/12148/btv1b53085026x

Source : Bibliothèque nationale de France, département Cartes et plans, GE C-6879 **Date de mise en ligne :** 08/12/2014

Voyage dans le temps : Une enquête généalogique ottomane.

AGRANDISSEMENT du plan ci-avant.

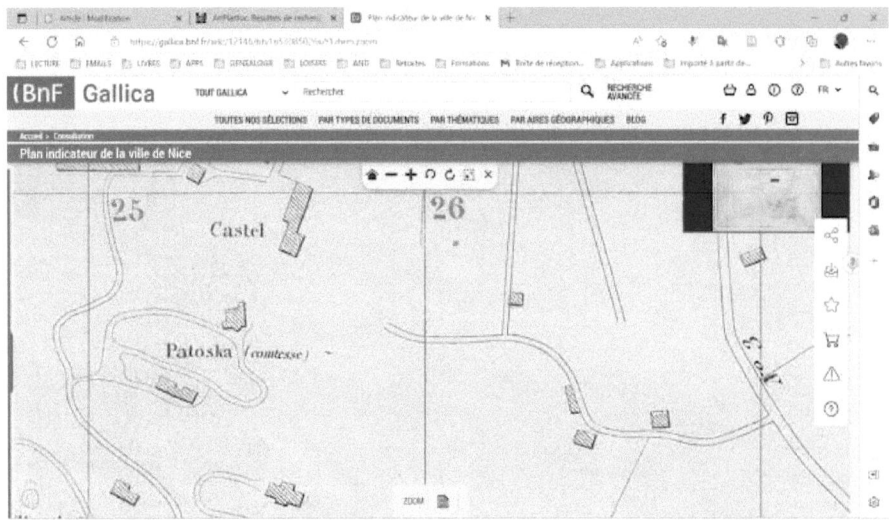

Figure 69 Case 25 la Villa PATOSKA et la 26 est celle du Palais.

Plan indicateur de la ville de Nice | Gallica (bnf.fr)

Une merveilleuse source de renseignement que Gallica.

La Villa PATOSKA

C'est dans cette zone que se trouvait le Palais Carabacel. Carabacel n'est pas un patronyme, mais un toponyme qui se rapporte à la géologie des premiers contreforts de la colline de Cimiez. On y décèle la racine pré-indo-européenne **KAR** qui désigne la pierre, le site rocheux.

La carte ci-dessous permet de mieux situer les lieux ainsi que le collège Stanislas où j'ai fait une partie de mes études.

L'exil des Ottomans à Nice et leur généalogie.

À cette époque, je ne savais pas que ma famille avait vécu ici. Nous étions proches et lointains à la fois. Le monde est incroyablement petit.

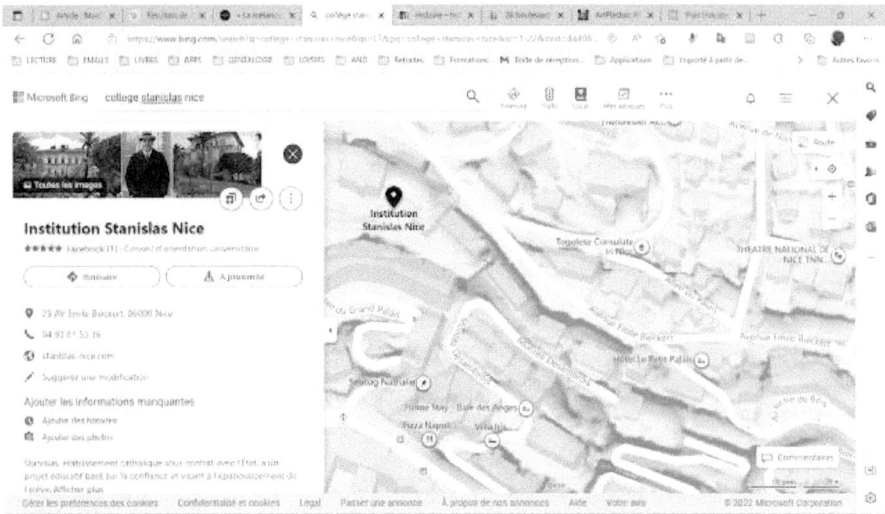

Figure 70 A la droite de l'Institution Stanislas on peut y voir l'Allée du Palais.

Figure 71 Vue aérienne du quartier incluant l'Allée du Palais.

Voyage dans le temps : Une enquête généalogique ottomane.

Vue du quartier à cette époque à Nice.

Figure 72 Vue du quartier Carabacel à cette époque.

Figure 73 Vue du quartier Carabacel à cette époque.

L'exil des Ottomans à Nice et leur généalogie.

Voici des exemples de constructions équivalentes :

À celles qui existaient auparavant, car tout le quartier de Carabacel a été profondément transformé au fil des années.

Figure 74 La Villa Ernestine futur Impérial Hôtel.

En 1928, la Villa Ernestine devient l'Impérial Hôtel.

Quelques modifications sont alors appliquées à la façade sud. Le porche et les deux volées d'escalier latérales sont démolis. L'entrée est cependant précédée d'un nouveau portique central en saillie. Ce dernier offre des baies jumelles reposant alternativement sur une grosse colonne inspirée de l'ordre dorique et sur un culot, et porte la terrasse centrale du premier niveau.

L'Hôtel subsiste aujourd'hui sous le nom d'Hôtel Impérial. À l'arrière de l'Hôtel Impérial, les trois Villas Joly reliées à la fin extrême des années 1860 subsistent encore sous l'appellation de Villa Beau-Site ou celle de Palais italien. Des colonnes en pierre ont remplacé les anciennes colonnes métalliques de la façade de la villa la plus occidentale.

Voyage dans le temps : Une enquête généalogique ottomane.

J'ai bien retrouvé une photo du mariage des deux Princesses (copie écran), mais je ne pense pas que ce soit le Palais Carabacel et encore moins **la villa Xoucles**, car nous pouvons voir la colline du Château en arrière-plan (du moins je le crois).

Donc, l'angle de vue est mauvais, il semble que ce soit une villa sur une autre colline de Nice.

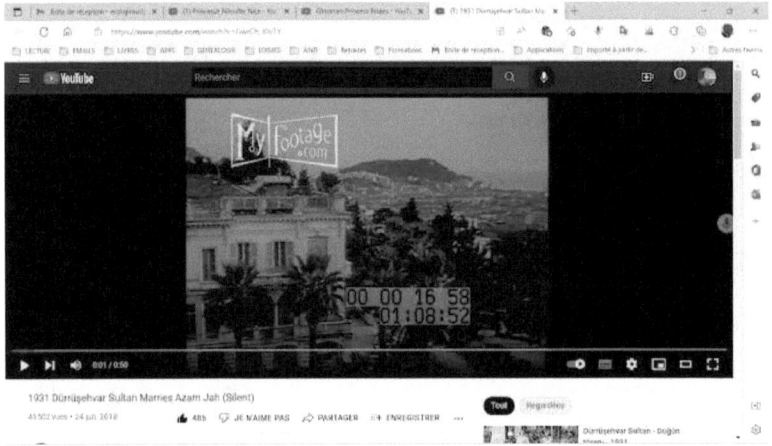

Figure 75 La villa ou se déroula le mariage en 1931.

Le Grand Palais lieu de résidence de plusieurs membres de notre famille.

Merci pour ces informations fascinantes sur le Grand Palais de Nice. Je vais examiner le texte et vous proposer une version légèrement modifiée si nécessaire :

Construit en 1911 par la Société des Wagons-Lits, sous la conduite du célèbre architecte niçois Charles Dalmas, le Grand Palais fut tout d'abord un hôtel. Avec ses 9 étages en position dominante à l'entrée du Boulevard de Cimiez, c'est le plus haut palace construit à Nice à la Belle Époque. Il est impressionnant

L'exil des Ottomans à Nice et leur généalogie.

par ses dimensions, mais aussi par son mode de construction inspiré de la technique « Eiffel ». Il s'agit d'une ossature métallique sur laquelle on est venu accrocher une façade en parement de pierres !

Plusieurs descendants de la famille ottomane y ont résidé, notamment la princesse Neslişah.

« Que reste-t-il aujourd'hui à Nice de cet épisode ottoman ? Quelques princes très discrets et fabuleusement riches de leurs seuls souvenirs. » Abdülmecit II meurt en août 1944 à Paris, le 23 août boulevard Suchet puis est enterré à Médine (en Arabie Saoudite). Mais avant, il sera enterré à la mosquée de Paris en attendant, pendant dix ans, que soit exaucé son désir testamentaire d'être transféré à la mosquée Harem Chérif de Médine. Sa fille, Dürrüşehvar Sultan, épouse Azam Jah, fils d'Asaf Jah VII. Ceci fera l'objet d'un autre chapitre dans ce livre.

Un peu d'histoire Nicoise, un véritable parcours des palais existe :

Je vais réaliser ce parcours avec les lieux où ma famille a vécu, car mes pas dans Nice m'ont fait passer devant ces grands palais (voir sources et URL en fin de ce chapitre).

La colline de Carabacel était cultivée depuis longtemps d'oliviers. Des sentiers muletiers serpentaient vers Cimiez entre les propriétés (il reste l'ancien chemin des arènes et l'avenue des arènes de Cimiez).

Les troupes françaises du roi soleil utilisèrent son sommet pour y installer leurs pièces d'artillerie destinées à pilonner la citadelle. Après le minage des remparts et de la citadelle en 1708, la ville explosa de toutes parts (en vigueur et en expansion).

Les couvents et belles demeures s'y installèrent durant le XVIIIe siècle. Avec l'essor touristique, les premiers hôtels se construisirent, de riches étrangers achetèrent des pans entiers de la colline (comme Émile Bieckert) avant revente en lopins urbains et luxueux.

C'est un quartier qui s'est développé très tôt dès la construction du pont Saint Antoine, appelé ensuite Pont vieux lorsque le pont neuf situé sur l'actuelle place Masséna fut construit en 1824. Le pont Saint-Antoine permettait l'accès vers la France dont la frontière s'arrêtait aux rives du Var.

Les constructions remplacèrent les potagers du Moyen Âge, le plan régulateur du Consiglio d'Ornato mit fin à l'urbanisation anarchique du faubourg dans les années 1850. Toutefois, le plan régulateur s'arrêtait à l'actuel boulevard Dubouchage, ce qui donna une certaine cacophonie urbaine au-delà du boulevard dans les années 1860. En 1999, le quartier comptait 9 799 habitants.

Dans les plans d'urbanisation initiaux (vers 1850), le boulevard fut interdit aux commerces et arboré (respecté à ce jour à une exception très acceptable vers 1925 (Voir Maison Charles Veran). Les numéros pairs sont du côté de la colline de Carabacel.

En 1871, une famille de cordonniers niçois, les Bouchon, achète à M. Tori (pour 60 000 F) un immeuble de deux étages sur rez-de-chaussée sur le boulevard Carabacel.

Par la suite, ils surélèvent le bâtiment qui devient le Grand Hôtel de Nice. Il est d'abord tenu par la famille Suisse allemande Krafft qui, en 1874, achète les murs pour la somme de 400 000 Francs.

L'exil des Ottomans à Nice et leur généalogie.

C'est un établissement prestigieux qui a été agrandi et modernisé au fur et à mesure de son succès. Il a accueilli des hôtes illustres comme la duchesse Vera de Wurtemberg, ou le gouverneur de la Pologne russe.

C'est là que meurt Alfred Solvay en 1894, le frère d'Ernest Solvay, les célèbres chimistes et industriels belges. Le suicide d'un officier russe de 23 ans en 1906 a aussi défrayé la chronique.

Pendant la Grande Guerre, le Grand Hôtel est transformé en hôpital militaire (N°19), comme c'est le cas pour un grand nombre d'hôtels niçois.

L'hôtel rouvre après la guerre, mais il cesse de fonctionner en tant que tel en 1937.

Puis il est transformé en immeubles d'appartements privés sous l'appellation « **Palais de Nice** ».

L'édifice obtient le Prix du patrimoine des vieilles maisons françaises en 2006.

C'est l'un des Palaces Belle Époque les plus recherchés de Nice.

Voyage dans le temps : Une enquête généalogique ottomane.

Sources et URL :

AbdülMedjid II n. 29 mai 1868 d. 23 août 1944 - Rodovid FR :
https://fr.rodovid.org/wk/Personne:489057
https://gw.geneanet.org/pierreerol_w?lang=fr&p=abdulaziz&n=de+turquie&oc=0&type=tree&

Voir le calendrier annuel hégirien (1255-1345 AH) et correspondance selon le calendrier grégorien :
https://archive.org/det.../HIJRICALENDARFR/page/n88/mode/1up

Source : En TURQUE :
http://www.ibrahimpazan.com/index.php?option=com_content&view=article&id=219:hanedan-albuemue&catid=12:yasayan-osmanllar&Itemid=103

Des billets de train sur le voyage de l'ex-calife Abdulmecid :
https://rayhaber.com/2016/02/tarihe-isik-tutan-tren-bileti-son-halife-abdulmecidin-surgun-yolculugu/

Il faisait de la politique et était surveiller par les services secrets :
https://www.cairn.info/revue-strategique-2014-1-page-131.htm

https://archivesdiplomatiques.diplomatie.gouv.fr/
https://www.cia.gov/search/?site=CIA&output=xml_no_dtd&client=CIA&myAction=%2Fsearch&proxystylesheet=CIA&submitMethod=get&q=turkey%20ottoman

Les familles ottomanes ont découvert la généalogie :
https://journals.openedition.org/cdlm/5747

AbdülMedjid II : généalogie par Henri FREBAULT :
https://gw.geneanet.org/frebault?lang=fr&n=de+turquie&oc=1&p=abdulmecid&type=tree

L'exil des Ottomans à Nice et leur généalogie.

L'un des tableaux de l'ex-calife ottoman ABDULMECID II :
https://www.turquie-news.com/le-tableau-du-Califee-ottoman-abdulmecid-ii

Murat Bardakçı :
https://en.wikipedia.org/wiki/Murat_Bardak%C3%A7%C4%B1

AbdülMedjid Efendi :
https://www.wikizero.com/tr/Abd%C3%BClmecid_Efendi

https://www.wikizero.com/tr/B%C3%A2ki_Mezarl%C4%B1%C4%9F%C4%B1

https://commons.wikimedia.org/wiki/Category:Abd%C3%BCl_Mecid_II?uselang=trhttps://commons.wikimedia.org/wiki/Category:Abd%C3%BCl_Mecid_II?uselang=tr

https://fr.rayhaber.com/2020/06/Qui-est-Abdulmecid-Efendi/

http://www.e-newspaperarchives.ch/?a=d&d=IMP19240829-01.1.5

https://lepetitjournal.com/istanbul/a-voir-a-faire/decouvrez-monde-extraordinaire-dabdulmecid-efendi-musee-sabanci-331083

Alhambra (Nice) :
https://fr.wikipedia.org/wiki/Alhambra_(Nice)

Evvel Zaman İçinde Halifelik Vardı - Ayşe Hür (archive.org) :
https://web.archive.org/web/20130921062128/http:/www.haksozhaber.net/evvel-zaman

Wikizero - AbdülMedjid Efendi :
https://www.wikizero.com/tr/Abd%C3%BClmecid_Efendi

Titre : Plan indicateur de la ville de Nice :
Éditeur : Ch. Jougla (Nice) - Date d'édition : 1865

http://catalogue.bnf.fr/ark:/12148/cb407045361

Voyage dans le temps : Une enquête généalogique ottomane.

Kavalalı Mehmed Ali Paşa :
https://tr.wikipedia.org/wiki/Kavalal%C4%B1_Mehmed_Ali_Pa%C5%9Fa

Princesse de Kavala, en Égypte :
https://tr.wikipedia.org/wiki/Kavalal%C4%B1_Mehmed_Ali_Pa%C5%9Fa

Azam Jah, le fils aîné de Mir Osman Ali Khan :
Source : https://fr.rayhaber.com/2020/06/Qui-est-Abdulmecid-Efendi/

Evvel Zaman İçinde Halifelik Vardı - Ayşe Hür :
https://web.archive.org/web/20130921062128/http://www.haksozhaber.net/evvel-zamanhttps://web.archive.org/web/20130921062128/http://www.haksozhaber.net/evvel-zaman-icinde-halifelik-vardi-15148yy.htmicinde-halifelik-vardi-15148yy.htm

Hussein ben Ali lui succède pendant seulement quelques mois, les derniers califes de l'islam sunnite :

https://www.wikizero.com/tr/Abd%C3%BClmecid_Efendi

https://commons.wikimedia.org/wiki/Category:Abd%C3%BCl_Mecid_II?uselang=tr

http://www.haksozhaber.net/evvel-zaman-icinde-halifelik-vardi-15148yy.htm

Source photos et architectures :
https://artplastoc.blogspot.com/2019/11/1071-nice-le-boulevard-carabacel-2-1875.html

https://www.frwiki.net/wiki/Quartier_Carabacel

L'exil des Ottomans à Nice et leur généalogie.

1931 Dürrüşehvar Sultan Marries Azam Jah (Silent) :
https://www.youtube.com/watch?v=GwrCh_IDvTY

Le Grand Palais lieu de résidence de plusieurs membres de notre famille :
https://www.cimiez-boulevard.fr/residences-nice-cimiez/grand-palais/

Le Parcours Niçois :
https://www.erolgiraudy.eu/2022/09/les-villas-mauresques-et-orientales-sur.html

Les Memoirs of an Ottoman Prince: Ali Vasib Efendi :
https://a.co/d/8QmNGFc

Murat Bardakçı :
Rapports secrets sur le califat pleins d'inexactitudes à l'occasion de l'anniversaire de l'abolition du califat (haberturk.com)

https://www.haberturk.com/yazarlar/murat-bardakci/1414182-hilafetin-kaldirilisinin-yildonumunde-yanlislarla-dolu-gizli-hilafet-raporlari

Millî İstihbarat Teşkilatı - MIT (Organisation nationale de renseignement) :
https://fr.wikipedia.org/wiki/Mill%C3%AE_%C4%B0stihbarat_Te%C5%9Fkilat%C4%B1
https://fr.wikipedia.org/wiki/Organisation_sp%C3%A9ciale_(Empire_ottoman)

Les services secrets :
https://mit.gov.tr/ozel-koleksiyon.html

La DYNASTIE OTTOMANE en EXIL (L'espion à l'intérieur) :
https://www.erolgiraudy.eu/2024/05/la-dynastie-ottomane-en-exil.html

Voyage dans le temps : Une enquête généalogique ottomane.

Chapitre 6 - Un Damad à Nice :

Rashid FENARIZADE de LARISSA avait eu des fonctions à la SDN en Suisse (La Société Des Nations en 1920) remplacée ensuite en 1946 par l'ONU.

Figure 76 Mon grand-père à 3 périodes différentes de sa vie.

Le Prince Rashid FENARIZADE de LARISSA avait étudié les sciences politiques à la Sorbonne à Paris, pendant la Première Guerre mondiale.

L'exil des Ottomans à Nice et leur généalogie.

Il parlait parfaitement le français. Quand j'allais le voir en Suisse, nous faisions de grandes promenades (peut-être pas si grandes car j'avais 11 ans). Il me parlait des arbres et des plantes, ainsi que des animaux, il y avait à cette époque des biches et des écureuils.

> *« La forêt suisse est magnifique en août. J'ai toujours beaucoup aimé la montagne. D'ailleurs, j'y réside à ma retraite, les arbres y sont nombreux. Étrangement, cela me fait penser à l'arbre de vie, avec l'arbre de la connaissance du bien et du mal, ils resteront eux aussi toujours omniprésents. En matière de représentation de la vie et des liens qui unissent les familles, il y a encore l'arbre généalogique, très présent dans ce livre.»*

Le sultan fit appel à mon grand-père, alors âgé de 26 ans, pour des missions politiques. Dans un premier temps, le jeune politologue fut conseiller juridique auprès du ministère turc des affaires étrangères. Ensuite, il occupa la fonction de ministre plénipotentiaire dans la partie ottomane de la Grèce, marchant ainsi sur les traces de son père.

C'était un damad [xxxi], il avait épousé la fille d'un des descendants de l'empire ottoman le Şehzade İbrahim Tevfik Efendi.

Son arbre sur Rodovid à ce stade contient : 8 familles de 17 personnes réparties en 4 lignées, 11 de ces personnes sont apparentées.

Voyage dans le temps : Une enquête généalogique ottomane.

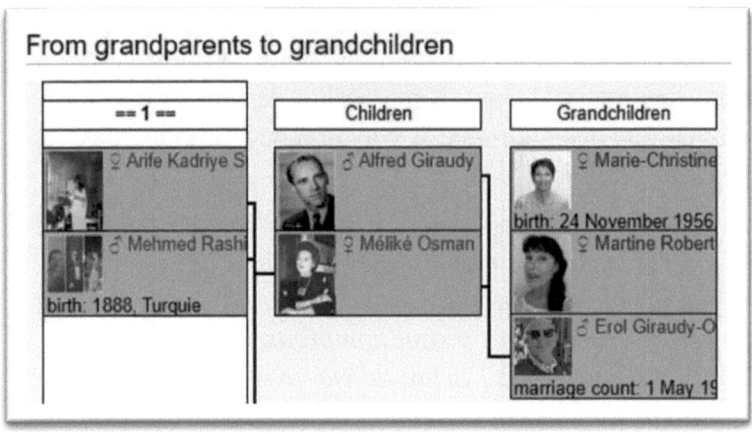

Figure 77 L'arbre incluant mes grands-parents, enfants..

La tombe en suisse :

Comme tous les princes et damads de la Famille, ils étaient dignes et ils n'avaient pas de « vrais métiers » et faisaient bonne figure dans l'adversité et l'exil.

Figure 78 La tombe en suisse de notre grand-père.

L'exil des Ottomans à Nice et leur généalogie.

Mon grand-père a fini sa vie avec Rose en Suisse. Un journaliste a fait cet article sur eux. https://blog.nationalmuseum.ch/fr/2021/02/une-princesse-dans-le-pays-de-glaris/

Voici un extrait de l'article :

La famille OSMAN chercha de l'aide pour l'entretien du foyer et engagea en 1927 une jeune Suissesse, Rose Keller. C'est là que les vies du prince turc et de la jeune femme de 19 ans originaire de Dielsdorf se croisèrent.

Rose avait été informée qu'elle travaillerait comme gouvernante, en revanche elle ne savait rien de la famille qui allait l'accueillir. Ce n'est qu'une fois arrivée à la villa de l'avenue Georges Clemenceau à Nice qu'elle réalisa qu'elle allait travailler pour une famille princière turque !

La mort de ma Grand-mère :

Lorsque l'épouse du damad Rashid, Princesse Kadriye. tomba malade, elle supplia Rose Keller d'assumer son rôle de mère si elle venait à décéder. La princesse mourut, et Rose épousa Rashid Osman en 1939. Rose Keller, originaire de Dielsdorf, devint alors la princesse turque Rose Osman.

Elle s'occupa avec amour de deux petites filles, ma tante Émiré et ma mère Méliké.

Il s'agissait d'un « mariage de raison », déclara-t-elle plus tard. Ce retournement de situation, avait pourtant l'air d'une histoire tirée des Mille et Une Nuits ! En tant qu'épouse du prince ottoman, Rose fréquenta des magistrats et des têtes couronnées à Nice. Elle fit notamment la connaissance du roi de Suède Gustave VI Adolphe, mais aussi du dernier Calife turc Abdul Medjid II, de l'audacieux leader kurde Mustafa Barzani et du Nizam de l'État d'Hyderabad.

À l'issue d'un **retentissant procès** à Nice en 1935, au cours duquel le Calife fut débouté de ses prétentions sur l'héritage du Sultan, Rashid se trouva dans une situation inattendue. La promesse d'une part substantielle de 100 millions de francs, provenant de la vaste fortune comprenant des champs de pétrole, des terres et des mines, semblait être une garantie solide.

Cependant, en exil, Rashid se retrouva privé de toute portion de cet héritage tant convoité. Un dénouement amer pour le couple Osman-Keller, qui plongea alors dans la tourmente de la pauvreté.

Pour Rashid, c'était un déclin aussi abrupt qu'inattendu. L'homme qui avait jadis foulé les luxueux palais, entouré de dizaines d'employés dévoués, se retrouvait maintenant confronté à une réalité bien différente. Les fastes du passé semblaient s'éloigner rapidement, laissant place à un quotidien marqué par les difficultés financières et les privations.

Face à cette descente aux enfers, Rose, la compagne de Rashid, se montra résolue. Elle prit l'initiative d'organiser le déménagement vers un logement plus modeste, délaissant les fastes d'antan pour une vie plus humble. Confrontée à la nécessité de joindre les deux bouts, Rose fit preuve d'une créativité inattendue. Elle se lança dans la peinture et la confection de broches en émail, mettant à profit ses talents artistiques pour subvenir aux besoins du foyer. Ainsi, dans l'adversité, le couple Osman-Keller, jadis habitué à la splendeur des cours royales, se réinventa dans les dédales de

L'exil des Ottomans à Nice et leur généalogie.

la vie quotidienne. Leur histoire était désormais marquée par la persévérance, la résilience et la redécouverte d'un bonheur simple au milieu des épreuves.

Comme dans les films :

En 1951, la famille Osman-Keller déménagea en Suisse. Rose avait trouvé une annonce de location d'un salon de coiffure à Filzbach, près du col de Kerenzerberg. Elle apprit à couper les cheveux dans le cadre d'un cours accéléré et se lança. Après tout, elle avait autrefois suivi quelques cours à l'école des arts appliqués et avait un bon coup d'œil pour la décoration. Elle subvint alors aux besoins de la famille qui vivait désormais modestement dans un simple deux-pièces[xxxii]. »

Ce dernier représentant de l'Empire ottoman que fut Rashid Osman passa les dernières années de sa vie dans un petit village glaronais. Son épouse, Rose Osman-Keller, travaillait afin de subvenir à ses besoins et à ceux de l'ancien prince.

La vie était dure à cette époque avec deux guerres et une révolution, ils avaient beaucoup souffert. À 63 ans en 1951, notre grand-père devait être bien fatigué. Il est mort en 1962 à 74 ans et Rose en 1994 à 86 ans.

Je l'avais visitée en Suisse, elle était dans une maison de retraite avec sa sœur. C'était une grand-mère exceptionnelle et une artiste, je l'aimais beaucoup.

Ses petits cadeaux pour Noël sont pour toujours dans ma mémoire et dans mon cœur. C'était souvent un joli petit paquet avec des branches de sapin (petites, mais elles avaient une odeur merveilleuse des forêts suisse) et du pain d'épice ainsi qu'un petit père Noël que j'accrochais dans notre sapin.

Le prince Rashid FENARIZADE de LARISSA.

Rashid Osman, du nom de son épouse, avait comme titre celui de damad, littéralement gendre, le titre du gendre du chef de la famille impériale, car il s'est marié pendant le règne de ce dernier (en turc moderne, damat).

C'était le fils du puissant prince Faik, lui-même souverain d'immenses terres en Albanie et en Grèce.

Il était en outre ministre du sultanat turc et placé directement sous les ordres du sultan, avec qui il était parent (je n'ai pas pu complètement vérifier ce point à ce stade de mes investigations).

L'étymologie de son titre de noblesse :

Larissa ou Yenişehir, et à l'époque ottomane : Yenişehr-i Fener, est la plus grande ville de la région de Thessalie en Grèce et le centre de la province (nomos) du même nom (Larissa). Au cours de cette période, Yenisehir s'appelait également Yenişehr-i Fener (Fener Yenişehir) pour la distinguer des autres colonies qui existaient.

L'exil des Ottomans à Nice et leur généalogie.

Figure 79 Carte de Larissa (Grèce)

Le poète Divan Avni de Yenişehir, qui a vécu au 19e siècle et a exercé une grande influence sur Namık Kemal, Şeyhülislam Fazıl Abdullah Efendi, qui a donné la fatwa qui a permis la création de la première imprimerie turque, Ahmet Bey de Yenişehir, le premier maire d'Izmir, Kemal Bey, le gouverneur du district de Boğazlıyan, sont originaires de Yenişehir.

Comme les Francs avant eux, les Turcs mettent en place un système agricole (timars) contraignant pour la population, qu'ils soumettent, de surcroît, à la dîme, à la double-capitation (haraç) et au devşirme (razzia des enfants, pour en faire des janissaires) pour les Gens du Livre.

Larissa n'est plus qu'un gros village, majoritairement peuplé de Turcs ou de Grecs islamisés et turcisés et désormais nommé Yenişehr-i Fener. Les révoltes des chrétiens, fréquentes, sont réprimées dans le sang, et de nombreuses bandes d'insurgés se forment, mi-voleurs (κλέφτες : klephtes), mi-héros.

Elles joueront un rôle non négligeable dans la guerre d'indépendance grecque au début du XIXe siècle, mais alors que le Royaume de Grèce est reconnu en 1832, Larissa devra attendre encore près de 50 ans pour lui être rattachée, au terme de la conférence de Constantinople, réunie le 24 février 1881 pour mettre un terme aux massacres commis par les Ottomans en réponse aux révoltes de leurs sujets chrétiens.

GALIP-Effendi :

Sélim III régnait alors. C'était un prince qui, depuis son enfance, n'était guère sorti de l'enceinte du sérail que pour aller à la mosquée, ainsi que la plupart des souverains ottomans ; homme irrésolu, craintif, que l'on crut longtemps lâche, et qui le crut lui-même jusqu'au jour où il courut pour la première fois un danger, et où sa bravoure se révéla sous le feu des frégates anglaises.

Après avoir longtemps refusé au maréchal Brune, ambassadeur de France, et à M. Ruffin, son conseiller de légation, qui résida après lui à Constantinople, de reconnaître Napoléon comme empereur, Sélim, décidé par les victoires de la campagne de 1805, et surtout par la bataille d'Austerlitz, avait enfin envoyé à Paris Galip-Effendi en qualité de ministre plénipotentiaire.

Depuis la campagne d'Égypte, les anciennes relations amicales de la France avec la Turquie avaient été violemment rompues.

L'exil des Ottomans à Nice et leur généalogie.

L'arrivée de l'envoyé turc produisit à Paris une vive sensation ; et pour achever de renouer nos rapports avec l'Orient, l'empereur se décida à expédier à Constantinople, avec la qualité d'ambassadeur, le général Horace Sébastiani.

C'est une hypothèse plausible ? Une certitude : il me reste des recherches à faire dans des archives en Turquie.

Les échanges épistolaire de mon grand-père.

Cette carte postale de 1943 semble démontrer que des relations plus apaisées se sont établies. Je vais en reparler dans le chapitre 22 (les secrets, car il en a, il m'a fallu beaucoup de patience pour les percer).

Vous pourrez lire certaines minutes du procès de 1935 dans un livre à venir.

La carte fait état d'un anniversaire le 3 juillet. Peut-être, Ra's as-Sana, nouvel an musulman.

Le 1er muharram marque l'exil du Prophète Muhammad de La Mecque à Yathrib (Médine) en septembre 622.

Cet événement historique sera choisi ultérieurement comme le 1er jour du calendrier musulman.

Ou bien, Mehmed VI accède au trône de l'Empire ottoman le 3 juillet 1918, à la mort de son frère Mehmed V.

Voyage dans le temps : Une enquête généalogique ottomane.

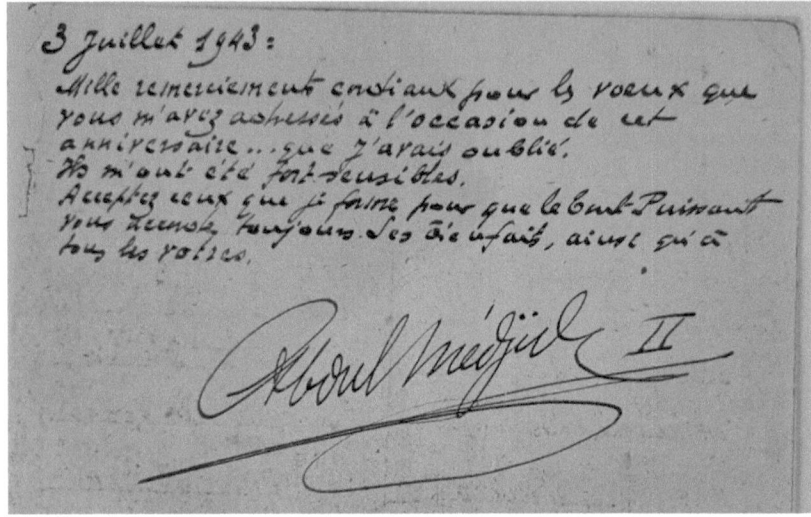

Figure 80 Carte postale manuscrite du Calife avec sa signature.

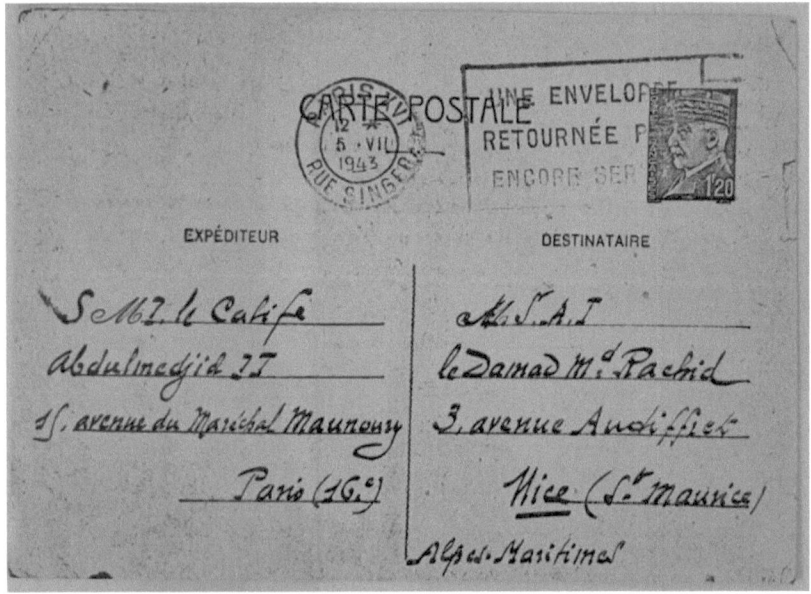

Figure 81 Carte postale du Calife avec les adresses du Calife et celle de Nice pour mon grand-père.

L'exil des Ottomans à Nice et leur généalogie.

En 1943, ma famille était à Nice, 3 Avenue Audiffret. Vous pouvez remarquer sur la carte postale ci-dessus le timbre à l'effigie du Maréchal Pétain. C'était en 1943.

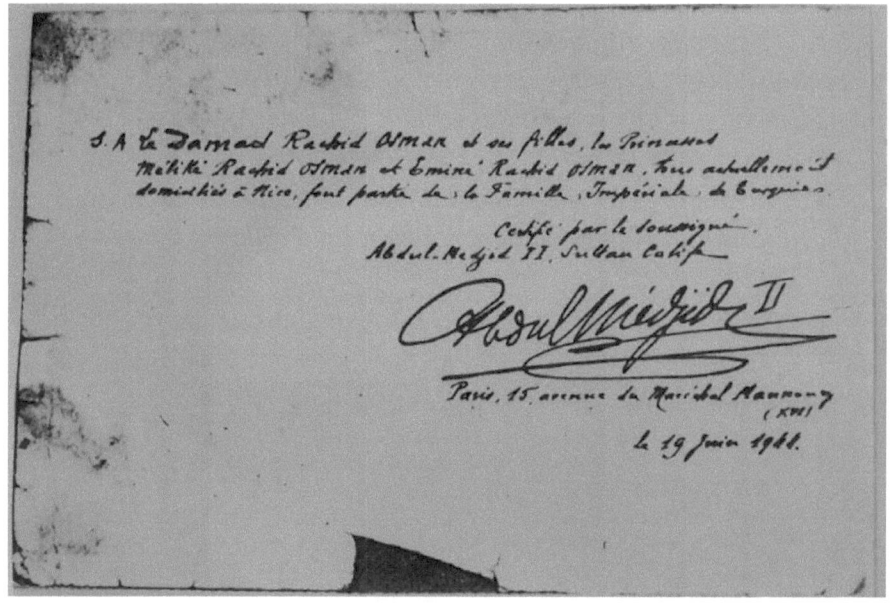

Figure 82 Carte du Calife manuscrite avec sa signature.

Les titres et les noms de ma tante et de sa sœur figurent sur cette carte contresignée de la main du Calife. Ce document du 19 Juin 1944 va servir de laissez-passer à son porteur pendant cette guerre. Cela démontre que le Calife, même en exil, continuait d'exercer une certaine influence et de jouer un rôle dans la vie de la famille. Cela suggère que le statut et l'autorité du Calife étaient encore reconnus dans une certaine mesure, même dans le contexte de la Seconde Guerre mondiale en Europe.

L'avenue du Maréchal-Maunoury est une voie publique située dans le 16e arrondissement de Paris. Elle débute place de Colombie et se termine place de la Porte-de-Passy. Côté sud, elle constitue le prolongement de l'avenue du Maréchal-Franchet-d'Espérey. Cette rue est ouverte et prend son nom actuel par un arrêté du 22 juillet 1929 sur l'emplacement des bastions nos 58 et 59 de l'enceinte de Thiers. Elle est seulement lotie sur son trottoir oriental. À l'ouest, un espace arboré la sépare de l'allée des Fortifications.

« *J'ai vu aussi passer des indications sur une autre résidence du calife à Paris boulevard Suchet où il est d'ailleurs décédé le 23 août 1944* [xxiii]».

Figure 83 Avenue du Maréchal-Maunoury dans le XVIème.

L'exil des Ottomans à Nice et leur généalogie.

SOURCES ET URL CHAPITRE 6 ET 8 :

Arbre sur RODOVID :
https://en.rodovid.org/wk/Person:1384536

Lien vers RODOVID :
https://en.rodovid.org/wk/About_Rodovid

Un journaliste a fait cet article sur nos grands-parents :
https://blog.nationalmuseum.ch/fr/2021/02/une-princesse-dans-le-pays-de-glaris/

Noblesse et royauté turques et ottomanes |:
https://nobilitytitles.net/turkish-ottoman-nobility-royalty/

LETTRES SUR LES HOMMES D'ÉTAT DE LA FRANCE. QUATRIÈME LETTRE :
https://fr.m.wikisource.org/wiki/Lettres_sur_les_hommes_d%E2%80%99%C3%89tat_de_France/04 https://www.jstor.org/stable/44688395?seq=1#metadata_info_tab_contents

ArtPlastoc :
https://artplastoc.blogspot.com/2019/11/1071-nice-le-boulevard-carabacel-2-1875.html

BalkanTurks (reddit.com) :
https://www.reddit.com/r/BalkanTurks/

Chapitre 7 – Les Ottomans sur la riviera française et italienne :

L'idée de consacrer un chapitre à l'exploration des parcours ottomans m'est venue suite à mes promenades dans Nice avec ma mère. Vous pourrez découvrir ces parcours en annexe (partie à venir dans un second livre).

Elle a pris forme en observant les nombreux itinéraires qui jalonnent Nice et la Côte d'Azur. La lecture de certains documents m'a révélé que mes ancêtres avaient résidé dans des lieux que je fréquentais ou connaissais sans le savoir, vous allez mieux le comprendre en lisant ce chapitre qui inclut ceux-ci.

Mes pérégrinations dans Nice pendant mon enfance me conduisaient à travers des quartiers tels que Carabacel, Cimiez, Pauliani, l'Avenue de la Victoire (Jean Médecin), l'Alhambra à Cimiez, Nice Mont Boron Villa Beausite, Saint Maurice, Diables Bleus, Gairaut - Rimiez, etc. Méliké ma mère m'avait souvent signalé que différents membres de la famille avaient vécu en ces lieux, mais comment en connaître les détails avec précision ?

Chacun de ces endroits, en particulier à Cimiez, recélait pendant mon enfance les vestiges des habitations d'antan de la famille ottomane. Pourtant, je passais devant ces lieux sans vraiment appréhender l'histoire de ma famille et les liens qu'elle avait entretenus avec ces endroits, souvent empreints de caractère et de splendeur. J'ai établi des cartes recensant les lieux où ont vécu les diverses personnes que j'ai rencontrées à Nice, ainsi que celles qui résidaient dans des

L'exil des Ottomans à Nice et leur généalogie.

"palais" au début du XXe siècle. Ces cartes sont incluses en annexe.

Promenades en pays niçois :

Il est présomptueux d'avoir la prétention de décrire les innombrables dédales du labyrinthe fleuri qui s'étend autour de Nice.

Ses incomparables merveilles sont à voir et à sentir ; aucune photo ne peut rendre les senteurs et les couleurs aux différentes heures du jour. Nous allons parcourir les principaux sites et les plus jolies promenades de ce lieu de délices où, quels que soient le soin et la minutie des descriptions, le touriste fera toujours d'idéales découvertes. Comme le travail est fait par la ville de Nice, il inclut 9 itinéraires s'intitulent :

« À la découverte du patrimoine architectural, historique et naturel au détour de sublimes panoramas ».

Présentation des parcours ottomans et des boucles Niçoises :

Ce sera celui des Ottomans, mes aïeux à Nice. Il existe au cœur et en périphérie de cette ville près de 150 kilomètres de passages, de sentiers, de raccourcis et d'escaliers, qui débouchent sur une multitude de bâtiments remarquables, d'espaces paysagers composés de multiples essences ou de panoramas superbes.

Les itinéraires des "boucles découvertes" permettent d'aller à leur rencontre, d'apprendre leur histoire, d'obtenir des informations et, tout simplement, de se livrer au plaisir de la flânerie et de la surprise, de la découverte de Nice et de l'histoire de ma famille.

Les boucles :

Regroupées par quartiers, ce sont pas moins de 7 boucles, sous-ensemble du parcours Ottoman, avec des cartes réalisées par la Mairie de Nice.

Elles permettent également de moduler son itinéraire en fonction du temps, de la difficulté et de la distance proposés, ainsi que des buts que l'on souhaite atteindre.

Je vais adjoindre à chaque boucle (cartes) des informations sur qui a habité là, quand, et aussi certains détails. 50 à 60 ans après, c'est un exercice un peu compliqué car la ville a grandi et a aussi beaucoup changé. De plus, les immeubles et palais d'il y a 100 ans (1923) ont bien évolué.

Mes sources permettant de trouver les lieux d'habitations des Ottomans sont issues d'une liste provenant de mon grand-père Rashid. Cette liste va me servir de base pour des découvertes et des histoires, tout en y adjoignant des adresses nouvelles que je connaissais dans mon enfance à Nice.

Les adresses de la famille ottomane en 1938 :

Afin de clarifier mes informations, j'avais besoin de savoir où les membres de la famille résidaient. D'ailleurs, certains membres de ma famille actuellement en vie ne le savaient pas. La source de ces documents est issue des archives de mon grand-père, ainsi que de certaines lettres et souvenirs de jeunesse.

L'exil des Ottomans à Nice et leur généalogie.

Les adresses et le parcours :

Voici le parcours que je vais développer dans un petit fascicule. Il viendra un peu après ce livre.

Au fil des pages jaunies et des listes soigneusement conservées par mon grand-père, j'ai vu se dessiner les contours d'un Nice oublié, un Nice ottoman. Chaque adresse, chaque nom évoquait un fragment d'histoire, une vie passée dans les ruelles ensoleillées ou les villas somptueuses de la Riviera.

Guidé par ces précieuses reliques familiales, j'ai entrepris de tisser un fil d'Ariane à travers le labyrinthe du temps. Ce fil, devenu parcours, serpente désormais entre les façades ornementées et les jardins luxuriants, reliant les demeures de mes aïeux comme autant de perles sur un collier d'histoire.

Ainsi, mes recherches ont donné naissance à un itinéraire unique, à la fois intime et universel. C'est une promenade où chaque pas résonne du murmure des générations passées, où chaque détour révèle un pan de l'histoire de ma famille, étroitement enlacée à celle de Nice. Ce chemin que j'ai tracé est plus qu'un simple parcours touristique ; c'est un voyage dans le temps, une invitation à explorer les strates cachées de la ville, à travers le prisme de l'héritage ottoman.

Voir à la fin de ce chapitre le lien vers les documents et listes.

> *Selon les mémoires du Prince Ali Vasib Efendi, la Princesse Zekiye Sultan, son mari le Damad Nureddin Pacha, sa fille la Princesse Aliye Hanimsultan, son beau-fils Muhsin Yeghen et ses deux petits-fils Osman et Salih Yeghen vivaient dans une villa à Cimiez, à Nice.*

Voyage dans le temps : Une enquête généalogique ottomane.

La première liste de 1 à 20 suivant le protocole du 1ᵉʳ juin 1938..*Les liste sont annotée par notre grand-père.*

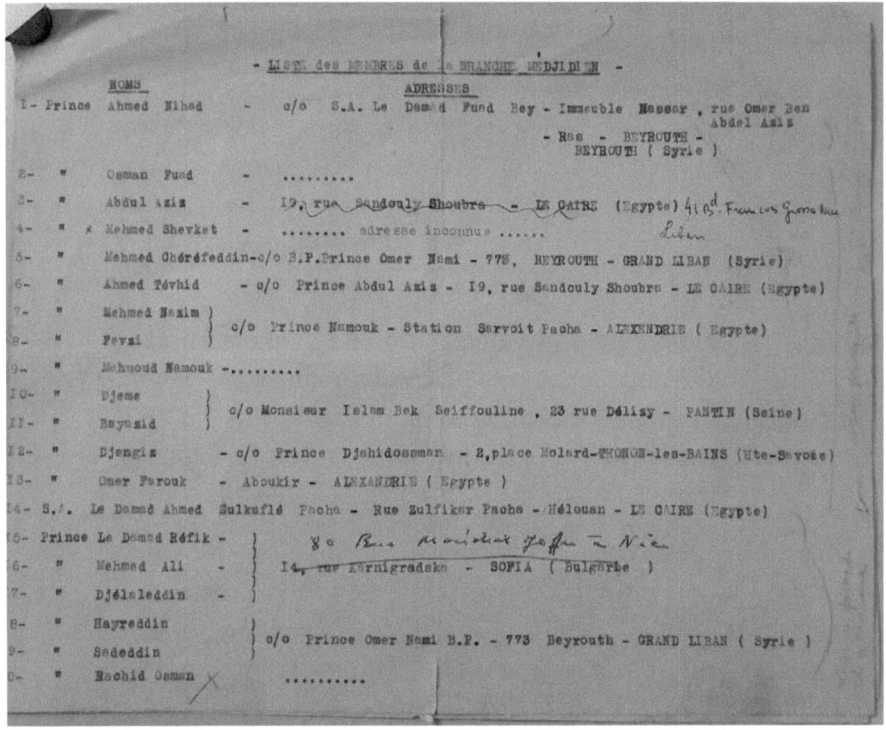

Figure 84 Tableau 1 avec des adresses de la famille ottomane en 1938.

Plusieurs personnes dans cette première liste de 1 à 20 sont à Nice, notamment :

- Mehmed Ali, 80 Boulevard Maréchal Joffre à Nice.
- Le prince Abdulaziz, 41 Boulevard Grosso à Nice.
- Le prince Fouad Osman

La dernière personne de la liste est mon grand-père, elle est d'ailleurs marquée d'un X rouge.

L'exil des Ottomans à Nice et leur généalogie.

Seconde liste de 21 à 39.
Les liste sont annotée par notre grand-père.

```
21-  Prince Kémaleddin    -  50, avenue de la Californie - NICE ( Alpes-Maritimes )
22-    "    Sabaheddin   - )— Bëatenberg Suisse           décédé
23-    "    Loutfoullah  - )  78, rue Michel Ange - PARIS ( 16e )
24-  ? "    Semi         -  LONDRES ( Angleterre )
25-  Son Altesse Le Damad Mahmoud - Ténao Palace - Bloc 2 - BEAUSOLEIL ( Alpes-Maritimes )
26-  S. Ex. Chérif Pacha -  ..........
                           _____
27-  Princesse Nazima    -  C/o Prince Omer Nami  -  B.P. 773 Beyrouth - GRAND LIBAN (Syrie)
28-    " "    Hadidjé    -  décédée. Elle a un fils et un petit-fils ou petite-fille ( leur adresse inconnue)
29-    "     Rukiyé Abdul Médjid Haïdar - Ministresse de Transjourdanie - LONDRES (Angleterre)
30-  ? "    Adilé Salahaddin - )
31-    "    Béhiyé           "  )  Adresse : Prince Fuad
32-    "    Atiyé            "  )
33-    "    Oulviyé      -  Adresse ; Prince Namouk
34-    "    Sabiha Farouk - Aboukir - ALEXANDRIE ( Egypte )
35-    "    Béhiyé Ziyaeddin - 17, avenue de l'Aéroport Héliopolis - LE CAIRE (Egypte)
36-    "    Fatma Sélami   - c/o Prince Omer Nami B.P. 773 Beyrouth - GRAND LIBAN (Syrie)
37-    "    Nadjiyé         23, rue Raynouard - PARIS ( 16e )
38-    "    Moukbilé       - 7, avenue Mélika Férida Vaba Pacha - ALEXANDRIE (Egypte)
39-    "    Loutfié        - adresse : Prince NAMOUK
```

Figure 85 Tableau 2 avec des adresses de la famille ottoman.

Des personnes dans cette liste sont à Nice : prince Kémaleddin, Adilé, Béhiyé et Atiyé Salahaddin, c/o Prince FUAD à Nice.

Le Damad Mahmoud est proche de la ville de Nice, à Beausoleil.

D'autres membres de la famille se sont installés en dehors de cette ville.

Voyage dans le temps : Une enquête généalogique ottomane.

Troisième liste de 40 à 54.

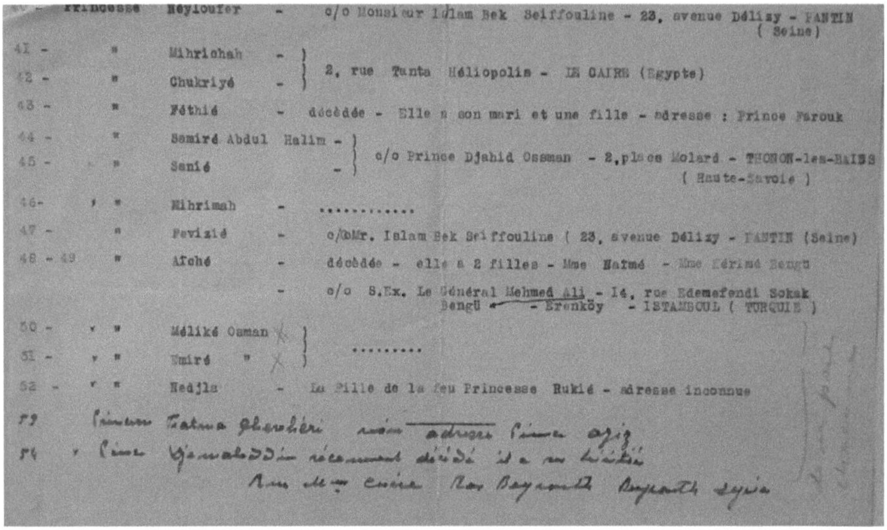

Figure 86 Tableau 3 avec des adresses de la famille ottomane.

Les liste sont annotée par notre grand-père.

Dans le dédale des noms et des adresses, deux numéros se détachent, illuminés par une lueur familière : le 50 et le 51. Tels des phares dans la brume du passé, ils guident mon regard vers ma mère et sa sœur, deux jeunes filles d'alors, ancrées dans le paysage niçois aux côtés de leur père.

Leur présence dans cette liste tisse un lien tangible entre les générations, un pont entre mon histoire personnelle et le grand récit familial qui se déroule sur la Riviera.

Au fil de ma lecture, une autre coïncidence attire mon attention : la princesse Fatma Gherehéri, figure énigmatique de notre arbre généalogique, semble partager l'adresse du prince Abdulaziz à Nice. Cette proximité géographique évoque des liens peut-être oubliés, des alliances ou des

L'exil des Ottomans à Nice et leur généalogie.

amitiés que le temps a estompées mais que ces listes font ressurgir, telles des ombres projetées sur le présent par le soleil couchant de l'Empire Ottoman.

Pourtant, tous n'ont pas choisi de s'établir dans la cité azuréenne. Comme des graines dispersées par le vent de l'histoire, d'autres membres de la famille ont pris racine au-delà des frontières de Nice.

Notamment les membres de la famille qui ont suivi l'ancien sultan à Sanremo en Italie.

Leurs destins, bien que distants, restent intimement liés à cette saga familiale, créant une constellation d'histoires qui s'étend bien au-delà des rives de la Méditerranée.

Ce tableau, peint par les noms et les lieux, révèle la complexité et la richesse de notre héritage.

Chaque adresse est une porte entrouverte sur un monde disparu, chaque nom une invitation à un voyage dans le temps et l'espace de notre histoire familiale.

Aujourd'hui encore, Nice porte en elle les traces subtiles de cet héritage. Dans l'architecture éclectique de ses palais, dans les senteurs de ses jardins, dans les ombres de ses ruelles, on peut percevoir les échos lointains d'un empire disparu.

Les descendants de ces princes ottomans, désormais citoyens du monde, parcourent les mêmes rues, gardiens discrets d'une mémoire qui s'estompe.

Voyage dans le temps : Une enquête généalogique ottomane.

Nouvelle liste (4ème) avec une autre numérotation de 1 à 16.

Noms	Adresses	Part sur 52,5 pertes entières	Part sur 175.000 Frs
1 – S.M.I. Le Calife Abdulmédjid II	Palais Carabacel, Nice – Cimiez	1	1.447,60
2 – S.A.I. Le Prince Ahmed Nihad	Beyrouth	1	"
3 – S.A.I. Le Prince Djémaleddin	Beyrouth	1	"
4 – S.A.I. Le Prince Osman Fuad	219, Pro. des Anglais Nice	1	"
5 – S.A.I. Le Prince Abdulaziz	Le Caire	1	"
6 – S.A.I. Le Prince Mehmed Chevket	Le Caire	1	"
7 – S.A.I. Le Prince Chérefeddin	Imm. des Arméniens Beyrouth	1	"
8 – S.A.I. Le Prince Ahmed Tevhid		1	"
9 – S.A.I. Le Prince Mehmed Nazim	Admin. Domaines de l'Etat Le Caire	1	"
10 – S.A.I. Le Prince Mehmed Ertogroul	10, Rue Yahya Pacha (Zizinis) Alexandrie	1	"
11 – S.A.I. Le Prince Fevzi Zieeddin	61, bd. Jourdan Paris (14)	1	"
12 – S.A.I. Le Prince M. Namouk	11, rue Mosquée Atterine Alexandrie	1	"
13 – S.A.I. Le Prince Djème	Paris (16)	1	"
14 – S.A.I. Le Prince Béjazid	Paris (16)	1	"
15 – S.A.I. Le Prince Djenguiz	Villa "Les Lucioles" Villefranche/Mer	1	"
16 – S.A.I. La Princesse Seliha		1	"

Figure 87 Tableau 4 avec des adresses de la famille ottomane.

Nice et sa région accueillent trois figures notables de la famille ottomane : le Calife, le prince Fouad Osman et le prince Djenguiz.

L'exil des Ottomans à Nice et leur généalogie.

Leur présence sur la Côte d'Azur témoigne des changements politiques qui ont marqué le début du XXe siècle.

L'ex-Calife, « chef spirituel et temporel », a trouvé refuge loin de son ancienne capitale. Sa présence à Nice illustre le destin des derniers représentants de l'Empire Ottoman après sa chute.

Le prince Fouad Osman, quant à lui, s'est intégré à la vie niçoise. On peut imaginer sa silhouette élégante se mêlant aux promeneurs sur les boulevards de la ville, apportant une touche d'Orient à la Riviera française.

Enfin, le prince Djenguiz complète ce trio. Son installation dans la région ajoute une dimension supplémentaire à la présence ottomane sur la Côte d'Azur.

En 1925, Nice était déjà une ville cosmopolite, attirant une importante communauté étrangère. Cette diversité culturelle était le résultat de plusieurs facteurs qui avaient façonné la ville au fil des décennies.

Le climat méditerranéen et la beauté naturelle de la Côte d'Azur attiraient depuis longtemps les visiteurs fortunés d'Europe du Nord, en particulier les Britanniques. Ces "hivernants" venaient passer la saison froide sous le soleil niçois, contribuant à l'essor touristique de la région.

La communauté russe était également significative. Après la révolution de 1917, de nombreux aristocrates et intellectuels russes avaient trouvé refuge à Nice, apportant avec eux leur culture et leurs traditions. Leur présence se manifestait notamment par la construction de l'église orthodoxe russe Saint-Nicolas, achevée en 1912.

Les Italiens formaient une autre communauté importante, en raison de la proximité géographique et des liens historiques entre Nice et l'Italie. Beaucoup étaient venus comme travailleurs, participant au développement économique de la ville.

La présence ottomane, bien que moins nombreuse, était notable, avec des figures importantes comme celles que vous avez mentionnées : le Calife, le prince Fouad Osman et le prince Djenguiz. Ces personnalités ajoutaient une touche d'exotisme oriental à la mosaïque culturelle niçoise.

Cette diversité se reflétait dans l'architecture de la ville, avec des villas de style anglais, des restaurants russes, des palais à l'italienne et des demeures aux influences orientales. Elle influençait également la vie culturelle et sociale de Nice, créant une atmosphère internationale unique sur la Riviera française.

La coexistence de ces différentes communautés faisait de Nice un véritable carrefour culturel, où se côtoyaient les langues, les coutumes et les traditions de nombreux pays, contribuant à l'identité cosmopolite de la ville que nous connaissons aujourd'hui.

L'exil des Ottomans à Nice et leur généalogie.

Cinquième liste de 17 à 33.

N°	Noms	Adresses	Part sur 52,5 parts entières	Part sur 76.000 Frs
17	S.A.I. La Princesse Neximé	Beyrouth	1	1.447,60
18	S.A.I. La Princesse Emiré	8, bd. Dubouchage, Nice	1	"
19	S.A.I. La Princesse Béhié	Rue 16, Immeuble 56, Le Caire, Maadi	1	"
20	S.A.I. La Princesse Roukié, épouse du Chérif Abdulmedjid	Beyrouth	1	"
21	S.A.I. La Princesse Adilé	Grand Palais, Nice - Cimiez	1	"
22	S.A.I. La Princesse Atié	1, rue Lilas, 1, Monte-Carlo	1	"
23	S.A.I. La princesse Ouivié	11, r. Mosquée Attarine, 11, Alexandrie	1	"
24	S.A.I. La Princesse Sabiha	10, r. Yahya-Pacha, 10, Alexandrie (Zizinia)	1	"
25	S.A.I. La princesse Fatma Selâmi	Haïfa	1	"
26	S.A.I. La Princesse Ndjié Kiamil	5bis, r. Eugène Manuel, Paris (16)	1	"
27	S.A.I. La Princesse Béhié Ziseddin	11, r. Mosquée Attarine, Alexandrie	1	"
28	S.A.I. La Princesse Fatma Guévhérine		1	"
29	S.A.I. La Princesse Esiríé Ziseddin	98, Route d'Aboukir, 98, Alexandrie	1	"
30	S.A.I. La Princesse Chükrié	2, rue Ferd. Lesseps, 2, Le Caire (Héliopolis)	1	"
31	S.A.I. La Princesse Loutfié	Maison Kamal Pacha, Le Caire, Maadi	1	"
32	S.A.I. La Princesse Moukbilé	11, R. Mosquée Attarine, 11, Alexandrie	1	"
33	S.A.I. La Princesse Neyloufer	Paris	1	"

Figure 88 Tableau 5 avec des adresses de la famille ottomane.

En examinant la liste des membres de la famille ottomane présents à Nice et dans la région, on remarque effectivement l'absence du Prince Orhan. Cette omission n'est pas une erreur, mais s'explique par un fait important : le Prince Orhan était en voyage à cette époque.

Pour plus de détails sur les pérégrinations du Prince Orhan, il est recommandé de se référer au chapitre 11.

Ce chapitre apporte effectivement des éclaircissements sur les raisons de son absence de Nice et sur la nature de ses voyages.

Cette information souligne l'importance de considérer le contexte plus large de l'histoire familiale. Alors que certains membres de la famille ottomane avaient trouvé refuge ou résidence à Nice, d'autres, comme le Prince Orhan, étaient engagés dans des voyages ou des missions ailleurs.

D'autres membres de notre famille étaient au Liban et en Égypte. À la lecture de ces documents laissés comme une bouteille à la mer, 100 ans ont passé et les revoilà au centre de mes investigations généalogiques. Car, il avait laissé aussi les coordonnées de la famille à l'étranger.

Ces détails enrichissent notre compréhension de la dispersion et des activités des membres de la famille impériale ottomane après la chute de l'Empire en 1923.

Ils rappellent que, même au sein d'un groupe apparemment sédentarisé à Nice, certains individus maintenaient une vie active et mobile, poursuivant peut-être des intérêts politiques, diplomatiques ou personnels à l'étranger.

L'exil des Ottomans à Nice et leur généalogie.

Sixième liste de 34 à 49.

Noms	Adresses	Part sur 52,5 parts entières	Parts sur 176.000 Frs
34 - S.A.I. La Princesse Mihrichah	2, r. Ferdinand de Lesseps Le Caire (Heliopolis)	1	1.447,60
35 - S.A.I. La Princesse Fethié		1	"
36 - S.A.I. La Princesse Samiré Abdulhalim	Villa "Les Lucioles" Villefranche s/Mer	1	"
37 - S.A.I. La Princesse Mihrimah	Maison Kamal Pacha Le Caire, Maadi	1	"
38 - S.A.I. La Princesse Fevzié	57, avenue Faidherbe 57 Le Pré-St-Gervais (Seine)	1	"
39 - La Princesse Aiché	Palais Fleuri N i c e (St-Maurice)	1	"
40 - La Princesse Hadidjé Refik	S o f i a	1/3	482,50
41 - La Princesse Méliké fille de Rachid Bey	Poste Restante, Bureau de l'avenue Thiers - Nice	1/2	723,80
42 - La Princesse Emiré fille de Rachid Bey	Poste Restante, bureau de l'avenue Thiers - Nice	1/2	"
43 - La Princesse ..... fille de feu Prin- cesse Rukie.	Maison Kamal Pacha c/o Princesse Lutfié Le Caire, Maadi	1	1.447,60
44 - Le Prince Sabaheddin		1/2	723,80
45 - Le Prince Sami	M e n t o n	1	1.447,60
46 - Le Prince Loutfoullah		1/2	723,80
47 - Le Prince Haireddin	B e y r o u t h	1/2	"
48 - Le Prince Sadeddin	B e y r o u t h	1/2	"
49 - Le Prince Mehmed Ali	S o f i a	1/3	482,50

Figure 89 Tableau 6 avec des adresses de la famille ottomane.

Voyage dans le temps : Une enquête généalogique ottomane.

Septième liste de 50 à 65.

N o m s	A d r e s s e s	Part sur 52, 53 parts entiè-res	Parts sur 76.000 Frs
50 - Le Prince Djélaleddin	Sofia	1/3	482,50
51 - Le Prince Neiri Rœouf	Beyrouth	1/2	723,80
52 - La Princesse Selma		1/2	"
53 - S.M. Nazikeda Kadin	11, r. Mosquée Attarine Alexandrie	1/2	"
54 - La Princesse Nazikeda Hanim		1/6	241,25
55 - La Princesse Tazende Hanim		1/6	"
56 - La Princesse Lem'an Hanim	2, rue de Ferd. de Lesseps Le Caire (Heliopolis)	1/6	"
57 - Bayan Sazigâr	Istanbul	1/2	723,80
58 - Bayan Flisan	Sair Nedim caddesi, 10 Besiktas - Aksaretler Istanbul (Turquie)	1/6	241,25
59 - Bayan Zatimelek		1/6	"
60 - Princesse Tersiter Hanim	Imm. des Arméniens Beyrouth	1/6	"
61 - La Princesse Tesrid Hanim	Haifa	1/2	723,80
62 - La Princesse Sanié Abdulhalim	Villa "Les Lucioles" Villefranche s/Mer	1/2	"
63 - La Princesse Makboulé Hanim	c/o Chérif Pacha 5, r. du Dr. Roux, 5 Houilles (Seine)	1/6	241,25
64 - La Princesse Murruverid Hanim		1/6	"
65 - La Princesse Mesaifelek Hanim		1/6	"

Figure 90 Tableau 7 avec des adresses de la famille ottomane.

L'exil des Ottomans à Nice et leur généalogie.

Huitième et dernière liste de 66 à 69.

Noms	Adresses	Part sur 52,5 parts entières	Part sur 76.000 Frs
66 – S. Ex. Le Damad Chérif Pacha	5, r. du Dr. Roux, 5 Houilles (Seine)	1	1.447,60
67 – S. Ex. Le Damad Mahmoud Bey		1	"
68 – S. Ex. Le Damad Réfik Bey	Sofia	1/2	723,80
69 – S. Ex. Le Damad Rachid Bey	Poste Restante, au Bureau de l'avenue Thiers, Nice.	1/2	"

N.B.– Pour trouver une part entière d'une somme à partager suivant cette liste, divisez la somme en question par 52,5.

Pour trouver une demi part, divisez-la par 105, etc...

exemp. Pour la somme de 76.000 Frs :

		Frs cm
1 part entière représente	....	1.447,60
1/2 " "	....	723,80
1/3 " "	....	482,50
1/6 " "	....	241,25

Figure 91 Tableau 8 avec des adresses de la famille ottomane.

En poursuivant l'examen de la liste, une entrée particulière attire l'attention : celle de mon grand-père.

Son nom figure au numéro 69, mais avec une particularité intrigante, il est mentionné en poste restante au bureau de poste de Nice.

Cette indication de poste restante est révélatrice. Elle suggère que mon grand-père et sa famille ne résidaient probablement plus de façon permanente à Nice à cette époque.

L'utilisation d'une poste restante était souvent le recours de personnes en déplacement ou n'ayant pas d'adresse fixe dans une ville. Ou était-il ?

Plusieurs hypothèses peuvent expliquer cette situation :

1. Ils avaient peut-être quitté Nice mais maintenaient un lien avec la ville, utilisant la poste restante pour recevoir leur courrier.
2. Ils étaient possiblement en transition, ayant quitté leur ancienne résidence mais n'ayant pas encore établi de nouvelle adresse fixe.
3. Il se peut qu'ils voyageaient fréquemment, rendant l'utilisation d'une adresse fixe peu pratique.

Cette information ajoute une nuance importante à notre compréhension de la présence de la famille à Nice.

Elle souligne la nature changeante et parfois instable de la vie des membres de l'ancienne famille impériale ottomane durant cette période, souvent liée au manque de ressources.

Alors que certains s'étaient fermement établis dans la ville, d'autres, comme mon grand-père, semblaient maintenir un mode de vie plus mobile ou incertain.

Ce détail offre une perspective sur les défis et les adaptations auxquels ma famille a dû faire face durant ces années de transition, oscillant entre l'ancrage à Nice et la nécessité de rester mobile par contraintes ou obligations.

L'exil des Ottomans à Nice et leur généalogie.

La carte des 7 boucles ce sont des lieux d'habitations des ottomans au XIXème siècles :

À la lumière de toutes ces adresses niçoises, il devient évident qu'il est possible de concevoir des itinéraires riches et variés assez aisément.

Ces parcours permettraient de suivre les traces de la présence ottomane à Nice, offrant une perspective unique sur l'histoire de la ville et de ma famille.

Pour découvrir ces itinéraires en détail, je vous invite à consulter mon site web, où vous trouverez une section intitulée :

> "Les Villas Mauresques et orientales sur la Riviera Française : les 7 parcours Ottomans"

Ces sept parcours ont été soigneusement élaborés pour mettre en valeur les lieux de résidence, les points d'intérêt et les histoires liées à la communauté ottomane à Nice et ses environs.

Chaque itinéraire offre une immersion dans un aspect différent de cette histoire fascinante, permettant aux visiteurs de découvrir Nice sous un angle nouveau et peu connu.

Ces parcours ne sont pas seulement un voyage dans l'espace, mais aussi dans le temps, reliant le Nice d'aujourd'hui à son passé cosmopolite et à l'héritage ottoman qui a contribué à façonner son identité unique.

Je vous encourage vivement à explorer ces itinéraires, que vous soyez un passionné d'histoire, un amateur d'architecture ou simplement curieux de découvrir une facette méconnue de la Riviera française.

https://www.erolgiraudy.eu/2022/09/les-villas-mauresques-et-orientales-sur.html

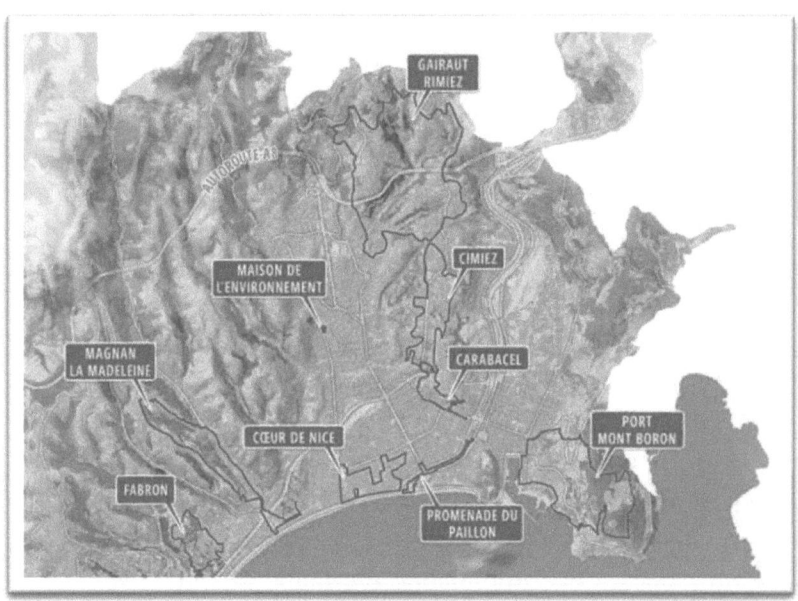

Figure 92 La Famille a vécu dans tout Nice et dans certaines villes avoisinantes.

« Véritable invitation à découvrir ou à redécouvrir Nice, cette nouvelle version vous entraîne, notamment, sur la Promenade du Paillon à la rencontre des végétaux d'Asie, d'Australie, d'Amérique du Nord, mais également du patrimoine historique. Les boucles découvertes permettent de moduler votre itinéraire en fonction du temps dont vous disposez, de la difficulté et de la distance à parcourir. » Ce parcours fera l'objet d'un additif avec petit fascicule.

L'exil des Ottomans à Nice et leur généalogie.

Les ottomans dans d'étonnantes villas et palais :

Je vous présente ici quelques villas et immeubles où ma famille a vécu pendant son exil. Le palais face à la villa Victoria, l'Alhambra Palace : Une folie orientale à Cimiez.

Figure 93 L'Alhambra Palace une folie orientale à Cimiez.

Au cours du XIXe siècle, le style architectural néo-mauresque est très en vogue, aussi bien en Europe qu'aux Amériques, prolongement de la fascination exercée en Occident par les arts orientaux, et puisant ses inspirations aussi bien dans les monuments de la Turquie ottomane que dans ceux de l'Andalousie. Bien que déjà sur le déclin à la fin du siècle, ce style très particulier fut celui retenu en 1900 par l'architecte niçois Jules Sioly pour réaliser un hôtel à Cimiez, sur commande de la Vicomtesse de Bernis.

Ouvert en 1901, l'hôtel Alhambra Palace attire alors une riche clientèle européenne en mal d'exotisme, et désireuse de passer ses hivers sous le doux climat de la Côte d'Azur.

Voyage dans le temps : Une enquête généalogique ottomane.

Le grand palais :

Construit en 1911 par la Société des Wagons-Lits, sous la conduite du célèbre architecte niçois Charles Delmas, le Grand Palais fut tout d'abord un hôtel.

Avec ses neuf étages en position dominante à l'entrée du Boulevard de Cimiez, c'est le plus haut palace construit à Nice à la Belle Époque.

Il est impressionnant par ses dimensions, mais aussi par son mode de construction inspiré de la technique « Eiffel ».

Il s'agit d'une ossature métallique sur laquelle on est venu accrocher une façade en parement de pierres !

L'hôtel était complété par une annexe perpendiculaire située en contrebas à l'est : le Petit Palais. Aujourd'hui, le Grand Palais a été transformé en copropriété.

Ses appartements ont conservé tout le charme et les volumes de la Belle Époque.

Quand j'étais écolier, je passais le matin devant afin de me rendre au Collège Stanislas.

Le palais Régina :

L'Excelsior Régina Palace est le nom donné à un hôtel de luxe de Nice entre 1897 et 1935. Il est situé sur la colline de Cimiez sur le boulevard du même nom, et a été reconverti dans les années 1930 en immeuble d'habitation.

L'exil des Ottomans à Nice et leur généalogie.

Figure 94 Hôtel L'Excelsior Régina Palace(Alamy stock photo).

Le palais basse corniche château anglais :

Figure 95 Le château anglais.

Nice Mont-Boron Villa Beausite Villa (ou Palais) Beau Site 1875 – 1896. Classée Monument Historique en 1987.

Voyage dans le temps : Une enquête généalogique ottomane.

Architecte : Sébastien-Marcel Biasini (Nice 1841 - Nice 1913). Adresse : 17 boulevard du Mont-Boron, Nice

Des riches demeures de la Côte d'Azur, elle est l'une de celles qui marquent le plus la mémoire, même inconsciente du voyageur, même celle du voyageur le moins attentif à l'architecture : la silhouette de sa tour se découpe sur le ciel depuis la Basse Corniche dès qu'on a passé le cap de Nice. Elle est le belvédère, quasi fantasmagorique, de ce qu'on devine être un riche palais à terrasses, portique corinthien et multiples niveaux. Sa vision sollicite fortement l'imaginaire. L'apparition est si saisissante dans ce décor aussi mouvementé que radieux, qu'on imagine difficilement qu'elle n'ait pas toujours été là. À qui a-t-elle appartenu ? Successivement à deux familles anglaises, les Lindon et les Larrey, sans doute sensibles à son air oriental. Elle appartient en dernier lieu à la harpiste Gisèle Tissier qui y rassemble ses collections de poupées et d'instruments anciens.

Le palais de Nice - Cimiez Boulevard :

Palais de Nice Carabacel. Quand Nice avait son "Grand Hôtel"... En 1871, une famille de cordonniers niçois, les Bouchon, achète à M. Tori (pour 60.000 Francs) un immeuble de deux étages sur rez-de-chaussée sur le boulevard Carabacel. Par la suite, ils surélèvent le bâtiment qui devient le Grand Hôtel de Nice.

L'hôtel Majestic de Nice :

C'est un ancien palace de la Belle_Époque construit entre 1906 et 1908, situé au bas du boulevard de Cimiez. Subventionné par des financiers suisses, le palais offrait plus de 400 chambres. Colette y séjourne en 1911. Aujourd'hui, il est transformé en immeuble d'habitation.

L'exil des Ottomans à Nice et leur généalogie.

Figure 96 L'hôtel Majestic de Nice.

Hotel Avenue de Verdun Nice :

Il était une fois, dans l'atmosphère enchanteresse de Nice, sur l'Avenue de Verdun, un hôtel qui transcendait les simples murs et façades pour devenir le théâtre de rencontres inoubliables. Cet établissement, au charme indéniable, a été le témoin privilégié de moments précieux, notamment des rencontres mémorables avec la Princesse Niloufer et sa mère.

L'Avenue de Verdun, s'étendant majestueusement à Nice, est connue pour ses boutiques élégantes, ses cafés pittoresques et ses hôtels raffinés, offrant ainsi un cadre idyllique pour des souvenirs exceptionnels. C'est ici, dans l'intimité de l'hôtel, que des liens se sont tissés, révélant des anecdotes fascinantes. Parmi ces souvenirs, l'image persistante d'une rencontre avec la mère de la Princesse Niloufer se détache, un moment figé dans le temps de l'adolescence. À l'époque, vous aviez à peine 12 ou 13 ans, et pourtant, l'élégance et le mystère semblaient infuser chaque recoin de cet hôtel prestigieux. Ce qui rendait ce moment d'autant plus remarquable était la découverte inattendue que la mère de la Princesse parlait le français, une compétence qui demeurait secrète pour beaucoup. Imaginez-vous, plongé dans une conversation avec une figure aussi distinguée, partageant des moments de complicité et d'échange dans la quiétude de l'hôtel. La découverte de cette facette méconnue de la mère de la Princesse Niloufer a ajouté une couche de mystère et d'intrigue à cette expérience déjà enchanteresse.

Cet hôtel sur l'Avenue de Verdun à Nice n'était donc pas simplement un lieu de séjour, mais plutôt le décor magique où des destins se croisaient, créant des souvenirs qui se gravent à jamais dans la mémoire. L'éclat particulier de ces moments vécus dans cet établissement emblématique transcende le simple cadre physique pour devenir une part intégrante d'une histoire personnelle, teintée de sophistication et d'émerveillement.

Figure 97 Hotel Avenue de Verdun Nice.

L'exil des Ottomans à Nice et leur généalogie.

Sources et URL :

Les adresses de la Famille Ottomane en 1938 :
https://www.erolgiraudy.eu/2022/10/les-adresses-de-la-famille-ottomane-en.html

Les Villas Mauresques et orientales sur la Riviera Francaise les 7 parcours Ottomans :
https://www.erolgiraudy.eu/2022/09/les-villas-mauresques-et-orientales-sur.html

Résultats de recherche pour la villa Xoucles :
https://www.erolgiraudy.eu/search?q=Xoucles

La Villa Xoulces de Cimiez en France :
https://www.erolgiraudy.eu/2022/05/la-villa-de-cimiez-xoucles.html

Villa Xoulces (Nice) :
https://commons.wikimedia.org/wiki/Category:Villa_Xoulces_%28Nice%29

Alice Nicolas (1893-1928) elle vivait dans la villa Xoulces :
https://www.14-18hebdo.fr/alice-nicolas-1893-1928

https://fr.wikipedia.org/wiki/H%C3%B4tel_Majestic_(Nice)

https://www.cimiez-boulevard.fr/residences-nice-cimiez/palais-de-nice

Voyage dans le temps : Une enquête généalogique ottomane.

1931 Dürrüşehvar Sultan Marries Azam Jah (Silent) :
https://www.youtube.com/watch?v=GwrCh_IDvTY

Cimiez :
https://fr.wikipedia.org/wiki/Cimiez

https://fr.wikipedia.org/wiki/Excelsior_R%C3%A9gina_Palace

https://www.flickr.com/photos/7248552@N08/3568641956/

https://www.cimiez-boulevard.fr/residences-nice-cimiez/grand-palais/

https://fr.wikipedia.org/wiki/Excelsior_R%C3%A9gina_Palace

http://blog.cimiez-boulevard.fr/alhambra-palace-cimiez

PHOTOS :
https://www.bing.com/images/search?q=nice+palais+oriental+cimiez&qpvt=NICE+palais+oriental+cimiez&form=IGRE&first=1&tsc=ImageBasicHover

https://www.cimiez-boulevard.fr/residences-nice-cimiez/grand-palais/

L'exil des Ottomans à Nice et leur généalogie.

Voyage dans le temps : Une enquête généalogique ottomane.

Carnet n°3 : Cinq Princes - 22 XII 2023.

Ce chapitre du livre revêt une importance particulière pour moi, car il constitue une plongée nostalgique dans les souvenirs enchanteurs de mon enfance, façonnée par les récits captivants tissés autour des cinq princes qui ont joué un rôle central dans l'épanouissement de mon imaginaire, dévoilant ainsi les riches facettes de l'histoire turque. Bien sûr, les princesses ne sont pas en reste, mais ce sont les princes qui ont laissé une empreinte indélébile sur ma mémoire de jeune enfant niçois.

Figure 98 Photos des cinq Princes Ottomans.

L'exil des Ottomans à Nice et leur généalogie.

Chacun de ces cinq princes incarne une partie distincte de l'héritage culturel et historique de la Turquie, une mosaïque vivante d'anecdotes et de récits transmis de génération en génération. À travers ce chapitre, je m'apprête à vous les présenter avec une affection particulière, comme des gardiens bienveillants des trésors narratifs qui ont nourri mon enfance.

Les histoires qui les entourent sont autant de fenêtres ouvertes sur des époques révolues, des coutumes séculaires et des moments de bravoure qui ont marqué l'histoire du pays. Chaque prince porte en lui le poids de la tradition, mais aussi l'éclat d'une personnalité unique, offrant ainsi un panorama complet de la Turquie à travers les âges.

À travers les pages de ce chapitre, je souhaite capturer l'essence même de ces princes, révéler leurs caractéristiques distinctives, et partager avec vous les récits qui ont façonné ma vision du monde. Ce ne sont pas simplement des personnages historiques, mais des conteurs magistraux qui ont su éveiller mon intérêt pour la richesse culturelle et l'héritage de la Turquie.

Ainsi, plongeons ensemble dans le monde fascinant de ces cinq princes, où chaque mot résonne comme un écho du passé, invitant à la découverte d'une Turquie aux multiples facettes à travers les yeux de ces gardiens de l'histoire. Je me suis très vite habitué à les voir chez mes parents à Nice depuis 1957, en dehors de mon grand-père qui lui m'avait connu tout petit enfant.

Détail important, je vais déroger à ce que j'avais indiqué au début de ce livre : le prince Ibrahim Tevfik. Je ne peux pas l'avoir rencontré, car ce prince était mon arrière-grand-père. Il est mort bien avant ma naissance. Les trois autres princes (Fuad – Mehmed - Orhan) sont des parents de branches familiales différentes. Mahmud II a eu deux fils, AbdülMedjid Khan I et AbdulAziz Khan. Ce sont les deux branches qui se sont disputé le pouvoir, et le premier a eu quatre enfants, l'autre un seul. Ainsi commence l'histoire et les discordes, c'est bien le propre des familles. Voici notre arbre depuis 1808, incluant que les Sultans qui ont régné sur la Turquie et le dernier calife.

« Je suis ravi de vous présenter une nouvelle représentation détaillée de notre arbre généalogique, s'étalant depuis l'année 1808. Cet arbre intègre les portraits des illustres sultans qui ont régné sur la Turquie, ainsi que de leurs dignes successeurs, y compris le vénéré calife.

Remontant dans le temps, cette fresque généalogique offre un regard profondément ancré dans notre histoire familiale, mettant en lumière les sept sultans qui ont façonné le destin de la Turquie. Leurs règnes sont documentés, accompagnés de portraits pour donner vie à leur présence remarquable. Chacun de ces dirigeants a laissé une empreinte indélébile sur l'histoire de notre lignée, marquant des époques et des événements cruciaux.

En outre, cette représentation ne se limite pas seulement à la succession des sultans, mais englobe également les héritiers qui ont continué leur héritage avec dignité et responsabilité. Cette représentation est bien plus qu'un simple arbre généalogique. C'est un rendu qui permet de mieux connaître

L'exil des Ottomans à Nice et leur généalogie.

mes ancêtres, capturant l'essence même de notre lignée. Elle est destinée à être partagée, et transmise aux générations futures, afin que l'héritage des sultans et du calife puisse continuer à inspirer et à guider notre famille au fil des siècles. » (source Edhem ELDEM).

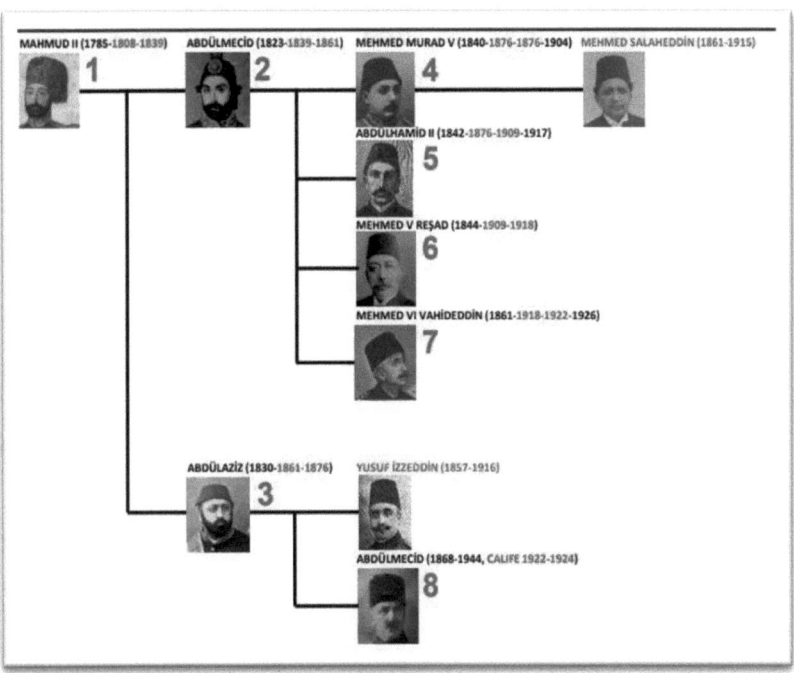

Figure 99 Arbre généalogique incluant des photos miniatures.

Voyage dans le temps : Une enquête généalogique ottomane.

Chapitre 8 - Le Prince Damad OSMAN Rashid FENARIZADE de LARISSA :

Ce prince, le premier que j'ai dû probablement connaître, car c'était mon grand-père. Ce livre se veut un point d'avancement de ma quête du chaînon manquant, ce potentiel ancêtre commun qui me permettrait de relier toutes les branches que j'ai répertoriées.

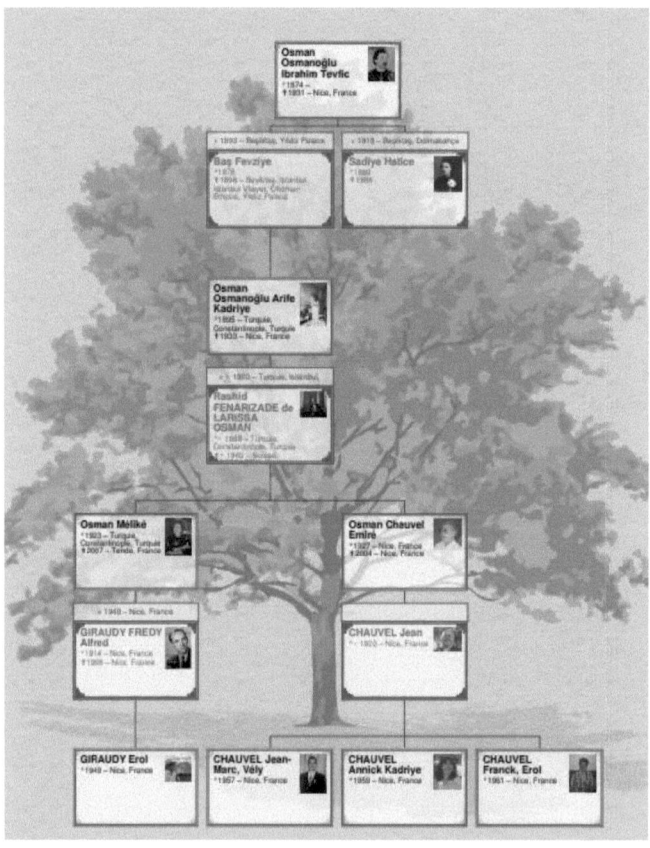

Figure 100 Notre arbre généalogique sans toutes les branches.

L'exil des Ottomans à Nice et leur généalogie.

Ce prince turc n'était autre que Rashid Osman, fils du puissant Prince Faik, lui-même souverain d'immenses terres en Albanie et en Grèce. *Je me rappelle ma mère qui me parlait de LARISSA. J'ai effectué des recherches, je vais vous en dire un peu plus dans ce livre.*

Il était en outre ministre du sultanat turc :

Et placé directement sous les ordres du sultan, avec qui il était parent. Le fils du Prince Faik, le Prince Rashid, n'avait alors aucun lien avec la Suisse ni avec le col de Kerenzerberg, puisqu'il étudiait les sciences politiques à la Sorbonne à Paris.

Durant la Première Guerre mondiale, le sultan fit appel à l'ambitieux Rashid, alors âgé de 26 ans, pour des missions politiques.

Dans un premier temps, le jeune politologue fut conseiller juridique auprès du ministère turc des Affaires étrangères, bien qu'il ne fût pas juriste.

Ensuite, il occupa la fonction de ministre plénipotentiaire dans la partie ottomane de la Grèce, marchant ainsi sur les traces de son père.

Le prince Rashid assuma ensuite la fonction de délégué de l'Empire ottoman et fréquenta les plus grands dirigeants d'Europe centrale.

Il négocia tant avec le général allemand Paul von Hindenburg qu'avec le dictateur italien Benito Mussolini. Puis survint la révolution turque en octobre 1923, et Kemal Atatürk prit le pouvoir par un putsch. Le sultan perdit son statut et dut s'exiler, et pour Rashid Osman aussi, une toute nouvelle vie commença.

En 1924, Le prince Rashid s'exila avec sa femme, ma grand-mère et sa fille Méliké à Nice :

Où naquit sa deuxième fille Émiré. Là va commencer une longue vie difficile d'exil avec un passeport Nansen. Rose à Nice, entourée de Rashid Osman et de ses deux belles-filles Méliké et Émiré. Heureusement, elle était là et elle avait beaucoup de bon sens.

Figure 101 Rose à Nice, avec Rashid Osman et ses deux filles Méliké et Émiré.

Lorsque l'épouse de Rashid tomba malade, elle supplia Rose Keller d'assumer son rôle de mère si elle venait à décéder.

L'exil des Ottomans à Nice et leur généalogie.

La princesse Kadriye mourut et Rose épousa Rashid Osman en 1939.

Rose Keller, originaire de Dielsdorf :

C'est une commune suisse du canton de Zurich. Elle devint alors la princesse turque Rose Osman. Il s'agissait d'un « mariage de raison », déclarait-elle plus tard.

Ce retournement de situation avait pourtant l'air d'une histoire tirée des Mille et Une Nuits ! En tant qu'épouse du prince ottoman, Rose fréquenta des magistrats et des têtes couronnées à Nice. Elle fit notamment la connaissance du roi de Suède Gustave VI Adolphe, mais aussi du dernier Calife turc Abdul Medjid II, de l'audacieux leader kurde Mustafa Barzani et du maharadja de l'État d'Hyderabad.

Mais le couple Osman-Keller sombra dans la pauvreté. Quel déclin pour Rashid, qui avait connu les palais avec des dizaines d'employés ! Rose organisa le déménagement dans un logement moins onéreux et parvint à joindre les deux bouts en peignant et en vendant des broches en émail. En 1951, la famille Osman-Keller déménagea en Suisse. Rose avait trouvé une annonce de location d'un salon de coiffure à Filzbach, près du col de Kerenzerberg.

Elle apprit à couper les cheveux dans le cadre d'un cours accéléré et se lança. Après tout, elle avait autrefois suivi quelques cours à l'école des arts appliqués et avait un bon coup d'œil pour la décoration. Elle subvint alors aux besoins de la famille qui vivait désormais modestement dans un simple deux-pièces.

Le Prince Rashid Osman mourut en 1962 :

Il fut enterré à Obstalden en Suisse, où se trouve aujourd'hui encore sa tombe.

Après la mort de son époux, Rose perdit contact avec la famille impériale, à l'exception de ses belles-filles Méliké et Émiré. Nous lui rendîmes visite de temps à autre en Suisse. Je me souviens encore de cette maison de retraite de Mollis où elle résidait avec sa sœur. Elle avait aussi un frère qui avait dû décéder plus jeune, je l'avais rencontré à l'Exposition nationale suisse de 1964[xxxiii].

Elle continua de couper les cheveux de sa clientèle à Filzbach, jusqu'à ce qu'elle souffre trop de la goutte et soit forcée d'arrêter. Elle passa les dernières années de sa vie à la maison de retraite de Mollis, où elle mourut en 1994 à l'âge de 84 ans. Elle déclara au Schweizer Illustrierten en 1979 : « Parfois j'avais l'impression d'être au cinéma et que la vie qui défilait devant moi était celle de quelqu'un d'autre. » Pourtant tout cela était bien vrai. Et même bien mieux que dans un film.
Source[xxxiv] Michael van Orsouw est docteur en histoire, poète et écrivain. Il publie régulièrement des ouvrages historiques.

Épilogue :

Si vous vous faisiez couper les cheveux à Filzbach et à Obstalden, dans le canton de Glaris, dans les années 1950 ou 1960, la personne derrière les ciseaux n'était autre qu'une princesse turque ! Incroyable, mais vrai. Car la coiffeuse qui exerçait dans ces deux petits villages n'était pas une professionnelle mais bien Rose Osman-Keller.

L'exil des Ottomans à Nice et leur généalogie.

Revenons quelques décennies en arrière pour raconter son histoire insolite.

Rose Keller, fille d'un policier, naquit en 1908 dans la commune zurichoise de Dielsdorf. La même année, un prince turc de 20 ans et sa suite séjournèrent quelques jours au luxueux hôtel Baur au Lac à Zurich. *Je passais dans cette ville quand j'allais voir mes grands-parents.*

Il semblait presque impossible que leurs chemins se croisent un jour, et c'est pourtant ce qui arriva.

Figure 102 Prince Rashid Osman à Obstalden en Suisse.

Toutes mes recherches ne me permettent pas d'aller beaucoup plus loin. « La famille, que dis-je, ma famille du côté de mon grand-père » reste encore un mystère. Les anciens sont décédés et plus personne n'est là pour me montrer le chemin à suivre. Faisons la part belle au hasard qui guidera certainement mes pas un jour vers cet arbre généalogique sans nom, mais avec certainement de nombreuses branches.

Voyage dans le temps : Une enquête généalogique ottomane.

Boulevard CARABACEL La dernière adresse du dernier Calife à Nice :

Combien de Niçois se souviennent-ils ? S'étant réfugié chez eux, le Calife, c'est le « pape de l'Islam » (le successeur de Mahomet, d'Abou-Bakr et d'Haroun al Rashid, ce personnage des Mille et Une Nuits semblait éternel).

Mais en 1924, Mustapha Kemal Atatürk décréta la fin du califat et chassa d'Istanbul l'ultime détenteur de la charge. Le Calife AbdülMedjid, vint se réfugier à Nice. Un peu comme si Mussolini avait expulsé Pie XII de Rome et que le Saint-Père…

Comment et pourquoi en était-on arrivé là ?

Après La Mecque, Damas et Bagdad, les Califes s'étaient établis à Constantinople devenue Istanbul depuis que l'ombre du croissant se fut étendue sur la ville conquise en 1453 par le sultan ottoman. Dès lors, les deux fonctions, celle de sultan et celle de Calife, s'étaient confondues et le sort du califat était soudé à celui des Turcs.

Après les lustres de gloire, l'Empire ottoman, homme malade de l'Europe, était à l'agonie lorsqu'en 1918 le sultanat s'effondra avec les autres empires dans le fracas de la Grande Guerre.

À Istanbul, un officier ambitieux, Mustapha Kemal, proclama la république et bientôt la déchéance du califat. Le fondateur de la Turquie moderne n'avait pas de temps à perdre avec les vestiges vermoulus du passé. Arraché à ses dévotions en pleine nuit,

L'exil des Ottomans à Nice et leur généalogie.

AbdülMedjid, un vénérable vieillard à la barbe blanche, fut embarqué de force dans l'Orient-Express qui partait pour Genève. Mais parce qu'il était conformiste ou frileux, le Calife continua sa route vers Nice, ce mouroir ensoleillé des rois et nababs.

Peut-être aussi, le vieil homme se souvenait-il que son aïeul Soliman le Magnifique avait jadis convoité la ville ?

À Nice, le « Commandeur des Croyants » était arrivé sans un sou :

Mais sa situation se stabilise, émus par sa détresse, les maharadjas de l'Inde, qui sont souvent musulmans, se cotisent et lui versent une rente. Le Calife s'installe au palais Carabacel (dont les lotissements ont depuis eu raison).

C'est là, sous les lambris du grand salon, parmi les fez et les turbans qu'a lieu, en gage de reconnaissance, le mariage de deux princesses ottomanes.

La fille et la nièce du Calife avec les fils du Nizam d'Hyderabad. Le mariage est célébré par Maître Garibaldi et les robes des mariées ont été cousues par Marie-Thérèse (une maison de couture niçoise très en vogue).

Désormais, l'ex-Calife peut s'adonner à sa passion, la peinture, oui la peinture ! La chose peut paraître bizarre pour le chef spirituel d'une religion qui interdit formellement la représentation des êtres vivants, mais Abdul Medjid adore peindre et il a jadis composé un Coucher de soleil sur le Bosphore pour Pierre LOTI (voir note V en fin du livre sur Julien VIAUD / Pierre LOTI).

Voyage dans le temps : Une enquête généalogique ottomane.

Il a fait son autoportrait, une œuvre d'une très honnête facture et d'un charmant réalisme que M. Figuera et son équipe ont conservé avec soin au musée Masséna à Nice.

Que reste-t-il aujourd'hui de cet épisode ottoman ?

Quelques princes très discrets et fabuleusement riches de leurs seuls souvenirs.

Fantômes Ottomans :

Il y en eut malheureusement, des morts et des suicides dans la Famille. Pour beaucoup, ils ont disparu entre les deux guerres, d'après ce que j'ai su en écoutant mes Tantes.

Ces fins ont été dramatiques. Je ne vais pas en parler, car bien évidemment je ne les ai pas connus.

Notre Famille a cumulé les mots exil, expatriation, errance et malheureusement apatrides. Ceux-ci ont été fatals pour certains, et les ont conduits au suicide. La vie est souvent bien difficile.

Visites des Princes Ottomans :

Enfant à l'école et auditeur à l'écoute des histoires familiales à la maison, d'histoires d'un pays et d'une langue que je n'ai pas connus. Des histoires compliquées pour un enfant que j'étais à l'époque. Je voyais des vieilles photos en noir et blanc, certaines avaient des écritures en turc derrière ou dessus. Pour moi, la Turquie c'était en noir et blanc.

L'exil des Ottomans à Nice et leur généalogie.

Beaucoup plus tard j'ai lu un livre d'Orhan PAMUK – ISTANBUL.

Il m'a fallu lire beaucoup, bien écouter mes tantes et arrière-grand-mère à Paris pour commencer à comprendre cette longue et souvent douloureuse histoire d'exil. J'ai eu beaucoup de chance de passer de longues soirées avec mes tantes, et combien de déjeuners j'ai faits avec elles dans le XVIème. Nous parlions des Ottomans et de la Turquie que je ne connaissais pas, mais cela n'avait aucune importance, je les écoutais, c'étaient mes tantes. De temps en temps, elles me montraient un album de photos et je voyais défiler ma famille en noir et blanc. Les jeunes Turcs avec qui j'échange maintenant sur les réseaux sociaux colorisent certaines photos, c'est toujours étonnant de voir ces personnages en grand uniforme en couleurs.

Les récits de mes tantes, tel un livre délicatement ouvert, m'ont guidé à travers les méandres d'une histoire familiale marquée par l'exil. Paris, la ville des lumières, a été le théâtre de nos échanges empreints de nostalgie et de réminiscences. Les rues du XVIème arrondissement sont devenues le cadre de nos déjeuners, où le passé se mêlait à notre présent.

Les discussions sur les Ottomans et la Turquie, bien que lointaines dans l'espace et le temps, étaient comme des portails temporels s'ouvrant devant moi. Mes tantes, avec leurs récits empreints de passion, me transportaient vers une époque révolue. Leurs paroles, comme des pinceaux délicats, coloraient mon imagination de paysages exotiques et d'histoires envoûtantes.

Voyage dans le temps : Une enquête généalogique ottomane.

Les albums de photos, précieux trésors familiaux, devenaient des fenêtres ouvertes sur le passé. En noir et blanc, je contemplais les visages de mes ancêtres, figés dans le temps. Les anecdotes qui accompagnaient chaque image ajoutaient une profondeur émotionnelle, transformant ces instantanés en véritables chroniques familiales.

Aujourd'hui, à l'ère des réseaux sociaux, mes échanges avec les jeunes Turcs prennent une nouvelle dimension. Les photographies, jadis monochromes, se parent de couleurs vives grâce à leur talent artistique. Les uniformes imposants prennent vie, les regards fixés dans l'objectif retrouvent leur éclat. C'est une expérience saisissante de voir revivre ces figures familières sous un nouveau jour, dans une palette de couleurs qui transcende les barrières du temps.

Ainsi, entre les pages des livres lus avec ferveur et les échos des récits familiaux, se dessine le fil conducteur d'une histoire d'exil. Paris devient le témoin silencieux de cette saga, tandis que les réseaux sociaux modernes éclairent d'une lumière nouvelle les portraits anciens. Mon héritage, empreint de ces rencontres entre passé et présent, s'épanouit comme un jardin où les racines de l'exil ont donné naissance à une histoire riche et complexe, teintée de couleurs et de souvenirs.

Les albums de photos, précieux trésors familiaux, devenaient des fenêtres ouvertes sur le passé. **En noir et blanc**, *je contemplais les visages de mes ancêtres, figés dans le temps. Les anecdotes qui accompagnaient chaque image ajoutaient une profondeur émotionnelle, transformant ces instantanés en véritables chroniques familiales.*

L'exil des Ottomans à Nice et leur généalogie.

*Aujourd'hui, à l'ère **des réseaux sociaux**, mes échanges avec les jeunes Turcs prennent une nouvelle dimension. Les photographies, jadis monochromes, se parent de couleurs vives grâce à leur talent artistique. Les uniformes imposants prennent vie, les regards fixés dans l'objectif retrouvent leur éclat. C'est une expérience saisissante de voir revivre ces figures familières sous un nouveau jour, dans une palette de couleurs qui transcende les barrières du temps.*

Ainsi, entre les pages des livres lus avec ferveur et les échos des récits familiaux, se dessine le fil conducteur d'une histoire d'exil. Paris devient le témoin silencieux de cette saga, tandis que les réseaux sociaux modernes éclairent d'une lumière nouvelle les portraits anciens. Mon héritage, empreint de ces rencontres entre passé et présent, s'épanouit comme un jardin où les racines de l'exil ont donné naissance à une histoire riche et complexe, teintée de couleurs et de souvenirs.

Je leur rendais visite de temps en temps avec Méliké, et il venait nous rendre visite tous les trois 7 avenue Jean-Médecin à Nice.

Voir le chapitre suivant numéro 9 à propos de SAI le Prince Abdulaziz et les YEGHENS.

Voyage dans le temps : Une enquête généalogique ottomane.

Chapitre 9 - Le Prince Mehmed Abdulaziz :

Il est né au palais Ortaköy à Constantinople et était le petit-fils du sultan Abdülaziz par sa sixième épouse. Il est mort à Nice et y a été enterré.

Mais une fois de plus ne me demandez pas où se trouve sa tombe, personne n'a tenu une liste des sépultures à jour dans notre famille.

Mais, ne sommes-nous pas de passage ici-bas ?

Le Şehzade Mehmed Abdulaziz (né le 26 septembre 1901 à Constantinople et mort le 19 janvier 1977 à Nice) a été le chef de la famille impériale de Turquie qui a régné sur l'Empire ottoman de 1281 à 1922. S'il avait régné, il aurait été le sultan Abdulaziz II. En 1973, après la mort d'Osman Fouad, il devient le 40e chef de la dynastie ottomane. Son père était le Şehzade Mehmed Seyfeddin (turc ottoman : Şehzade Mehmed Seyfeddin ; 21 septembre 1874 - 19 octobre 1927) était un prince ottoman, fils du sultan Abdulaziz et de Gevheri Kadın. « Le prince Mehmed Abdülaziz Efendi, le fils cadet du sultan Abdulaziz Khan, le fils aîné de Şehzade Seyfeddin Efendi.

Lors de l'exil de la famille impériale en mars 1924, Seyfeddin et sa famille s'installent à Cimiez en haut de la ville sur cette belle colline de Nice. Ils ont acheté une villa près de la Villa Carabacel qui appartenait à sa cousine Seniha Sultane. Il mourut le 19 octobre 1927 à l'âge de cinquante-trois ans et fut enterré au cimetière de la Sulaymaniyya Takiyya, Damas en Syrie.

L'exil des Ottomans à Nice et leur généalogie.

le Prince Abdulaziz Efendi en France.

J'imagine qu'ils ont quitté Nice juste après la mort de son père Seyfeddin Efendi en 1927. Ils se sont installés pendant une assez longue période à Beyrouth, puis au Caire.

Ensuite, ils sont revenus à Nice, deuxième exil de la famille. Ils ont fui la révolution égyptienne comme beaucoup en 1956/57. Son frère, le Prince Tevhid Efendi, lui, s'est installé à Beyrouth en 1927 jusqu'à sa mort. Leur sœur Gevheri Sultane, elle, s'est installée au Caire après avoir vécu une courte période avec son oncle le Calife Boulevard Carabacel à Nice.

Seules les deux femmes de Seyfeddin Efendi sont restées à Nice jusqu'à leur décès. Combien de déménagements et d'errances dans divers pays qui ne seront jamais les leurs.

Figure 103 Prince Abdulaziz et sa famille en Égypte.

Il fut marié au Caire le 21 février 1929 à Berkemal Yegen Hanım, descendante de Menliki Ahmad Pacha et Emine Zübeyde (sœur de Méhémet Ali Pacha, Wali d'Égypte) et eut une fille, Hürrem Abdulaziz.

Figure 104 La famille Abdulaziz et ma mère Méliké à Nice.

C'était une famille très unie, certainement que leurs exils multiples les avaient encore plus soudés. Ils venaient souvent chez nous avenue Jean-Médecin à Nice. Je n'avais pas mesuré dans mon enfance la place que toute ma famille avait dans mon cœur, dans ma vie, dans mon esprit et plus encore la douleur qu'ils devaient supporter. Souvent les Yegens se joignaient à eux.

Le livre de radiesthésie et les pendules du prince :

RADIESTHÉSIE MÉDICALE ET BIOLOGIQUE MIRACLES NATURELS (Non inclus dans ce livre sur la généalogie). *Vous pouvez lire une publication sur ce sujet sur mon site. Il avait enseigné la radiesthésie à mon père.*

Mehmed Abdulaziz :

Ahmed Nihad est devenu le chef de la famille impériale exilée en août 1944, après la mort d'AbdülMedjid II.

Mais Şehzade Ömer Faruk ne l'a pas accepté comme chef de famille. D'autre part, sa femme Sabiha Sultan a soutenu la décision du conseil et a approuvé le choix du chef.

À cette occasion, Mehmed Abdülaziz et ses cousins Şükriye Sultan et Mihrişah Sultan se sont rangés du côté d'Ömer Faruk. Après la révolution égyptienne de 1952, le président Gamal Abdel Nasser l'a expulsé d'Égypte, après son refus d'accepter la loi égyptienne sur l'identité.

Il s'est ensuite rendu à Nice, en France, avec l'aide du président français de l'époque, Charles de Gaulle, qui lui a donné un passeport français. Il recevait également un salaire mensuel de cinquante mille francs.

Il est décédé le 19 janvier 1977 à Nice, France et a été enterré au cimetière de l'Est à Nice. Là aussi je n'ai aucune idée où se trouve sa tombe et qui va s'en occuper. Voici l'arbre généalogique de la branche de la dynastie ottomane descendant d'Abdülaziz Osmanoğlu.

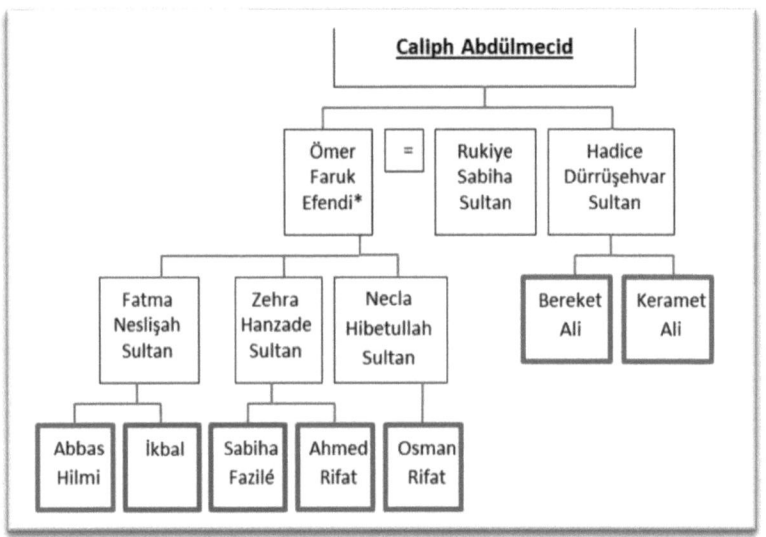

Figure 105 L'arbre généalogique de la branche Abdülaziz.

Concernant les documents de Généalogie ci-dessus : voir la Généalogie du calife AbdülMedjid Efendi sur Rodovid. Leyla Kuyrukçu, peintre AbdülMedjid Efendi, mémoire de maîtrise de l'Institut des sciences sociales de l'Université de Marmara, Istanbul, 1991 ; Eylem Yağbasan, Halife.

Selon les mémoires du Prince Ali Vasib Efendi, la Princesse Zekiye Sultan, son mari le Damad Nureddin Pacha, sa fille la Princesse Aliye Hanımsultane, son beau-fils Muhsin Yeghen et ses deux petits-fils Osman et Salih Yeghen vivaient dans une villa à Cimiez, à Nice.

Voir les url et liens vers ces sources en fin de ce chapitre.

L'exil des Ottomans à Nice et leur généalogie.

Figure 106 Livre sur les mémoires du Prince Ali Vasib Efendi

L'oncle maternel de Berkemal Yeghen, Mehmed Muhsin Yeghen, s'est marié avec la Princesse Ottomane Fatma Aliye Hanımsultane (la petite-fille du Sultan Abdülhamid II), et ils ont vécu aussi à Nice.

Sa belle-mère la Princesse Zekiye Sultane a vécu aussi à Nice, avant qu'elle ne déménageât avec son mari le Damad Nureddin Pacha à Pau, où ils sont décédés tous les deux.

"Je vais essayer de me renseigner au cimetière de Pau, le problème c'est souvent la durée de la concession mortuaire. Nos aïeux ne savaient pas, en France si celle-ci n'est pas à perpétuité, les corps finissent dans la fosse commune." Comme je suis dans les Pyrénées, je dois pouvoir y aller un jour.

Figure 107 La Famille ABDULAZIZ et Méliké.

Il faut savoir qu'il y avait des dissensions dans la Famille (les deux branches étaient plus la branche Mecidiye de mon parent Şehzade Ahmed Nihad Efendi puis de l'oncle Fouad). Et la branche « Azize » de la famille.

Parce que, dans la famille, il y avait deux clans, un pour le Calife et un autre pour Fouad, avec un procès à Nice, mais c'est une autre histoire familiale.

Ma mère avait tourné la page sur ces conflits hors d'âge, quand les besoins sont tels, il faut se soutenir et non se battre. Mais pour beaucoup, les jalousies et différends étaient trop nombreux.

L'exil des Ottomans à Nice et leur généalogie.

Bar-Kamal Aly Reza Yeghen (épouse du Prince Abdulaziz)

Elle est née vers 1900. Fille d'Aly-Reza Ibrahim Ahmed Neyer Yeghen et Nematallah Saleh Roushdy Yeghen. Épouse d'Al-Amir Abdel-Aziz Mehmed Seifeldin "41e chef de la Maison royale de Turquie". Mère de "Sultana" Hurrem Abdul-Aziz Mehmed (1939-1999). Sœur de Satouda Aly Reza Yeghen, Neyer Aly Reza Yeghen, Soraya Aly Reza Yeghen et Nafeya Aly Reza Yeghen. La femme du Prince Orhan était Nafeya Yeghen, qui est la sœur de Berkemal Yeghen.

Figure 108 L'arbre des YEGHEN sur GENI.

Voyage dans le temps : Une enquête généalogique ottomane.

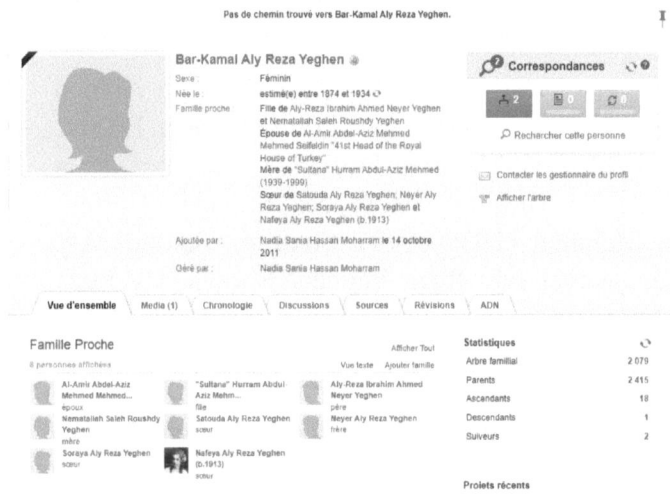

Figure 109 L'arbre de Bar-Kamal Aly Reza YEGHEN sur GENI.

L'arbre généalogique de Bar-Kamal Aly Reza Yeghen :

Muhammad Ali :

Muhammad Ali, un commandant militaire albanais, réussit à détruire le pouvoir des Mamelouks en Égypte **et fonda une nouvelle dynastie de dirigeants égyptiens en 1805**. Il assuma le poste de gouverneur à la demande populaire et força la reconnaissance du sultan de Turquie, son souverain nominal. Son oncle et le membre aîné de la famille khédiviale, Hussein Kamel, monta sur le trône égyptien en tant que sultan, à sa place.

Il mourut après un bref règne de trois ans, remplacé par son frère cadet, **Ahmad Fouad.** Un nouveau traité anglo-égyptien en 1922 mit fin au protectorat en faveur d'un royaume indépendant.

L'exil des Ottomans à Nice et leur généalogie.

Cependant, une forte présence militaire britannique, accompagnée d'une bonne dose de contrôle caché, se poursuivit pendant trente ans.

Le mécontentement latent face à la présence britannique continue, à un moment de retrait ailleurs ; une guerre perdue contre Israël ; la corruption gouvernementale à grande échelle ; le mécontentement de la majorité arabe contre une classe dirigeante à prédominance ottomane ; tout dégénéra en émeutes et en rébellion.

Un coup d'État militaire en 1952 força le **roi Farouk** à abdiquer en faveur de son fils de six mois, Ahmad Fouad II.

Farouk s'exila en Italie, emmenant le jeune roi avec lui et laissant le trône entre les mains des régents. Les chefs militaires se lassèrent vite de cet état de choses et décidèrent d'abolir complètement la monarchie.

Ils déposèrent le roi et proclamèrent une république, dans les onze mois suivant son avènement.

Pratiquement tous les biens de la famille royale, y compris les palais, les maisons, les terres, les bijoux, autres biens meubles et personnels furent confisqués et vendus aux enchères.

Le pays devint un État à parti unique, où les candidats à la présidence s'avérèrent si populaires qu'ils attirèrent souvent 99,8 % des bulletins de vote exprimés lors des élections.

Voir à la fin de ce chapitre les liens.

Voyage dans le temps : Une enquête généalogique ottomane.

Figure 110 La CNI de la Princesse et du Prince.

J'ai eu le privilège de connaître intimement ces trois membres de notre famille. Chacun d'eux était doté de qualités exceptionnelles et faisait preuve d'une dignité remarquable, même lorsque confrontés aux tourments de l'histoire et des événements qui les ont façonnés.

Ils ont traversé deux révolutions et deux guerres, témoignant d'une résilience et d'un courage hors du commun.

L'exil des Ottomans à Nice et leur généalogie.

Puis vint le temps où Bar Kemal fut éprouvé par une longue et cruelle maladie, un cancer de la langue, qui mit à l'épreuve son esprit et son corps.

Malgré cette épreuve, elle conserva sa force intérieure et sa dignité jusqu'à son dernier souffle.

Leur fille Hourem les a rejoints plus tard pour l'éternité.

Aujourd'hui, ils reposent tous les trois en paix à Nice, où leurs mémoires sont honorées et respectées.

Leur héritage perdurera à travers le temps, rappelant à tous ceux qui les ont connus l'importance de la résilience, de la dignité et de la compassion dans les moments les plus sombres de l'existence humaine.

Figure 111 Mes planches photos sur cette famille.

Voyage dans le temps : Une enquête généalogique ottomane.

Sources et URL :

Titre : AbdülMedjid Efendi et son art, Institut des sciences sociales de l'Université Hacettepe, mémoire de maîtrise, Ankara 2004.
LA VIE D'ABDÜLMEDJID EFFENDI, LE DERNIER CALIFE :
http://nek.istanbul.edu.tr:4444/ekos/TEZ/60731.pdf

RADIESTHÉSIE MÉDICALE ET BIOLOGIQUE MIRACLES NATURELS
https://www.nadirkitap.com/tabiat-mucizeleri-tibbi-ve-biyolojik-radiestezi-ord-prof-dr-samuel-aysoy-kitap28735781.html

Şehzade Mehmed Abdulaziz
https://en.wikipedia.org/wiki/%C5%9Eehzade_Mehmed_Abdulaziz

https://www.erolgiraudy.eu/search?q=%C5%9Eehzade+Mehmed+Abdulaziz

Abdülaziz of The Ottoman Empire - Sommaires Biographiques de Personnes Notables - MyHeritage
https://www.myheritage.fr/research/collection-10182/sommaires-biographiques-de-personnes-notables?s=686691681&itemId=85872&action=showRecord

Dynastie ottomane - Ottoman dynasty - abcdef.wiki
https://fr.abcdef.wiki/wiki/Ottoman_Dynasty

Famille Osmanoğlu - Osmanoğlu family - abcdef.wiki
https://fr.abcdef.wiki/wiki/Osmano%C4%9Flu_family

L'exil des Ottomans à Nice et leur généalogie.

File:Ottoman Family Caliph Abdulmecid.png - Wikipedia
https://en.wikipedia.org/wiki/File:Ottoman_Family_Caliph_Abdulmecid.png

Arbre généalogique de Bar-Kamal Aly Reza Yeghen
https://www.geni.com/family-tree/index/6000000014257138606

YEGHEN (royalark.net) EGYPT - The Yeghen Family (Yagan, Yakan, Yeken) - GENEALOGY
https://www.royalark.net/Egypt/yeghen1.htm

The Muhammad 'Ali Dynasty – GENEALOGY
https://www.royalark.net/Egypt/egypt.htm

Eylem Yağbasan : est une chercheuse et historienne de l'art qui a consacré une partie de sa carrière à l'étude de **Halife AbdülMedjid Efendi**, un artiste ottoman du XIXe siècle. Dans sa thèse de maîtrise intitulée "Halife AbdülMedjid Efendi ve Sanatı" (**Halife AbdülMedjid Efendi et son art**), elle explore en profondeur la vie et l'œuvre de cet artiste :
https://arhm.ktb.gov.tr/Artworks/Detail/80/haremde-goethe

https://gazetesu.sabanciuniv.edu/en/sakip-sabanci-musems-new-exhibition-princes-extraordinary-world-abdulmecid-efendi-open-visitors

Voyage dans le temps : Une enquête généalogique ottomane.

Chapitre 10 – SAI Le Général Prince Fuad OSMAN :

Figure 112 SAI le Général Prince son monogramme et ses décorations.

Vous pouvez consulter son arbre généalogique sur : SAI le Général Prince Osman Fuad de Turquie. Généalogie d'Olivier DRIEUX (olivierdrieux) sur geneanet. Voir le lien en fin de ce chapitre.

Résumé de sa vie :

S.A.I. Prince Général Osman Fuad (né le 24 février 1895 au palais Çırağan à Ortaköy et mort le 19 mai 1973 à Nice en France).

L'exil des Ottomans à Nice et leur généalogie.

Il est le 39e prétendant au trône de l'Empire ottoman et un général de la cavalerie ottomane, où il servit notamment durant la Première Guerre mondiale.

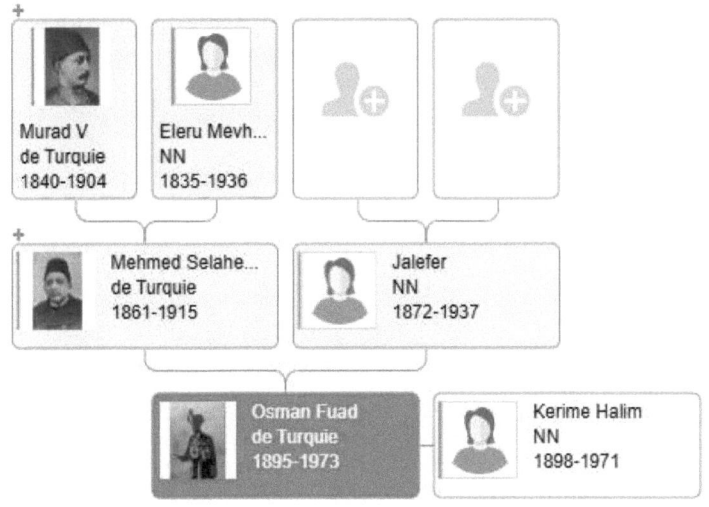

Figure 113 Arbre généalogique du Prince FUAD.

https://gw.geneanet.org/pierreerol_w?lang=fr&n=de+turquie&oc=0&p=osman+fuad&type=tree&

Lors du premier conflit mondial, il commande les troupes ottomanes sur le théâtre d'Afrique du Nord en Libye.

En 1920, il se marie avec Kerime Halim d'Égypte. Forcé à l'exil en mars 1924 à la suite de la montée des mouvements nationalistes en Anatolie et la chute de l'Empire ottoman, il quitte Istanbul avec sa femme pour gagner Rome avant de s'installer définitivement à Nice en France.

Il meurt en 1973 et sera enterré au cimetière musulman de Bobigny. Je me souviens qu'à Nice, il venait souvent nous voir quand il y résidait. Le Prince était aussi souvent à

Cannes dans un des grands hôtels de la Croisette, Le MARTINEZ.

Figure 114 SAI Prince Fouad à Cannes en France.

Les malles et sa chaise longue :

Il avait gardé l'habitude de laisser ses malles en garde à l'hôtel, certaines étaient des réalisations du malletier Louis Vuitton. Je ne sais pas ce qu'elles sont devenues. Son violon a été donné au directeur de l'hôtel. La chaise longue était en bonne place dans sa chambre, car il avait pris l'habitude d'y dormir. Étrange habitude, il avait dit que cela lui venait de la guerre.

Figure 115 Le grand hôtel de la Croisette, Le MARTINEZ.

S.A.I. Prince Fuad était souvent à Paris, il y voyait régulièrement la Princesse Niloufer au square Lamartine dans le XVIème.

Il avait toujours un petit flacon d'eau de Cologne et se frottait les mains souvent avec. Il devait se méfier des microbes, du moins c'est ce que je pensais quand j'étais enfant. Je lui faisais le baise-main traditionnel quand je le voyais.

C'était un personnage rassurant, calme et souriant. Il conduisait une Traction Avant noire, une Citroën. Une voiture mythique, une incroyable histoire, de grandes innovations automobiles. Ainsi il allait à Paris ou en Suisse rendre visite à la famille et à mon grand-père. Il était toujours habillé de manière impeccable. Je me souviens qu'il avait un revolver, un Smith & Wesson à crosse de nacre et en métal argenté. À ma connaissance il ne s'en est jamais servi (heureusement). Dans le magnifique hall d'entrée, vaste, de la résidence de la Princesse Niloufer S.A.I., une scène inattendue s'est déroulée. Le Prince Fuad est assis aux pieds de la princesse, créant ainsi une image empreinte de sérénité et de noblesse.

Figure 116 Prince Fuad chez la Princesse Niloufer à Paris.

La Princesse Niloufer, rayonnante et gracieuse, trône au milieu de cette réunion, entourée de l'amour et du respect des siens. Le Prince Fuad, fidèle à son rang, lui offre une présence distinguée, symbolisant l'unité et la force de la lignée ottomane. Pour cette photo, la famille avait été rassemblée dans le hall d'entrée (assez vaste), cela permettait d'avoir du recul afin de la réaliser.

Ma mère avait fait des photomontages et un petit album. Beaucoup de photos se sont perdues et mon oncle Bülent en a pris plusieurs, ainsi que des lettres et médailles. Heureusement, j'avais conservé des documents et photos sur la famille impériale. J'ai plusieurs albums et des dossiers que notre grand-père m'a laissés.

Figure 117 SAI Prince Fouad (l'un de mes nombreux album).

Le Prince Fuad allait régulièrement en Suisse et y rencontrait mon grand-père le Prince Damad Rashid FENARIZADE de LARISSA [xxxv] : (les photos ci-dessous ont été prises en Suisse par ma mère Méliké).

Voyage dans le temps : Une enquête généalogique ottomane.

Figure 118 Les deux amis en Suisse.

Ma mère s'est occupée de Prince Fuad jusqu'à sa fin à Nice :

Méliké, a consacré une grande partie de sa vie au soutien de la famille, et je tiens à souligner que mon père a été d'une solidarité exemplaire dans toutes les démarches entreprises par elle. Le premier incident survint au Prince en 1972, nécessitant une mobilisation de la famille pour lui venir en aide. Des lettres attestent de l'incroyable nombre de démarches et de correspondances accomplis par ma mère au fil des ans, une tâche qu'elle accomplissait avec une

L'exil des Ottomans à Nice et leur généalogie.

efficacité surprenante malgré son aversion apparente pour de telles responsabilités.

C'est toujours étonnant pour moi de constater l'ampleur de son engagement envers notre famille.

À cette époque, les courriers du Prince Fuad parvenaient chez mes parents, bien qu'il n'ait plus de résidence officielle. De plus, il est important de noter que la première génération d'exilés ne bénéficiait pas de la sécurité sociale et, le plus souvent, n'avait jamais eu d'emploi.

Par conséquent, la charge des soins reposait sur la famille dans la mesure du possible.

Il est essentiel de comprendre que cette génération ne maîtrisait pas les us et coutumes des pays où elle résidait, engendrant des difficultés notamment lors des questions liées aux sépultures et à bien d'autres aspects de la vie quotidienne.

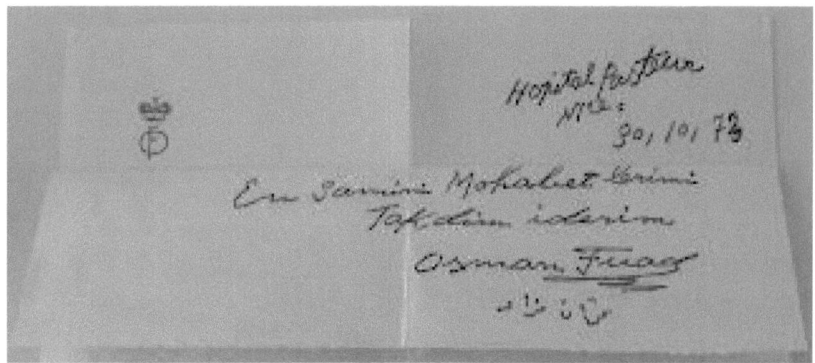

Figure 119 Seconde lettre du Prince Fuad.

Nous voyons le nom de l'hôpital Pasteur (Nice) où il devait être soigné sur cette lettre en date du 30/10/73. Ma mère faisait preuve d'une résilience remarquable, surmontant ces défis pour assurer le bien-être de la famille dans un contexte complexe et exigeant.

Elle apportait un espace de stabilité à ses « parents » un peu égarés dans les nombreux méandres du temps et de l'histoire de l'Europe. Jusqu'à la fin de leur vie, elle a été là pour eux.

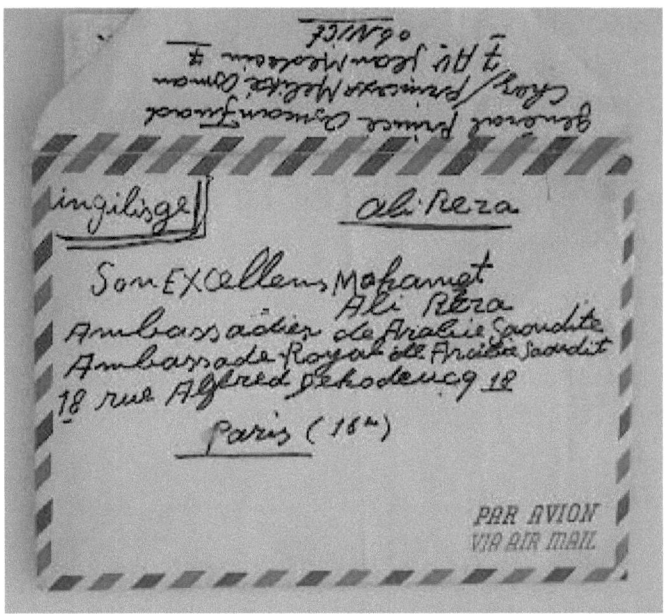

Figure 120 Enveloppe de la main du prince Fuad.

Cette autre lettre est adressée à l'Ambassadeur Ali REZA (Ambassade d'Arabie Saoudite), elle est écrite par le Prince Fuad, qui était bien malade à cette époque.

Dans le crépuscule de sa vie, le Prince Fuad, jadis fier général de la cavalerie ottomane, se trouvait désormais confronté à un ennemi invisible : la maladie. Ses doigts, autrefois fermement agrippés aux rênes de ses destriers, tremblaient légèrement en tenant la plume. Pourtant, avec la dignité qui

L'exil des Ottomans à Nice et leur généalogie.

avait toujours été sienne, il s'attela à la tâche d'écrire à l'Ambassadeur Ali REZA.

L'enveloppe, destinée à l'imposante Ambassade d'Arabie Saoudite, portait le poids de l'histoire et des alliances d'antan. Chaque mot tracé sur le papier était un fil ténu reliant le glorieux passé ottoman au présent incertain de l'exil.

Le Prince, bien que diminué par la maladie, demeurait un pont vivant entre deux mondes, deux époques.

Dans cette missive, on pouvait presque sentir l'écho lointain des salons dorés d'Istanbul, mêlé à l'odeur antiseptique de l'hôpital Pasteur de Nice.

C'était le témoignage poignant d'un homme qui, malgré l'adversité, continuait à tisser les liens diplomatiques qui avaient été le cœur de sa vie.

Ainsi, dans la pénombre de sa chambre d'hôpital, le Prince Fuad, dernier vestige d'un empire disparu, s'accrochait à son rôle avec la ténacité d'un homme qui refuse de s'incliner devant le destin.

Cette lettre, plus qu'une simple correspondance, était un acte de résistance, une affirmation de son identité face à l'inexorable marche du temps.

Voyage dans le temps : Une enquête généalogique ottomane.

L'histoire de la vie de SAI Prince Osman Fouad :

Figure 121 Prince Osman Fuad (extrême droite) avec son père, Şehzade Mehmed Selaheddin et son frère 1906.

Le prince Osman Fuad naquit le 24 février 1895 au palais Çırağan en Turquie. Fils du Şehzade Mehmed Selaheddin et de Jalefer Hanım, il était le petit-fils du sultan Murad V et de Reftarıdil Kadın. Son frère aîné était le Şehzade Ahmed Nihad.

Les premières années de Fuad furent marquées par le confinement au palais Çırağan. Cette résidence, bien que somptueuse, servait de prison à son grand-père, le sultan Murad V, déposé en 1876 au profit de son frère, Abdul Hamid II. Les restrictions imposées à l'ancien sultan

L'exil des Ottomans à Nice et leur généalogie.

s'étendaient à toute sa famille, créant un environnement particulier pour le jeune prince.

Ce n'est qu'à la mort de son grand-père en 1904 que Fuad put quitter cette vie recluse. Il passa alors quelques années dans différentes propriétés louées par son père à Feneryolu, Kuruçeşme et Ortaköy. Cette période lui offrit un aperçu du monde au-delà des murs du palais. Cependant, le destin le ramena au palais Çırağan. Il y retourna pour vivre auprès de sa belle-grand-mère Şayan Kadın, troisième épouse du sultan Murad. Ce retour aux lieux de son enfance fut l'occasion pour Fuad de se familiariser davantage avec les traditions et les subtilités de la vie princière ottomane. Ces premières années de la vie d'Osman Fuad, bien que vécues dans le cadre privilégié de la famille impériale, furent néanmoins marquées par les changements et les incertitudes qui caractérisaient cette période de l'histoire ottomane.

Figure 122 Extrais de l'arbre généalogique du Prince Fuad.

Cet arbre généalogique du Prince Fuad est réalisé sur Rodovid, il est consultable en ligne sur le site.

Voyage dans le temps : Une enquête généalogique ottomane.

Début de sa carrière militaire :

À l'âge de seize ans, en 1911, Osman rejoint la Force des Officiers Volontaires (Fedâî Zâbitân) d'Enver Pacha lors de l'invasion italienne de la Tripolitaine. Il participe à l'opération Cyrénaïque dans le Sandjak de Benghazi, où il rencontre pour la première fois le capitaine Mustafa Kemal Bey.

De retour à Istanbul, Osman intègre l'Académie militaire ottomane. Ses études achevées, il est envoyé en Palestine, puis en Allemagne avec ses cousins, les princes Abdürrahim Hayri Efendi et Mehmed Abdülhalim Efendi, pour étudier à l'Académie militaire de Potsdam. Il rejoint ensuite la garde impériale des hussards avec le grade de capitaine.

Rappelé dans l'Empire ottoman au début de la Première Guerre mondiale, Osman est blessé à la tête lors d'une attaque de sous-marins britanniques près de Kiel. Il est soigné dans un hôpital de campagne autrichien sur les rives de l'Adriatique.

Après sa convalescence, il reçoit un commandement dans la cavalerie de la maison impériale avec le grade de major. Il sert d'abord au Sinaï, puis est envoyé à Alep pour soigner une récidive de sa blessure à la tête. C'est là qu'il retrouve Mustafa Kemal Bey, également devenu major.

Osman Fuad combat ensuite à Gallipoli, où il est blessé mais survit, contrairement à de nombreux autres soldats. Pour sa bravoure, il reçoit l'étoile de Gallipoli. De retour à Istanbul, il devient commandant adjoint de la cavalerie de la maison impériale et aide de camp personnel du sultan Mehmed V. Il accompagne ce dernier lors des processions vers la mosquée pour les prières du vendredi et d'autres cérémonies.

L'exil des Ottomans à Nice et leur généalogie.

Aspirant au service actif, Osman est finalement renvoyé en Libye, cette fois dans la suite de Nuri Pacha, oncle d'Enver Pacha. Ce récit illustre le parcours militaire remarquable d'Osman Fuad, prince ottoman qui a servi son pays avec courage et dévouement pendant une période tumultueuse de l'histoire de l'Empire ottoman.

Il retourne ensuite à Istanbul pour une courte période jusqu'à ce qu'en janvier 1918, alors qu'il n'a que 23 ans, il est promu du grade de major à celui de général de division.

Il avait fait la guerre de LYBIE :

Poursuivant son service actif, Osman Fuad se distingue lors du premier conflit mondial en prenant le commandement des troupes ottomanes sur le théâtre d'opérations d'Afrique du Nord en Libye. Cette affectation marque l'apogée de sa carrière militaire, démontrant la confiance placée en ses capacités de leadership malgré son jeune âge.

Après la fin de la guerre, alors que l'Empire ottoman vit ses dernières heures, Osman Fuad tourne une nouvelle page de sa vie personnelle. En 1920, il épouse Kerime Halim d'Égypte, une union qui témoigne des liens persistants entre les familles royales du monde musulman, même en ces temps de bouleversements politiques.

Ce mariage intervient dans un contexte de profonds changements pour l'Empire ottoman et pour Osman Fuad lui-même. Alors que les structures politiques qu'il a servies toute sa vie sont sur le point de s'effondrer, le prince s'engage dans une nouvelle phase de son existence, alliant son héritage ottoman à des connexions avec d'autres lignées royales de la région.

Cette période de transition dans la vie d'Osman Fuad reflète les transformations plus larges qui s'opèrent dans l'ancien empire, où les traditions séculaires se heurtent aux réalités d'un monde en pleine mutation.

Figure 123 Commandant en chef des groupes africains

L'exil des Ottomans à Nice et leur généalogie.

Il est le 39e prétendant au trône de l'Empire ottoman et un général de la cavalerie ottomane, où il servit notamment durant la Première Guerre mondiale.

Figure 124 SAI Le Général Prince.

Campagne d'Afrique du Nord (Première Guerre mondiale)

Après la nomination de Nuri Pacha à l'Armée de l'Islam, Osman Fuad Efendi est devenu commandant en chef du commandement des groupes africains et a été renvoyé en Libye, voyageant à bord du sous-marin allemand UC-78 via Pola.

Il avait sous son commandement une force de 300 à 500 officiers et soldats ottomans, ainsi qu'entre 15 000 et 30 000 volontaires libyens. Son chef de cabinet était Abdurrahman Nafiz Bey (Gürman).

Malgré ses efforts sur le terrain, Osman Fuad Efendi et ses hommes n'ont pas pu résister à la force italienne bien équipée de 60 000 qui leur faisait face. En avril 1917, la force ottomane à Benghazi s'était rendue. À la suite de l'Armistice de Moudros, signé entre l'Empire ottoman et les Alliés en 1918, Osman Fuad Efendi refusa de déposer les armes, comme on le lui avait ordonné.

Il a continué à opposer une résistance pendant encore quelques mois depuis son quartier général de la ville de Misrata, et a été encouragé en cela par Mustafa Kemal Pacha, qui lui avait conseillé de « déclarer son indépendance » et de ne pas prêter attention aux ordres qu'il recevait du ministère de la Guerre à Istanbul.

Les deux hommes étaient devenus amis après leurs précédentes rencontres et le temps qu'ils avaient passé ensemble dans la capitale à l'hôtel Pera Palace. Cependant, à la suite de l'armistice, les sous-marins allemands qui approvisionnaient les forces ottomanes en ravitaillement et en munitions ne purent prendre la mer, ce qui laissa les Ottomans dans une situation très difficile.

Plutôt que de se rendre aux Italiens et de risquer d'être fusillé en tant que terroriste, Osman Fuad Efendi a décidé de se rendre aux Français en Tunisie. Tout d'abord, il a dissous sa force de volontaires. Il chevaucha ensuite vers le sud, avec les troupes ottomanes sous son commandement, dans le désert jusqu'à ce qu'elles soient hors de portée des Italiens avant de tourner vers l'ouest. Pendant ce temps, il souffrait de dysenterie.

Arrivé à la frontière tunisienne, il annonce son intention de se rendre aux Français, à condition que lui et ses hommes ne soient pas livrés aux Italiens. Les Français acceptèrent cette condition, cependant, dans les 24 heures, ils le remirent, lui et ses hommes, aux Italiens.

Les Italiens envoyèrent leurs captifs à Tripoli, les répartissant entre les différents camps de prisonniers de guerre où étaient également détenus des soldats allemands. Sachant qu'il était un prince impérial ottoman, ils hésitaient à lui tirer dessus, il fut donc envoyé à Naples dans un navire de transport militaire.

Il a d'abord été détenu dans un navire au large de l'île d'Ischia, puis placé en confinement dans une maison de Naples pendant près de huit mois.

Vers la fin de 1919, il a été libéré et autorisé à retourner à Istanbul, où il a été nommé commandant de la garnison de la ville, et où il a eu plusieurs discussions avec le sultan Mehmed VI sur les questions d'État.

Grades militaires et nominations dans l'armée

1914 : Sous-lieutenant de l'armée ottomane
1914 : Premier lieutenant de l'armée ottomane
1916 : Capitaine de l'armée ottomane
Avril 1918 : Commandant général du Corps d'Afrique, armée ottomane 11 novembre
1919 : Major de l'armée ottomane.

Cette liste chronologique montre clairement la progression de la carrière militaire d'Osman Fuad au sein de l'armée ottomane, de sous-lieutenant en 1914 à major en 1919, en passant par son rôle important de commandant général du Corps d'Afrique en 1918.

Sa vie personnelle :

Le 26 mars 1920, au palais Feriye, à Beşiktaş, Osman épousa Kerime Halim d'Égypte (née à Istanbul le 15 mars 1898, morte sans enfant le 28 mars 1971), la deuxième fille d'Abbas Halim Pacha, autrefois gouverneur général de Bursa et ministre des Travaux publics, et de son épouse Hadice, deuxième fille de Mehmed Tawfik Pacha, Khédive d'Égypte, GCB, GCSI. L'une des personnes qui ont assisté au mariage au palais Çırağan était Ismet Bey (İnönü), qui avait récemment séjourné en tant qu'invité dans la maison d'Osman Fuad pendant dix-huit mois. Au moment de l'expulsion de la famille impériale ottomane, Mustafa Kemal a seulement estimé nécessaire d'exiler les princes impériaux.

C'était İsmet İnönü, qui était alors Premier ministre, qui a insisté pour que toute la famille, hommes et femmes de tous âges, soit expulsée. On dit que la haine infondée d'İnönü pour la famille impériale était le résultat d'un complexe acquis à cette époque.

L'exil :

Lorsque le mouvement nationaliste d'Anatolie s'est retourné contre l'administration d'Istanbul, Osman Fuad Efendi a quitté Istanbul en secret, avec sa femme, à bord d'un bateau à vapeur italien.
Il a ensuite vécu à l'étranger pendant plus de deux ans. À la nomination d'AbdülMedjid comme Calife, il retourna à Istanbul, où il vécut au palais Çırağan.

.

L'exil des Ottomans à Nice et leur généalogie.

Forcé à l'exil en mars 1924 :

À la suite de la montée des mouvements nationalistes en Anatolie et de la chute de l'Empire ottoman, il quitte Istanbul avec sa femme pour gagner Rome avant de s'installer définitivement à Nice en France.

Cependant, à la suite de l'établissement de la République turque et de l'abolition du sultanat ottoman et du califat ottoman, en mars 1924, toute la famille impériale ottomane a été contrainte à l'exil.

Au moment de l'abolition du califat, Osman Fuad Efendi était de nouveau à Rome. Là-bas, il a reçu une lettre par courrier militaire de Mustafa Kemal Pacha, son ancien ami et collègue vétéran des campagnes ottomanes de la Première Guerre mondiale.

Dans cette lettre, Mustafa Kemal a dit : "Je suis vraiment désolé. Je ne peux pas faire d'exception pour vous et vous devrez rester en exil. La loi s'applique à tous les membres de la famille impériale".

Osman Fuad Efendi a envoyé une réponse via Muhtar Pacha, l'ambassadeur de Turquie à Washington, en disant : « Si Mustafa Kemal Pacha le souhaite, je viendrai en Anatolie ». Il n'a jamais reçu de réponse.

Ce prince ottoman de 29 ans, qui s'était battu avec tant de courage et de loyauté pour sa patrie et son peuple, ne devait jamais retourner en Turquie, puisqu'il est décédé un an seulement avant la levée du décret d'exil en 1974.

Mais je ne sais pas s'il aurait désiré y retourner, tout avait beaucoup changé depuis l'exil.

Voyage dans le temps : Une enquête généalogique ottomane.

Le mariage à Nice des fils du NISAM en présence de SAI Prince Fuad :

Figure 125 Mariage à NICE des fils du NISAM article de presse.

Source : *L'Éclaireur du dimanche illustré Gallica (bnf.fr).*

L'exil des Ottomans à Nice et leur généalogie.

Figure 126 Mariage à NICE des fils du NISAM suite de l'article de presse.

Source : *L'Éclaireur du dimanche illustré Gallica (bnf.fr).*

Voyage dans le temps : Une enquête généalogique ottomane.

LL.AA.RR. Le Prince SAHIBZADA AZAM JAH et son frère le Prince SAHIBZADA MOUAZAM JAH se rendent auprès de leurs fiancées, parés de fleurs, portant autour du cou un long collier de roses rouges et blanches. (Photo Ramalli).

Au 1er rang, de gauche à droite : la jeune Princesse DURRU CHEHVAR, le Calife ABDUL MEDJID II, la Princesse NILOUFER HANIM SULTANA et SHAUKAT ALI.

Au 2e rang : HUSSEIN NAKIB BEY, Sir R. CHENEVIX TRENCH, le Prince SAHIBZADA AZAM JAH, le Prince OMER FAROUK, KIAMIL BEY, le Prince ALI WASSIB, HAMY BEY, Sir AKBAR HYDARI, le Prince OSMAN FUAD et le Prince SAHIBZADA MOUAZAM JAH. (Photo Ramalli).

Deux Grands Mariages Musulmans :

Dans ce Palais Carabacel qui abrite, sur la jolie colline de Cimiez à Nice, le Calife et sa famille, se déroule une cérémonie qui aura dans le monde musulman une immense et heureuse répercussion.

Le fils aîné du Nizam d'Hyderabad, le seigneur indépendant le plus puissant de l'Inde, a épousé la fille du chef suprême de l'Islam, et le frère cadet de celui-ci a été uni à l'arrière-petite-fille du Sultan Mourad V de Turquie.

Le Prince Fuad était à l'origine de ces deux mariages. Le Calife se consacrait entièrement au culte ici. Ankara a ouvert un consulat à Nice pour contrôler le Calife, bien qu'il y ait un consulat à Marseille à proximité.

L'exil des Ottomans à Nice et leur généalogie.

Lorsqu'on a entendu parler de la possibilité que le Calife se rende à Londres et rencontre le roi à l'occasion de l'ouverture de la mosquée, Ankara a officiellement assuré que le gouvernement britannique n'accorderait pas de visa. Le voyage en Palestine du Calife a également été empêché de cette manière.

L'entourage est nombreux et les dépenses sont élevées ; d'un autre côté, envoyer de l'argent à ceux de la dynastie qui étaient sans le sou a causé des difficultés financières.

À ce moment, Dürrüşehvar Sultane, devenue une belle épouse, vint à la rescousse.

L'un des hommes les plus riches du monde, Osman Âsaf Câh, le Nizam d'Hyderabad, donna à Hidâyet, la fille du Calife âgée de 17 ans, l'aîné de ses fils.

Il voulait Dürrüşehvar Sultane, et l'autre, Şecâat, voulait la belle princesse de 16 ans, la très jeune Nilüfer Hanımsultane, la petite-fille du sultan Mourad V.

Les futurs mariés n'étaient pas les égaux des filles, ni en termes de physique ni en termes de mœurs. Mais les deux filles d'une beauté incomparable se sont sacrifiées pour le bien de leurs familles.

Étant liés à l'une des dynasties musulmanes les plus anciennes et les plus prestigieuses au monde, Nizam et sa famille gagneraient en prestige en Angleterre et en Inde.

Les deux princesses, qui se marient à Nice en 1931, partent en Inde. Bien qu'Ankara ait protesté contre le mariage, Londres les a apaisés.

Voyage dans le temps : Une enquête généalogique ottomane.

Le Prince Fuad était souvent à Nice, il venait chez mes parents :

Figure 127 Figure 130 Prince Fuad à Nice sur la terrasse de Méliké.

(En arrière-plan Méliké et Erol GIRAUDY-OSMAN en 1966 à Nice).

Pendant son exil :

Prince Osman Fuad Efendi a vécu dans de nombreux endroits, dont Genève, Rome, Le Caire, Paris, Nice et Cannes.

L'exil des Ottomans à Nice et leur généalogie.

Lorsqu'il est à Paris, il séjourne parfois chez sa sœur aînée la princesse Âdile Sultane.

Lui et sa femme divorcent après treize ans de mariage à Paris en 1932. La vie en exil est toujours très difficile, car les membres de la famille impériale ottomane n'ont pas de moyens financiers et aspirent tous à retourner dans leur pays.

La réputation et l'habileté d'Osman Fuad Efendi en tant que soldat et tacticien étaient très admirées. Alors que le maréchal Erwin Rommel était en Libye, il a étudié les opérations menées là-bas par Osman et a par la suite imité ces tactiques dans sa propre guerre du désert.

Pendant la Seconde Guerre mondiale, Osman Fuad Efendi vivait à Alexandrie, en Égypte, sous l'occupation britannique. Appréciant qu'il avait commandé la loyauté du peuple libyen, les Britanniques lui proposèrent de faire de lui un colonel dans leur armée et de lui accorder les pleins pouvoirs s'il acceptait de mener une campagne commando contre les Allemands là-bas.

Cependant, il a refusé au motif qu'il ne souhaitait pas lutter contre ses anciens compagnons d'armes. À la fin de la guerre, il obtient un passeport diplomatique du gouvernement français et en a profité pour parcourir le monde, visitant des pays aussi loin que l'Inde et l'Islande.

Il a fait de nombreux séjours en Suisse, notamment en Suisse alémanique où il allait rendre visite à mon grand-père.

Je les revois tous les deux dans ma mémoire, deux personnages, des « princes » si différents et si semblables, généreux à l'excès et certainement passionnés.

Ce sont eux qui en 1924 ont pris la tête d'une démarche contre le Calife. Celle-ci a fini en procès à Nice, c'est une autre histoire, mon grand-père m'a laissé de nombreux documents sur cette affaire.

Deux "vieux complices" à travers le temps, l'exil et la perte de leur patrie.

Figure 128 SAI Prince Fuad en Suisse 1967 avec mon grand-père.

L'œillet et les décorations :

Prince Fuad avait presque tout le temps un œillet à la boutonnière, il le préférait aux décorations, et il portait aussi une pochette blanche.

Outre les nombreux insignes et médailles qui garnissaient la poitrine de son uniforme, il était porteur de la Légion d'Honneur. "Les médailles ne remplissent pas l'estomac", plaisantait-il. *Car il avait beaucoup d'humour.*

Des précisions sur les **passeports temporaires ou définitifs**. Il ne s'agit pas en fait du passeport donné aux membres de la famille impériale avant de quitter Istanbul en 1924. Plusieurs d'entre eux ont reçu le Passeport Nansen, d'autres ont eu des passeports diplomatiques, alors que d'autres ont reçu la nationalité et le passeport de leur pays de résidence (c'était le cas au Liban) me disait Boussaid Ayoub.

Effectivement, le Prince FUAD avait un **passeport diplomatique**. (Je dois en avoir une copie dans mes archives et j'avais vu celui-ci quand il avait fallu faire des documents administratifs à l'hôpital). C'est son ami le Comte Raymond de Castellane qui l'a aidé ainsi que les autres membres de la famille impériale à obtenir un passeport français.

À la mort de son frère aîné, **Ahmed Nihad Efendi**, le 4 juin 1954, Osman Fuad assuma le poste de chef de la famille ottomane.

Contrairement à son frère, Osman Fuad a choisi d'adopter un style de vie extrêmement moderne, et était connu pour aimer ses plaisirs et pour avoir un amour naturel de la vie. En tant que jeune prince impérial ottoman, il avait été populaire et bien-aimé, et avait souvent été vu au volant d'une Mercedes décapotable à Istanbul, toujours habillé impeccablement.

Il était courageux, loyal et généreux, tout en étant beau et habile cavalier. Il possédait un grand nombre de médailles et décorations décernées pour son courage et son service à son pays, et qui lui couvraient la poitrine lorsqu'il portait son uniforme de cérémonie.

C'était un vrai prince et parfaitement adapté au rôle qu'il devait jouer. De 1911 à 1912, il devient le cinquième président du Fenerbahçe SK, un club qui continue aujourd'hui d'être soutenu par les membres de la famille ottomane.

Comme tous les autres descendants de sa famille, il avait un talent pour la musique. Il était un violoniste accompli, et pendant son exil il a développé sa passion pour la musique. Il aimait particulièrement jouer de la musique tzigane hongroise sur son violon, au grand bonheur de ceux qui ont eu la chance de l'entendre jouer.

À la mort de son frère aîné, Ahmed Nihad le 4 juin 1954 (voir des détails sur sa vie en fin de document), Osman Fuad a assumé le poste de chef de la famille ottomane. Contrairement à son frère, Osman Fuad a choisi d'adopter un style de vie extrêmement moderne, et était connu pour aimer ses plaisirs et avoir un amour naturel pour la vie. En tant que jeune prince impérial ottoman, il avait été populaire et bien-aimé, et avait souvent été vu au volant d'une Mercedes à toit ouvert à Istanbul, toujours habillé de manière impeccable. Il était courageux, loyal et généreux, en plus d'être beau et un cavalier habile. Il possédait des médailles et des décorations décernées pour son courage et ses services à son pays, et qui couvraient sa poitrine lorsqu'il portait son uniforme de cérémonie. Comme tous les autres membres de sa famille, il avait un talent pour la musique.

Trois ans avant sa mort (1970), il a été interviewé par un journaliste du **journal Hürriyet** nommé Doğan Uluç. À l'époque, Osman Fuad Efendi habitait la chambre n°6 de l'hôtel Royal Bretagne à Montparnasse, Paris. Cette pièce ne contenait qu'un lit, un lavabo fêlé et deux

L'exil des Ottomans à Nice et leur généalogie.

chaises. Sa description de la vie que les membres de la famille impériale menaient en exil était graphique et choquante. « Qui aurait pensé qu'on en arriverait là ?

Pour payer la note/facture ? Ne pouvons-nous plus mettre les pieds sur la terre pour laquelle nos ancêtres se sont battus et sur laquelle ils ont régné, cette terre qui recèle pour nous tant de souvenirs doux-amers. Est-il juste que nous soyons traités ainsi ?

Quelle honte que la famille ottomane doive vivre ses jours loin de son pays d'origine, obligée de se réfugier dans des terres étrangères.

Certains d'entre nous se sont suicidés, incapables de supporter la pauvreté et le dénuement. Certains d'entre nous sont morts en chuchotant « Ah, la Turquie ! La Turquie ! » avec nos derniers souffles.

Nos enfants, nés à l'étranger, vont dans des écoles étrangères et grandissent sans apprendre le turc, ne connaissant rien de notre histoire ou de notre religion comme s'ils étaient des étrangers.

Ce que je vous demanderais, c'est que vous publiez une photo de moi dans votre journal lorsque je quitterai ce monde. En dessous, écrivez « Osman Fuad », pas plus que cela.

Il se peut que certaines personnes se souviennent de moi. Nous ne l'avons pas oublié dans notre cœur et avec ses écrits.

En fait, le prince est mort avant d'avoir pu voir que le décret d'exil était levé.

Voyage dans le temps : Une enquête généalogique ottomane.

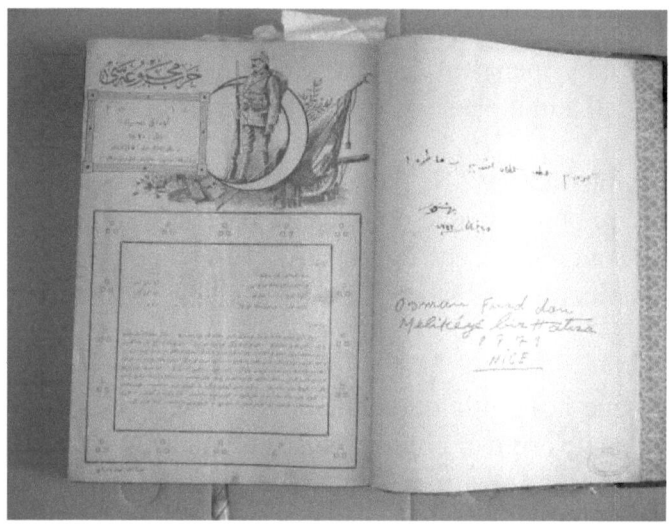

Figure 129 Livre dédicacé par SAI le Prince Général Fuad Osman.

Ahmed Nihad est devenu le chef de la famille impériale exilée en août 1944 :

Il a été le premier chef de la famille ottomane depuis le début du XIVe siècle qui n'a pas tenu le titre de Calife de l'Islam. **Âgé de 41 ans, Ahmed Nihad** a quitté la Turquie pour ne jamais y revenir, puisqu'il est mort avant la levée du décret d'exil. Il s'exile avec ses deux épouses, d'abord à Budapest pour quelques mois, puis à Nice en France pendant 12 ans. Comme l'ancien sultan ottoman Mehmed VI s'était installé à Sanremo, de nombreux membres de la famille s'étaient rassemblés dans le sud de la France.

En 1937, il s'installe à Beyrouth au Liban, où il vit pour le reste de sa vie. La vie en exil a toujours été très difficile puisque les membres de la famille impériale ottomane n'avaient aucun moyen financier et tous aspiraient à retourner dans leur patrie.

Mais pour Ahmed Nihad, la vie a été rendue plus difficile après qu'il a subi un accident vasculaire cérébral qui l'a laissé handicapé. Comme des membres de la famille s'étaient installés au Moyen-Orient après leur exil, ils lui rendaient fréquemment visite à Beyrouth pour lui rendre hommage, comme c'était la coutume de la famille.

Ahmed Nihad était un homme pieux et consciencieux, qui avait un talent pour la conception architecturale et la menuiserie. Il était aussi un compositeur talentueux et un musicien et peintre accompli. (38e chef de la maison impériale d'Osman de 1944 à 1954, il était le 38e et deuxième chef post-impérial de la maison impériale d'Osman).

Figure 130 Le Prince Ahmed Nihad.

Voyage dans le temps : Une enquête généalogique ottomane.

La tombe d'Ahmed Nihad :

Il est enterré dans le cimetière de la takiyya Sulaymaniyya à Damas (Syrie).

Figure 131 La tombe.

Photo de Dosseman, travail personnel, CC BY-SA 4.0,

Source : *Ekrem Buğra Ekinci - LİBYA ÇÖLLERİNDE BİR OSMANLI ŞEHZÂDESİ (ekrembugraekinci.com) Takiyya al-Sulaymaniyya - Discover Islamic Art - Virtual Museum, voir les liens en fin de ce chapitre.*

La mort des princes et princesses en France :

Le Prince Fuad est décédé à Nice, France, des suites d'une courte maladie le 19 mai 1973 et est enterré au cimetière musulman de Bobigny, Paris. Bien qu'il n'ait pas eu d'enfants, il était particulièrement proche de son seul neveu, le prince

L'exil des Ottomans à Nice et leur généalogie.

Ali Vasib Efendi, et en tant que tel, il traitait le fils de son neveu, le prince Osman Selaheddin Osmanoğlu, comme s'il était le sien, le nommant comme son héritier.

J'ai vu des tombes de la Famille à Bobigny, mais plus aucune personne n'entretient celles-ci.

L'exil a tout détruit, même après la mort. Effectivement, le temps efface tout, la gloire du passé et les écritures des tombes.

Cela n'a pas simplifié mes recherches. Heureusement, de jeunes Turcs m'ont donné des indications et ces photos.

Figure 132 Vue ensemble des tombes musulmanes.

Ce plan m'a été fourni par un jeune turc qui a visité nos tombes, je l'en remercie. Les tombes de la famille impériale ottomane sont d'une importance historique capitale. Elles représentent les derniers vestiges physiques d'une dynastie qui a régné sur un vaste empire pendant plus de 600 ans, de 1299 à 1922.

Voyage dans le temps : Une enquête généalogique ottomane.

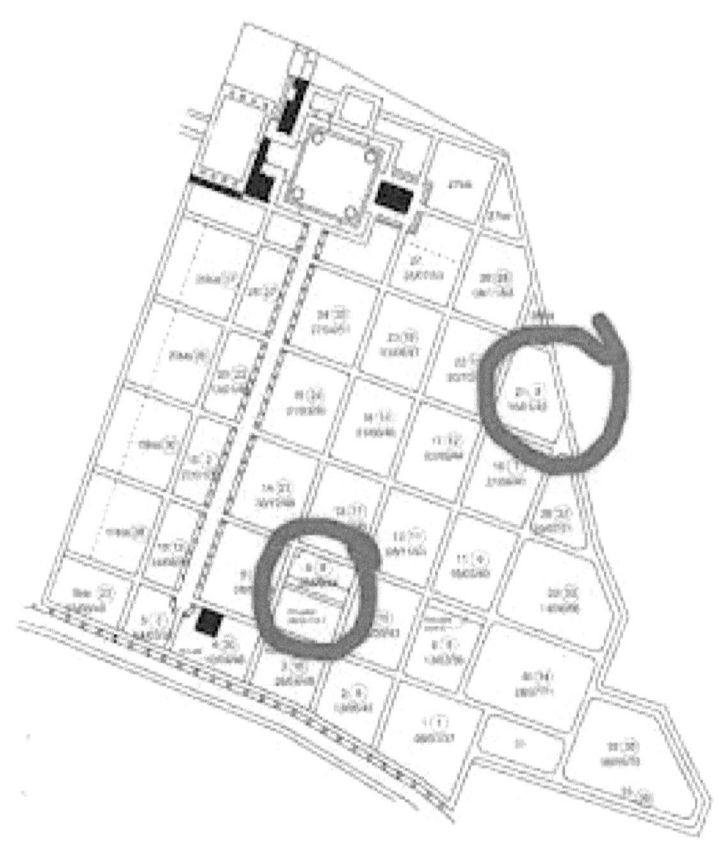

Figure 133 Plan des tombes ottomanes (document de Tanju Tamkan).

J'imagine que la préservation des tombes impériales ottomanes est un défi complexe qui nécessite une approche équilibrée. Elle implique non seulement des considérations techniques et financières, mais aussi des questions plus larges sur la façon dont la Turquie moderne choisit d'honorer et d'intégrer son passé impérial. Ces efforts de préservation sont essentiels pour maintenir un lien vivant avec l'histoire et

L'exil des Ottomans à Nice et leur généalogie.

assurer que ces trésors culturels continuent d'inspirer et d'éduquer les générations futures.

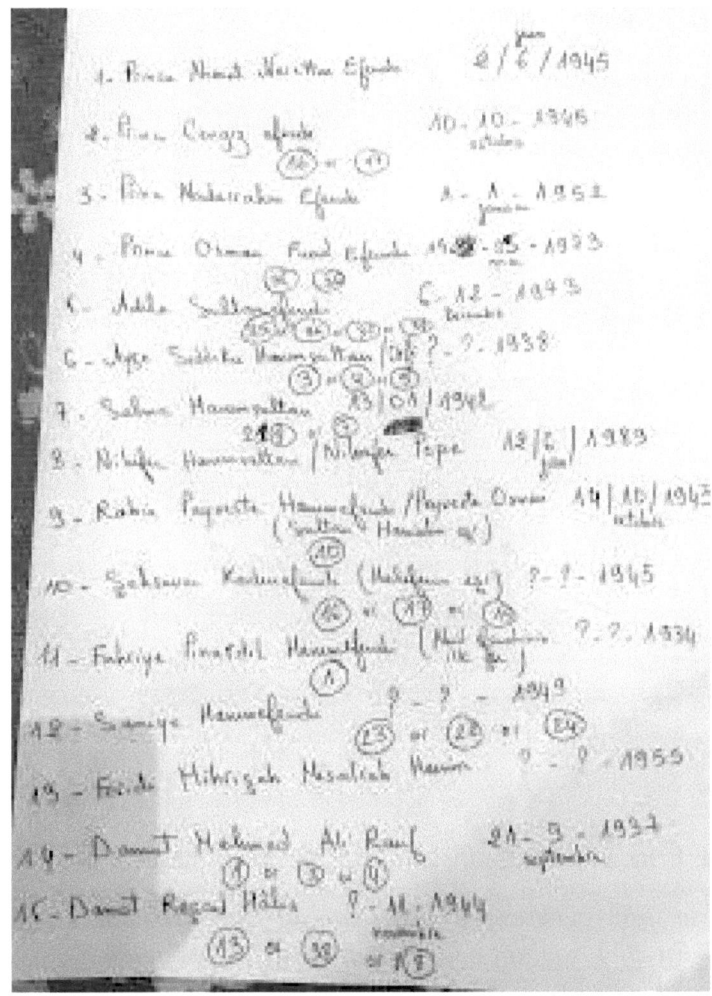

Figure 134 Liste des tombes (document de Tanju Tamkan).

Voyage dans le temps : Une enquête généalogique ottomane.

Figure 135 La tombe du Prince Fuad (document de Tanju Tamkan).

La tombe de Prince Fuad en 2001, le temps efface tout.

Les noms sur les registres du cimetière ont pu être mal retranscrits. En effet, seul un imam tenait ces registres quand le cimetière a été ouvert.

L'exil des Ottomans à Nice et leur généalogie.

Figure 136 La tombe de Prince Fuad en 1974.

Les **archives de la mairie de Bobigny** donnent une liste de noms qui figurent également dans le livre de la princesse Ayse, "Mon père, le Sultan Abdulhamid" : la princesse Rabia Peyveste (épouse d'Abdulhamid II), le prince Ahmed Nureddin (fils d'Abdulhamid II), le prince Abdurrahim Hayri (fils d'Abdulhamid II), la princesse Şehsuvar (épouse du Calife Abdulmecid), la princesse Pınardil Fahriye (épouse du prince Abid), le prince Osman Fuad (petit-fils de Murad V), Monsieur

Mehmed Ali Rauf (époux de la princesse Ayse), la princesse Ayşe Sıdıka (petite-fille d'Abdulmecid) et la princesse Selma (petite-fille de Murad V).

La corps du dernier Calife Abdulmecid Efendi, décédé en 1944, n'avait pas été acceptée par le gouvernement turc. Elle avait donc été accueillie par **la Grande Mosquée de Paris** durant dix ans avant d'être inhumée à Médine, dans le cimetière où repose le Prophète Muhammad.

Bobigny :

C'est un cimetière musulman près de Paris dans la ville de Bobigny, Seine-Saint-Denis, France. Située à quelques kilomètres au nord-est de Paris, la ville de Bobigny abrite l'un des deux seuls cimetières musulmans de France. Il a été créé par le gouvernement français en 1937 sur le site attenant à l'hôpital franco-musulman de Bobigny et détenait environ 7000 parcelles, destinées principalement à des populations maghrébines. Il est classé monument historique depuis 2006.

Il ne doit pas être confondu avec le plus grand et multiconfessionnel Cimetière parisien de Pantin à proximité.

Inhumations notables :

- Peyveste Hanım - épouse du sultan de l'Empire ottoman
- Şehsuvar Hanım - épouse du califat de l'Empire ottoman
- Princesse Niloufer - princesse ottomane
- Princesse Ayse
- Princesse Rabia Peyveste (épouse d'Abdulhamid II)
- Prince Ahmed Nureddin (fils d'Abdulhamid II)
- Prince Abdurrahim Hayri (fils d'Abdulhamid II)

L'exil des Ottomans à Nice et leur généalogie.

- Princesse Şehsuvar (épouse du Calife Abdulmecid)
- Princesse Pınardil Fahriye (épouse du prince Abid)
- Prince Osman Fuad (petit-fils de Murad V)
- Monsieur Mehmed Ali Rauf (époux de la princesse Ayse)
- Princesse Ayşe Sıdıka (petite-fille d'Abdulmecid)
- Princesse Selma (petite-fille de Murad V)

Cette recherche met en lumière les aspects spécifiques de la **préservation des tombes impériales ottomanes** à l'étranger. Ces sites sont intimement liés à l'histoire et à l'identité nationale turque, ce qui ajoute des dimensions culturelles et politiques à leur préservation.

La responsabilité principale incombe au gouvernement turc, mais la préservation implique souvent une collaboration entre diverses entités nationales.

Le financement, bien que principalement national, pourrait bénéficier de sources diverses, la préservation nécessite des ressources financières, qui peuvent provenir de budgets gouvernementaux, de dons privés, ou d'organisations internationales comme l'UNESCO.

L'expertise requise est très spécialisée, nécessitant une connaissance approfondie de l'histoire et de l'art ottoman si ces tombes le nécessites.

Cette situation souligne l'importance de ces sites non seulement comme patrimoine historique, mais aussi comme symboles vivants de l'identité et de l'histoire turques, nécessitant une approche de préservation à la fois sensible et globale.

Voyage dans le temps : Une enquête généalogique ottomane.

SOURCES ET URL :

Généalogie de Prince Osman Fuad par Olivier DRIEUX sur Geneanet :
https://gw.geneanet.org/olivierdrieux?lang=fr&n=de+turquie&oc=0&p=osman+fuad&type =tree

Arbre généalogique du Prince Osman Fuad sur Rodovid :
https://en.rodovid.org/wk/Person:865723

Des informations complémentaires sur mon site :
https://www.erolgiraudy.eu/search?q=Fuad

Photo de Dosseman, travail personnel, CC BY-SA 4.0 :
https://commons.wikimedia.org/w/index.php?curid=103453264

Ekrem Buğra Ekinci - LİBYA ÇÖLLERİNDE BİR OSMANLI ŞEHZÂDESİ :
https://www.ekrembugraekinci.com/article/?ID=356&libya-%C3%A7%C3%B6llerindehttps://www.ekrembugraekinci.com/article/?ID=356&libya-%C3%A7%C3%B6llerinde-bir-osmanli-%C5%9Fehz%C3%A2desibir-osmanli-%C5%9Fehz%C3%A2desi

Source : L'Éclaireur du dimanche illustré Gallica :
https://gallica.bnf.fr/ark:/12148/bpt6k98053114.r=niloufer?rk=21459;2#

Takiyya al-Sulaymaniyya - Discover Islamic Art - Virtual Museum :
https://islamicart.museumwnf.org/database_item.php?id=monument;isl;sy;mon01;19;fr

Arbre généalogique du Prince Fuad :
https://en.rodovid.org/wk/Person:865723

(source: Resimli Kitab Sehzade Osman Fuad Efendi)

L'exil des Ottomans à Nice et leur généalogie.

House of Alireza :
https://en.wikipedia.org/wiki/House_of_Alireza

Deux diaporamas sur ma famille sur Sway :
Mes Tantes et Oncles Ottomans. (cloud.microsoft) :

    https://sway.office.com/FlropWURHNXxYJfK

SAI Le PRINCE GÉNÉRAL FUAD OSMAN. Son monogramme et ses décorations : (cloud.microsoft) :

    https://sway.office.com/orj6ZA3QbgFgxwvA?ref=Link

Chapitre 11 – SAI Le Prince Orhan OSMAN :

J'ai fait la connaissance de cet homme bien plus tard, après avoir rencontré les autres princes Ottomans tels que S.A.I. prince Fuad et S.A.I. prince Abdulaziz. C'était un prince doté d'un regard perçant, semblant cacher une solide musculature malgré sa stature relativement modeste. Son sourire était constant, tout comme son sens de l'élégance vestimentaire.

Il est né à Üsküdar le 10 novembre 1909. Son parcours politique fut profondément influencé par la politique d'éducation des princes initiée par Enver Pacha dès son enfance.

Figure 137 SAI Prince Orhan enfant.

L'exil des Ottomans à Nice et leur généalogie.

C'est l'un des Princes ou il y a très peu d'informations concernant sa vie et des photos :

Au cours de recherches approfondies, j'ai consacré du temps à interroger des personnes provenant de divers horizons, étendant même mes investigations jusqu'au Brésil et en Turquie. Au cours de cette quête, j'ai découvert l'histoire fascinante de Mehmed Orhan (turc ottoman : محمد اور خان ; 10 novembre 1909 - 12 mars 1994), qui a occupé le prestigieux poste de 42e chef de la dynastie ottomane de 1983 à 1994.

Son ascension au sein de la dynastie ottomane s'est produite à la suite du décès du Prince Ali Vâsib le 9 décembre 1983, succédant ainsi à cette illustre lignée. Connu pour avoir été le conseiller du roi Zog Ier d'Albanie, Mehmed Orhan a joué un rôle clé dans les affaires dynastiques de son époque.

Mon propre parcours m'a conduit à rencontrer Mehmed Orhan à un stade relativement tardif, après avoir eu l'occasion d'échanger avec d'autres membres éminents de la famille ottomane tels que S.A.I. Prince Fuad et S.A.I. Prince Mehmed Abdulaziz, ainsi que leur famille et belle-famille. Les récits de la famille ottomane revenaient fréquemment dans mes discussions, jetant une lumière particulière sur les complexités et les nuances de cette lignée Ottomane.

Il est intéressant de noter que l'influence de Mehmed Orhan a été fortement façonnée par la politique éducative d'Enver Pacha, qui a pris racine dès son enfance. Sa participation à cette éducation spécifique des princes ottomans a indéniablement contribué à forger le cours de sa vie et de son engagement dans les affaires dynastiques. Ainsi, Mehmed Orhan demeure un personnage captivant, dont le rôle dans l'histoire de la dynastie ottomane continue de susciter l'intérêt et l'admiration.

Figure 143 Le lycée de Galatasaray.

SAI Prince Mehmet Orhan, issu du prestigieux **lycée de Galatasaray** [xxxvi] (Mekteb-i Sultani) et ancien élève de l'Académie militaire, a connu une jeunesse marquée par l'exil et la séparation de ses parents. À l'âge tendre de 15 ans, il fut contraint de quitter sa patrie avec sa famille. Les relations tendues avec son père l'ont conduit rapidement à s'éloigner de lui lors de leur séjour à Pest, en Hongrie, se dirigeant plutôt vers Beyrouth, au Liban, en compagnie de son oncle.

Cependant, les épreuves ne tardèrent pas à s'accumuler. Des désaccords avec un prêtre l'ont expulsé de l'école, l'obligeant à quitter le Liban. De là, il s'est tourné vers Pest, puis vers Nice, en France, où il a séjourné brièvement chez sa tante **Naime Sultan**e. Son désir d'indépendance l'a ensuite conduit à embarquer pour Buenos Aires, la capitale argentine, avec seulement 8 francs en poche.

L'exil des Ottomans à Nice et leur généalogie.

À Buenos Aires, un nouveau chapitre de sa vie a débuté, entre aventures et mésaventures. Les circonstances l'ont amené à devenir chauffeur, et c'est là qu'il a croisé le chemin d'une jeune fille appartenant à une riche famille libanaise. La mention de sa lignée ottomane a suscité l'intérêt du père de la jeune fille, qui a accepté la proposition de mariage à une condition : prouver son héritage royal. Une demande télégraphique adressée au dernier Calife, AbdülMedjid, à Nice, a été laissée sans réponse. La quête de reconnaissance dynastique s'est soldée par un échec, Orhan se retrouvant ainsi célibataire.

Des années plus tard, la raison du silence du Calife a été révélée : une dette supposée. Orhan, devenu un menteur pour tenter de réaliser son mariage, s'est ainsi confronté à une nouvelle réalité déconcertante.

Malgré cette déception, son destin a pris une tournure inattendue lorsqu'il a rejoint son cousin Şehzade Abdülkerim Efendi dans une aventure en Extrême-Orient. Ensemble, ils ont traversé l'Inde et Singapour pour atteindre le Japon, où les Japonais envisageaient de créer un empire dans les régions sous la domination russe du Turkestan et de la Mongolie.

Ainsi, l'histoire mouvementée de Mehmet Orhan s'est inscrite dans un contexte complexe de destins entrelacés et de quêtes d'identité.

Empereur du Turkestan oriental Prince Abdülkerim Efendi :

Au cœur des tumultes géopolitiques des années 1930, les destins se tissent et se défont avec une intensité inattendue. Les Japonais, cherchant à ériger une barrière entre l'Union soviétique et la Chine, ont tendu une main audacieuse à Şehzade Abdülkerim. La proposition était aussi intrigante que risquée : régner sur un État à établir au Turkestan, là où résidaient les Ouïghours. Abdülkerim Efendi se verrait investi du trône en tant qu'empereur du Turkestan oriental et Calife, une responsabilité lourde de sens et d'implications.

Les Japonais [xxxvii], dans leur quête de manœuvres diplomatiques audacieuses, ont également offert le trône du Turkestan à Abdülkerim Efendi et celui de la Mongolie à Mehmed Orhan Efendi. Les deux princes, séduits par ces propositions, ont échangé les rues de l'Extrême-Orient pour un court séjour, leurs destins semblant désormais intimement liés à cette nouvelle entreprise.

Cependant, le cours des événements a pris une tournure inattendue. Après quelques mois au cœur de l'Extrême-Orient, le vent a changé et les deux princes ont discrètement quitté le Japon, traversant l'océan pour atterrir dans la frénésie de New York. Abdülkerim Efendi, laissant derrière lui les ruelles de Damas, a pris une décision qui allait changer le cours de sa vie.

Le 21 mai 1933, les journaux japonais ont fait écho à l'arrivée de Şehzade Abdülkerim Efendi de Singapour à Tokyo. Une visite qui ne passa pas inaperçue, car le prince entreprit un périple à travers les villes où résidaient les Tatars, marquant son passage par d'importants dons aux associations tatares. Les médias japonais scrutèrent chaque déplacement du prince, suscitant l'attention de la Chine qui observa de près ces développements.

L'onde de choc atteignit également la Turquie et l'Union soviétique. Perturbées par la présence de Şehzade à Tokyo et les rumeurs qui s'en échappèrent, les deux nations décidèrent d'unir leurs forces pour organiser une contre-opération via leurs ambassades respectives. Les plans d'Abdülkerim Efendi et du Japon, une fois dévoilés, jetèrent ces protagonistes dans un tourbillon de difficultés. Contraints de quitter Tokyo en septembre, ils laissèrent derrière eux une histoire complexe, tissée entre les ambitions politiques et les vicissitudes de la diplomatie mondiale.

[Note de bas de page] Avec la restauration Meiji, le Japon, qui a commencé à se moderniser en prenant l'exemple de l'Occident depuis 1868, a atteint une puissance qui pouvait changer les équilibres de l'Asie en peu de temps avec les avancées qu'il a réalisées dans les domaines économique et militaire. Cette situation l'amène inévitablement à se battre d'abord avec la Chine, puis avec la Russie tsariste. Le Japon, qui est sorti victorieux des deux guerres, a cherché à gagner de nouveaux territoires sur le continent sous la direction de l'armée, de la bureaucratie civile et de groupes nationalistes influents unis autour de l'idée d'un « grand asiatisme ». Le Japon, qui étend sa sphère d'influence en établissant des occupations directes ou des administrations fantoches, tente également de pénétrer le monde turc. Les Japonais, qui ont soutenu le soulèvement qui a commencé au Turkestan oriental en 1933, ont tenté de placer le prince Abdülkerim Efendi, petit-fils du sultan Abdülhamid II, comme empereur et calife du Turkestan à la tête du nouvel État islamique à établir si la rébellion réussissait. Dans cet article, de nouveaux documents dans les archives japonaises seront examinés et l'attitude de la République de Turquie et de l'Union soviétique à l'égard de cette formation sera tentée d'être clarifiée.

Voyage dans le temps : Une enquête généalogique ottomane.

Figure 138 Le Şehzade Abdülkerim avec des soldats japonais, Tokyo, 1933.

New York :

Le destin d'Abdülkerim Efendi, semblable à une tragédie énigmatique, s'est déployé entre les rues animées de Shanghai et les lumières éclatantes de Times Square, offrant un récit teinté de mystère et de mélancolie. Lorsqu'il posa le pied sur le sol américain, son allure royale ne put masquer le secret qui l'entourait.

Déclarant son statut d'étudiant lors de l'enregistrement du navire à son arrivée aux États-Unis, Abdülkerim Efendi se heurta à l'incompréhension des autorités douanières américaines. Son voyage, jugé secret, dévoilait des desseins mystérieux qui échappaient à la compréhension des fonctionnaires. Ses efforts pour convaincre furent vains, laissant une empreinte de suspicion sur son passage à travers les frontières.

Dans ses moments de détresse financière, Abdülkerim Efendi trouva refuge auprès de son fidèle ami, Shah Mir Efendi, ancien consul de New York et homme d'État chevronné.

L'exil des Ottomans à Nice et leur généalogie.

Originaire d'une famille arménienne de Kayseri, Shah Mir Efendi avait navigué à travers les eaux diplomatiques pendant plus de deux décennies, incarnant un lien entre la Turquie et les États-Unis.

Le 4 août, les gros titres du New York Times et d'autres journaux américains résonnèrent de la nouvelle choquante du suicide d'Abdülkerim Efendi à l'hôtel Cadillac de Times Square. Un lieu modeste, au tarif de 3 dollars la nuit, devint le théâtre d'un acte fatal. À genoux sur un lit, laissant derrière lui un trou de balle dans sa tempe, un revolver et une lettre énigmatique, le "prince de Turquie" s'éteignit dans l'obscurité de sa propre désolation.

La lettre de suicide révéla un homme malade, tourmenté par le non aboutissement de son désir d'épouser une femme riche, capable de restaurer la grandeur de la dynastie. "Je suis en train de tout finir", écrivit-il, laissant derrière lui un mystère insoluble qui imprégna les pages de l'histoire.

Les derniers instants d'Abdülkerim Efendi restèrent enveloppés de mystère. Son appel au bellboy à 2 heures du matin, son souhait d'être réveillé à 5 heures, et la découverte de son corps sans vie à l'heure convenue créèrent un tableau poignant d'une fin solitaire dans une chambre d'hôtel anonyme.

Son identité, confirmée par une inscription au consul d'Espagne à Detroit, Michigan, portant les initiales de Shah Mir Efendi, ajouta une touche de mélancolie à cette saga mystérieuse qui se déroula entre l'ombre des continents.

Voyage dans le temps : Une enquête généalogique ottomane.

Figure 139 Hôtel Cadillac de Times Square N-Y.

Abdülkerim Efendi à Detroit :

Abdülkerim Efendi était parti à Detroit 3 semaines avant sa mort. La raison en était que deux cheikhs, Hassan Karoub et Khalil Bazzy, qui étaient ici, l'auraient invité. Il a été rapporté que certains immigrants turcs qui étaient ici ont également fait un don au prince pour établir un nouvel État ottoman en Asie.

C'est à Detroit, où se concentraient les immigrants de l'Empire ottoman, qu'il a été rapporté dans les journaux qu'Abdülkerim Efendi cherchait un emploi.

Pour cette raison, Shah Mir Effendi avait écrit une carte au consul d'Espagne présentant Abdülkerim Efendi et exprimant sa gratitude pour son aide dans tous les domaines. Au cours de cette période, il ressort de la lettre de Ford qu'il a eu une réunion à la Ford Company, où la plupart des immigrants turcs travaillaient dans l'usine, et qu'il pourrait être le représentant du Turkestan oriental de Ford le lendemain de sa mort.

La veille de sa mort, il était revenu de Detroit, avait déjeuné dans un café et avait dit qu'il devait se rendre à une réunion en amont de la ville. Quand il a quitté sa chambre après un certain temps avant minuit, il a laissé deux photos et a écrit « À mon meilleur ami, le vénéré Shah Mir Effendi. » Shah Mir Effendi a déclaré que Şehzade Abdülkerim semblait bouleversé la veille de sa mort et n'a pas expliqué la raison de son état.

Shah Mir Effendi s'était rendu à la morgue de Bellevue avec un bouquet de fleurs à la main pour identifier le prince qui était dans sa chambre d'hôtel le matin.

Les funérailles ont été entreprises par Dudley F. Kohler, qui avait été conseiller du consulat ottoman pendant de nombreuses années.

Kohler avait reçu une lettre de Selim Effendi à Beyrouth indiquant qu'aucune dépense ne devait être épargnée pour la cérémonie funéraire qui devait avoir lieu à New York et pour que le corps soit envoyé à Beyrouth. Kohler a écrit que quelques heures après la mort d'Abdülkerim Efendi, il a reçu une lettre de l'usine Ford et qu'il devait se rendre à Shanghai sans perdre de temps pour devenir représentant de Ford au Turkestan oriental.

La mort mystérieuse du prince Abdülkerim a laissé de nombreuses questions derrière lui :

Son cousin le Prince Orhan Efendi, qui a déclaré qu'il séjournait dans la même pièce qu'Abdülkerim Efendi, a déclaré à la famille que l'affirmation du suicide était fausse.

Il reste un mystère pourquoi l'ancienne lettre de suicide qu'il a laissée derrière lui, qui a été traduite au consulat turc, a été adressée non pas à son cousin ou à Shah Mir Efendi, mais au chef de la police de New York.

Les soupçons sont multipliés par la raison pour laquelle le prince, qui est enregistré dans les dossiers du navire comme parlant anglais et français, a écrit la lettre au chef de la police américaine en turc.

Des questions telles que : qui devait-il rencontrer la veille de sa mort, était-il en détresse et pourquoi il ne s'expliquait pas, tout cela reste un mystère.

Le corps d'Abdülkerim Efendi sera transféré en Turquie :

Lors de notre rencontre avec son petit-fils Abdülhamid Kayıhan Osmanoğlu, il a déclaré qu'ils étaient sûrs qu'Abdülkerim Efendi avait été tué par les services de renseignement chinois.

Pour Abdülkerim Efendi, son cousin Orhan Efendi est allé acheter des cigarettes, quand il est retourné à l'hôtel, il a vu qu'une personne d'Extrême-Orient était partie, et quand il est entré dans la chambre, il a rencontré le corps sans vie d'Abdülkerim Efendi et a quitté les lieux craignant pour sa propre vie.

L'hôtel Cadillac, situé au cœur de Times Square et où Abdülkerim Efendi est décédé, qui n'avait que 75 cents avec lui, a été démoli en 1940.

Pour Abdülkerim Efendi, décédé il y a 84 ans un samedi et toujours au repos éternel dans le cimetière du Queens, le

Coran a été lu sur sa tombe en présence de son petit-fils Abdülhamid Kayıhan Osmanoğlu à l'anniversaire de sa mort. Osmanoğlu a déclaré qu'ils tentaient d'amener le corps en Turquie.

Des funérailles à New York :

La prière funèbre d'Abdülkerim Efendi a été dirigée par l'imam Mandaley à Brooklyn. Seuls l'imam, Shah Mir Efendi, son cousin Şehzade Orhan Efendi et un ami proche étaient présents à la cérémonie. Son corps a ensuite été temporairement enterré au cimetière Mount Olivet dans le quartier du Queens à New York jusqu'au 7 septembre, date à laquelle son corps n'a jamais été envoyé à Beyrouth.

Voici sa tombe :

Figure 140 Plaque funéraire du Prince Abdülkerim 1906 – 1935.

L'histoire de Şehzade Abdülkerim était aussi une histoire new-yorkaise :

Le prince, qui a commencé sa vie au palais Yıldız et a continué sa vie en exil, est venu en Amérique avec le rêve de reconstruire un empire et de sauver la dynastie, et a quitté ce monde une nuit au milieu de la nuit à Broadway, dans une petite chambre d'hôtel, avec une balle dans sa tempe et le mystère qu'il a laissé derrière lui.

Sa vie aventureuse s'est arrêtée à 29 ans et la triste mort d'Abdülkerim Efendi, que les journaux ont qualifié de « prince turc », ressemblait à une comédie musicale de Broadway.

A. Merthan Dündar, « Sur la question de Şehzade Abdülkerim Efendi devenant l'empereur du Turkestan avec le soutien du Japon ». Bilig, juillet 2013.

Abdülkerim Efendi a été tué dans un petit hôtel de New York en août 1935. Bien que 87 ans se soient écoulés depuis la mort du prince, des questions sur son suicide se posent toujours.

L'une des affirmations avancées est que le prince a été tué par des espions russes ou chinois, avec le soutien secret du gouvernement américain.

Une autre affirmation est, comme le dit Bülend Ossmann, l'arrière-petit-fils du sultan Abdülhamid, il l'a mentionné au professeur Dündar, le prince aurait été tué par les Japonais (certainement des services secrets).

Ce mystère continue d'intriguer les historiens.

Prince Orhan Efendi en Amérique du Sud :

Il prit la décision de s'évader vers l'énigmatique Amérique du Sud, cherchant refuge dans l'anonymat d'un ferry qui sillonnait les eaux tumultueuses, comme une ombre glissant

L'exil des Ottomans à Nice et leur généalogie.

entre les vagues. Cette escapade, soigneusement calculée, avait pour dessein de semer tout soupçon qui pourrait s'accrocher à son sillage. Ainsi débuta son périple sud-américain.

À son arrivée, il s'enfonça dans le monde industriel, mettant à l'épreuve ses compétences dans les usines d'étain qui résonnaient des bruits métalliques et des soupirs mécaniques. Buenos Aires l'accueillit avec les bras ouverts, lui offrant un poste humble de porteur.

Durant ses premiers mois, il se lia d'amitié avec les quatre résidents de Kayseri, unis par le labeur quotidien. Parmi eux, Kurde Bayram Aga [xxxviii], homme de robustesse remarquable, lui lança cette phrase mémorable : « Toi, 50 kilos, sac de 70 kilos. » Cette déclaration résonna longtemps dans son esprit.

Ne dit-on pas fort comme un Turc ?

Six mois passèrent dans l'usine, mais le destin lui réservait une nouvelle aventure. Un garage devint son nouvel havre, où il se plongea dans l'univers de la réparation automobile. Ses mains, jadis portant des charges pesantes, trouvèrent une nouvelle vocation dans la mécanique. Il apprit également à manier les volants, ajoutant ce talent à ses compétences.

Cependant, son errance ne faisait que commencer. Poussé par une force intérieure insatiable, et surtout la fuite de ses potentiels poursuivants, il prit la route vers le Brésil, ajoutant un nouveau chapitre à son livre d'expériences. Là-bas, son nom se grava dans les pages d'un journal local, témoignant de son passage éphémère mais significatif dans ce coin lointain du globe.

Voyage dans le temps : Une enquête généalogique ottomane.

Finalement, tel un voyageur épuisé mais enrichi, il revint à ses racines au Liban. Ses voyages avaient laissé des empreintes indélébiles, des souvenirs gravés dans le métal de l'usine, les moteurs rugissants des garages et les pages jaunies d'un journal brésilien. Son périple, bien que mystérieux, avait façonné l'homme qui était parti en quête d'une vie insaisissable.

J'ai longuement échangé avec mon « cousin Brésilien » :

Voici un long extrait de ces nombreux échanges :

« Quand mon père a été expulsé du Brésil pour ne pas avoir de documents, il m'a laissé derrière lui. J'avais seulement trois mois et j'étais enregistré comme son fils biologique. Quand j'ai eu 12 ans, à ce moment-là, il n'y avait pas d'Internet, j'ai écrit des lettres aux gouvernements de Turquie, de France, d'Égypte, des États-Unis, d'Albanie et de nombreux autres pays, parce que je ne savais pas où il se trouvait jusqu'en 1988.

J'ai reçu une lettre du gouvernement américain indiquant qu'il était ouvrier de cimetière et résidait au 56 rue Barla, Nice-France. J'ai commencé à lui écrire avec frénésie, les 5 premières lettres ne sont pas revenues, toutes les autres sont revenues. J'ai supposé qu'il avait déménagé ou qu'ils m'avaient donné la mauvaise adresse.

Des années plus tard, j'ai découvert qu'il y a vécu toute sa vie, donc il n'a pas voulu lire mes lettres !

Je vais révéler un fait dont je crois que vous n'êtes pas au courant. Mehemed Orhan Efendi, mon père, a travaillé à la galerie d'art du père de mon beau-père dans la ville de São

L'exil des Ottomans à Nice et leur généalogie.

Paulo au Brésil. Là, il a rencontré ma mère qui était une femme mariée, ils se sont enfuis jusqu'à un an et demi plus tard. Il a été retrouvé par des officiers de l'armée dans une auberge de la ville de Santos, à l'intérieur de São Paulo.

À l'époque, j'étais nouveau-né, j'avais trois mois. Mon beau-père était un haut officier des forces armées brésiliennes et même s'il a été trahi par sa femme, il lui a pardonné et m'a élevé comme son fils mais m'a maltraité, humilié et m'a forcé à dormir par terre dans le sous-sol de la maison où j'étais littéralement dévoré par les puces.

Quand j'avais 13 ans, je me suis enfui de chez moi. J'ai vécu dans la rue, étudié, travaillé comme jardinier, libraire et bien d'autres choses. Je suis devenu un homme d'affaires et j'ai fait fortune.

Aujourd'hui, j'essaie toujours de comprendre les faits. Je ne peux pas nier qui je suis, je veux en savoir autant que possible à propos de mon père. J'ai besoin de comprendre pourquoi mon père m'a méprisé, était-ce parce qu'il était musulman et avait eu un enfant avec une femme mariée ?

Il est mort pauvre et malade.

En 1994, j'étais déjà un homme riche et j'aurais pu lui donner la vie de roi, mais il a refusé, pourquoi ? »

Ma réponse au cousin brésilien :
« *Personne ne le saura, Prince Orhan avait des idées bien arrêtées, peut-être que celle-ci en faisait partie ?* »

Voyage dans le temps : Une enquête généalogique ottomane.

Ce que je peux dire, fort de ce que m'a indiqué le cousin brésilien :

> 1 - La boxe était son sport, (c'est exact, Méliké m'en avait parlé et le Prince aussi).
>
> 2 - Les adresses en France sont exactes (j'ai vérifié).
>
> 3 - Les lettres et les articles de presse sont incontestables.

Voici ce que m'indique le cousin brésilien :

« Le nom du père de mon beau-père était Nizer Nunru Nin Julio Alcalai. Le nom de la mère est juste. Message et article de presse : Traduction automatique du brésilien - article de 1948. J'ai en ma possession une copie de cet article. »

« Dans la partie qui dit "EXPOSITION DE PEINTURES" avec le nom de mon père **Civan'bahat Menhemed Orhan Efendi** ouvrant une exposition de peintures au Brésil avec **Martin Júlio Alcalai** qui était le père du mari de ma mère.

Ce passage de sa vie, dont aucun livre ne parle, maintenant tu le sais. »

Bien entendu nous avons continué d'échanger et je vais lui envoyer mon livre.

Voir le petit article sur la page ci-après : « Exposição de Pinturas. »

L'exil des Ottomans à Nice et leur généalogie.

Figure 141 Article de presse sur l'exposition de peinture.

Mon point de vue sur cette « histoire brésilienne » :

Mehmet Orhan, aventurier de la vie, a traversé près de deux ans et demi dans un lieu mystérieux. C'est là qu'il fit la rencontre d'une belle jeune femme avec qui il partagea des moments intenses, donnant naissance à un enfant. Les détails précis de cette épopée restent quelque peu flous, oscillant entre l'Argentine et le Brésil, bien que des documents évoquent parfois l'Argentine.

Après cette parenthèse exotique, Mehmet prit la route de l'Amérique, explorant de nouveaux horizons avant de finalement revenir à Nice. C'est à son retour que Princesse Févzier, confidente avisée, révéla avoir eu des échanges prolongés avec lui au sujet d'une possible paternité. Les nuances de cette histoire restent nébuleuses, entretenant le mystère quant à l'identité exacte du fils en question. Certains suggèrent que cela pourrait être Mehmet Selim Orhan, né en

1943, qui, curieusement, ne devint pas le chef de la maison Osman.

Mehmet Orhan, toutefois, n'était pas dépourvu de défauts, parfois empreint d'un caractère difficile. Nul n'est parfait, et ses accès de colère laissaient des souvenirs mémorables dans leur sillage. Ainsi s'achève le chapitre de cet homme énigmatique, dont les pérégrinations et les émotions tumultueuses laissent derrière eux un récit marqué par l'aventure, l'amour et la complexité de la condition humaine.

Il est resté avec sa tante :

Ensuite, Mehmet Orhan est retourné en Égypte pour rendre visite à ses parents. Là-bas, il a retrouvé le prince Yusuf Kemal, une figure bien connue des anciennes familles d'Istanbul. Plein d'audace, Mehmet a sollicité un prêt auprès du prince pour acquérir sa première voiture. Étonnamment, le prince ne lui a pas refusé sa demande. Parallèlement, il gagnait un modeste salaire qui, jusqu'en 1940, lui assurait une vie confortable où qu'il aille dans le monde.

C'est ainsi qu'Orhan a fait l'acquisition d'une Plymouth en Égypte, marquant le début de sa vie au volant. Parcourant de longues distances entre Beyrouth, Damas et Bagdad, sa plaque d'immatriculation affichait fièrement « Prince Mehemmed Orhan » en arabe.

Pendant cette période, des journalistes égyptiens ont découvert que le petit-fils d'Abdulhamit II était devenu chauffeur.

Curieusement, la police égyptienne ne lui a jamais infligé de contravention. Cependant, un jour, il a été traîné en justice

L'exil des Ottomans à Nice et leur généalogie.

pour avoir emprunté la mauvaise voie. À la surprise générale, lorsque le juge a réalisé sa lignée royale, la cour a été fermée, et tous ont partagé un dîner ensemble. Tout était extraordinaire à son passage.

Malgré ces aventures exotiques, Mehmet Orhan commençait à ressentir l'ennui de l'Égypte et du métier de chauffeur. Il a pris la décision de vendre sa voiture et de retourner à Nice, où il a vécu son premier mariage et est devenu père d'une petite fille. Malheureusement, un an et sept mois plus tard, son mariage a pris fin par un divorce.

J'ai eu l'occasion de rencontrer la fille de Mehmet, Necla Sultane, qui venait rendre visite à ma mère à Nice.

Les histoires fascinantes de la vie de son père en Égypte résonnaient encore dans ses récits, tissant ainsi un lien entre les générations passées et présentes.

Mais retournons en 1938 en Albani et le Roi Zog :

Figure 142 Extrait des films, voir l'URL ci-dessous « mariage du Roi ZOG ».

La flèche indique la place que tenait le prince Orhan pendant ce mariage en Albani. *Il en avait parlé à ma mère à Nice.*

Figure 143 Extrait des films, voir l'URL en fin de ce chapitre.

« *Le mariage du roi Zog en Albanie* » *(1938) sur YouTube.*

Ces recherches étaient complexes à mener, car il fallait identifier le prince, là aussi des personnes avec qui j'échangeais des photos et informations m'ont beaucoup aidé et je les en remercie.

Période du Roi ZOG 1er :

Après Nice, il est allé chez le roi albanais Zog via une connaissance de Tirana, qui est aujourd'hui la capitale de l'Albanie. À Nice, Prince Orhan nous parlait de cette période de sa vie aventureuse.

Il devint écuyer du roi. C'était un grade de capitaine. Pendant ce temps, il a appris à voler. Il a fait plus de vols acrobatiques. Pendant la Seconde Guerre mondiale, il a été l'aide du roi d'Albanie Ahmed Zogu et a servi comme pilote dans l'armée de l'air albanaise avec ce grade de capitaine. Lorsque la rébellion éclata en Albanie, Mehmet Orhan organisa tout pour que le roi Zog puisse s'échapper, d'abord d'Albanie, puis ils se rendirent à Paris, la France était occupée par les Allemands. Ensuite, il a continué à vivre à Paris.

Il est allé en Albanie avant la Seconde Guerre mondiale, s'est fiancé à l'une des sœurs du roi Zog, mais après que Zog ait quitté sa ville natale après la guerre, les fiançailles ont été rompues. Le prince déménagea en Égypte. Il s'y est marié, a eu une fille, puis a divorcé, a quitté l'Égypte et est allé en France, s'est remarié, il a eu cette fois un fils, mais a divorcé à nouveau et a commencé à vivre seul. Il était en Angleterre pendant un certain temps durant la guerre.

Il pilotait des avions américains. Cependant, il n'a pas largué de bombe. Il a effectué des vols de reconnaissance. Pendant ce temps, il a également servi trois fois dans des missions de renseignement pour les Britanniques. Il a été parachuté en France occupée et a effectué des missions secrètes sans révéler ce qui s'était passé. Il voyageait à travers la France avec de fausses identités, et quand il eut fini, il retourna en Espagne, puis au Portugal et enfin en Angleterre. Il nous a aussi souvent parlé de cette période de sa vie. Dans son livre "De la part de la princesse morte", de **Kenizé Mourad** y fait allusion.

Le SOE :

Le **Special Operations Executive** (« Direction des opérations spéciales ») est un service secret britannique qui opéra pendant la Seconde Guerre mondiale dans tous les pays en guerre, y compris en Extrême-Orient.

Un peu d'histoire : L'Albanie, après avoir été sous l'influence italienne depuis 1923, est envahie en 1939 et colonisée par l'Italie ; elle est ensuite occupée par les Allemands après la chute de Mussolini. Le SOE est présent sur le terrain à partir de 1943.

En avril 1943, deux officiers du SOE, **Neil McLean** et **David Smiley** pénètrent en Albanie à partir du nord-ouest de la Grèce pour encadrer les mouvements de résistance à l'occupant. Ils découvrent une autre guerre intestine entre les trois principaux mouvements de résistance : les Partisans communistes dirigés par **Enver Hoxha**, les républicains du Balli Kombëtar de **Midhat Frashëri** (1882-1949) et les zoguistes de **Abaz Kupi** (1892-1976).

D'autres missions vont suivre, dont celle des célèbres Mousquetaires (Neil McLean, David Smiley et **Julian Amery**) en 1944.

Une Mission militaire finit par s'établir, comme en Yougoslavie, avec un état-major de campagne sous les ordres du **général Edmund** "Trotsky" Davies (1900-1951, DSO, MC).

Ce dernier est capturé par les Allemands le 8 janvier 1944. Les officiers du SOE préviennent leur quartier général et le Foreign Office que l'objectif d'Hoxha est avant tout la prise du pouvoir à l'issue de la guerre plus que la victoire sur l'occupant.

Ils ne sont pas entendus car l'Albanie n'était pas considérée comme un facteur important dans l'effort contre les Allemands.

L'exil des Ottomans à Nice et leur généalogie.

Pendant ce temps-là :

Prince Mehmet Orhan fait un troisième mariage avec une noble italienne. Ils se sont mariés pendant sept ans et ont divorcé.

Orhan, après la guerre, a voyagé dans plusieurs pays. Il est allé jusqu'en Inde, rendre visite à des princesses de la dynastie mariées à des princes indiens.

De là, il est allé à Bombay, Karachi, Espagne, Alexandrie. Enfin, il revient à Nice, qui peut être considérée comme le centre des exilés dynastiques.

Il était de nouveau chauffeur. Il prenait de nouveaux véhicules, les emmenait dans diverses régions d'Europe, les livrait, puis rentrait chez lui en train.

Puis, grâce à une connaissance (Edouard POPE), il a trouvé un emploi à l'ambassade américaine à Paris.

Il a pris sa retraite, son dernier emploi était au cimetière militaire américain de Paris. *Cela recoupe les informations du cousin brésilien.*

Ensuite, il s'est installé dans la ville de Nice dans le sud de la France.

Il demeurait seul rue Pauliani dans une petite ruelle en fond de cour, une fin de vie bien triste pour ce « Prince aventurier ».

Voyage dans le temps : Une enquête généalogique ottomane.

Figure 144 SAI Prince Orhan jeune.

Il a postulé au consulat turc en 1992 et est redevenu citoyen turc. Osmanoğlu a pris le nom de sa famille. La même année, il est venu à Istanbul avec les encouragements de Murat Bardakçı. Il a séjourné ici pendant deux semaines.

Quand il a voulu prendre l'air sur le pont du Bosphore, ils ont stationné la voiture vers la droite. La police est venue vers eux car il était interdit d'arrêter des voitures sur le pont. Les policiers qui connaissaient Mehmet Orhan Osmanoğlu,

L'exil des Ottomans à Nice et leur généalogie.

l'ayant vu sur le journal, lui dirent « Bienvenue dans votre ville natale ».

« Ici c'est votre patrie. Restez ici. » Et tous les trois ont salué SAI Mehmet Orhan Osmanoğlu.

Il connaissait 9 langues, dont l'anglais, le français, l'allemand, l'italien, l'espagnol, le hongrois, l'arabe, le portugais et le turc. En 1983, après le décès de son cousin Şehzade Ali Vâsıb Osmanoğlu, il accéda au rang de chef de la dynastie.

Nos échanges se faisaient majoritairement en français, une langue qu'il maîtrisait avec une aisance comparable à la nôtre.

Cependant, de temps à autre, j'avais le privilège d'entendre sa voix s'exprimer en turc lors de conversations avec ma mère.

Ces moments étaient empreints d'une atmosphère particulière, où se mêlaient les langues comme autant de fils tissant le passé et le présent.

Les souvenirs persistants de ces instants révèlent la richesse linguistique de mes oncles, témoignant de leur capacité à naviguer entre différentes cultures avec une fluidité étonnante.

Figure 145 SAI Prince Orhan et ma Mère Méliké chez nous.

Il était tellement content de venir voir Méliké et Fredy (mon père). Il parlait beaucoup avec Fredy, en fait c'était un monsieur « charmant et charmeur » quand il le voulait. Certains m'ont parlé de ses colères, mais avec nous il restait égal à lui-même.

L'exil des Ottomans à Nice et leur généalogie.

SAI Mehmed Orhan Osmanoğlu (10 novembre 1909 - 12 mars 1994), prince ottoman de la 22e génération. Il est le petit-fils d'Abdülhamid. Le Şehzade Mehmed Abdülkadir Efendi a été à la tête de la dynastie ottomane entre 1983-1994. Le précédent chef de famille était Ali Vâsıb Efendi, le suivant fut Ertuğrul Osmanoğlu.

Figure 146 SAI Prince Orhan avec Méliké et Kénizé.

Les enfants de prince Orhan :

De Nafia Yeygen : Fatma Neclâ Sultan (1933-1993)

De Marguerite Irma Fournier : beau-fils Mehmet Selim Orhan (né en 1943), n'est pas devenu chef de la dynastie.

Sultanzade Mehmet Erol Mango (né en 1954) (de la première épouse de Necla Sultan).

Sultanzâde Osman Cem Germann (né en 1963) (de la seconde épouse de Necla Sultan).

Voyage dans le temps : Une enquête généalogique ottomane.

Alberto de Marcos Efendi (né en 1962), fils de lieu inconnu au Brésil.

APPARENTÉES :

- Ömer Hilmi Efendi : Prince ottoman
- Neslişah Osmanoğlu : Membre de la dynastie ottomane
- Hanzade Sultane Épouses, enfants et petits-enfants

Şehzade Mehmed Orhan Efendi n. 11 juillet 1909 d. 12 mars 1994
Personne:487861

Clan	Osman
Sexe	masculin
Identité complète	Şehzade Mehmed Orhan Efendi

Parents
♂ Şehzade Mehmed Abdülkadir Efendi [Osman] n. 16 janvier 1878 d. 16 mars 1944
♀ HH Hadice Macide Hanımefendi [?] n. 14 septembre 1899 d. 1934

Évènements

11 juillet 1909 naissance: Istanbul
naissance enfant: ♀ Fatima Najla [Osman]
janvier 1933 mariage: Le Caire, ♀ Nafiye Hanımefendi [Yeğen] n. 1 mai 1913
12 mars 1994 décès: Nice (06)

des grands-parents aux petits-enfants

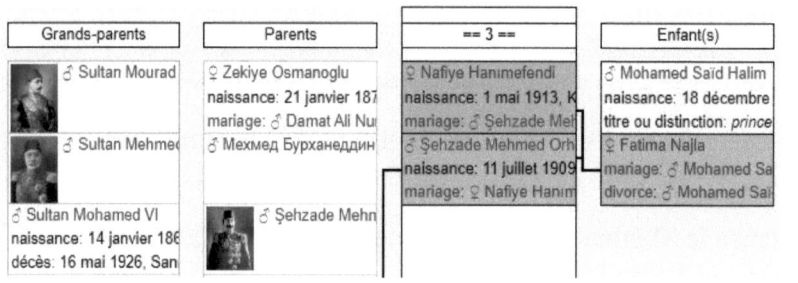

Figure 157 Arbre généalogique de SAI Prince Orhan.

https://gw.geneanet.org/pierreerol_w?lang=fr&p=mehmed+orhan&n=de+turquie&oc=0&type=tree&

L'exil des Ottomans à Nice et leur généalogie.

Posez-vous la question :

« Pourquoi n'existe-t-il point de photos de ce Prince ? ». Une seule réponse existe : ils ne voulaient pas que son visage soit connu, ni qu'il soit identifié.

Que voulez-vous, dans certaines activités les identités restent secrètes. Ceci me fait penser à un autre de mes oncles, Djem, mais c'est aussi une autre histoire.

Le livre en Turques de Murat Bardakçı :

Il disait : "J'ai rencontré Orhan Efendi au début des années 80 et nous sommes devenus des amis très proches. En juillet 1990, exactement 68 ans après son exil, il est venu avec moi à Istanbul, et après quelques jours il est revenu à Nice." (Murat Bardakçı)

L'auteur a rencontré SAI Mehmed Orhan Efendi, le petit-fils d'Abdülhamid II, à Nice, France. Mehmed Orhan est l'homme le plus âgé de la dynastie ottomane et aurait été le sultan de Turquie si la dynastie avait continué.

L'entretien de l'auteur avec Mehmed Orhan fait l'objet du premier sous-titre de cette partie de son ouvrage. Orhan habite une maison de 30 mètres carrés à Nice.

Dans cet épisode, Mehmed Orhan a d'abord partagé avec Bardakçı ses souvenirs de sa vie de palais à Istanbul dans les années précédant son exil.

Orhan a commencé sa vie éducative à Mekteb-i Sultani, qui a été préféré par les princes pendant trois ans.

Puis, un an plus tard, il entre au **Robert College**, puis à l'École militaire des princes, et en sort lieutenant.

Voyage dans le temps : Une enquête généalogique ottomane.

Trois jours plus tard...

Figure 158 La couverture du livre sur SAI Prince Orhan.

Il a postulé au consulat turc en 1992 et **est redevenu citoyen turc**. Osmanoğlu a pris le nom de famille. La même année, il est venu à Istanbul avec les encouragements de Murat Bardakçı. Il a séjourné ici pendant deux semaines. Quand il a voulu prendre l'air sur le pont du Bosphore, ils ont garé la voiture sur le côté droit. La police est venue vers eux car il était interdit d'arrêter les voitures sur le pont. Les policiers qui connaissaient Mehmet Orhan Osmanoğlu par le journal lui ont dit : « **Bienvenue dans votre ville natale** ».

Le journal a écrit qu'il retournerait en France.

L'exil des Ottomans à Nice et leur généalogie.

« **Ceci est votre patrie. Restez ici.** »

Et tous les trois ont salué Mehmet Orhan Osmanoğlu.

Il connaissait 9 langues, dont l'anglais, le français, l'allemand, l'italien, l'espagnol, le hongrois, l'arabe, le portugais et le turc.

Il est devenu le chef de la dynastie en 1983 après le décès de son cousin le **Şehzade Ali Vâsıb Osmanoğlu**.

Figure 147 Orhan Efendi en uniforme albanais

C'est une photo dédicacée pour sa tante : « **Une photo souvenir à ma chère tante** », signée de la main du Prince.

Voyage dans le temps : Une enquête généalogique ottomane.

La mort Mehmet Orhan Osmanoğlu :

Il a vécu une vie aventureuse difficile à suivre du fait du manque d'informations et de plus il n'en a jamais parlé (il n'y a eu que des allusions).

Cette vie s'est terminée à Nice en 1994, à l'âge de 85 ans. Son tombeau s'y trouvait également, malheureusement sa concession n'ayant point été renouvelée par ses descendants direct, sa tombe fut perdue et il a fini dans la fosse commune du cimetière. Ci-dessous les 40 jours, je suis au deuxième rang derrière Kenize Mourad.

Figure 148 Article de presse sur SAI Prince Orhan

L'exil des Ottomans à Nice et leur généalogie.

Nous avons rédigé un résumé de l'histoire de la vie de Mehmet Orhan Osmanoğlu, le chef de la dynastie ottomane en utilisant une interview de Murat. Bardakçı et le livre "Les derniers Ottomans".

Nous le remercions. Il vivait seul, dans un petit appartement à Nice, avec l'argent de sa retraite.

Figure 149 Article de presse dans le Nice-Matin sur SAI Prince Orhan à Nice

Voyage dans le temps : Une enquête généalogique ottomane.

Les obsèques du prince Mehmet Orhan II :

Les obsèques du prince impérial Mehmet Orhan II, dernier des Ottomans et dernier prétendant officiel au titre de sultan de Turquie, se sont déroulées hier après-midi à Nice, dans l'intimité familiale.

Les membres de sa famille et ses proches se sont retrouvés à l'athénée de Nice, avant de conduire la dépouille du défunt jusqu'au cimetière de l'Est, où il a été inhumé. Le prince Orhan II a été accompagné en sa dernière demeure par son neveu, le prince Bulent H. Osman, et ses nièces, les princesses Méliké Giraudy Osman et Emiré Chauvel Osman.

Il était né en 1907 à Istanbul, encore sous le règne de son grand-père, le sultan Abdülhamid II. La révolution dite des « Jeunes Turcs » et l'instauration d'un régime parlementaire avaient provoqué l'exil contraint de toute sa famille, en mars 1924.

Pour sa part, il s'était retiré à Nice en 1959, où il menait une vie modeste, entouré de ses neveux, dans un appartement de la rue Pauliani.

C'est là qu'il a succombé, mardi soir, des suites d'un arrêt cardio-respiratoire.

Le prince n'était retourné en Turquie qu'en 1992, pour la première fois depuis 1924, l'année même où le gouvernement turc lui avait restitué sa nationalité et une petite partie de ses biens confisqués soixante-dix ans auparavant.

Transcription du texte de l'article de presse ci-après.

L'exil des Ottomans à Nice et leur généalogie.

Les obsèques du prince Mehmet Orhan II

Les obsèques du prince impérial Mehmet Orhan II, le dernier des Ottomans et dernier prétendant officiel au titre de sultan de Turquie, se sont déroulées hier après-midi à Nice, dans l'intimité familiale. Les membres de sa famille et ses proches se sont retrouvés à l'athénée de Nice, avant de conduire la dépouille du défunt jusqu'au cimetière de l'Est, où il a été inhumé. Le prince Orhan II a été accompagné en sa dernière demeure par son neveu, le prince Bulent H. Osman, et ses nièces, les princesses Melike Giraudy et Emiré Chauvel.

Orhan Osmanoglu était né en 1907 à Istanbul, encore sous le règne de son grand-père, le sultan Abdul Hamid II. La révolution dite des « Jeunes Turcs », et l'instauration d'un régime parlementaire avait provoqué l'exil contraint de toute sa famille, en mars 1924. Pour sa part, il s'était retiré à Nice, en 1969, où il menait une vie modeste, entouré de ses neveux, dans un appartement de la rue Pauliani. C'est là qu'il a succombé, mardi soir, des suites d'un arrêt cardio-respiratoire.

Le prince n'était retourné en Turquie qu'en 1992, pour la première fois depuis 1924, l'année même où le gouvernement turc lui avait restitué sa nationalité, et une partie de ses biens confisqués soixante-dix ans auparavant.

Figure 150 Article de presse dans le Nice-Matin du 18 mars 1994 sur SAI Prince Orhan à Nice

Né à Constantinople en 1909, il a vécu une vie variée, devenant notamment un employé de chantier naval en Argentine et un jardinier de cimetière à Paris.

Contrairement à d'autres membres de la famille royale ottomane, il a refusé de devenir un simple « musée vivant ».

L'article détaille son histoire et son lien avec l'Empire ottoman, ainsi que sa vie après la chute de celui-ci.

Voyage dans le temps : Une enquête généalogique ottomane.

Figure 151 Étaient présent Méliké, Émiré, Fredy GIRAUDY, Jean CHAUVEL.

Voici le récit des funérailles il y a vingt ans, dont vous pouvez voir la photographie ci-dessus :

Le Şehzade Mehmed Orhan Osmanoğlu, le petit-fils du sultan Abdülhamid et le "chef" de la famille Osmanoğlu à l'époque, est décédé le 12 mars 1994 à Nice, dans le sud de la France, et seulement dix personnes étaient présentes à ses obsèques.

Trois de ces dix personnes étaient les neveux d'Orhan Efendi, à savoir des membres de sa famille, deux des épouses françaises de ses neveux, une amie proche, et quatre Tunisiens, que nous avons trouvés dans un café où se rendaient des travailleurs étrangers pour accomplir la prière funéraire.

L'exil des Ottomans à Nice et leur généalogie.

Si vous ajoutez le fossoyeur français, cela fait 11 personnes pour les funérailles de S.A.I. Le Prince Mehmed Orhan Efendi.

Je n'étais pas présent, car à cette époque je vivais à Paris et voyageais beaucoup.

Concession Temporaire de six ans :

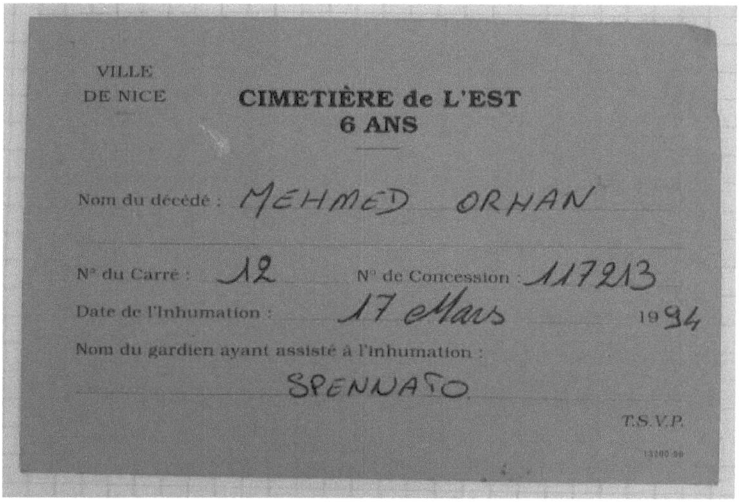

Figure 164 Document du cimetière de l'est à Nice

La fille Fatma Neclâ Sultan devait renouveler la concession temporaire, mais malheureusement elle ne l'a pas fait.

Nous lui avions envoyé la lettre de la Ville de Nice.

Nous n'avions point imaginé qu'elle ne le ferait pas.

C'est ainsi, malheureusement, que S.A.I. le Prince Orhan a fini dans la fosse commune. Triste fin, mais la vie est ainsi.

Voyage dans le temps : Une enquête généalogique ottomane.

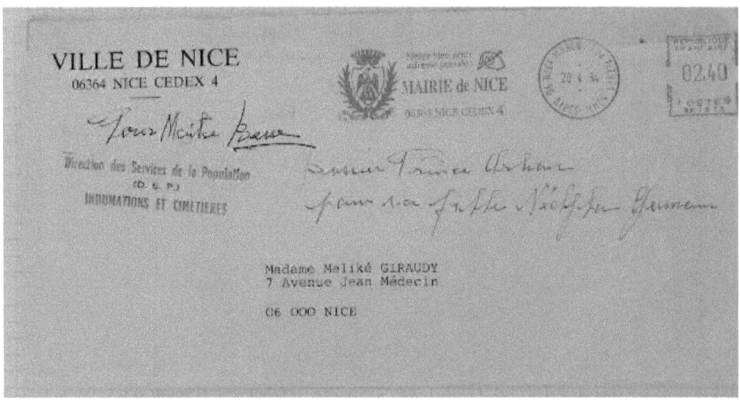

Figure 152 Lettre de la Mairie de Nice.

Historique :

Le Prince Orhan était le chambellan du roi d'Albanie. Son oncle, le **Prince Abid**, était le beau-frère de ce dernier, s'étant marié avec la Princesse Sénijé.

Le roi Zog Ahmet Zogu (nom de naissance : Ahmet Muhtar Bej Zogolli) (8 octobre 1895 – 9 avril 1961) était un homme d'État albanais. Premier ministre à deux reprises puis président de la République à partir du 31 janvier 1925, et enfin roi des Albanais sous le nom de Zog Ier (ou Zogu Ier), à partir du 1er septembre 1928, après avoir remplacé la première République albanaise par le Royaume albanais. Son règne prend fin le 8 avril 1939 lors de l'invasion italienne.

Le mariage de la sœur du roi Zog, la princesse Sanija, avec le prince Abid, fils d'Abdülhamid II, fut célébré dans le palais royal en présence du souverain, de la famille royale et d'autres représentants de l'État.

L'exil des Ottomans à Nice et leur généalogie.

Après le rite du mariage, le roi déjeuna avec les nouveaux époux et les personnalités présentes. Le couple partit pour Durrës, d'où ils embarquèrent en bateau vers la ville de Bari pour passer leur lune de miel en Italie.

La mort Mehmet Orhan Osmanoğlu :

SAI Mehmet Orhan Osmanoğlu est le chef méconnu de la dynastie ottomane. Il a tracé un chemin de vie aussi aventureux que mystérieux, difficile à suivre en raison du manque d'informations et du voile de silence qui l'a entouré. Les contours de son existence ne se dessinent que par des allusions dispersées, laissant place à une énigme.

Sa vie, qui s'est déroulée dans l'ombre, a trouvé son épilogue à Nice en 1994, lorsque Mehmet Orhan Osmanoğlu a fermé les yeux pour la dernière fois à l'âge de 85 ans. C'est là qu'il a été inhumé, dans un tombeau qui allait plus tard connaître l'oubli et la négligence.

Malheureusement, la concession de sa sépulture n'a pas été renouvelée par ses descendants, et sa tombe a sombré dans l'obscurité de la fosse commune de ce cimetière lointain à Nice. Son existence solitaire à Nice, dans un modeste appartement, est empreinte d'un certain mystère.

Les raisons qui ont poussé Mehmet Orhan Osmanoğlu à vivre dans l'obscurité avec son modeste pécule de retraite demeurent enveloppées de silence. Les détails de sa vie ont été méticuleusement rassemblés à partir d'une interview accordée par Murat Bardakçı et du livre éclairant "Les derniers Ottomans".

Voyage dans le temps : Une enquête généalogique ottomane.

Nous exprimons notre gratitude envers Murat Bardakçı, dont l'interview a jeté une lumière précieuse sur cet homme méconnu de l'histoire ottomane.

Grâce à ces fragments d'information, nous avons pu esquisser un résumé de la vie tumultueuse de Mehmet Orhan Osmanoğlu, une figure éminente mais énigmatique qui a fini par rejoindre la fosse commune, laissant derrière lui les traces indélébiles d'une existence pleine de mystère.

Figure 153 Article de presse sur SAI Orhan Osmanoğlu.

En Turquie, les rituels entourant la perte d'un être cher transcendent le simple adieu lors des funérailles. Au

septième jour, au **quarantième jour** et lors du premier anniversaire du décès d'un musulman, une tradition réconfortante se perpétue au sein des familles en deuil.

C'est à ces moments particuliers que les proches du défunt s'adonnent à la préparation d'un mets empreint de symbolisme et de mémoire : l'ölü helvası, plus communément appelé le « halva[xxxix] du mort ».

Après la cérémonie funéraire, la famille se réunit pour confectionner avec précaution ce halva de farine, mélangeant habilement les ingrédients avec une touche d'affection et de respect. La préparation minutieuse de ce mets revêt une signification profonde, symbolisant le lien entre les vivants et les défunts. Une fois le halva prêt, il devient le vecteur d'une tradition séculaire, un héritage gourmand transmis de génération en génération.

L'ölü helvası n'est pas seulement une offrande culinaire, mais aussi un geste de partage et de convivialité envers les visiteurs et les voisins. C'est l'occasion pour la communauté de manifester sa solidarité envers la famille endeuillée, de partager un moment de douceur dans une période souvent empreinte de tristesse.

L'expression populaire « griller le halva de quelqu'un » résonne alors d'une signification plus profonde. Elle évoque le passage du temps depuis le décès de la personne, soulignant le caractère ritualisé et cyclique de la commémoration. En effet, la réalisation du halva à des intervalles précis rappelle que le deuil, tout en étant une expérience personnelle, est également un processus collectif où l'on se souvient, célèbre et partage la mémoire de ceux qui nous ont quittés.

Ainsi, autour de ce halva de farine, imprégné d'histoire et de tradition, se tisse un lien entre les générations, un lien qui transcende le tangible pour s'ancrer dans le patrimoine culturel et spirituel de la Turquie. Saupoudré de cannelle, ce délicieux symbole de commémoration devient une douce manière de célébrer la vie, même dans l'ombre de la perte.

Les traditions, souvent forgées dans le creuset des situations dramatiques ou douloureuses, portent en elles le pouvoir de réconfort et de réparation. Elles émergent comme des phares lumineux dans l'obscurité, guidant les individus à travers les tumultes de la vie. Ces rituels, empreints de sens et de symbolisme, ont assurément joué un rôle bénéfique dans des moments difficiles.

Cependant, avec le passage du temps, ces traditions risquent de se dissoudre dans l'oubli. Les pressions modernes, les changements sociaux et les évolutions culturelles contribuent souvent à reléguer ces pratiques au second plan, les reléguant aux marges de la mémoire collective. Ce phénomène est compréhensible dans un monde en perpétuel mouvement, où l'ancien cède souvent la place au nouveau.

Pourtant, il est important de reconnaître la valeur inhérente à ces traditions. Elles sont des gardiennes de la sagesse collective, des enseignements ancrés dans le vécu de générations passées. La perte progressive de ces rituels peut signifier une rupture avec notre héritage culturel et une perte de repères dans des moments cruciaux de la vie.

Alors que le temps efface les contours de ces pratiques, il est essentiel de se rappeler que certaines traditions, bien que pouvant sembler archaïques, contiennent des leçons intemporelles. Elles ont émergé comme des réponses créatives aux défis humains universels, offrant un moyen de

L'exil des Ottomans à Nice et leur généalogie.

transcender la douleur et de trouver du réconfort dans la communauté.

Ainsi, même si le tissu social évolue et que de nouvelles réalités émergent, il est précieux de préserver ces traditions, de les revisiter et de les réinterpréter pour les adapter aux besoins changeants de la société.

C'est ainsi que nous pouvons, malgré le tourbillon du temps, conserver le meilleur de notre patrimoine culturel et continuer à puiser dans les enseignements des générations précédentes pour guider notre chemin vers l'avenir.

Ci-dessous un extrait du livre de la Hanedan permettant de situer Prince Orhan dans la généalogie de la famille ottomane.

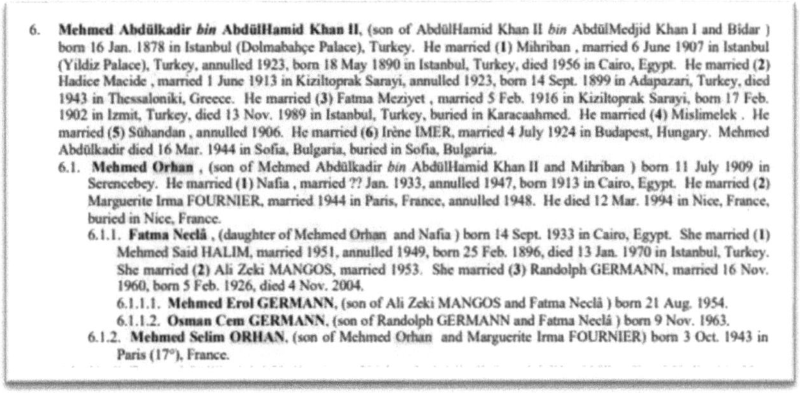

> 6. **Mehmed Abdülkadir** *bin* **AbdülHamid Khan II**, (son of AbdülHamid Khan II *bin* AbdülMedjid Khan I and Bidar) born 16 Jan. 1878 in Istanbul (Dolmabahçe Palace), Turkey. He married (1) Mihriban, married 6 June 1907 in Istanbul (Yildiz Palace), Turkey, annulled 1923, born 18 May 1890 in Istanbul, Turkey, died 1956 in Cairo, Egypt. He married (2) Hadice Macide, married 1 June 1913 in Kiziltoprak Sarayi, annulled 1923, born 14 Sept. 1899 in Adapazari, Turkey, died 1943 in Thessaloniki, Greece. He married (3) Fatma Meziyet, married 5 Feb. 1916 in Kiziltoprak Sarayi, born 17 Feb. 1902 in Izmit, Turkey, died 13 Nov. 1989 in Istanbul, Turkey, buried in Karacaahmed. He married (4) Mislimelek. He married (5) Sühandan, annulled 1906. He married (6) Irène IMER, married 4 July 1924 in Budapest, Hungary. Mehmed Abdülkadir died 16 Mar. 1944 in Sofia, Bulgaria, buried in Sofia, Bulgaria.
>   6.1. **Mehmed Orhan**, (son of Mehmed Abdülkadir *bin* AbdülHamid Khan II and Mihriban) born 11 July 1909 in Serencebey. He married (1) Nafia, married ?? Jan. 1933, annulled 1947, born 1913 in Cairo, Egypt. He married (2) Marguerite Irma FOURNIER, married 1944 in Paris, France, annulled 1948. He died 12 Mar. 1994 in Nice, France, buried in Nice, France.
>   6.1.1. **Fatma Neclâ**, (daughter of Mehmed Orhan and Nafia) born 14 Sept. 1933 in Cairo, Egypt. She married (1) Mehmed Said HALIM, married 1951, annulled 1949, born 25 Feb. 1896, died 13 Jan. 1970 in Istanbul, Turkey. She married (2) Ali Zeki MANGOS, married 1953. She married (3) Randolph GERMANN, married 16 Nov. 1960, born 5 Feb. 1926, died 4 Nov. 2004.
>   6.1.1.1. **Mehmed Erol GERMANN**, (son of Ali Zeki MANGOS and Fatma Neclâ) born 21 Aug. 1954.
>   6.1.1.2. **Osman Cem GERMANN**, (son of Randolph GERMANN and Fatma Neclâ) born 9 Nov. 1963.
>   6.1.2. **Mehmed Selim ORHAN**, (son of Mehmed Orhan and Marguerite Irma FOURNIER) born 3 Oct. 1943 in Paris (17°), France.

Figure 154 Arbre généalogique de SAI Orhan Osmanoğlu.

Genealogy of the Imperial Ottoman Family 2005 : Free Download, Borrow, and Streaming : Internet Archive.

https://archive.org/details/GenealogyOfTheImperialOttomanFamily2005

Voyage dans le temps : Une enquête généalogique ottomane.

Ci-dessous un extrait de son arbre généalogique permettant de situer Prince Orhan dans la généalogie de la famille ottomane :

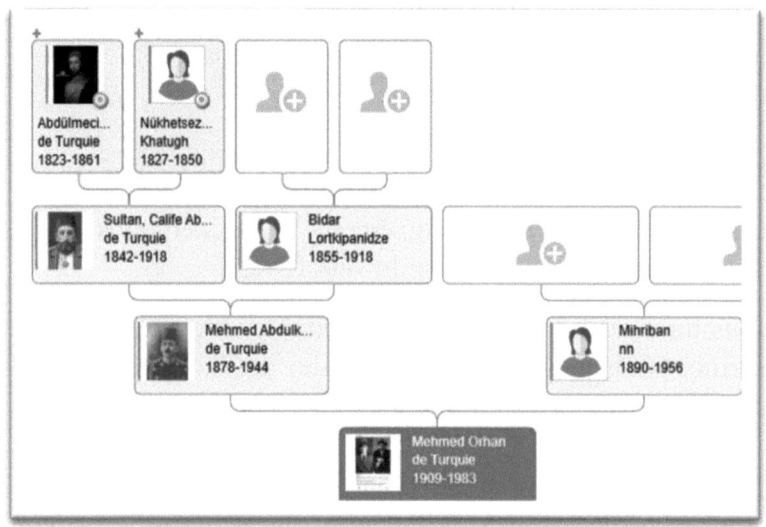

Figure 155 Arbre du Prince Mehmed Orhan.

https://gw.geneanet.org/pierreerol_w?lang=fr&p=mehmed+orhan&n=de+turquie&oc=0&type=tree&

L'exil des Ottomans à Nice et leur généalogie.

Sources et URL :

De : A. Merthan Dündar, « Sur la question de Şehzade Abdülkerim Efendi devenant l'empereur du Turkestan avec le soutien du Japon ». Bilig, juillet 2013 :

https://scholar.google.com/citations?view_op=list_works&hl=fr&hl=fr&user=eM-inF0AAAAJ

https://www.ajindex.com/dosyalar/makale/acarindex-1423872953.pdf

Sur la question de l'accession du prince Abdülkerim Efendi à l'empereur du Turkestan avec le soutien du Japon :
https://www.acarindex.com/dosyalar/makale/acarindex-1423872953.pdf

King Zog's Wedding In Albania (1938) - YouTube :
https://www.youtube.com/watch?v=6cgKjWkl1X4&t=34s

https://www.youtube.com/watch?v=a38__12rtu8

https://www.erolgiraudy.eu/p/le-roi-zog-et-le-prince-orhan.html

Mehmed Orhan Osmanoğlu - Vikipedi :
https://www.erolgiraudy.eu/2022/10/le-prince-mehmed-orhan.html

 https://en.wikipedia.org/wiki/Mehmed_Orhan

https://fr.rodovid.org/wk/Personne:487861

https://www.geni.com/family-tree/index/385445972440012910

Genealogy of the Imperial Ottoman Family 2005 par Jamil ADRA : Free Download, Borrow, and Streaming : Internet Archive (page26) :
https://archive.org/details/GenealogyOfTheImperialOttomanFamily2005/page/n1/mode/2up?view=theater

Voyage dans le temps : Une enquête généalogique ottomane.

https://archive.org/details/GenealogyOfTheImperialOttomanFamily2005/page/n31/mode/2up?view=theater&q=Orhan

https://gw.geneanet.org/pierreerol_w?lang=fr&p=mehmed+orhan&n=de+turquie&oc=0&type=tree&

Voir : SOE en Albanie :
http://www.prodromidis.com/macedonia/albmodww2.html
https://fr.m.wikipedia.org/wiki/SOE_en_Albanie

Un grand manque de respect envers le prince ottoman :
https://www.sabah.com.tr/yasam/osmanli-sehzadesine-buyuk-saygisizlik-2888511

Zog 1er :
https://fr.linkfang.org/wiki/Zog_1er

Le mariage des Prince Abid et Princesse Senije: Institut Lumière Cinecittà :
https://youtu.be/bg0h21JLMcQ

"Sultana" Fatima Necla Mehmed Orhan Osmanoğlu :
https://www.geni.com/family-tree/index/6000000016649793480

Diaporama :
https://sway.cloud.microsoft/FlropWURHNXxYJfK?ref=Link

L'exil des Ottomans à Nice et leur généalogie.

Voyage dans le temps : Une enquête généalogique ottomane.

Chapitre 12 – S.A.I. Le Prince Ibrahim TEVFIK :

Notre arrière-grand-père :

Figure 156 SAI Prince Ibrahim Tevfik.

Notre arrière-grand-père est né le 6 novembre 1874 à Istanbul, il est décédé le 31 décembre 1931 à Nice.

C'était le fils du **Şehzade Mehmed Burhaneddin Efendi**, l'un des fils du sultan ottoman Sultan AbdülMedjid, qui ne monta pas sur le trône. Il avait deux ans lorsque son père, Şehzade Mehmed Burhaneddin Efendi, est décédé.

L'exil des Ottomans à Nice et leur généalogie.

Son oncle, le sultan Abdülhamid II l'a élevé. Après l'exil de la Dynastie, il s'installe en France avec ses femmes et ses enfants. Il meurt le 31 décembre 1931 en France. Sous le règne d'Abdülhamid, son nom fut donné au village établi à côté de l'ancienne ville de Troie à Çanakkale ; le nom du village devint « Tevfikiye ».

Bien entendu, je comprends que le temps est précieux et que les obligations quotidiennes peuvent parfois nous accaparer.

Cependant, si l'occasion se présente, je pense que le livre ci-après pourrait être un moyen de mieux comprendre ces six jours en quelques chapitres.

Extrait de la chronique des six jours fatidiques où le sort de la dynastie ottomane a été scellé, un extrait de STAMBOUL, quotidien turc en langue française, publié à Péra, Constantinople.

Un certain nombre s'embarquent aujourd'hui [jeudi 6 mars - NDLR] à bord du Milano pour Rhodes, dont le séjour est fort agréable en raison du climat et où ils trouveront des gens pour comprendre leur langue.

Voici d'ailleurs la liste des princes qui ont déjà retiré leur passeport et sont prêts à quitter la ville :

Sélim, Séifeddine, **Ibrahim Tevfik,** Abdülkadir, Ahmed Nouri, Ömer Hilmi, Mehmed Celaleddin, Abdul-Halim, Ahmed Noureddine, Abdül-Aziz, Mahmoud Şevket, Ali Vasıf, Mehmed Şerefeddin,

Voyage dans le temps : Une enquête généalogique ottomane.

Ahmed Tevfik, Mehmed-Abid, Abdül-Kerim, Orhan efendis.

Damads et sultanes :

Ahmed Zülkefil pacha et sa femme Saliha sultane ; Halid pacha et Nazımé sultane ; Hadice sultane ; Noureddine pacha et Zekiye sultane ; Fehime sultane ; Celal pacha et Naime sultane ; Mahmoud Réfik bey et Fatma sultane ; İsmail Hakkı pacha et Behiye sultane ; Arif Hikmet pacha et Naile sultane ; Kenan bey et Namıka sultane ; Ülviye, Fatma, Kadriye, Adile, Rukiye, Refia, Zekiye et Şadiye sultanes.

Les six jours de mars où tout a basculé. Déportation, expulsion et bannissement de la dynastie ottomane, 1-6 mars 1924 de Jamil ADRA.

Voir à la fin de ce chapitre le lien vers ce livre gratuit.

Ses cinq conjointes et ses enfants :

Il a eu des enfants : des princes et des sultanes de ses cinq épouses :

Première épouse : Fevziye Baş-Hanımefendi (5 août 1876 - 7 septembre 1898), mariée le 2 mai 1893 au palais Yıldız. Enfants : Arife Kadriye Sultan (24 mars 1895 - 5 avril 1933). Melike Hanımsultan et Emire Hanımsultan.

Deuxième épouse : Tesrid Hanım (10 septembre 1874 - 1945), mariée le 12 mars 1894 au palais Yıldız. Enfants : Fatma Zehra Sultan (28 mai 1895 - 26 mai 1965) était mariée à Süleyman Selami Alpan Bey. Petits-enfants : Bilun Hanımsultan (Istanbul, 1918 - Beyrouth, 17 janvier 2019), Sultanzade Yavuz Alpan (Haïfa, 1928 - Beyrouth, 14 décembre 2020).

Troisième épouse : Emine Hanım (28 octobre 1890 - 14 février 1953), mariée le 5 mai 1911 à Ortaköy. Ils divorcent en 1916. Enfants : Rabia Nilüfer Sultan (22 octobre 1912 - 21 septembre 1997) mariée à Sultanzade Yusuf Mecid Kefeli, Ayşe Masume Fethiye Sultan (20 août 1916 - 1944), Nilüfer Hanımsultan.

Quatrième épouse : Hatice Sadiye Hanım (1er avril 1898 - 9 août 1986), mariée le 27 mars 1919 à Beşiktaş. Ils ont divorcé en 1930. Enfants : Şehzade Burhaneddin Cem Efendi (2 février 1920 - 31 octobre 2008), Nilüfer Sultan, Şehzade Selim Efendi, Şehzade Osman Bayezid Osmanoğlu Efendi (23 juin 1924 - 7 janvier 2017).

Sa cinquième épouse : Hayriye Seifoulline (née en 1914 - 4 août 2001), mariée à Paris. Enfants : Fevziye Osmanoğlu Sultan (6 décembre 1928 - 9 avril 2014).

Voyage dans le temps : Une enquête généalogique ottomane.

L'arbre généalogique du prince Ibrahim TEVFIC :

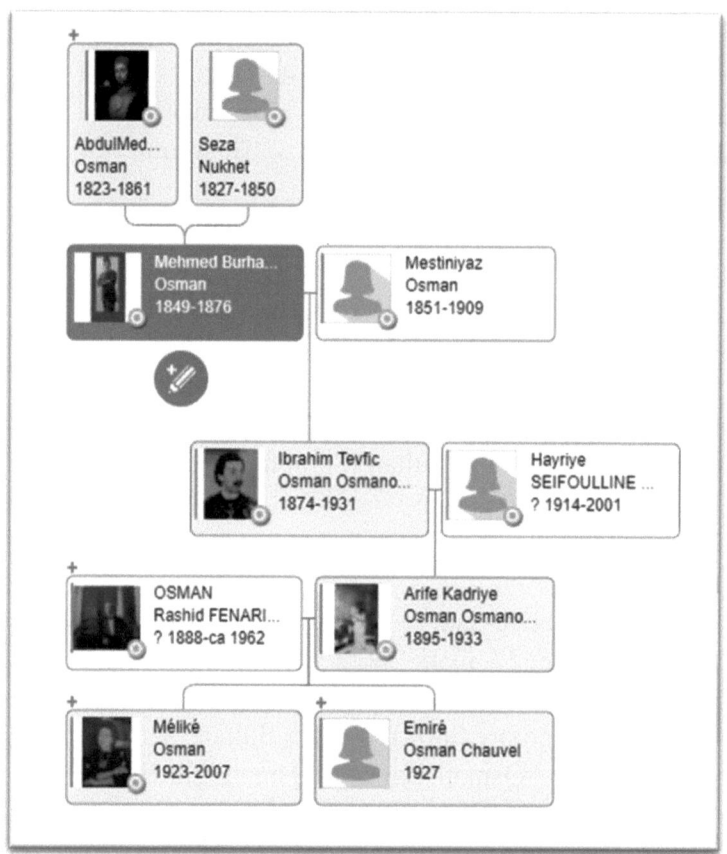

Figure 157 Arbre de SAI Prince Ibrahim Tevfik

*À ma retraite, j'en profite pour pratiquer la généalogie et en parallèle je fais de la veille technologique sur les technologies numériques et l'intelligence artificielle. Je **rédige deux livres** : l'un sur mes familles ottomanes et l'autre sur les Giraudy (histoire d'un gendarme de Napoléon), ils seront aux formats ePUB et papier. Sur mon site, vous pouvez*

L'exil des Ottomans à Nice et leur généalogie.

y trouver de nombreux extraits portant sur toutes les familles françaises et turques.

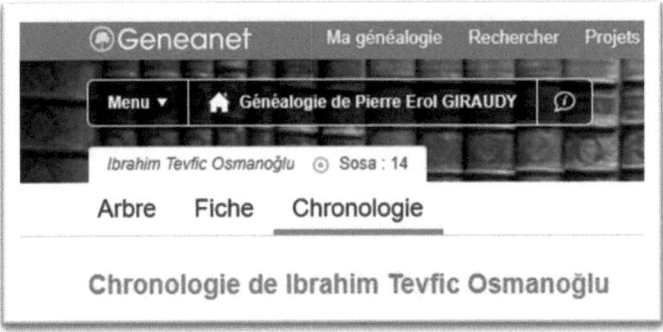

Figure 158 Les 3 fonctions de Geneanet.

La fonction chronologie a été enrichie et permet de mieux suivre les faits historiques. Voir mon article sur le blog :

« Des retrouvailles familiales : Fatma Zehra Sultane et le Şehzade Ibrahim Tevfik ». En fin de ce chapitre, il y a l'URL (lien vers cette source).

Figure 159 Fatma Zehra Sultane.

Voyage dans le temps : Une enquête généalogique ottomane.

la Princesse à gauche est **Fatma Zehra Sultane**, la sœur de la **princesse Arife Kadriye Sultane**, et la grand-mère de Nahida Jarallah et Cynthia Alpan. Elle s'est installée avec sa famille à Nice avant de quitter vers Haïfa et puis vers Beyrouth. Voici son arbre :

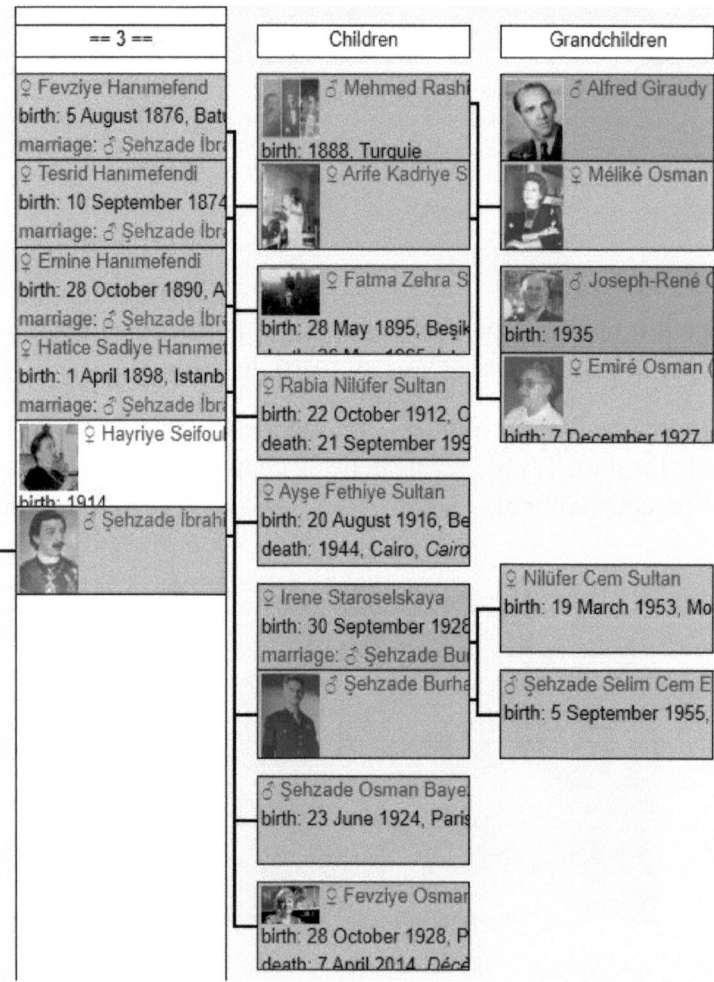

Figure 160 L'arbre Généalogique sur Rodovid de notre arrière-grand-père.

L'exil des Ottomans à Nice et leur généalogie.

Cette partie de la généalogie de notre famille a été assez longue à faire, car cet arbre contient : 118 familles avec 245 personnes dans 29 lignées, 18 de ces personnes sont des parents par le sang ; 61 familles de 60 personnes sont cachées. J'ai dû actualiser 6 à 7 familles et inclure de nombreux profils et des photos, tout en ajoutant des biographies.

Figure 161 Notre grand-mère Arife Kadriye Sultane (à gauche).

Et la Princesse Ayşe Hamide Sultane, la fille du sultan Abdülhamid II (à droite sur cette photo).

J'avais vu cette photo chez ma mère à Nice. Je pensais que c'était sa sœur, mais ce n'est pas le cas. Beaucoup de photos ont disparu, mais certaines sont restées gravées dans ma mémoire et celle-ci en fait partie.

Voyage dans le temps : Une enquête généalogique ottomane.

Pourquoi ? Certainement que le contraste de ces deux silhouettes m'a marqué.

Ayşe Sultan est née le 31 octobre 1887 au palais de Yıldız. Son père était le sultan Abdülhamid II, fils du sultan AbdülMedjid I et de Tirimüjgan Kadın. Sa mère était Müşfika Kadın, fille de Gazi Ağır Mahmud Bey et d'Emine Hanım. Elle était l'unique enfant de sa mère. Ayşe Sultan meurt le 10 août 1960 au Serencebey Yokuşu, à l'âge de 72 ans, et est enterrée dans le mausolée impérial du couvent des derviches Yahya Efendi, adjacent au palais Yıldız. Sa mère lui a survécu près d'un an et est morte en 1961.

Voir la fiche jointe sur notre arrière-arrière-grand-père (traduite en FR). Ibrahim Tevfik Osmanoğlu : à la fin de ce chapitre.

Il m'aura fallu 6 ans pour écrire ce livre :

Deux années de classement et d'archivage. **Une année** de recherche avec des contacts dans le monde entier. **Deux ans** de plus pour la rédaction et les vérifications et validations.

Et enfin, **une dernière année** de mise en forme. Avant la rédaction définitive, j'ai aussi beaucoup lu et écouté des conférenciers du Collège de France.

Les articles que j'avais rédigés sur mon site m'ont servi de squelette pour mes deux livres.

J'ai aussi largement échangé avec des membres de la famille, afin de clarifier certains points.

L'exil des Ottomans à Nice et leur généalogie.

Les enfants du Şehzade Ibrahim Tevfik :

Nom	Naissance	Décès	Remarques
Avec Fevziye Hanım (marié le 2 mai 1893; 5 août 1876 - 7 septembre 1898).			
Arife Kadriye Sultan	24 mars 1895	5 avril 1933	Né au palais Yıldız; mariée le 13 décembre 1913 au palais Nişantaşı à Fenarizade Mehmed Raşhid, et eut deux filles Emiré et elles sont mortes à Nice, et enterré là-bas ; (Nous n'avons pas d'indications sur le lieu de sa sépulture de notre grand-mère).
Avec Tesrid Hanım (marié le 12 mars 1894 ; 10 septembre 1874 - 1945).			
Fatma Zehra Sultan	28 mai 1895	26 mai 1965	Né au palais Yıldız; mariée le 25 octobre 1917 au palais Erenköy à Selâmî Süleyman Alpan (1894 - 1945 à Haïfa, Palestine), et eut des descendants, un fils et une fille ; mort à Istanbul, Turquie, et

Voyage dans le temps : Une enquête généalogique ottomane.

			enterré dans la tombe de Mahmud II ;
Avec Emine Hanım (marié le 5 mai 1911 - Divorcé le 23 avril 1916 ; 28 octobre 1890 - 14 février 1953).			
Rabia Nilufer Sultan	22 octobre 1912	21 septembre 1997	Né au palais d'Ortaköy; marié d'abord le 3 février 1931 à Michel Mourad Kefeli (20 janvier 1893 à Nikolaiev, Ukraine - 31 mars 1966 à Paris, France), et a eu un fils, marié ensuite en 1950 à Joseph Ciernoski (1902 - 1987) à New York ; décédé à New York, États-Unis ;
Ayşe Masume Fethiye Sultan	20 août 1916	1944	Né au palais de Kuruçeshme; s'est mariée en 1930 à Rashid Shafiq Bey, et a eu une fille ; mort au Caire, Égypte ;
Avec Şadiye Hanım (marié le 27 mars 1919 - divorcé en 1930 ; 1er avril 1898 - 9 août 1986).			

L'exil des Ottomans à Nice et leur généalogie.

Sehzade Burhaneddin Cem	20 février 1920	31 octobre 2008	Né au palais Beşiktaş; épousa Irène Israeosseksky en 1951 à Paris et eut deux enfants, un fils et une fille ; décédé à New York, États-Unis ;
Bayézid Osman	24 juin 1924	7 janvier 2017	Né à Paris, France; décédé célibataire à New York, États-Unis ;
Avec Hayriye Hanım (marié en 1927 ; 1914 - 4 août 2001).			
Fevziye Sultan	28 octobre 1928	9 avril 2014	Né à Paris, France ; marié en 1951 à Mehmed Hüseyin Hayri (né le 23 décembre 1924); mort à Paris, France, et enterré au cimetière musulman de Thais, Val-de-Marne, France ;

Şehzade Ibrahim Tevfik sa jeunesse :

Şehzade Ibrahim Tevfik est né le 6 novembre 1874 au palais de Dolmabahçe. Son père était Şehzade Mehmed Burhaneddin, fils d'AbdülMedjid I et de Nükhetsezâ Hanım, et sa mère était Mestinaz Hanım. Après la mort de son père en 1876, le sultan Abdülhamid II l'a élevé sous sa garde. Pendant plusieurs années, il a cru que le sultan était son vrai père.

Sa circoncision a eu lieu le 17 décembre 1883, avec Şehzade Mehmed Selim, le fils aîné du sultan Abdul Hamid, Abdulmejid II, Şehzade Mehmed Şevket et Şehzade Mehmed Seyfeddin , fils du sultan Abdulaziz , et Şehzade Mehmed Ziyaeddin , fils du sultan Mehmed V.

Formation et carrière

En 1880, il commence sa scolarité. Son professeur était Eyüp Efendi. Ses sujets comprenaient la morphologie de l'arabe, les étiquettes, le catéchisme, l'orthographe, l'arithmétique, la géographie, la géométrie, la cosmographie, l'astronomie, la langue française, l'histoire islamique et les avertissements éthiques d'Attar. Mehmed Eşref lui a appris l'arabe, le fiqh et l'aqidah. Aranda Efendi lui a appris la musique.

En 1878, il est inscrit dans la marine. En août 1883, il reçoit le grade de lieutenant-commandant de droite et devient vice-amiral. Il a également été nommé dans la marine et dans le bataillon impérial des pompiers. En 1918, il servait comme brigadier honoraire dans l'infanterie ottomane.

Vie privée

Tevfik s'était vu attribuer une villa sur le terrain du palais Yıldız. Il possédait également un manoir au bord de l'eau à Beşiktaş. Il y a élevé divers animaux comme des chiens, des perroquets et des agneaux.

Tevfik s'est marié cinq fois et a eu sept enfants.

1. Première épouse : Fevziye Hanıme

- Née le 5 août 1876 à Batoumi, Adjarie (origine abkhaze)

- Mariage : 2 mai 1893 au palais Yıldız

L'exil des Ottomans à Nice et leur généalogie.

  - Enfant : Arife Kadriye Sultan (née en 1895)

  - Décédée le 7 septembre 1898 au palais Yıldız

2. Deuxième épouse : Tesrid Hanıme

  - Née le 10 septembre 1874 à Poti, Abkhazie

  - Père : Ömer Bey ou Mehmed Bey

  - Sœur d'Emsalinur Kadın, épouse du sultan Abdülhamid II

  - Mariage : 12 mars 1894 au palais Yıldız

  - Enfant : Fatma Zehra Sultan (née en 1895)

  - Décédée en 1945 à Beşiktaş, Istanbul

3. Troisième épouse : Emine Hanıme

  - Née le 28 octobre 1890 à Adapazarı, Istanbul

  - Mariage : 5 mai 1911 au palais d'Ortaköy

  - Enfants :

    - Rabia Nilüfer Sultan (née en 1912)

    - Ayşe Masume Fethiye Sultan (née en 1916)

  - Divorce : 23 avril 1916

  - Décédée le 14 février 1953 à Beşiktaş, Istanbul

4. Quatrième épouse : Hatice Şadiye Hanıme

  - Née le 1er avril 1898 à Kabataş, Istanbul

  - Parents : Çürüksulu Süleyman Bahri Pacha Tavdgiridze et Hatice Hanım

  - Mariage : 27 mars 1919 au palais de Beşiktaş

- Enfants :

    - Burhaneddin Cem (né en 1920)

    - Osman Bayezid (né en 1924)

  - Divorce : 1930

  - Remariage : 1932 avec William Thallon Daus (homme d'affaires américain)

  - Décédée le 9 août 1986

5. Cinquième épouse : Hayriye Hanıme

  - Née en 1914 (origine bosniaque)

  - Mariage : 1927

  - Enfant : Fevziye Sultan (née en 1928)

  - Décédée le 4 août 2001 à Paris, France

  - Enterrée au cimetière musulman de Thiais, Val-de-Marne, France.

Vie ultérieures à l'exil et sa mort

En mars 1920, à la suite de l'Occupation de Constantinople, Tevfik et l'une de ses épouses sont arrêtés par les Britanniques dans le but de menacer la dynastie ottomane.

À l'exil de la famille impériale en mars 1924, Tevfik s'installe en France avec ses deux femmes, ses trois enfants et des domestiques. Ses deux filles, déjà mariées, sont également exilées.

L'exil des Ottomans à Nice et leur généalogie.

Le syndic chargé de vendre toutes les propriétés que la dynastie ottomane a laissées en Turquie les a trahis. Il a vendu les propriétés, mais il a dépensé l'argent lui-même, mettant Tevfik et sa famille dans une situation financière très difficile.

Tevfik s'installe d'abord à Paris avec sa famille. Ils s'installent dans un hôtel des Champs-Élysées, où ils habitent quelque temps. Puis ils ont déménagé dans un grand appartement. Ici, sa femme Şadiye Hanıme a mené une vie très extravagante, qui a laissé Tevfik sans le sou.

Il est ensuite allé vivre à Nice dans un village perché sur les hauteurs dans le haut pays Niçois avec sa dernière épouse Hayriye Hanıme. Épouse que j'ai fort bien connue à Paris, elle vivait dans le 16ème avec sa fille Princesse Fevzier (notre tante).

Lors de l'exposition des 800 ans des Ottomans à Versailles au château, nous avons passé toute la soirée avec elle.

Bien qu'il fût un virtuose du piano, Tevfik, qui était très timide, ne pouvait pas jouer de son piano devant un public et ne pouvait exercer son art que derrière un rideau. Il s'est vu offrir un poste de pianiste concertiste à la Salle Pleyel à Paris mais a décliné l'offre.

Şehzade Ömer Faruk, qui rencontrait également des difficultés financières, a été informé de la situation de Tevfik et l'a invité, lui et sa famille, chez lui à Nice, en France. C'était une personne calme et paisible, dont la présence se faisait à peine sentir. Il ne quittait la maison qu'un jour par semaine. Il mourut d'une crise cardiaque le 31 décembre 1931 et fut enterré dans une fosse commune.

Ceci mérite une explication : en 1931, la Famille ne connaissait pas les lois des concessions mortuaires en France. Il fallait les renouveler, sans ce renouvellement son corps se retrouve automatiquement dans la fosse commune.

Beaucoup de membres de la famille ottomane ont fini ainsi. La guerre était proche et ils n'avaient pas beaucoup de moyens à cette époque.

Personnalité : Selon son fils Bayezid Osman, c'était une personne sensible, connue pour sa délicatesse, et quelqu'un qui ne se souciait pas beaucoup de l'argent. Heureusement ou malheureusement, car dans cette vie d'exil, rien n'était simple et facile pour lui et toute la Famille.

Honneurs

Décorations

Ordre/Médaille	Description
Ordre d'Osmanieh	Orné de bijoux
Ordre du Medjidie	Orné de bijoux
Médaille Imtiyaz	En argent
Médaille Imtiyaz	En or
Médaille de guerre Liakat	En or
Médaille Liakat	En or

L'exil des Ottomans à Nice et leur généalogie.

Carrière militaire

1. Nominations navales :
   - Août 1883 : Lieutenant-commandant, Marine ottomane.
   - Date non précisée : Vice-amiral, Marine ottomane.
2. Nomination militaire honorifique :
   - Circa 1918 : Brigadier du régiment d'infanterie, armée ottomane.

SOURCES ET URL :

Adra, Jamil (2005). Généalogie de la famille impériale ottomane 2005. Bardakci, Murat (2017). Neslishah : La dernière princesse ottomane. Presse universitaire d'Oxford. ISBN 978-9-774-16837-6. :
https://archive.org/search?query=creator%3A%22Jamil+ADRA%22

Les six jours de mars où tout a basculé. Déportation, expulsion et bannissement de la dynastie ottomane, 1-6 mars 1924 :
https://archive.org/details/mars-1924

Voyage dans le temps : Une enquête généalogique ottomane.

Ibrahim Tevfic Osmanoğlu : généalogie sur Geneanet :

https://gw.geneanet.org/pierreerol_w?lang=fr&p=ibrahim&n=tevfic+osmanoglu&oc=0&type=tree&i=25

https://www.erolgiraudy.eu/2022/11/des-retrouvailles-familiales-fatma.html

https://www.erolgiraudy.eu/

Ibrahim Tevfic Osmanoğlu : fiche généalogique :

https://gw.geneanet.org/pierreerol_w?lang=fr&n=tevfic+osmanoglu&oc=0&p=ibrahim&type=timeline

https://en.rodovid.org/wk/Special:ChartInventory/867268

Şehzade İbrahim Tevfik Efendi b. sur Rodovid :

https://en.rodovid.org/wk/Person:867268

https://fr.rodovid.org/wk/Special:ChartInventory/865254

Fatma Zehra Sultan b. 28 May 1895 d. 26 May 1965.

https://en.rodovid.org/wk/Person:867419

Le nom du village devint « Tevfikiye ».

https://en.wikipedia.org/wiki/Tevfikiye,_%C3%87anakkale

Wikizero - İbrahim Tevfik Efendi

https://www.wikizero.com/tr/%C4%B0brahim_Tevfik_Efendi

Şehzade Ibrahim Tevfik - Wikiwand

https://www.wikiwand.com/en/%C5%9Eehzade_Ibrahim_Tevfik

L'exil des Ottomans à Nice et leur généalogie.

Chapitre 13 - Les tombes perdues de ma famille :

J'ai inséré ce chapitre car notre famille est malheureusement souvent dans des « positions délicates » après la mort d'un des leurs. **Emine Nazikeda Kadınefendi** [xl] était l'épouse du dernier sultan ottoman, le sultan Vahideddin, et la dernière « première dame » de l'empire.

Elle meurt en 1941 au Caire, où elle a vécu en exil. Elle avait vécu une épreuve, et ses funérailles seront pareilles.

Sa tombe a été ouverte deux fois, et Kadınefendi a été enterrée dans une fosse commune en 1961 avec les os de 13 membres de la famille ottomane.

Voici cette histoire du calvaire de la « dernière impératrice » et de la pierre tombale avec le tugra que nous avons trouvée la semaine dernière avec ses petits-enfants au pied d'un mur au Caire.

Les drames de ce genre de situation, c'est la durée des concessions mortuaires en France et dans d'autres pays. Nous aurions maintenant réagi, mais à l'époque la culture européenne n'était pas connue de notre famille.

De plus, beaucoup de nos parents ne savaient pas lire et écrire le français, donc les courriers devaient rester sur la table sans réponse.

D'ailleurs, me vient à l'esprit le futur de ces concessions perpétuelles avec notre famille éclatée, que vont-elles devenir ?

L'exil des Ottomans à Nice et leur généalogie.

Notre arrière-grand-père :

Nous avons aussi perdu sa tombe. (voir le chapitre 12 sur le Prince Ibrahim TEVFIK). Dans le même temps, nous ne savons pas non plus où est la sépulture de notre grand-mère.

En fait, je pense que nous sommes des « champions de la perte des corps », malheureusement. À la décharge de la famille, quand les règles ne sont pas connues, les erreurs sont possibles.

Notre Oncle Orhan :

Nous avons également perdu cette tombe. (voir le chapitre 11 sur le Prince Orhan).

"Mehmed Orhan OSMANOĞLU, citoyen de la République de Turquie, petit-fils du sultan Abdülhamid, ancien chef de la dynastie ottomane, et son titre officiel sous le règne de 'Sa Majesté l'Altesse Royale Mehmed Orhan Efendi', repose maintenant au 'Cimetière East Side de Nice'. Il repose parmi les croix.

La raison de l'existence des croix est que l'endroit où se trouve la tombe est une section "pour les pauvres", qui est utilisée conjointement par les musulmans et les chrétiens, et le prince ne peut être enterré ici qu'en raison de difficultés financières..."

Voyage dans le temps : Une enquête généalogique ottomane.

Les Abdulazize et les Yegens :

Nous avons également perdu leurs tombes, celles des deux familles. Car, à ce jour, plus personne ne veille sur celles-ci. Plus personne de notre famille n'habite à Nice.

Les Tombes de la Famille à PARIS :

Celles de Bobigny, ces tombes se dégradent lentement. Malheureusement, plus personne n'est dans cette région de la France. Seules quelques personnes viennent sur celles-ci, souvent de jeunes Turcs qui soutiennent notre famille. Merci à eux.

L'état déplorable des tombes ottomanes en France :

Les noms sur les registres du cimetière ont pu être mal retranscrits. En effet, seul un imam tenait ces registres quand le cimetière a été ouvert.

Les archives de la mairie de Bobigny donnent une liste de noms qui figurent également dans le livre de la princesse Ayşe, "Mon père, le Sultan Abdülhamid" :

Nom	Relation
Princesse Rabia Peyveste	Épouse d'Abdülhamid II
Prince Ahmed Nureddin	Fils d'Abdülhamid II
Prince Abdurrahim Hayri	Fils d'Abdülhamid II
Princesse Şehsuvar	Épouse du Calife AbdülMedjid
Princesse Pınardil Fahriye	Épouse du prince Abid
Prince Osman Fuad	Petit-fils de Murad V

L'exil des Ottomans à Nice et leur généalogie.

Monsieur Mehmed Ali Rauf	Époux de la princesse Ayşe
Princesse Ayşe Sıdıka	Petite-fille d'AbdülMedjid
Princesse Selma	Petite-fille de Murad V

Le corps du dernier Calife AbdülMedjid Efendi, décédé en 1944, n'avait pas été acceptée par le gouvernement turc.

Il avait donc été accueillie par la **Grande Mosquée de Paris** durant dix ans avant d'être inhumée à Médine, dans le cimetière où repose le Prophète Muhammad.

Une « anecdote » sur le Calife :

Le dernier souhait du dernier calife : "Ne m'enterrez pas à côté de Vahideddin", Murat Bardakçı a écrit :

> *"AbdülMedjid Efendi avait envoyé la lettre qu'il avait écrite le 2 mai 1939, cinq ans avant sa mort, à son autre gendre, Haydarâbâd Nizâm Osman Khan. Dans sa lettre, le calife exprime sa colère envers le sultan Vahideddin, dit qu'il y a un cimetière familial appartenant aux Ottomans à Damas, mais le sultan Vahideddin y est enterré, il dit : 'Je ne veux pas reposer au même endroit que le sultan Vahideddin, qui a causé notre désastre', et il veut que son corps soit transféré en Inde ou à Beyrouth."*

Voici le texte intégral de la lettre envoyée par le dernier calife au Nizam d'Hyderabad :

"Mon cher frère, mes longues années de vie dans le pays de Diyâr-i gurbet (expatrié) m'ont affaibli par les souffrances des troubles. Si cet état de choses continue, si je ne retourne pas au pays, et si ma vie prend fin ; J'ai une dernière matlûbum (demande) de Votre Majesté (votre grande générosité), que j'attends de Votre grande générosité.

Il y a le cimetière Al-i Osman à Damas. Cependant, le sultan Vahideddin, qui a causé le désastre actuel de l'État-i Osmaniye et Al-i Osman, est un medf là-bas. Je vous prie de ne pas y envoyer mon corps. Et s'il n'y a pas de problème, je vous demanderai de vous procurer un endroit convenable en Inde ou à Beyrouth. J'ai donné quelques détails à mon gendre, Son Altesse Azam, au sujet de mon testament. J'espère que vous lui donnerez des ordres à ce sujet.

Je prie et prie de la part du Tout-Puissant pour que vous, vos enfants et vos ahfâd (descendants) régniez dans votre pays avec une prospérité et un bonheur parfaits. 12 Rabiu'l-awwal 1358 (2 mai 1939) Abd al-Majid ibn Abdulaziz Khan".

« Ce texte offre un aperçu fascinant des tensions et des sentiments personnels au sein de la famille impériale ottomane après la chute de l'empire. Il met en lumière les conflits internes et les difficultés émotionnelles vécues par les membres de la famille en exil. »

L'exil des Ottomans à Nice et leur généalogie.

Les tombes des princes et princesses à Bobigny :

Ce sont des photos qui me viennent des "jeunes Turcs" avec qui je suis en contact. Il faut remercier Tanju Tamkan pour celles-ci.

Figure 179 Tombe de Bobigny photo de de Tanju Tamkan

Les mots me manquent pour décrire ces tombes. Dans le chapitre 10, vous avez vu celle de S.A.I. Général Prince Fuad. **L'outrage des ans les a marquées.**

Je crois que c'est le propre des familles éclatées : comme ces princes et princesses ne sont pas en terre turque, plus personne ne vient les visiter.

Voyage dans le temps : Une enquête généalogique ottomane.

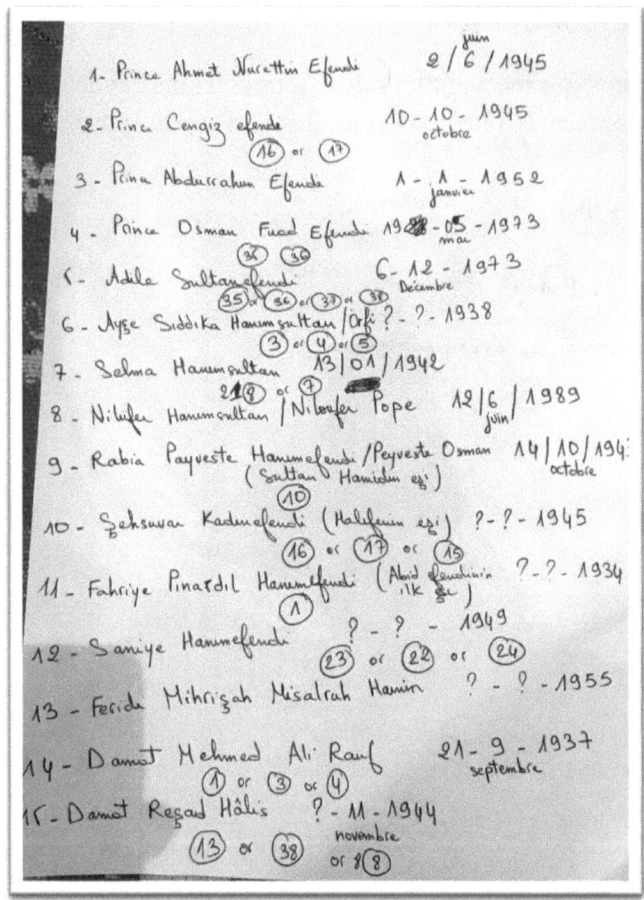

Figure 180 Liste des emplacements au cimetière de Bobigny

Ils étaient seuls dans leur exil, sans pays, sans terre, sans lendemain. L'histoire les a menés là, **ils restent anonymes**, car leurs noms s'effacent et disparaissent avec le temps.

L'exil des Ottomans à Nice et leur généalogie.

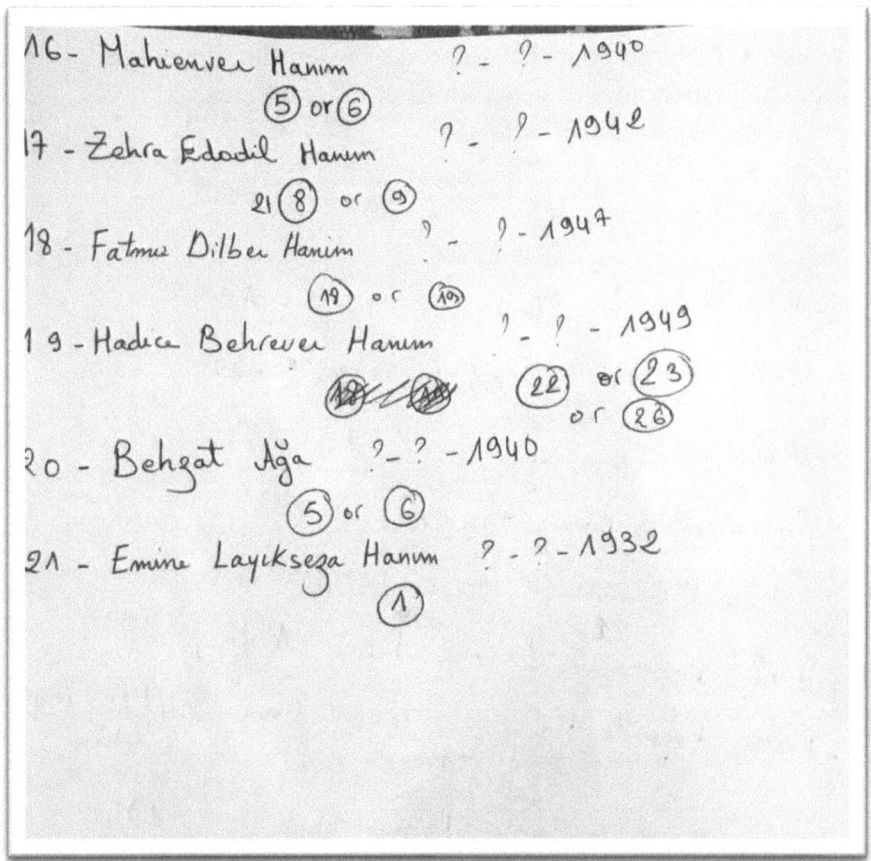

Figure 181 Liste des emplacements au cimetière de Bobigny de Tanju Tamkan.

Les documents ci-dessus sont ceux d'un jeune Turc, Tanju Tamkan, qui converse avec moi via les réseaux sociaux. Il est allé avec sa famille à Paris au cimetière de Bobigny et il a pris des photos de ces tombes. Il faut remercier toutes ces personnes comme Tanju Tamkan et beaucoup d'autres... Sans qui ce livre n'aurait pas été complet.

Ce passage met en lumière la nature collaborative de mon projet et l'importance de la communauté dans la préservation et la documentation de l'histoire. Il montre également comment l'intérêt pour l'histoire de la famille impériale ottomane transcende les générations et les frontières.

Figure 182 La tombe du fils d'un sultan photo de de Tanju Tamkan.

L'exil des Ottomans à Nice et leur généalogie.

Figure 183 La tombe du fils d'un sultan – photo de de Tanju Tamkan.

Voyage dans le temps : Une enquête généalogique ottomane.

Figure 184 La tombe de la princesse Selma photo de de Tanju Tamkan

La tombe de la princesse Selma, la mère de Kenizé MOURAD :

"Elle se trouve dans un coin négligé du cimetière musulman de la banlieue parisienne de Bobigny, entourée de celles de vingt autres membres de la famille impériale ottomane exilée.

Dans une récente interview avec le Daily Sabah, un journal turc, l'historien Ekrem Buğra Ekinci a déclaré : 'Il y a un sultan, trois sultanes ('Hanımsultane' ou princesses impériales) et une épouse sultane (sic) enterrés là-bas.'

Selon le professeur Ekinci, la pierre tombale de Selma est en meilleur état que la plupart des autres, qui s'effritent et risquent de disparaître. Nous ne sommes rien face à l'usure du temps."

Figure 185 La tombe de la princesse Selma détail photo de de Tanju Tamkan.

Dans ce coin oublié de la banlieue parisienne, le cimetière musulman de Bobigny abrite les derniers vestiges d'un empire déchu. Ici reposent vingt membres de la famille impériale ottomane, exilés de leur terre natale et de l'histoire. Parmi eux, un sultan, trois princesses et une épouse royale, témoins silencieux d'une gloire passée.

Figure 186 La tombe d'un sultan décédé en 1930 photo de de Tanju Tamkan.

La tombe de la **princesse Selma**, mère de **Kenizé Mourad**, se dresse, solitaire, mieux préservée que ses voisines. Autour d'elle, le temps érode lentement les autres pierres tombales, effaçant peu à peu les noms et les souvenirs qu'elles portent.

Ce lieu, rappelle l'ampleur de l'exil vécu par ma famille jadis puissante. Il nous invite à méditer sur la fragilité de notre existence et la fugacité du pouvoir.

Car face à l'inexorable marche du temps, même les plus grands empires ne sont que poussière, et nous avec eux.

L'exil des Ottomans à Nice et leur généalogie.

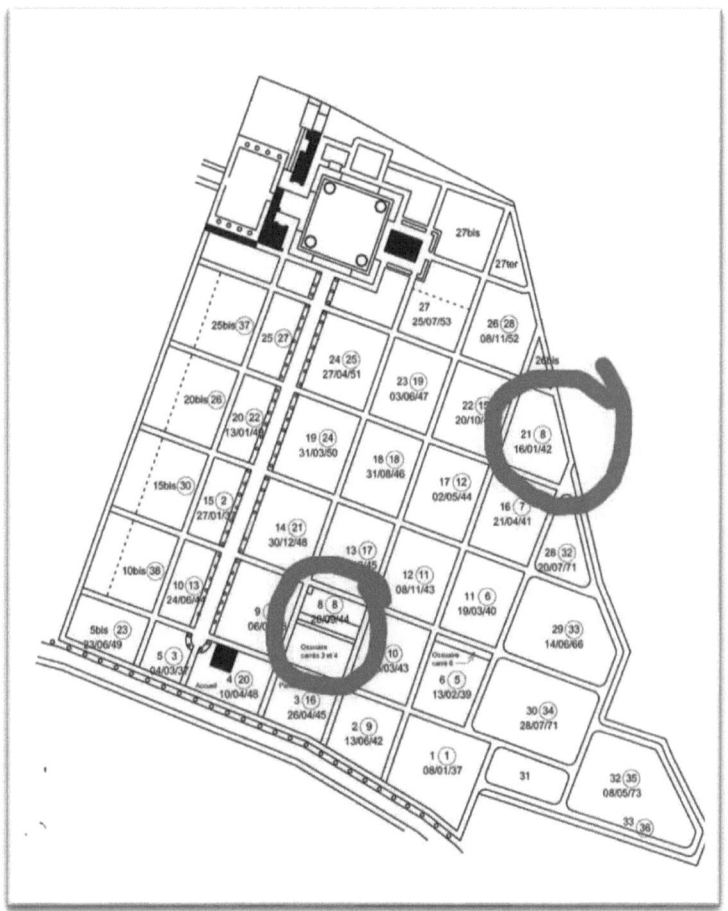

Figure 187 Plan du cimetière de Bobigny de Tanju Tamkan.

Le carré de Thiais en région parisienne :

Le cimetière parisien de Thiais est un des cimetières parisiens extra-muros. Il est situé sur la commune de Thiais, dans le département du Val-de-Marne. Avec ses 103 hectares répartis sur 130 divisions, le cimetière parisien de Thiais est le deuxième plus vaste parmi les 20 cimetières de la Ville de

Paris, après celui de Pantin. C'est aussi le plus récent puisqu'il a ouvert ses portes en octobre 1929. La majestueuse porte d'entrée est l'œuvre de l'architecte Charles-Halley.

Figure 188 porte d'entrée du cimetière de Thiais.

Les enjeux méconnus des pratiques funéraires en France

Le problème, comme je l'ai déjà indiqué, réside souvent dans la durée de la concession mortuaire. Nos aïeux ignoraient qu'en France, si celle-ci n'est pas à perpétuité, les corps finissent dans la fosse commune. Le risque est réel : même les tombes de Paris peuvent connaître ce sort.

Cette situation met en lumière un aspect peu connu et potentiellement controversé des pratiques funéraires en France, en particulier à Paris. Elle soulève des questions importantes sur :

L'exil des Ottomans à Nice et leur généalogie.

- La gestion des espaces funéraires

- Le respect des défunts

- La préservation de la mémoire à long terme

C'est une information cruciale qui peut être choquante pour beaucoup de gens, car elle va à l'encontre de l'idée répandue du "repos éternel". De plus, elle remet en question le principe d'égalité si cher à la France, en créant potentiellement une forme d'inégalité post-mortem.

Sultans et Sultanes morts après 1924 :

Liste des 50 personnes avec leurs lieux de décès et d'inhumation :

1. Seniha Sultane (1852-1931) meurt à Nice. Son corps a été emmené à Damas et enterré dans le cimetière de la dynastie de la mosquée du sultan Selim.

2. Mediha Sultane (1856-1928) est décédée à Menton, France. Elle est enterrée à Nice. Nous ne savons point où est son corps.

3. Fatma Saliha Sultane (1862-1941) est morte au Caire. Là, elle a été enterrée dans la tombe de Hıdiv Mehmed Tevfik Pacha.

4. Nazime Sultan (1866-1947) est morte dans la ville de Junye à Beyrouth. Sa tombe se trouve dans le cimetière Hanedan de la mosquée du sultan Selim à Damas.

5. Hadija Sultane (1870-1938) est morte à Beyrouth. Sa tombe se trouve dans le cimetière Hanedan de la mosquée du sultan Selim à Damas.

6. Zekiye Sultane (1872-1950) est morte en 1950 dans une chambre d'hôtel de la ville de Pau, près de la frontière espagnole en France, avant même d'avoir pu obtenir l'autorisation pour les femmes de revenir en Turquie. Son mari lui a survécu deux ans et est décédé en 1952 à l'âge de soixante-dix-huit ans, et y fut enterré. L'emplacement de la tombe des deux à Pau n'est pas clair.

7. Fehime Sultane (1875-1929) est morte à Nice. Son corps a été emmené à Damas et enterré dans le cimetière de la dynastie de la mosquée du sultan Selim.

8. Fatma Naime Sultan (1876-1945) est morte à Tirana. Elle y fut enterrée.

9. Fatma Sultane (1879-1932) est morte à Sofia. Sa tombe se trouve au cimetière central d'Orlandovtsi à Sofia.

10. Munire Sultane (1880-1939) meurt à Nice. Elle y fut enterrée, nous ne savons pas où est sa tombe.

11. Bahiye Sultan (1881-1948) est morte au Caire. Là, elle a été enterrée dans le tombeau d'Abdülhalim Pacha.

12. Naile Sultane (1884-1957) est décédée à Istanbul. Elle est enterrée dans la chambre Yahya Efendi Dergâhı.

13. Rukiye Sultan (1885-1971) est morte à Istanbul. Elle est enterrée au cimetière de Zincirlyuyu.

14. Ayşe Hamide Sultane (1886-1960) est morte à Istanbul. Elle a été enterrée dans la tombe de Yahya Efendi Dergâhı Şehzade Kemaleddin Efendi.

15. Şadiye Sultane (1886-1977) est décédée à Istanbul. Elle a été enterrée dans la tombe du sultan Mahmud II Khan à Çemberlitaş.

L'exil des Ottomans à Nice et leur généalogie.

16. Adile Sultane (1887-1973) est morte à Paris. Elle y est enterrée au cimetière musulman de Bobigny.

17. Emine Nemika Sultan (1888-1969) est décédée à Istanbul. Elle est enterrée dans la chambre Yahya Efendi Dergâhı.

18. Refia Sultan (1891-1938) est décédée à Beyrouth. Son corps a été emmené à Damas et enterré dans le cimetière de la dynastie de la mosquée du sultan Selim.

19. Emine Atiye Sultan (1891-1978) est décédée à Istanbul. Elle a été enterrée dans la tombe du sultan Mahmud II Khan à Çemberlitaş.

20. Fatma Ulviye Sultan (1892-1967) est décédée à Izmir. Elle est enterrée au cimetière de Çengelköy.

21. Rukiye Sabiha Sultane (1894-1971). En 1952, elle vivait habituellement à Istanbul et y mourut. Elle est enterrée au cimetière Aşiyan de Rumelihisarı.

22. Arife Kadriye Sultane (1895-1933) est morte à Nice. Elle y fut enterrée (mais j'ignore où est la tombe) de notre grand-mère.

23. Fatma Zehra Sultane (1895-1965) est décédée à Istanbul. Elle a été enterrée dans la tombe du sultan Mahmud II Khan à Çemberlitaş.

24. Emine Naciye Sultane (1896-1957) est décédée à Istanbul. Elle a été enterrée dans la tombe de son père Şehzade Selim Süleyman Efendi dans la tombe de Şehzade Kemaleddin Efendi, le Dergâhı de Yahya Efendi.

25. Behiye Sultane (1900-1950) est morte à Alexandrie. Elle a été enterrée dans la tombe du khédive Mehmed Tevfik Pacha au Caire.

26. Fatma Gevheri Sultane (1904-1980) est décédée à Istanbul. Elle a été enterrée dans la tombe du sultan Mahmud II Khan à Çemberlitaş.

27. Hadija Shukriya Sultan (1906-1972) est morte au Caire. Elle a été enterrée dans la tombe de son père Yusuf İzzeddin Efendi sur la tombe du sultan Mahmud II Han à Çemberlitaş.

28. Rukiye Sultane (1906-1927) est morte à Budapest et y a été enterrée dans le tombeau de Gül Baba.

29. Hayriye Sultane (1908-1943) est morte à Beyrouth. Elle est enterrée au cimetière d'Abbasiye au Caire. En 1950, elle est transférée au tombeau de Hıdiv Tevfik.

30. Lütfiye Sultane (1910-1997) est décédée à Riyad. Son corps a été amené à Istanbul et enterré dans la tombe de son grand-père le sultan Mehmed Reşad Han à Eyüp.

31. Emine Mukbile Sultane (1911-1995) est venue d'Alexandrie à Istanbul de temps en temps après son départ en 1952 et y est restée quelques mois. Après la mort de son mari Ali Vasıb Efendi en 1983, elle a continué à résider à Alexandrie. Elle tomba malade et mourut à Istanbul. Elle a été enterrée dans la tombe de son grand-père le sultan Mehmed Reşad Khan à Eyüp.

32. Rebia Nilüfer Sultane (1912-1997) est décédée à New York. Elle y fut enterrée.

33. Hadice Dürrüşehvar Sultane (1914-2006) est décédée à Londres. Elle est enterrée au cimetière de Brookwood à Woking.

L'exil des Ottomans à Nice et leur généalogie.

34. Mihriban Mihrişah Sultane (1916-1987) est décédée à Istanbul. Elle a été enterrée dans la tombe du sultan Mahmud Khan II.

35. Ayşe Masume Fethiye Sultane (1916-1944) est décédée au Caire. Elle y fut enterrée.

36. Mihrişah Selçuk Sultane (1920-1980) est décédée à Monaco. Elle est enterrée au Caire.

37. Fatma Samire Sultane (1920-2000) est décédée à New York, et y fut enterrée.

38. Fatma Neslişah Sultane (1921-2012) est décédée à Istanbul. Elle est enterrée à côté de sa mère Rukiye Sabiha Sultan au cimetière Aşiyan de Rumelihisarı.

39. Mihrimah Sultane (1922-2000) est décédée à Amman. Son corps a été amené à Istanbul et enterré dans la tombe de son grand-père le sultan Mehmed Reşad Han à Eyüp.

40. Hamide Nezahat Sultane (1923-1998) est décédée à Bagnols-sur-Cèze, France. Elle y fut enterrée.

41. Zehra Hanzade Sultane (1923-1998) est décédée à Paris. Elle est enterrée à côté de sa mère Rukiye Sabiha Sultan au cimetière Aşiyan de Rumelihisarı.

42. Bidar Sultane (1924-1924) a quitté la patrie à l'âge de 2 mois. Décédée 5 mois plus tard à Budapest. Elle a été enterrée dans la tombe de Gül Baba.

43. Safvet Neslişah Sultane (1925-2014) est décédée à Istanbul. Elle a été enterrée à côté de sa mère Fatma Meziyet Hanım au cimetière de Karacaahmet.

44. Necla Hibetullah Sultane (1926-2006) est décédée à Madrid. Elle est enterrée à côté de sa mère Rukiye Sabiha Sultan au cimetière Aşiyan de Rumelihisarı.

45. Fevziye Sultane (1928-2014) est décédée à Paris. Elle est enterrée au cimetière du Val-de-Marne à Thiais, en banlieue parisienne.

46. Mübeccel Bezmialem Sultane (1929-1993) est décédée à Istanbul. Elle est enterrée au cimetière de Zincirlyuyu.

47. Fatma Necla Sultane (1933-2010) est décédée à Zurich. Elle y fut enterrée. (La fille unique de Şehzade, Necla Sultane, née en 1933, est décédée à Zurich en 2010.)

48. Hürrem Sultane (1939-1999) est décédée à Nice. Elle y fut enterrée. Nous ne savons plus où est sa tombe.

49. Iskra Sultane (1949-2009) est décédée à Hambourg. Elle y fut enterrée.

50. Emine Nazikedâ Kadınefendi était l'épouse du dernier sultan ottoman, le sultan Vahidedin. Voici l'histoire du calvaire de la « dernière impératrice » et de la pierre tombale avec le tugra que nous avons trouvé au pied d'un mur au Caire la semaine dernière avec ses petits-enfants.

Source Murat Bardakci.

Lire ces informations en fin de ce chapitre.

L'exil des Ottomans à Nice et leur généalogie.

Voici le premier plan dessiné par Abdülhamid pour la construction du « tombeau turc » :

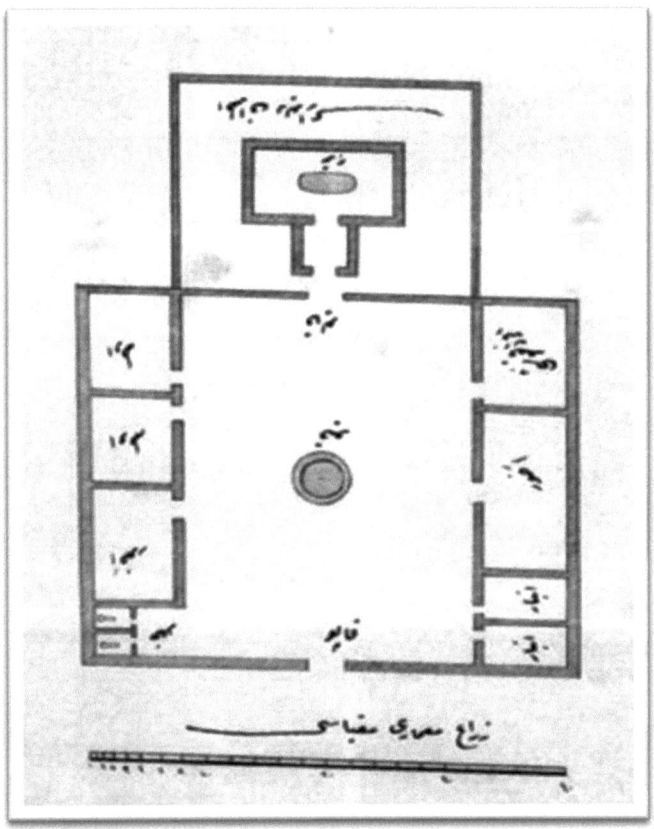

Figure 189 plan dessiné par Abdülhamid pour la construction du tombeau turc.

Lorsque le corps du Calife n'a pas été accepté en Turquie, il a été conservé dans la **Grande Mosquée de Paris** pendant environ 10 ans. Quand le conseil d'administration de la mosquée a informé qu'il ne pouvait plus garder le corps, celui-ci a été transféré à **Médine et enterré au cimetière d'Al-Baqi**.

Voyage dans le temps : Une enquête généalogique ottomane.

SOURCE ET URL :

D'autres tombes de la famille :

Emine Nazikeda Kadınefendi :

https://tr.wikipedia.org/wiki/Emine_Nazikeda_Kad%C4%B1nefendi

https://en.wikipedia.org/wiki/Nazikeda_Kad%C4%B1n_(wife_of_Mehmed_VI)

L'histoire de l'épreuve de Nazikeda Kadınefendi, dernière impératrice de l'Empire ottoman et princesse abkhaze, et de ses trois enterrements :

https://m.haberturk.com/yazarlar/murat-bardakci/1311464-osmanlinin-son-imparatoricesi-ve-abhaz-prensesi-nazikeda-kadinefendinin-cileli-hayati-ve-uc-defa-defnedilmesinin-oykusu-amp

Durru Shehvar :

https://fr.findagrave.com/memorial/80164601/durru-shehvar#source

Le triste cas de la princesse Selma :

https://medium.com/@khan.elisabeth/ottoman-princesses-in-india-1-70ceec6b4293

Fatma Neslishah Osmanoğlu :

https://fr.findagrave.com/memorial/175483486/fatma_neslishah-Osmanoğlu

L'exil des Ottomans à Nice et leur généalogie.

Le dernier souhait de l'ultime calife : « Ne m'enterrez pas à côté de Vahideddin » :
https://www.haberturk.com/polemik/haber/864880-son-halifenin-son-arzusu-benihttps://www.haberturk.com/polemik/haber/864880-son-halifenin-son-arzusu-beni-vahideddinin-yanina-gommeyinvahideddinin-yanina-gommeyin

Un dirigeant indien a sauvé le dernier calife de la misère :
https://www.haberturk.com/polemik/haber/871866-son-halifeyi-sefalete-dusmekten-bir

Voici le premier plan dessiné par Abdulhamid pour la construction du « Tombeau turc » :
https://www.haberturk.com/yazarlar/murat-bardakci/996811-iste-abdulhamidin-turk

> *Je n'ai pas trouvé le plan d'origine, mais dans un article de Murat Bardakçı (voir dans les Sources et URL ci-après) vous pouvez y voir ce tombeau.*

L'état déplorable des tombes ottomanes en France :
https://www.saphirnews.com/L-etat-deplorable-des-https://www.saphirnews.com/L-etat-deplorable-des-tombes-ottomanes-en-France_a18499.html-ottomanes-en-France_a18499.html

Le dernier souhait du Dernier Calife :
https://www.haberturk.com/polemik/haber/864880-son-halifenin-son-arzusu-beni

Cimetière parisien de Thiais :
https://www.paris.fr/equipements/cimetiere-parisien-de-thiais-4505

Plan du Cimetière Parisien de Thiais :
https://cdn.paris.fr/paris/2020/02/26/f32b750e982f0557fa2ff9622da8311c.ai

Voyage dans le temps : Une enquête généalogique ottomane.

Mediha Sultan :
https://en.wikipedia.org/wiki/Mediha_Sultan

Zekiye Sultane :
https://en.wikipedia.org/wiki/Zekiye_Sultan

Fehime Sultane :
https://en.wikipedia.org/wiki/Fehime_Sultan

Münire Sultane (daughter of Şehzade Kemaleddin)
https://en.wikipedia.org/wiki/M%C3%BCnire_Sultan_(daughter_of_%C5%9Eehzade_Kemaleddin)

Fevziye Sultane :
https://en.wikipedia.org/wiki/Fevziye_Sultan

Hürrem Abdulaziz Sultane :
https://fr.wikipedia.org/wiki/Mehmed_Abdulaziz

L'exil des Ottomans à Nice et leur généalogie.

Voyage dans le temps : Une enquête généalogique ottomane.

Carnet n°4 : Six Princesses – 23 XII 2023.

Les mille et une nuits, plus une.

Figure 190 4 portrais de la Princesse Niloufer.

(photos : ©Parisienne de Photographie)

Aujourd'hui, je souhaite vous emmener dans un « monde féerique », celui des princesses que j'ai eu le privilège de rencontrer lors de mes séjours à Nice et à Paris. Parmi ces dames d'une élégance rare, une se détache particulièrement, la magnifique princesse Nilüfer. Son nom résonne comme une mélodie délicate, et son passage à Nice fut un enchantement pour tous ceux qui eurent le bonheur de croiser son chemin.

La saga de la Princesse Nilüfer débute pour moi lors de ses visites régulières à Nice, où elle venait visiter ma mère et le prince Fuad. Sa jeunesse éclatante et sa beauté enchanteresse captivèrent les cœurs, séduisant toute une nation qui tomba sous le charme de cette noble dame en Inde.

Cependant, l'histoire ne se limita pas aux rives méditerranéennes. Lors de mon séjour à Paris, j'eus le privilège de poursuivre la visite de « ce royaume enchanté » en compagnie de la princesse Nilüfer. Les jours passés en sa compagnie furent empreints de magie et de raffinement, la princesse Nilüfer laissant derrière elle une empreinte indélébile dans mon cœur.

Son histoire, mêlant la grâce d'une princesse et la splendeur de deux villes emblématiques, demeure un récit enchanteur que je chéris précieusement.

« Ainsi, laissez-moi vous inviter à voyager à travers le temps et l'espace, à la rencontre de princesses et d'aventures qui transcendent les frontières, à la découverte d'un univers où la beauté et la noblesse illuminent chaque instant.

Chapitre 14 – Les Princesses Nilüfer et Dürrüşehvar :

Voici la saga de la **Princesse Nilüfer**, elle venait à Nice voir ma mère et le Prince Fuad en 1960. À sa droite la **Princesse Dürrüşehvar**[xli] la fille du Calife. Leurs vies sont devenues inséparables, vous allez rapidement savoir pourquoi et comment.

Figure 162 LES PRINCESSE NILUFER et DURRUSEHVAR à leurs mariages.

Sa jeunesse et sa beauté ont séduit une nation :

La princesse **Niloufer Khanum Farhat** est née le 4 janvier 1916 à Istanbul. Sa mère Adile Sultane était la petite-fille du sultan Mourad V. Son père, Salahuddin, est décédé alors que Niloufer n'avait que deux ans.

L'exil des Ottomans à Nice et leur généalogie.

Au moment de son **mariage arrangé** en décembre 1931, officiellement la princesse Nilüfer Farhat Hanim n'avait que seize ans.

Ayant perdu son père à l'âge de quatre ans, elle avait écrit une lettre à son futur beau-père, exprimant son espoir de trouver en lui une figure paternelle aimante, et il a répondu à son appel. Avant même qu'ils ne se soient rencontrés, un lien s'est tissé entre eux. Une convention connue pour le protocole, le Nizam lui a permis de l'appeler « Papa » en privé.

Il a également payé pour que la mère de Niloufer, la princesse Adile Sultan, puisse accompagner sa fille dans sa nouvelle maison et l'aider à s'installer.

À **Hyderabad** en Inde la princesse Niloufer, mariée à Moazzam Jah, le deuxième fils du dernier Nizam d'Hyderabad, Mir Osman Ali Khan, a aidé sa cousine la princesse Dürrüşehvar à réaliser son désir de voir son père, le dernier Calife de l'islam, Abdulmejid II, enterré dans le cimetière attaché à la sainte mosquée de Médine, une décennie après sa disparition. La princesse Durrushevar était mariée à Azam Jah, le fils aîné de Mir Osman Ali Khan.

Arvind Acharya a déclaré que sur la recommandation de Maulana Shaukat Ali, combattant de la liberté et l'un des fondateurs du mouvement Khilafat, le Nizam d'Hyderabad a décidé de donner au **Calife AbdulMejid** une pension de 300 £ par mois alors qu'il vivait en exil en France. Sept ans plus tard, en 1931, le Calife cherchait des alliances de mariage pour sa fille, Dürrüşehvar. Shaukat Ali a proposé un « mariage arrangé » entre elle et Azam Jah, le fils aîné du Nizam.

Les négociations pour les conditions du mariage ont commencé, mais ont rapidement échoué car le Nizam a estimé que l'exigence du mehr (dot donnée par le mari à sa femme) était exorbitante. À l'issue de plusieurs discussions, il a été décidé que la dot à verser serait de 40 000 £. Comme le Nizam voulait célébrer le mariage de son fils cadet Moazzam Jah en même temps, et avec la même dot, des efforts ont été faits pour lui trouver un partenaire au sein de la famille royale turque.

Ceci a abouti à son mariage avec Niloufer. Au retour de la Conférence de la Table Ronde à Londres en 1931, les **deux princes Azam Jah et Moazzam Jah** ont visité Nice et s'y sont mariés.

Le Calife lui-même a joué le rôle de Qazi[xlii] lors du mariage. Leurs vies sont maintenant inséparables, Dürrüşehvar et Niloufer sont toutes les deux mariées le même jour à Nice. 1931 Dürrüşehvar Sultane Marries Azam Jah (Silent).

Voir sur YouTube le Film tourné à Nice, l'url est à la fin de ce chapitre.

La fille du dernier calife raconte ses expériences dans la nuit du 3 mars 1924, lorsque le califat a été aboli :

J'ai pris un caillou du sol comme dernier souvenir du pays. J'ai pensé à ce mini morceau de ma patrie en le pressant sur mon cœur. Oui, ce serait ma seule consolation dans mes jours de deuil. Dans mes moments de nostalgie, je regardais cette magnifique pierre et voyais l'image de ma belle ville, les ruines de la carrière de muazzez qui a été détruite sept siècles plus tard, et une maison bien-aimée où j'étais petite. Nous

L'exil des Ottomans à Nice et leur généalogie.

sommes allés à la gare voisine et avons pris le train. Quelques minutes plus tard, alors que nous nous éloignions de ma patrie bien-aimée et de la patrie muazzez de nos ancêtres, nous avons senti que les jours sans joie qui nous traînaient vers un avenir inconnu étaient très proches et que notre bonheur était loin. Deux jeunes femmes en exil à Nice, qui vont vers un monde inconnu, Dürrüşehvar avait un visage triste sur de nombreuses photos.

Arvind Acharya, un historien indien de la ville d'Hyderabad, qui possède une collection unique d'effets personnels de la princesse Niloufer, a déclaré qu'un moment important dans la vie de la princesse Niloufer s'est produit en 1954.

Elle a reçu un appel de la princesse **Dürrüşehvar** demandant de l'aide pour une action spécifique. L'action était difficile et donc Niloufer était réticente à le faire. Elle a consulté sa mère, qui lui a dit de faire de son mieux. La princesse Niloufer a ensuite appelé l'un de ses amis, **Ghulam Mohammed**, ancien fonctionnaire du gouvernement du Nizam, qui était à l'époque président du Pakistan. Ghulam Mohammed a appelé le roi d'Arabie saoudite de l'époque pour relayer la demande. Le roi a finalement accepté d'accéder à la demande.

Ainsi prend naissance un conte.

Dix ans plus tôt, le Calife Abdul Majid, qui vivait en France après l'abolition du califat ottoman et la dynastie ottomane déposée et expulsée de Turquie, mourut pendant l'occupation allemande de la France. Pendant plusieurs jours, son corps est resté dans son appartement à Paris et n'a été découvert que lorsque des voisins se sont plaints. Le corps a ensuite été transporté à la mosquée de Paris et y est resté gelé jusqu'à l'intervention de Niloufer. La princesse Dürrüşehvar avait fait plusieurs efforts pour faire enterrer le corps de son père à Istanbul, mais n'a pas pu obtenir l'autorisation du gouvernement turc.

Le calife avait voulu être enterré en Turquie ou à Hyderabad :

Il n'était pas possible d'accomplir la dernière volonté de l'ex-Calife à sa mort ou plus tard, car au moment de sa mort, l'Arabie saoudite était devenue indépendante.

L'intervention de Niloufer a permis qu'il soit finalement enterré en Arabie saoudite dans le Jannat-ul-Baqi. Le roi d'Arabie saoudite avait stipulé qu'il n'y aurait pas de cérémonie publique ni de marqueur spécifique pour la tombe.

Après son mariage avec le prince Moazzam Jah, le fils cadet du Nizam, à l'âge de 15 ans en décembre 1931, la princesse Niloufer est venue à Hyderabad et a vécu dans ce qui s'appelait alors **Hill Fort Palace**. Elle a même eu une sage-femme avec elle, une dame française, juste au cas où elle ferait son devoir royal d'accoucher d'un bébé. Mais, malheureusement, elle n'a pas eu d'enfants, tandis que sa cousine la princesse Durrushevar a eu deux fils. Au fil du temps, Niloufer a évolué, et est devenue une belle princesse, élégante et grande à 5'8" avec un teint d'albâtre.

Elle était « le diamant » du circuit des fêtes à Hyderabad et en Europe partout où elle allait.

Mais elle était malheureuse, dit Arvind, en parcourant un tas de papiers qui montrent des lettres écrites par le résident

L'exil des Ottomans à Nice et leur généalogie.

britannique, le gendre de Churchill et une foule d'autres personnes.

En 1946, elle a eu une servante appelée Rafatunnissa Begum, qui était enceinte, et est morte plus tard pendant l'accouchement. « Niloufer est censée avoir dit 'plus aucune Rafat ne mourra'. C'est le nom de cette exposition et c'est grâce à ses efforts que l'hôpital Niloufer a été inauguré en 1953 », nous informe **Arvind Acharya**.

En 1977, la princesse Niloufer vivait dans un appartement à Paris. Elle parlait souvent au téléphone avec sa mère et se rendait à Nice. Un soir, elle sortit de sa chambre et traversa le couloir pour se rendre dans la chambre de sa mère où elle voulait lire un Coran que lui avait donné son ancienne secrétaire, Fathema Ghani.

À ce moment, une bombe a explosé à l'intérieur du bâtiment. Des terroristes algériens avaient voulu assassiner le chef de la compagnie d'électricité française, qui vivait dans l'appartement en contrebas de celui de Niloufer. La bombe a déchiré la chambre de Niloufer, mais rien ne s'est passé de l'autre côté du bâtiment. La princesse Niloufer a écrit dans ses mémoires qu'elle avait été sauvée à cause de sa visite dans la chambre de sa mère pour aller chercher le Coran. La princesse est décédée en 1989 et a été enterrée près de Paris.

L'Exposition, afin de commémorer l'incroyable histoire de la princesse turque, qui a vécu en Inde, puis à Paris, qui avait épousé un prince Hyderabadi et est morte en tant qu'épouse d'un Américain **Edouard POPE** (*un de mes grands amis qui est parti trop tôt*).

Voyage dans le temps : Une enquête généalogique ottomane.

Au cours de l'été 2003, **Arvind Acharya**, un consultant en gestion de Scarsdale à New York, a été appelé pour une interview par **Evelyn Pope**. Ce n'était pas pour un travail, mais pour quelque chose de plus précieux.

Evelyn Pope était la seconde épouse d'Edward Pope, le second époux de la princesse Niloufer d'Hyderabad. Evelyn voulait mettre les papiers privés de la princesse Niloufer entre de bonnes mains et le nom d'Arvind a été suggéré par Omar Khalidi, alors bibliothécaire au MIT.

Arvind a passé l'interview et le résultat peut être vu le lundi 4 janvier 2016, exactement 100 ans après la naissance de Niloufer dans la famille des Califes ottomans.

Dans une ruelle près de Lakdi-ka-Pul à Hyderabad, des mères et des futures mères harassées entrent dans l'hôpital Niloufer sans jeter un deuxième coup d'œil à l'énorme portrait de la jolie dame, ni une pensée sur la raison pour laquelle il est là.

C'est exactement ce que devrait faire l'exposition organisée par Arvind Acharya et Birad Yagnik.

Les valises qu'Evelyn a remises à Arvind à New York comprenaient la première mèche rasée de Niloufer, la chaîne de perles utilisée pour attacher ses cheveux et son bulletin de notes de classe VII d'une école de Nice, en France.

« Evelyn l'a fait systématiquement. La fascinante collection de saris de Niloufer conçue par un bijoutier de Bombay, Madhavdas, est allée au Fashion Institute of Technology de New York, les firmans turcs sont allés à l'Université de Washington et j'ai obtenu les papiers privés », explique Arvind Acharya, alors qu'il raconte l'incroyable histoire de la princesse turque, qui a vécu à Paris, a épousé un prince

Hyderabadi et est morte en tant qu'épouse d'un Américain Edward POPE.

« L'année dernière, Papa Rao, qui est conseiller du gouvernement du Telangana, est venu à New York, et je lui ai dit que le **4 janvier 2016 serait le 100e anniversaire de naissance de la princesse Niloufer** et il a montré de l'intérêt et m'a mis en contact avec Birad Yagnik, et cette exposition en est le résultat », dit **Arvind Acharya**.

Alors, quelle est la prochaine étape ?

« Qui connaît un documentaire, peut-être un film ? Sa vie se prête à quelque chose de plus grand qu'une simple exposition », explique Arvind Acharya, avec espoir pour la princesse malheureuse qui gît enterrée dans une tombe à Bobigny, près de Paris.

Mais sa mémoire perdure **à l'hôpital Niloufer** tandis que le nom de son mari perdure à quelques mètres du marché Moazzam Jahi.

Elle était la gloire et le « diamant du circuit du parti » à Hyderabad et en Europe partout où elle allait. Mais elle était mécontente, indique Arvind Acharya, consultant en gestion.

À ce jour en 2023 (décembre), Arvind m'a indiqué qu'il terminait un livre sur la princesse Niloufer.

La malle des Indes de la princesse Niloufer

Voici un extrait d'une lettre qui m'est arrivée il y a quelques temps, c'est une histoire incroyable et inattendue.

Voyage dans le temps : Une enquête généalogique ottomane.

Cette histoire commence ainsi :

« En 1990, en vacances dans le sud de la France, nous achetons chez un antiquaire de Saint-Affrique, une malle qui nous plait. Beaucoup plus tard en 2014. Je m'intéresse aux étiquettes et commence les premières recherches sur internet »

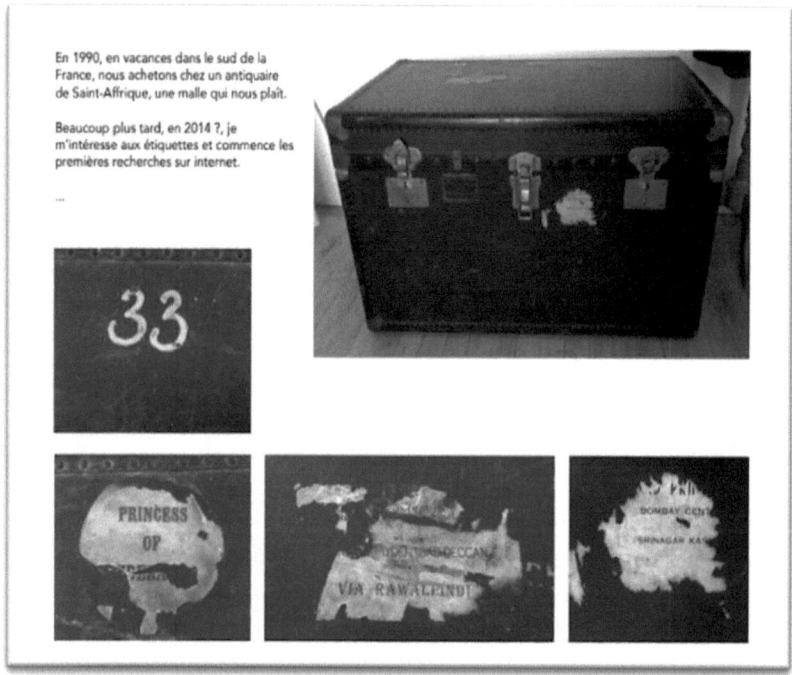

Figure 163 La MALLE DES INDES de la Princesse.

Une malle pleine de souvenirs, voici la lettre qui a tout déclenché :

« Cher Monsieur,
Je n'ai découvert votre blog que très récemment avec un grand bonheur. En 1990, en vacances dans le sud de

L'exil des Ottomans à Nice et leur généalogie.

l'Espagne, nous achetons chez un antiquaire de Saint-Affrique (près de Millau), une malle qui nous plaît. Beaucoup plus tard, en 2014, je m'intéresse aux étiquettes et commence les premières recherches sur internet. Il s'agissait d'une des malles du retour en Espagne de Niloufer. Depuis mes premières recherches, des tas de sources internet mettent au jour régulièrement de nouveaux documents ou de nouvelles photos. Je me suis pris au jeu et je les conserve systématiquement.

Tout comme vous, à en croire le lien vers The Hindu que vous indiquez sur votre blog, je suis tombé sur les articles d'AA. Vous savez bien sûr qu'il est dépositaire et ayant droit des archives de Niloufer qui lui ont été remises par Evelyn Pope (veuve du second mari de la Princesse Niloufer) ».

Je l'ai contacté par mail et nous nous sommes rencontrés à Paris en septembre 2019 :

« Malheureusement, la crise du Covid est arrivée… il n'est pas revenu en Europe depuis… et je ne suis pas allé à New York… voir ces archives… Je lui ai signalé il y a une dizaine de jours que j'avais trouvé un blog qui pourrait l'intéresser s'il ne le connaissait déjà (le vôtre) et voici sa réponse ».

"I am interested in meeting Pierre Erol Giraudy. Can you contact him please?."

Voici son adresse électronique, et son téléphone (par WhatsApp). Il habite dans l'état xxx USA (et sa fille habite en Espagne)

Voyage dans le temps : Une enquête généalogique ottomane.

J'ai réuni tout ce que j'ai pu trouver sur Internet autour de Niloufer et Dürrüşehvar et qui ne cesse d'augmenter au fur et à mesure de mes recherches épisodiques. Aucune intention de publication (un certain nombre de ces documents sont d'ailleurs protégés par des droits).

Maintenant il me faut vous raconter tout ceci :

Mes échanges avec les uns et les autres et la vie de ma tante Princesse Niloufer.

Un détail, j'ai parlé à Laurent, que je remercie infiniment. Ensuite, j'ai échangé avec le dépositaire et ayant droit des archives de Niloufer. Nous attendons la fin du Covid pour nous rencontrer, peut-être en Espagne, comme je réside à côté de l'Espagne. Des échanges via le web ont eu lieu.

Belle histoire et belle rencontre :

Puis, un jour, fin du Covid et nous prenons rendez-vous afin de nous rencontrer et partager, échanger sur les Ottomans.

Arvind est arrivé en fin de matinée et ensuite nous avons déjeuné, puis repris nos conversations en anglais jusqu'à la fin de l'après-midi.

Nous avons échangé sur de nombreux sujets en liaison avec la famille ottomane et la Princesse Niloufer. Certains points ne seront pas divulgués dans ce livre car ils restent strictement confidentiels.

Arvind et moi avons passé toute une journée à visionner des photos et des documents, afin de préciser certains points historiques. J'étais extrêmement content de faire sa connaissance et ainsi pouvoir mieux cerner certains points de mon histoire familiale ottomane.

Figure 164 Arvind et moi au restaurant en Andorre.

Cela m'avait obligé à classer un peu mieux mes albums et j'ai dû relire des lettres de mon grand-père. Pour moi, c'était une étape essentielle à franchir. C'est fait. Voici une photo qui a été colorisée par un membre du groupe Facebook « Les Ottomans ». Ils ont fait un travail sur de nombreux documents.

Voyage dans le temps : Une enquête généalogique ottomane.

Figure 165 Les princesses et princes chez Princesse Niloufer photo de *de Tanju Tamkan.*

Parmi ces princesses et princes, j'en connais certains. Cette photo est prise en Égypte au Caire. Je vous ai raconté leurs histoires.

De gauche à droite debout sur cette photo :

Hanzade Sultane, Prince Abdülmünim, Prince Muhammed Ali İbrahim, Fatma Hanım et Ebubekir Ratib Bey. Assis de gauche à droite : Sabiha Sultane, Fevziye Sultane, Neslişah Sultane, Hümeyra Hanımsultane, Prince Osman Fuad Efendi et Nilüfer Hanımsultane.

L'exil des Ottomans à Nice et leur généalogie.

Figure 166 Princesse Niloufer à PARIS avec moi chez elle à Paris.

Sur cette photo, je suis chez la Princesse Niloufer, c'est avant sa maladie, elle me parlait de l'Inde. Elle avait pendant des années à son service une dame indienne, qui l'avait accompagnée à son départ d'Hyderabad. Elle l'appelait Madame, je ne sais pas ce qui lui est arrivé. Peut-être qu'Arvind pourra éclairer ma lanterne.

Si j'ai des informations, je ne manquerai point de les publier sur mon site web, ainsi vous pourrez connaître d'autres épisodes sur ma famille.

Quand je suis venu à Paris, où j'ai fait mes études (CNAM-IESTO et à l'Université Paris-Dauphine). Je n'étais pas loin des lieux de résidence de mes tantes dans le 16ème arrondissement de Paris. L'université Paris-Dauphine se situe dans cet arrondissement. De ce fait, j'allais souvent leur rendre visite et profitais d'un bon repas. Elles étaient toujours accueillantes, Princesse Fevziye allait déjeuner en face de chez elle dans un petit restaurant avec de délicieux babas au rhum, Princesse Niloufer et Edouard POPE m'emmenaient dans des restaurants indiens. C'était, comme vous pouvez l'imaginer, une vie assez agréable, car nous nous entendions bien.

Figure 167 Princesse Niloufer jeunes

S.A.I. Princesse Niloufer

Hyderabad : la princesse Niloufer, mariée à Moazzam Jah, le deuxième fils du dernier Nizam d'Hyderabad, Mir Osman Ali Khan, a aidé sa cousine la princesse Durru Shehvar à réaliser son désir de voir son père, le dernier Calife de l'islam, Abdulmejid II, enterré dans le cimetière attenant à la sainte mosquée de Médine, une décennie après sa disparition. La

L'exil des Ottomans à Nice et leur généalogie.

princesse Durru Shehvar était mariée à Azam Jah, le fils aîné de Mir Osman Ali Khan.

La princesse Niloufer Khanum Farhat est née le 4 janvier 1916 à Istanbul. Sa mère Adile Sultan était la petite-fille du sultan Mourad V. Son père, Salahuddin, est décédé alors que Niloufer n'avait que deux ans.

Arvind Acharya a déclaré que sur la recommandation de Maulana Shaukat Ali, combattant de la liberté et l'un des fondateurs du mouvement **Khilafat**, le Nizam d'Hyderabad a décidé de donner au Calife Abdulmejid une pension de 300 £ par mois alors qu'il vivait en exil. Sept ans plus tard, en 1931, le **Khalifa** cherchait des alliances matrimoniales pour sa fille, Durru Shehvar. Shaukat Ali a proposé l'union entre elle et Azam Jah, le fils aîné du Nizam. Les négociations pour les conditions du mariage ont commencé, mais ont rapidement échoué car le Nizam a estimé que l'exigence du mehr (dot donnée par le mari à sa femme) était exorbitante. À l'issue de plusieurs discussions, il a été décidé que la dot à verser serait de 40 000 £.

Comme le Nizam voulait célébrer le mariage de son fils cadet Moazzam Jah en même temps, et avec la même dot, des efforts ont été faits pour lui trouver une partenaire au sein de la famille royale turque. Cela a abouti à son mariage avec Niloufer. Au retour de la Conférence de la Table Ronde à Londres en 1931, les deux princes Azam Jah et Moazzam Jah ont visité Nice et s'y sont mariés. Le Calife lui-même a joué le rôle de Qazi lors du mariage.

En 1977, la princesse Niloufer vivait dans un appartement à Paris et un soir, elle sortit de sa chambre et traversa le couloir pour se rendre dans la chambre de sa mère où elle voulait lire un Coran que lui avait donné son ancienne secrétaire,

Fathema Ghani. À ce moment, une bombe a explosé à l'intérieur du bâtiment. Les terroristes algériens avaient voulu assassiner le chef de la compagnie d'électricité française, qui vivait dans l'appartement en contrebas de celui de Niloufer. La bombe a déchiré la chambre de Niloufer, mais rien ne s'est passé de l'autre côté du bâtiment.

La princesse Niloufer a écrit dans ses mémoires qu'elle avait été sauvée grâce à sa visite dans la chambre de sa mère pour aller chercher le Coran. La princesse est décédée en 1989 et a été enterrée près de Paris.

Le Mahatma Gandhi.

Les deux jeunes mariées ont mis le cap vers l'Inde. Ils avaient initialement prévu de passer du temps au Yémen, a déclaré Clark, mais **la peste** les en a dissuadés et ils ont décidé de partir directement pour l'Inde.

Ils étaient sur le paquebot, le Pilsna. À leur insu, il y avait une grande délégation voyageant de Londres sur le même paquebot. Ils revenaient de la deuxième table ronde à Londres.

Leur passager vedette était **Mahatma Gandhi**. Comme les lecteurs de DC le savent, Shaukat Ali avait conduit l'agitation Khilafat[xliii] pour restaurer le Khalifa[xliv], Abdulmejid, qui était également le père de Dürrüşehvar, sur le trône de Turquie. Gandhi avait soutenu le mouvement Khilafat et entretenait des relations très étroites avec Shaukat Ali.

Quand **Gandhi** a appris que la fille du Calife était à bord du navire, il a demandé à les rencontrer. Gandhi et son groupe voyageaient en troisième classe. Les belles-filles du Nizam, en revanche, étaient en première classe. Un compromis approprié a été arrangé, pour se réunir dans la zone de deuxième classe.

Ce qui s'est passé lors de cette réunion, personne ne le sait. Les deux princesses, Durrushehvar et Niloufer, étaient très jeunes, respectivement 17 et 15 ans.

Je ne sais pas si la princesse Durrushehvar a jamais relaté cette réunion ; dans les papiers de la princesse Niloufer dont j'ai la possession et les droits, je ne trouve aucune mention de cette rencontre.

> *Suite à mes recherches :* *La rencontre entre le Mahatma Gandhi et les princesses Durrushehvar et Niloufer, alors jeunes mariées, a eu lieu sur le paquebot Pilsna à Port-Saïd, en Égypte, a confirmé M. Muffakham Jah. Après que ce journal ait publié un article lundi sur la possibilité d'une réunion, le Nizam Trust a pris contact avec le professeur Salma Ahmed Farooqui de l'Université nationale ourdoue Maulana Azad et a confirmé que la réunion avait bien eu lieu.*

Clark a dit que **Pickthall** était présent mais il a choisi de ne pas relater cet événement non plus. Ceci est certain : l'apôtre de la non-violence a laissé une impression profonde comme en témoigne une lettre, plusieurs années plus tard. C'est une lettre de la princesse Niloufer à **Pandit Nehru**.

Le jour où le **Mahatma** a été abattu, la princesse Niloufer a entendu le reportage à la radio et a lu les journaux le lendemain.

Profondément troublée, elle ne savait que dire. L'Inde venait d'être divisée et il y avait des problèmes partout.

Voyage dans le temps : Une enquête généalogique ottomane.

> *L'assassin était-il un acteur solitaire ou y avait-il une grande conspiration ?*

Quel serait le reflet de cet événement, notamment dans son Hyderabad, dont elle portait le nom dans son titre ?

Dès qu'elle a pu, la princesse Niloufer a écrit à Nehru une lettre...

> *Celles-ci sont lisible sur le site d'**Arvind Acharya** : Copyright : Ne pas reproduire sans autorisation.*
>
> *Le lien (URL) est à la fin de ce chapitre.*

La lettre de la **princesse Niloufer à Nehru** sur l'assassinat du Mahatma Gandhi©.

La réponse écrite du Premier ministre **Jawaharlal Nehru** à la princesse Niloufer©.

LA GLOIRE D'HYDERABAD.

Figure 168 Niloufer Hospital

L'histoire de l'hôpital de Niloufer :

L'hôpital Niloufer a été installé dans un magnifique bâtiment au cœur de la ville historique d'Hyderabad et a un passé intéressant. Il a été construit par la princesse d'Hyderabad Niloufer, épouse du prince Moazzam Jah, fils du septième Nizam d'Hyderabad. La trahison de son mari n'était pas le seul fait qui la peinait.

Elle revint aussi pour découvrir que sa servante personnelle, qu'elle aimait beaucoup, était morte en couches. Cela l'a poussée à ouvrir un hôpital pour enfants et femmes. L'hôpital Niloufer est encore aujourd'hui une institution médicale recherchée.

Ce geste de la princesse sans enfant lui valut une place dans le cœur d'Hyderabadis.

Voir cette article en anglais à la fin de ce chapitre.

Deux princes sont revenus avec des mariées :

Les deux princes revinrent avec leurs jeunes épouses. Comme Niloufer n'avait que 15 ans, sa mère l'accompagna. Elle amena également une sage-femme pour aider à la grossesse anticipée. Lorsque les princesses arrivèrent à Hyderabad, elles reçurent un accueil somptueux. Elles s'installèrent ensuite dans leurs maisons respectives. Azam Jah et Durrushehvar étaient hébergés à Bella Vista, tandis que Moazzam Jah et Niloufer s'installèrent dans le bâtiment Hill Fort sur Naubhat Pahad.

Azam Jah était l'héritier présomptif du Nizam et était en train d'être formé pour l'avenir. Moazzam Jah fut nommé président du conseil d'amélioration de la ville.

Quelques années plus tard, Durrushehvar donna naissance à un fils, le Prince Mir Barkat Ali Khan Mukarram Jah.

Niloufer, elle aussi, aspirait à avoir un enfant, mais elle ne put jamais concevoir. Son incapacité à concevoir creusa un fossé entre elle et son mari.

Ils avaient toujours des chambres séparées sur des étages différents. Auparavant, ils avaient passé plusieurs vacances à Ooty et au Cachemire.

Pendant la journée, son mari Moazzam Jah s'occupait des affaires du conseil d'amélioration de la ville. Presque chaque soir, il organisait une mushaira où les poètes assistaient et lisaient leur poésie. Le prince Moazzam Jah était lui-même un poète de renom. Ses ghazals se plaignaient des difficultés rencontrées en amour.

Les années passèrent et la princesse Durrushehvar donna naissance à un autre fils, le prince Mir Karamath Ali Khan Muffakham Jah.

Une fois de plus, la princesse Niloufer fut rongée par la culpabilité.

Niloufer aida à l'enterrement du Calife à Médine :

L'historien Arvind Acharya raconte l'histoire de la célèbre princesse d'Hyderabad, la Princesse Niloufer.

La princesse Niloufer, qui était mariée à Moazzam Jah, le deuxième fils du dernier Nizam d'Hyderabad, Mir Osman Ali Khan, aida sa cousine la princesse Durru Shehvar à réaliser son désir de voir son père, le dernier Calife de l'Islam, Abdul Majid II, enterré dans le cimetière attenant à la sainte mosquée de Médine, une décennie après sa disparition. La princesse Durru Shehvar était mariée à Azam Jah, le fils aîné de Mir Osman Ali Khan.

La princesse Niloufer Khanum Farhat est née le 4 janvier 1916 à Istanbul. Sa mère Adile Sultan était la petite-fille du sultan Murad V. Son père, Salahuddin, décéda alors que Niloufer n'avait que deux ans.

Le Mahatma Gandhi eut un grand impact sur la princesse Niloufer :

En 1939, la Seconde Guerre mondiale avait commencé et il y avait de l'austérité dans l'air. L'Inde avait été entraînée dans la guerre du côté britannique.

Le Nizam, en tant qu'allié fidèle du gouvernement britannique, fournit des hommes et du matériel aux forces alliées. La princesse Niloufer participa de tout cœur aux efforts de guerre. Au fur et à mesure que la guerre progressait, elle demanda et reçut une formation pour aider pendant les raids aériens.

À cette époque, sa servante préférée s'absenta de son devoir alors qu'elle était enceinte. Elle ne revint jamais au travail parce qu'elle décéda des suites de l'accouchement.

Choquée par les soins de santé négligés pour les femmes, Niloufer se lança dans un énorme effort pour collecter des fonds pour la protection de l'enfance et la maternité. Au début, elle impliqua les hauts fonctionnaires du gouvernement du Nizam.

Le projet commença à prendre forme. Le terrain fut identifié dans la région de Red Hills, les principaux architectes conçurent l'hôpital et la construction débuta. La princesse Niloufer partit pour Londres auprès de sa mère. La situation à Hyderabad devint plus sombre. Au sein du dominion, il y avait un groupe appelé Razakars qui voulait qu'Hyderabad résiste à de meilleures conditions.

Finalement, l'Union indienne envoya son armée, et en trois jours, le gouvernement du Nizam se rendit.

Niloufer était coincée à Londres, ses amis lui conseillèrent de rester en dehors d'Hyderabad. Coincée dans un pays étranger et avec des ressources limitées, Niloufer avait envie de revenir. Hyderabad était la seule maison qu'elle ait connue. Après plusieurs mois où la situation s'était calmée, elle revint.

La princesse Niloufer alla voir le Nizam, confiné dans son palais de King Koti. Quand Niloufer le rencontra, il ne cessait de répéter : "Hyderabad est fini". Attristée par ce qu'elle avait vu, elle alla voir la construction de l'hôpital.

C'était presque terminé. La princesse Niloufer repartit pour Londres avant l'inauguration de l'hôpital et elle ne revint jamais. L'hôpital est un symbole extraordinaire de son amour et de sa passion pour le bien-être des femmes et des enfants. C'est grâce à ses efforts que de nombreuses femmes ont connu la joie de la maternité.

Au fur et à mesure que Niloufer voyageait entre les continents, elle passait avec aisance des tenues orientales aux occidentales. Non seulement elle drapait les saris avec élégance, mais elle se glissait également dans de belles robes et des robes à épaules dénudées avec la même grâce.

L'exil des Ottomans à Nice et leur généalogie.

Elle portait avec élan des boucles d'oreilles en pierres précieuses, des pendants d'oreille étincelants, des colliers superposés de perles et des bracelets cloutés extravagants. « Aucune hôtesse ne peut faire en sorte que ses invités se sentent plus à l'aise que la princesse Niloufer, ni servir le thé avec plus de charme.

Sa conversation révélait un esprit bien informé, allant de la politique internationale aux styles parisiens, dont elle parlait dans un français parfait à l'épouse italienne de l'autre reporter américain, dont la connaissance de l'anglais était alors rudimentaire.

L'anglais de Niloufer était également impeccable. Ce soir-là, lors de la fête d'anniversaire de sa cousine, la princesse de Berar, Niloufer apparut dans une superbe robe parisienne noire, élégante et charmante, attirant l'attention de tous les hommes présents.

Elle semblait capable de faire sentir à chacun d'eux qu'il était la personne la plus importante de la pièce. C'est, en effet, le charme », rapporta Percy Wood dans The Chicago Tribune en 1949.

Voyage dans le temps : Une enquête généalogique ottomane.

Figure 169 Princess Niloufer of Hyderabad (1916-1989). Paris, March 1947.

Princess Niloufer of Hyderabad (1916-1989).

Paris, March 1947. © Boris Lipnitzki / Roger-Viollet.

(photos : ©Parisienne de Photographie).

L'exil des Ottomans à Nice et leur généalogie.

Elle est maintenant à Paris :

En 1977, la princesse Niloufer vivait dans un appartement à Paris. Un soir, elle sortit de sa chambre et traversa le couloir pour se rendre dans la chambre de sa mère où elle voulait lire un Coran que lui avait donné son ancienne secrétaire, Fathema Ghani. À ce moment-là, une bombe explosa à l'intérieur du bâtiment. Des terroristes algériens avaient voulu assassiner le chef de la compagnie d'électricité française, qui habitait l'appartement en dessous de celui de Niloufer. La bombe éventra la chambre de Niloufer, mais rien ne se passa de l'autre côté du bâtiment.

La princesse Niloufer écrivit dans ses mémoires qu'elle avait été sauvée grâce à sa visite dans la chambre de sa mère pour aller chercher le Coran. La princesse décéda en 1989 et fut enterrée près de Paris.

> *Je me souviens encore des travaux après l'attentat et du désastre dans la salle à manger. Toute la décoration et les peintures étaient à refaire. L'explosion avait détruit une découverte en papier peint rare, un décor magnifique.*

Voici l'histoire de l'attentat : en 1977, la princesse Niloufer vivait dans un appartement à Paris dans le XVIème arrondissement. Un soir, elle sortit de sa chambre et traversa le couloir pour se rendre dans la chambre de sa mère où elle voulait lire un Coran que lui avait donné son ancienne secrétaire, Fathema Ghani.

À ce moment, une bombe explosa à l'intérieur du bâtiment. Les terroristes algériens avaient voulu assassiner le chef de la compagnie d'électricité française, qui vivait dans l'appartement en contrebas de celui de la princesse Niloufer. La bombe déchiqueta la chambre de Niloufer, mais rien ne se passa de l'autre côté du bâtiment. La princesse Niloufer écrivit dans ses mémoires qu'elle avait été sauvée grâce à sa visite dans la chambre de sa mère pour aller chercher ce Coran.

La Bibliothèque

De beaux livres et tous les documents et des lettres historiques, tapissaient cette magnifique bibliothèque de son appartement.

Dès qu'elle le put, la princesse Niloufer écrivit à Nehru une lettre, dont une image est reproduite dans l'article en fin de ce chapitre. Sa lettre est datée du 3 février 1948.

Il fallut 18 jours à Pandit Nehru pour répondre. Naturellement, il était très occupé à la suite de l'assassinat de Gandhiji. Quand il répondit, c'était le 21 février 1948.

Notez que c'était une lettre manuscrite. Reconnaissant sa lettre, Pandit Nehru répondit : « Ma chère princesse, merci pour votre lettre. C'était gentil de votre part de m'écrire. » Continuant au paragraphe suivant, Nehru écrivit : « Le grand silence est descendu sur nous et pourtant il semble plein de sa présence. Il est difficile de se rendre compte qu'il est parti. Inconsciemment, je pense aller le voir pour le consulter sur une question. Peut-être que les grands hommes ne meurent jamais, même si leur corps s'estompe. Ils deviennent une partie de l'esprit et de la vie d'innombrables personnes ».

Il clôtura la lettre en disant : « J'espère que vous allez bien ». Il signa « Sincèrement vôtre, Jawaharlal Nehru ».

L'exil des Ottomans à Nice et leur généalogie.

Sa généalogie :

Vous pouvez la découvrir en fin de ce chapitre sur **Rodovid** et dans ce **livre gratuit page 25**, Genealogy of the Imperial Ottoman Family 2005, et sur ce lien vers ce livre gratuit :
https://archive.org/details/GenealogyOfTheImperialOttomanFamily2005/page/n24/mode/1up?view=theater&q=Nilufer

(Göztepe Palace), Turkey, born 1885 in Istanbul, Turkey, died 26 Dec. 1918 in Istanbul (Göztepe Palace), Turkey. Adile died 6 Dec. 1973 in Paris, France, buried in Paris, France.
1.4.1. Nilüfer , (daughter of Salahaddin Ali MORALIZADE and Adile) born 4 Jan. 1916 in Istanbul (Göztepe Palace), Turkey. She married (1) Shecaat Ali Khan Muazzam Jah , married 20 Dec. 1921 in Nice, France, annulled 1952, born 22 Dec. 1907. She married (2) Edward Julius POPE. Nilüfer died 12 June 1989 in Paris, France, buried in Paris, France.

Figure 170 Livre sur généalogie de la Hanedan détail sur la Princesse Nilufer.

https://gw.geneanet.org/pierreerol_w?lang=fr&n=nn&p=tevhide&oc=1&type=tree&

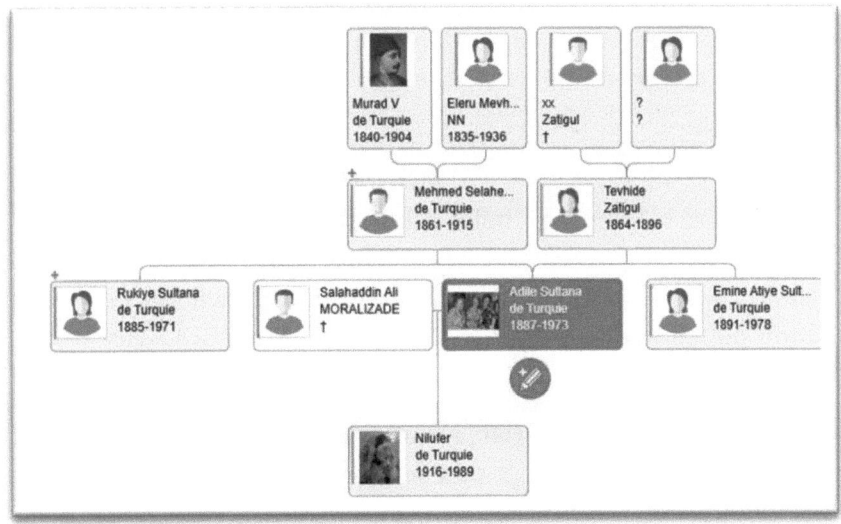

Figure 171 Arbre de Princesse Nilufer.

Voyage dans le temps : Une enquête généalogique ottomane.

La Dame de Compagnie de la Princesse Nilüfer :

J'ai connu une dame de compagnie indienne assez âgée qui pourrait être Fathema ABDUL, mais je n'ai aucune certitude. Il faudrait que je pose la question à mes contacts pour confirmer ce point.

Arvind Acharya va éditer un livre sur la Princesse Niloufer. Il m'a contacté début mai 2024. Je vais lui poser la question afin de clarifier l'identité de cette dame de compagnie.

Figure 172 Fathema de Princesse Nilüfer

La princesse Niloufer, belle-fille du dernier Nizam d'Hyderabad, a laissé une empreinte indélébile dans l'histoire. Bien qu'elle ait quitté Hyderabad peu après l'action policière de 1948, elle n'a jamais rompu ses liens avec l'Inde.

Son amitié avec Jawaharlal Nehru en est un exemple marquant. Après l'assassinat de Gandhi, elle lui écrivit une lettre émouvante :

« Cher Pandit, vous avez entendu et lu le cri de tant de millions de cœurs – vous avez peut-être ressenti plus que quiconque ce grand silence qui a créé le vide et la solitude après sa disparition. »

Leur correspondance s'est poursuivie, même pendant les élections, et Nehru lui a répondu chaleureusement :

« Vous serez toujours la bienvenue ici chaque fois que vous voudrez venir. »

Les bijoux et les fantasmes :

Le Naulakha et autres bijoux célèbres :

Naulakha, signifiant littéralement « neuf lakh » (ou neuf cent mille roupies) en hindi, était le nom donné aux colliers des reines dans les contes populaires de l'Inde du Nord, un « bijou sans prix », selon la traduction de Kipling.

Les ventes aux enchères historiques :

Londres a récemment été le cadre d'une vente aux enchères historique, établissant un nouveau record pour le prix d'un bijou orné d'émeraudes. Le 21 juin, chez Christie's, le célèbre collier Harcourt a été vendu pour 1 700 000 livres au joaillier Lawrence Graff. Ce collier exceptionnel, composé de treize émeraudes totalisant 162,19 carats et de trente-neuf diamants, fut monté par Cartier en 1920 pour la vicomtesse Harcourt.

Les bijoux de la famille royale d'Hyderabad :

La princesse Niloufer, mariée à Moazzam Jah, deuxième fils du dernier Nizam d'Hyderabad, portait peu de bijoux. Ses favoris étaient ses boucles d'oreilles en perles et le collier de perles à sept brins.

Voyage dans le temps : Une enquête généalogique ottomane.

Le **Nizam Diamond**, un diamant célèbre pesant actuellement 277,80 carats, fut découvert en 1857 dans la mine Kollur de la zone de Golconda. Il se trouve actuellement dans une collection privée indienne.

Les collections de bijoux du Nizam, comprenant 173 pièces, avaient une valeur estimée à 200 millions de livres. Elles ont été achetées par le gouvernement indien en 1995 pour 33 millions de livres. Le bijou le plus célèbre est le **diamant Jacob**, pesant 184,79 carats et valant 50 millions de livres. La collection comprend également un magnifique collier de perles à sept cordes, connu sous le nom de "satlada".

Le Nizam a offert un collier en diamant à la reine Elizabeth II comme cadeau de mariage, appelé "**Le collier Nizam d'Hyderabad**".

Une exposition exceptionnelle :

Le trésor historique du Nizam a été exposé au Musée national de New Delhi après 12 ans. L'exposition, intitulée **"Jewels of India: la collection de bijoux du Nizam"**, présentait le diamant Jacob et 173 autres joyaux précieux.

Figure 173 Jacob Diamond, di 184,75 carati

L'exil des Ottomans à Nice et leur généalogie.

Un différend persiste entre **Esra**, la veuve héritière de la famille royale, et le gouvernement, qui considère le trésor comme un patrimoine national inestimable, qui ne devrait pas être vendu aux enchères. En fait, les bijoux ont une valeur historique.

Tout a commencé en 1948, après l'adhésion de l'État d'Hyderabad au nouvel État indien en 1948, après l'indépendance de la Grande-Bretagne. Après l'annexion du royaume par l'Inde, Nizam et ses héritiers ont été interdits par le gouvernement indien. Les héritiers ont été contraints de vendre les bijoux à un prix très réduit et confiés à des fiducies. Mais après la mort **d'Azam Jah**, en 1970, les fiducies ont décidé de vendre les bijoux. Et à partir de ce moment, la bataille juridique avec le gouvernement a commencé. Maintenant, cependant, l'exposition organisée au Musée national vous permet d'observer de près les joyaux.

Figure 174 Pendente con diamante Golconda e perla.

Voyage dans le temps : Une enquête généalogique ottomane.

Les bijoux Nizam un trésor national indien :

Composition et origine des pierres précieuses. **Les bijoux Nizam sont sertis de pierres précieuses exceptionnelles :**

- Diamants Golconda fabuleux (mines aujourd'hui épuisées),
- Émeraudes de Colombie,
- Rubis et spinelles,
- Perles de Birmanie et de Bassorah.

Ces bijoux somptueux suivent l'esthétique et le design indiens traditionnels, particulièrement appréciés par le septième Nizam, Mir Osman Ali Khan.

Acquisition par le gouvernement indien :

Mir Osman Ali Khan a créé les Jewellery Trusts, permettant au gouvernement indien d'acquérir ces bijoux pour la nation.

Variété de la collection :

La collection comprend une grande variété de pièces :

- Sarpechs (ornements de turban),
- Colliers,
- Ceintures et boucles,
- Bracelets,
- Boucles d'oreilles,
- Bagues pour les orteils et les mains,
- Montres de poche et chaînes de montres,
- Boutons et boutons de manchette.

Exposition publique :
L'exposition était ouverte au public jusqu'au 5 mai 2019.

L'exil des Ottomans à Nice et leur généalogie.

Les mines de Golconda :

Aujourd'hui, les mines légendaires de Golconda sont réputées pour avoir produit les plus gros diamants au monde, notamment :

- Le Hope, Le Pitt, Le Kohinoor, Le Darya-i-Noor,
- Le diamant Jacob de 187 carats (le septième plus gros au monde, pesant 37 grammes).

Figure 175 Le Nizam.

Voyage dans le temps : Une enquête généalogique ottomane.

SOURCE ET URL :

La généalogie de la princesse Nilufer Hanımsultane (Osman, Khanum Sultan Farhat Begum Sahiba) :
https://en.rodovid.org/wk/Person:1455044

https://gw.geneanet.org/pierreerol_w?lang=fr&p=nilufer&n=de+turquie&oc=0&type=tree

The rich legacy of Nizams | The rich legacy of Nizams (Niloufer Hospital) :
https://www.deccanchronicle.com/140601/lifestyle-offbeat/article/rich-legacy-nizams

https://archive.siasat.com/news/history-niloufer-hospital-1912510/

"Genealogy of the Imperial Ottoman Family 2005" de Jamil ADRA : téléchargement gratuits :
https://archive.org/details/GenealogyOfTheImperialOttomanFamily2005/page/n25/mode/1up?q=Nilufer&view=theater

Doğan - Dürrüşehvar Sultan'ın Hatıratı | Cemil Kutlutürk :
https://www.academia.edu/106872994/Do%C4%9Fan_D%C3%BCrr%C3%BC%C5%9Fehvar_Sultan%C4%B1n_Hat%C4%B1rat%C4%B1?email_work_card=title

1931 Dürrüşehvar Sultan Marries Azam Jah (Silent) - YouTube Film tourné à Nice :
https://www.youtube.com/watch?v=GwrCh_IDvTY

L'exil des Ottomans à Nice et leur généalogie.

La fille du dernier calife raconte ses expériences dans la nuit du 3 mars 1924, lorsque le califat a été aboli :
https://www.haberturk.com/yazarlar/murat-bardakci/1050938-son-halifenin-kizi-hilfetin-kaldirildigi-3-mart-1924-gecesi-yasadiklarini-anlatiyor

L'unique film on Princess Niloufer :
https://archive.siasat.com/news/unique-film-princess-niloufer-released-1293659/

Le Mahatma Gandhi a eu un grand impact sur la princesse Niloufer
https://www.deccanchronicle.com/current-affairs/170116/revealed-mahatma-gandhi-had-big-impact-on-princess-niloufer.html

Love, loss and longing: The journey of a Princess | Hyderabad News - Times of India (indiatimes.com) :
https://timesofindia.indiatimes.com/city/hyderabad/Love-loss-and-longing-The-journey-of-a-Princess/articleshow/50468726.cms

Hyderabad: Mahatma Gandhi did meet Niloufer, Dürrüşehvar on ship | Hyderabad: Mahatma Gandhi did meet Niloufer, Dürrüşehvar on ship :
https://www.deccanchronicle.com/nation/current-affairs/011019/hyderabad-mahatma-gandhi-did-meet-niloufer-durrushehvar-on-ship.html

Princess Niloufer's fascinating brooch :
https://www.deccanchronicle.com/lifestyle/viral-and-trending/040117/princess-niloufers-fascinating-brooch.html

https://www.deccanchronicle.com/lifestyle/viral-and-trending/040117/princess-niloufers-fascinating-brooch.html

Voyage dans le temps : Une enquête généalogique ottomane.

La Bague de Princesse Niloufer.

https://www.erolgiraudy.eu/search/label/bague

Nizam

Les diamants les plus gros du monde :

https://www.madeinjoaillerie.fr/guide/les-diamants-les-plus-gros-du-monde/

Joyaux des Nizams d'Hyderabad :

https://fr.abcdef.wiki/wiki/Jewels_of_the_Nizams_of_Hyderabad

Le trésor de Nizam

https://gioiellis.com/fr/le-tresor-de-nizam/

La vie tumultueuse du dernier Nizam d'Hyderabad :

https://lepetitjournal.com/bombay/comprendre-inde/vie-dernier-nizam-hyderabad-304465

Les joyaux de l'Inde sous l'Empire Moghol :

https://propertyofalady.fr/2016/03/24/les-joyaux-de-linde-sous-lempire-moghol/

Figure 176 Armoirie Ottomane.

L'exil des Ottomans à Nice et leur généalogie.

Voyage dans le temps : Une enquête généalogique ottomane.

Chapitre 15 – S.A.I. la Princesse Fevziye OSMANOĞLU :

Elle était l'arrière-petite-fille de S.A.I. le sultan Abdul Mejid Khan, épouse de Mohamed-Hussein Khaïry Bey, belle-fille de S.H. Mahmoud Khaïry Pacha et de la princesse Kadria Hussein.

Elle était membre et alliée de la famille impériale ottomane et de la famille royale d'Égypte.

Mon épouse et moi avons passé d'excellents moments avec elle et sa mère à Paris.

Figure 177 SAI La Princesse Fevzier OSMANOGU notre Tante.

L'exil des Ottomans à Nice et leur généalogie.

J'ai de nombreux souvenirs de soirées avec notre tante, notamment :

Dans un cabaret russe de Paris avec son frère, nous avons passé une soirée mémorable. Il parlait russe couramment. Dans Paris, elle avait une manière de conduire unique ; il fallait rester « zen » avec elle au volant.

Combien de déjeuners avons-nous partagés dans son quartier du XVIème à Paris, et que de rigolades et d'excellents souvenirs !

Ma tante aimait beaucoup Martine, mon épouse. Son gardien d'immeuble lui a rendu mille et un services ; elle lui a donné sa Mercedes à la fin de sa vie. Il la méritait bien.

Ses albums de photos et ses nombreux souvenirs se sont évaporés, mais pas pour tout le monde. De temps en temps, nous les regardions. Il y avait des photos d'elle à Nice quand elle était enfant, d'autres avant son départ en Égypte, puis bien entendu de nombreuses photos en Égypte.

J'ai souvent rencontré Seifoulline, son père adoptif. Je l'ai bien connu, c'était un monsieur charmant.

Son retour de Grèce avec la princesse Hayriye, notre arrière-grand-mère, a été pour le moins délicat. La princesse Fevziye avait dû affréter un avion privé afin de rapatrier sa mère qui était gravement malade. Il a fallu l'accompagner et l'aider. Martine, mon épouse, nous avait beaucoup soutenus, notamment pour les nombreuses démarches administratives. L'enterrement de la princesse Hayriye s'est déroulé dans une stricte intimité.

Voyage dans le temps : Une enquête généalogique ottomane.

La fin de vie de la princesse Fevziye a été difficile. Elle est tombée malade, puis elle est rentrée chez elle à Paris, mais malheureusement la maladie d'Alzheimer l'a rattrapée.

S.A.I. la princesse Fevziye Osmanoğlu était née le 6 décembre 1928. Elle avait travaillé à Paris au siège de l'UNESCO. S.A.I. la princesse Fevziye Sultane était la deuxième en âge parmi 14 sultanes ottomanes vivantes.

Elle était la plus jeune enfant d'İbrahim Tevfik Efendi, le fils de Mehmed Burhaneddin Efendi, l'un des fils du sultan AbdülMedjid Han.

Les funérailles de S.A.I. la princesse Fevziye Sultane ont été célébrées à la Grande Mosquée de Paris. La princesse, née à Paris en 1928, a ensuite été inhumée au cimetière musulman de Thiais.

Figure 178 S.A.I. la princesse Fevziye OSMANOĞLU et Méliké.

L'exil des Ottomans à Nice et leur généalogie.

S.A.I. la princesse Fevziye Sultan est décédée à l'âge de 85 ans à Paris (le 7 avril 2014), où elle était née et avait vécu en exil en tant que membre de la famille ottomane.

Elle a été enterrée à côté de sa mère, décédée en 2001, au cimetière musulman du Val-de-Marne à Thiais, en banlieue de Paris.

Son arbre généalogique :

S.A.I. la princesse Fevziye Osmanoğlu Sultane. Naissance : 28 oct. 1928, Paris, Île-de-France, France Décès : 7 avr. 2014 (à l'âge de 85 ans), Paris, Île-de-France, France sur **Rodovid**.

Cet arbre contient : 1471 familles avec 5027 personnes dans 597 lignées, 2331 de ces personnes sont apparentées par le sang ; 658 familles avec 570 personnes sont cachées.

Sépulture :

Cimetière de Thiais, Thiais, Département du Val-de-Marne, Île-de-France, France - Mémorial n° : 175552178

- Membres de la famille : Parents :
- Ibrahim Tevfik Efendi (1874-1931)
- Hayriye Seifoulline (1914-2001)
- Demi-frères et demi-sœurs :
- Burhaneddin Cem (1920-2008)
- Osman Bayezid Osmanoğlu (1924-2017)

Sur « Find a Grave » :

Base de données et images de son mémorial (28 oct. 1928 – 7 avr. 2014). Cimetière de Thiais, Département du Val-de-Marne, Île-de-France, France n° 175552178.

Voyage dans le temps : Une enquête généalogique ottomane.

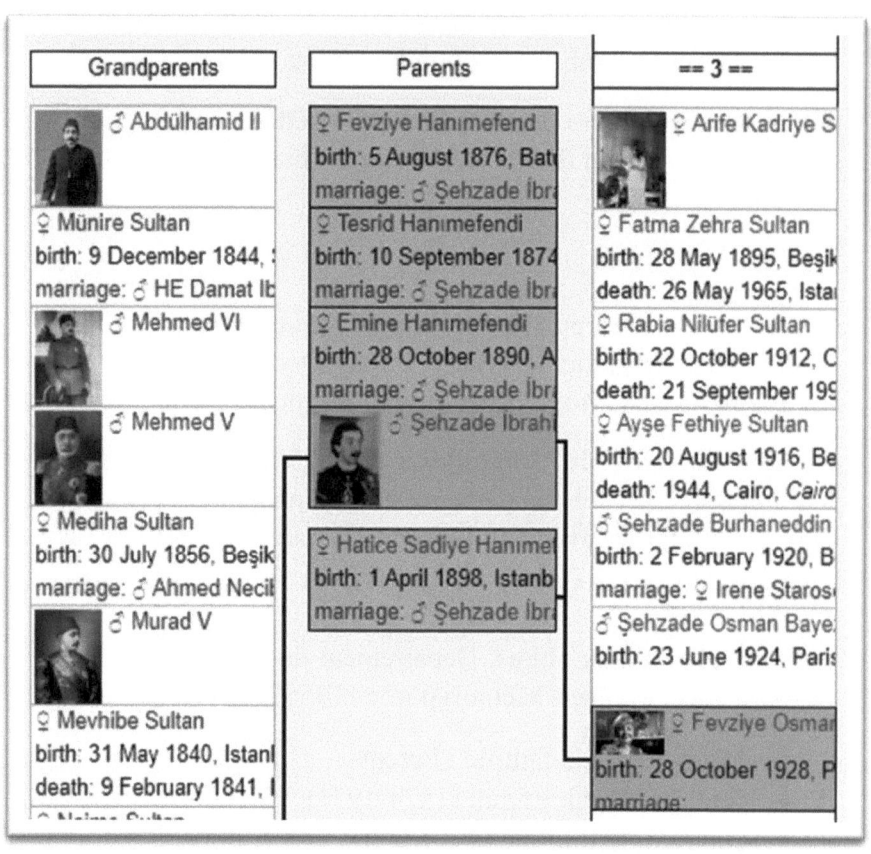

Figure 179 Arbre S.A.I. la princesse Fevziye OSMANOĞLU.

Décès de Son Altesse Impériale la princesse Fevziye Osmanoğlu :

Son Altesse Impériale la princesse Fevziye Osmanoğlu est décédée le lundi 7 avril 2014 à Paris, à l'âge de 85 ans. Arrière-petite-fille du sultan AbdülMedjid, Fevziye Sultane était née le 28 octobre 1928 à Paris.

L'exil des Ottomans à Nice et leur généalogie.

Elle avait conservé sa nationalité turque. Le gouvernement turc a immédiatement envoyé ses condoléances à la famille impériale ainsi qu'une couronne de fleurs.

La princesse était la sœur du prince Bayezid Osman Efendi, 44e chef de la maison impériale ottomane depuis 2009.

Ils étaient les enfants du prince Ibrahim Tevfik, lui-même fils du prince Mehmed Burhaneddin, fils du sultan AbdülMedjid Ier. La succession dans la maison impériale se fait de mâle en mâle, et c'est l'aîné des princes impériaux qui devient chef de la dynastie à la mort du précédent chef.

Quelques précisions :

Fevziye Sultane avait épousé un fils de la princesse Kadria d'Égypte, fille du **sultan Hussein Kamel** et de la **sultane Melek**.

Sa belle-famille :

Le prince Bayezid (III) **Osman Bayezid Osmanoğlu** est le 44e chef de la maison impériale ottomane depuis le 23 septembre 2009, date du décès du prince **Ertuğrul Osman**. Dans cette famille impériale, le prince le plus âgé succède à celui qui vient de mourir. Né à Paris le 23 juin 1924, il est célibataire et sans enfant. Il est le deuxième fils du contre-amiral Son Altesse Impériale le prince Ibrahim Tevfik.

Il est le premier chef de la famille impériale à être né en exil. Il a vécu avec ses parents à Paris, puis après leur séparation et la mort de son père, avec sa mère, Khadija Sadiya (Khanum Effendi, titre des épouses officielles des princes impériaux), fille de Son Excellence l'amiral Mahmoud Bakhri Pacha. Remariée, il a vécu aux États-Unis, où il a servi comme officier dans l'armée américaine et a travaillé dans une bibliothèque de New York, comme traducteur et au profit des retraités.

Sa sœur, qui vient de mourir le 7 avril, issue du même mariage, Son Altesse Impériale la princesse Fevziye (Fawzia), née à Paris le 6 décembre 1928, a épousé au Caire en 1951 Son Altesse le Damad (titre des époux des princesses impériales) **Mohamed-Hussein Khaïri** (ou Hayri) Bey Effendi (on ajoute Bey Effendi au nom des maris et des fils des princesses impériales), né le 22 décembre 1924.

Il fut aidé de camp du **sultan Hussein Kamil d'Égypte**, sénateur, président de la Pinto Cotton Co., de l'Industrie Fibres Textiles, de General Chemical Co., etc. Il était le fils de Son Excellence Xerxès Mahmoud Khaïri (ou Hayri) Pacha, et de son épouse, née Son Altesse Sultanique (depuis le 11 octobre 1917) la princesse Kadria Hussein (Khanum Effendi), écrivaine et biographe en turc et en français, troisième fille de **Son Altesse Hussein Kamil**, sultan d'Égypte, souverain de Nubie, du Soudan, de Kordofan et du Darfour. Il ne semble pas qu'ils aient eu d'enfants

(cf. Christopher Buyers, The Imperial House of Osman: Genealogy. The Royal Ark, et Hugh Montgomery-Massingberd, Burke's Royal Families of the World. Volume II : Africa & the Middle East. Londres 1980).

Le mari de la princesse a disparu en Égypte après le coup d'État du colonel Nasser en 1952 et aurait probablement été tué. La princesse Fevziye n'a jamais refait sa vie. Le sort de son mari, le prince Mahmud Hüseyin Khayri, est resté inconnu. Il a été accusé d'être impliqué dans le coup contre la nouvelle république.

L'exil des Ottomans à Nice et leur généalogie.

D'autres membres de la famille impériale ottomane ont également été faussement accusés, parmi eux le prince Namık Efendi (petit-fils du Sultan Mehmed V) qui est décédé en prison en Égypte.

C'est une histoire dont on a beaucoup parlé dans ma famille en 1956, j'en ai un souvenir lointain. À cette époque, cela me semblait assez « étrange », mais bien entendu, maintenant toute cette affaire est claire pour moi.

En 1951, Fevziye épousa l'officier de l'armée de l'air Muhammad Hussein Khayri Bey, le fils de la princesse égyptienne Kadria Hussein et de Mahmoud Khayri Pacha. Khayri Bey a ensuite été accusé d'avoir participé au complot de 1956 visant à renverser le président Gamal Abdel Nasser. Il fut arrêté et n'a jamais été revu depuis.

Son activité professionnelle :

Elle a longtemps travaillé pour l'UNESCO à Paris. Après son deuxième exil, l'égyptien, elle avait repris des études en journalisme et a toujours souhaité mener une vie très discrète à Paris.

Elle était élégante, d'une grande courtoisie et aimait jouer aux cartes avec ses amis. Ses derniers mois ont cependant été marqués par la maladie d'Alzheimer.

La famille impériale a été prévenue tardivement du décès, des obsèques à Paris et de son enterrement au cimetière de Thiais. Le chef de la famille impériale, frère de la défunte, n'a pas eu le temps d'arriver.

Voyage dans le temps : Une enquête généalogique ottomane.

Les funérailles ont été organisées par la famille égyptienne, et spécialement par Madame Myra Mahdy Daridan, auteur et chercheuse spécialiste de l'Égypte, ancienne membre du Conseil économique, social et environnemental, petite-fille de Mahmoud Pacha Khaïry et nièce de l'époux de la princesse.

Voici un article de Murat Gökhan Bardakçı sur la princesse Kadriye :

« Permettez-moi d'écrire brièvement sur la princesse Kadriye, dont il n'existe que peu d'études hormis une thèse et quelques articles publiés en Turquie :

Elle était une descendante de **Kavalalı Mehmed Ali Pacha**, fille de **Hüseyin Kâmil Pacha** et de la **Sultane Melek**. Son père fut placé sur le trône par les Britanniques avec le titre de « Sultan » en remplacement d'Abbas Hilmi Pacha, le dernier khédive d'Égypte, déposé en décembre 1914 au début de la Première Guerre mondiale. Née au Caire en 1885, elle a vécu principalement à Istanbul et en Europe, avant de mourir au Caire en 1954.

Bien que son père soit monté sur le trône d'Égypte sous la pression des Britanniques, la princesse Kadriye est restée à Istanbul pendant la Première Guerre mondiale. Elle a été l'un des importants soutiens du Croissant ottoman (Croissant-Rouge), et a même travaillé comme infirmière bénévole dans les hôpitaux où étaient soignés les anciens combattants de Çanakkale.

La princesse Kadriye a commencé sa carrière d'écrivaine dans sa jeunesse en envoyant des poèmes et des contes de

L'exil des Ottomans à Nice et leur généalogie.

fées, puis des articles philosophiques et sociologiques liés aux femmes, avant de publier des livres. Elle a publié des ouvrages tels que « Mehâsîn-i Hayat », « What I am », « Temevvücât-ı Efkâr », « An Important Night » et « Muhadderât-ı İslâm ».

« Muhadderât-ı İslâm », qui signifie « les femmes voilées et honnêtes de l'Islam », a été l'un des premiers ouvrages écrits sur ce sujet en turc.

La princesse a soutenu le Kuva-yi Milliye pendant la guerre d'indépendance turque. En 1921, elle s'est rendue à Ankara et a eu de longues réunions avec Mustafa Kemal Pacha. Selon les rumeurs dans la famille royale égyptienne, il y aurait même eu un rapprochement inattendu entre eux !

Kadriye Hüseyin a publié ses observations d'Ankara et ses rencontres avec Mustafa Kemal Pacha la même année en français sous le titre « Lettres d'Angora la Sainte : Avril-Juin 1921 » en Italie. L'année suivante au Caire, la version arabe de l'ouvrage a été publiée sous le nom de « Resâ'il Ankara al-Mukaddese ». Le livre a été traduit en turc par Cemile Sahir Hanım (Sılan) en 1922 sous la direction de Mustafa Kemal Pacha sous le nom de « Mukaddes Ankara'dan Mektuplar », et est toujours publié.

La princesse égyptienne vivait dans son propre manoir à Istanbul, mais elle a décidé de ne pas le laisser à ses héritiers en raison de problèmes familiaux dans ses dernières années. Elle l'a donné aux religieuses d'une école de filles française à Istanbul. Ce manoir, connu aujourd'hui comme le manoir Huber, est maintenant l'un des bureaux de la présidence à Istanbul !

Les dernières années de la princesse Kadria ont été difficiles au Caire. Ses biens ont été confisqués immédiatement après le coup d'État de 1952, y compris ses effets personnels et sa bibliothèque.

La princesse est décédée en 1954, mais le sort de son fils a été encore plus tragique.

Mohammed Hussein Hayri, qui avait épousé Fevziye Sultan, l'une des petites-filles du sultan AbdülMedjid, au Caire en 1949, a été arrêté en 1956 pour avoir prétendument appartenu à un groupe qui se préparait à assassiner Gamal Abdel Nasser.

Bien qu'on ait appris qu'il avait été secrètement exécuté, Fevziye Sultan n'a jamais accepté la mort de son mari et l'a attendu jusqu'à la fin de sa vie en avril 2014.

La princesse Kadriye Hüseyin avait l'habitude d'envoyer ses livres publiés à presque tous les écrivains d'Istanbul et de conserver leurs réponses dans une collection intitulée « Lettres de collègues ».

Cette collection, confisquée lors du coup d'État de 1952, a été retrouvée et achetée par un membre de la famille royale lors d'une vente de rue au Caire, puis donnée à un parent à Istanbul.

Ces « lettres de collègues » comprennent la correspondance de nombreux noms célèbres de la littérature turque du début du 20e siècle, ainsi que du romancier français **Pierre Loti**.

Kadriye Hussein était une femme de lettres ottomane, comme Nigâr, Fatma Âliye, Halide Edip et d'autres écrivaines de l'époque impériale.

L'exil des Ottomans à Nice et leur généalogie.

À l'occasion de la « Journée internationale de la femme », il est important de rappeler l'existence de cette écrivaine remarquable nommée « **Kadriye Hüseyin** » aux chercheurs, féministes et militants des droits des femmes. »

Figure 180 S.A.I. Fevziye SULTANE princesse OSMANOĞLU.

La belle-fille de la princesse **Kadriye Hüseyin**, était la princesse Fevziye Sultane (ma tante), décédée en 2014 chez elle à Paris.

451

Voyage dans le temps : Une enquête généalogique ottomane.

SOURCE ET URL :

Extrait de l'article de Murat Gökhan Bardakçı :
https://www.haberturk.com/yazarlar/murat-bardakci/3012712-kadinlarin-bile-unuttugu-cok-onemli-bir-kadin-yazari-prenses-kadriye-huseyini-takdim-ederimcok-onemli-bir-kadin-yazari-prenses-kadriye-huseyini-takdim-ederim

Son arbre généalogique sur Geneanet :
https://gw.geneanet.org/pierreerol_w?lang=fr&n=Osmanoğlu&oc=0&p=fevziye&type=tree

SAI Princesse Fevziye Osmanoğlu Sultane Rodovid. :
https://en.rodovid.org/wk/Person:875672

Princesse Fevziye Osmanoğlu - Recherche Images :
https://www.bing.com/images/search?q=princesse+fevziye+osmano%c4%9flu&qpvt=Princesse+Fevziye+OSMANO%c4%9eLU&form=IGRE&first=1

https://en.wikipedia.org/wiki/Fevziye_Sultan

Fevziye Osmanoğlu (1928-2014) - Mémorial Find a Grave :
https://fr.findagrave.com/memorial/175552178/fevziye-Osmanoğlu

L'arrière-petite-fille du sultan Abdülmecit, a été enterrée à Paris :
https://www.haberler.com/sultan-abdulmecit-in-torununun-kizi-fevziye-5895887-haberi/).

L'exil des Ottomans à Nice et leur généalogie.

Funérailles de la princesse Fevziye Sultane :
http://www.noblesseetroyautes.com/funerailles-de-la-princesse-fevziye-sultane/

Kadria Hussein :
https://en.wikipedia.org/wiki/Kadria_Hussein

Khedivate d'Égypte :
https://en.wikipedia.org/wiki/Khedivate_of_Egypt

Melek Tourhan :
https://en.wikipedia.org/wiki/Melek_Tourhan

Figure 181 Armoirie Ottomane.

Voyage dans le temps : Une enquête généalogique ottomane.

Chapitre 16 -S.A.I. la Princesse KADRIYE notre grand-mère :

Notre grand-mère, la princesse **Kadriye OSMAN** (**Arife Kadriye Sultane**, 24 mars 1895 - 5 avril 1933), est morte jeune d'une maladie pulmonaire.

Figure 210 Princesse Arife Kadriye Sultane.

L'exil des Ottomans à Nice et leur généalogie.

Ses Parents :

Le Prince **İbrahim Tevfik Efendi** [Osman], né le 24 septembre 1874, décédé le 31 décembre 1931. La Princesse **Fevziye Hanımefendi**, née le 5 août 1876, décédée le 7 juillet 1898.

Arife a épousé **Fenarizade Mehmed Raşid** le 13 décembre 1914 au palais Nişantaşı.

Le 6 février 1923, elle a donné naissance à **Méliké Hanımsultane** à Istanbul, suivie par **Emire Hanımsultane**, née le 7 décembre 1927 à Nice, France.

Lors de l'exil de la famille impériale en 1924, Kadriye Sultan était malade et a donc été autorisée à rester dans la capitale jusqu'à son rétablissement.

Hatice Sultan, la fille du sultan Murad V, partageait également un manoir avec elle, qui servait d'école primaire. Après son rétablissement, elle, son mari et ses filles ont été exilés en Autriche, puis à Nice, en France.

Arife était pianiste et pendant l'exil, elle jouait du piano pour subvenir aux besoins financiers de la famille.

Elle a également composé diverses œuvres pour le piano. Arife s'est liée d'amitié avec une dame suisse, Rose Keller, qui était en France pour ses études, et les deux sont restées liées jusqu'à la mort d'Arife.

Voyage dans le temps : Une enquête généalogique ottomane.

Évènements :

Le 24 mars 1895 naissance: Beşiktaş, Yıldız Palace, Istanbul, Empire ottoman.

En février 1923 naissance enfant: Istanbul, ♀ Méliké Osman (Princesse) [Osman]. 23 août 1923.

En décembre 1927 naissance enfant: Nice (06), ♀ Emiré Osman [Osman] . 7 décembre 1927 5 avril 1933 décès: Nice (06).

> *Arife Kadriye est décédé de la tuberculose le 5 avril 1933 à l'âge de trente-huit ans à Nice, et y a été enterré.*
>
> *Avant sa mort, Arife a demandé à Rose qu'après sa mort, elle épouserait son mari, afin que ses enfants ne soient pas privés de l'amour de leur mère, puis respectant sa dernière volonté, Rose a épousé Mehmed Raşid.*
>
> *La famille s'installe alors en Suisse. (bien entendu, malheureusement je ne l'ai jamais connue).*

L'arbre généalogique des grands-parents aux petits-enfants :

J'ai effectué sur Rodovid un important travail de publication et d'ajout de photos concernant Arife Kadriye Sultane, née le 24 mars 1895 et décédée le 5 avril 1933.

L'exil des Ottomans à Nice et leur généalogie.

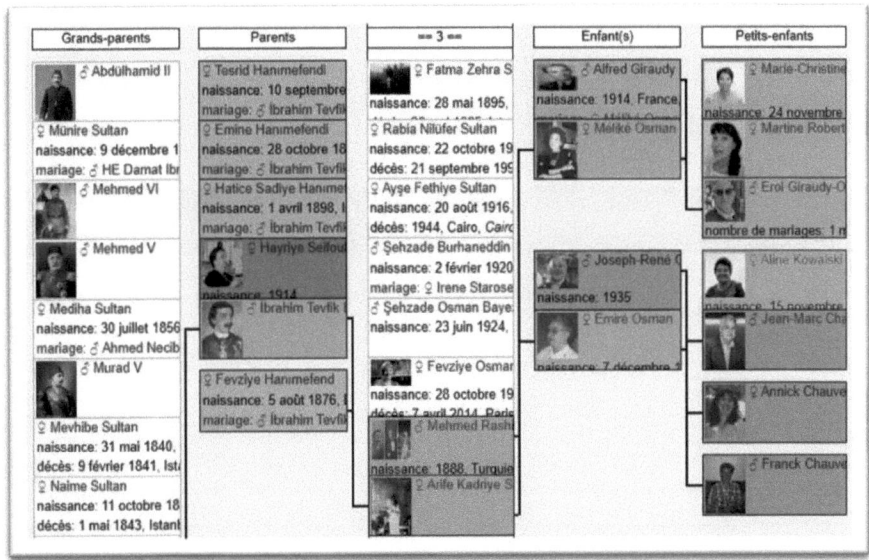

Figure 182 Arbre généalogique incluant notre descendance des grands-parents aux petits-enfants.

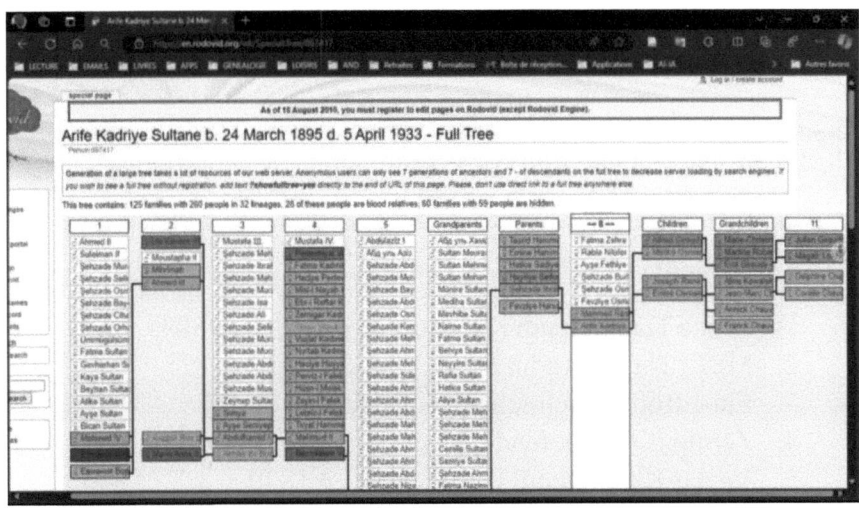

Figure 183 Arbre généalogique incluant notre descendance des grands-parents aux petits-enfants.

Voyage dans le temps : Une enquête généalogique ottomane.

Şehzade İbrahim Tevfik Efendi b. 24 September 1874 d. 31 December 1931 :

Notre aïeul Mahmud II :

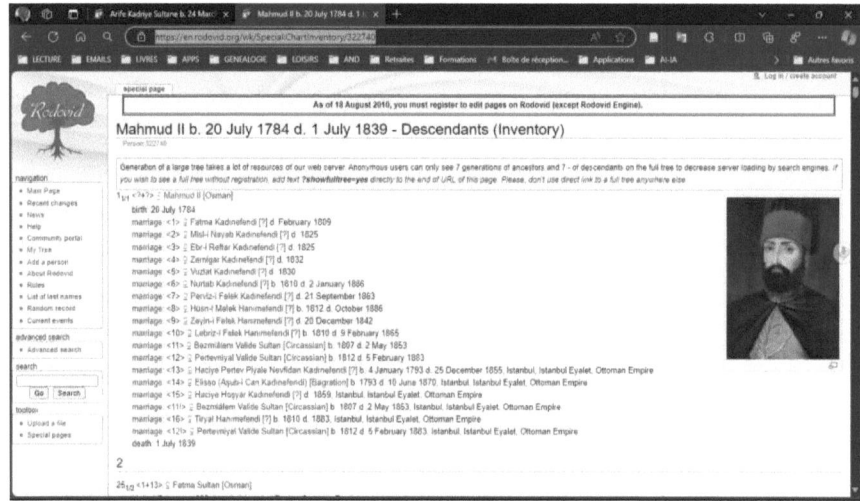

Figure 184 Arbre généalogique incluant notre aïeul le sultan Mahmud II.

Le Sultan Mahmud II, est né le 20 juillet 1784, il est décédé le 1er juillet 1839 son arbre généalogique est sur Rodovid (voir le lien à la fin de ce chapitre).

Le Sultan a eu 16 épouses :

1. Fatma Kadınefendi [?], décédée en février 1809
2. Misl-i Nayab Kadınefendi [?], décédée en 1825
3. Ebr-i Reftar Kadınefendi [?], décédée en 1825
4. Zernigar Kadınefendi [?], décédée en 1832
5. Vuzlat Kadınefendi [?], décédée en 1830
6. Nurtab Kadınefendi, née en 1810, décédée le 2 janvier 1886

L'exil des Ottomans à Nice et leur généalogie.

7. Perviz-i Felek Kadınefendi [?], décédée le 21 septembre 1863
8. Hüsn-i Melek Hanımefendi, née en 1812, décédée en octobre 1886
9. Zeyin-i Felek Hanımefendi [?], décédée le 20 décembre 1842
10. Lebriz-i Felek Hanımefendi, née en 1810, décédée le 9 février 1865
11. Bezmiâlem Valide Sultan [Circassienne], née en 1807, décédée le 2 mai 1853
12. Pertevniyal Valide Sultan [Circassienne], née en 1812, décédée le 5 février 1883
13. Haciye Pertev Piyale Nevfidan Kadınefendi, née le 4 janvier 1793, décédée le 25 décembre 1855 à Istanbul, Eyalet d'Istanbul, Empire ottoman
14. Elisso (Aşub-i Can Kadınefendi) [Bagration], née en 1793, décédée le 10 juin 1870 à Istanbul, Eyalet d'Istanbul, Empire ottoman
15. Haciye Hoşyar Kadınefendi [?], décédée en 1859 à Istanbul, Eyalet d'Istanbul, Empire ottoman
16. Tiryal Hanımefendi, née en 1810, décédée en 1883 à Istanbul, Eyalet d'Istanbul, Empire ottoman

Figure 185 Le sultan Mahmud II et ses 12 épouses.

Voyage dans le temps : Une enquête généalogique ottomane.

La généalogie féminine dans l'Empire ottoman est en effet complexe, en particulier en ce qui concerne les concubines. Plusieurs facteurs contribuent à cette complexité :

Statut des femmes : Dans l'Empire ottoman, le statut des femmes variait considérablement. Par exemple, au XVIIe siècle, les femmes de l'Empire ottoman étaient largement exclues de la vie religieuse.

Rôle des concubines : Beaucoup de ces femmes étaient des concubines, ce qui complique la traçabilité de leur lignée. Les concubines étaient souvent des esclaves ou des femmes de rang inférieur, et leurs enfants pouvaient ne pas être reconnus comme héritiers légitimes.

Nationalisme et changements sociaux : Avec l'augmentation des mouvements nationalistes dans l'Empire, le système multifacette du millet sous l'Empire ottoman s'est désintégré en entités autonomes. Cela a entraîné des changements dans la structure sociale et a probablement affecté la documentation et la traçabilité des lignées familiales.

Pratiques de documentation : Les grandes familles de dignitaires pratiquaient peu la généalogie, bien que les Ottomans accordassent une grande importance aux chaînes de transmission.

Ces facteurs combinés rendent la généalogie féminine dans l'Empire ottoman particulièrement difficile à retracer. Cependant, malgré ces défis, l'étude de la généalogie féminine dans l'Empire ottoman offre un aperçu précieux de la structure sociale, des rôles de genre et des dynamiques de pouvoir de l'époque.

L'exil des Ottomans à Nice et leur généalogie.

Source et URL :

Arife Kadriye Osman Osmanoğlu son arbre sur Geneanet :
https://gw.geneanet.org/pierreerol_w?lang=fr&p=arife+kadriye&n=osman+Osmanoğlu&oc=0&type=tree

Mahmud II b. 20 July 1784 d. 1 July 1839 descendants (Inventory) - Rodovid :
https://en.rodovid.org/wk/Special:ChartInventory/322740

Arbre de la princesses Arife Kadriye sur Rodovid :
https://en.rodovid.org/wk/Person:867417

Şehzade İbrahim Tevfik Efendi arbre sur Rodovid :
https://en.rodovid.org/wk/Special:Tree/867268

352 personnes à partir de ce sultan sur 8 générations, c'est la base du livre sur notre généalogie qui est en ligne sur :
https://archive.org/details/GenealogyOfTheImperialOttomanFamily2005

L'Orient des femmes au XVIIe siècle, les femmes de l'Empire ottoman :
https://books.openedition.org/enseditions/34545

Voyage dans le temps : Une enquête généalogique ottomane.

Comment les grandes familles ottomanes ont découvert la généalogie :
https://journals.openedition.org/cdlm/5747

Comment s'habillaient-elles, ces nobles femmes de l'Empire ottoman :
https://www.lorientlejour.com/article/1060641/comment-shabillaient-elles-ces-nobles-femmes-de-lempire-ottoman-.html

Les Femmes dans l'Empire ottoman :
https://www.turquie-news.com/les-femmes-dans-l-empire-ottoman

L'exil des Ottomans à Nice et leur généalogie.

Figure 186 La tuğra du Sultan Mahmud II.

Voyage dans le temps : Une enquête généalogique ottomane.

Chapitre 17- La Princesse Méliké GIRAUDY - OSMAN :

Figure 187 Méliké ma mère à Nice.

Sa vie en France, au sein de la famille **GIRAUDY** de Nice, ville d'origine de son époux, fait l'objet d'un livre en cours de rédaction. Celui-ci sera certainement publié en 2025.

Le livre couvrira les périodes suivantes de sa vie :

- Marie Clotilde (son école et ses études à Nice),
- Méliké infirmière pendant la Seconde Guerre mondiale,
- Maman à partir de 1949,
- Ses relations avec la famille ottomane.

L'exil des Ottomans à Nice et leur généalogie.

Méliké Hanımsultane (1923-2007) était la fille de la princesse Arife Kadriye :

Son histoire est à la fois complexe et simple. Méliké n'avait que quelques jours quand elle a quitté la Turquie. La famille était composée de branches plus ou moins antagonistes, mais le temps et l'exil ont fini par atténuer ces tensions.

Certains membres de notre famille sont des musulmans pratiquants, d'autres ne le sont point. Méliké se situait entre les deux : elle possédait un Coran, que j'ai gardé. Il est en bonne compagnie sur mes étagères, entre A. DANTE et Orhan PAMUK.

Elle ne parlait pas beaucoup de son enfance.

La période où elle était étudiante est mieux documentée, car j'ai souvent rencontré ses amies. Il existe de nombreuses photos d'elle et de sa sœur Émiré, et même de leur « aba » (gouvernante turque, qui avait dû certainement vivre l'exil avec eux).

Je me souviens que sa sœur habitait dans le parc Chambrun, qui n'existe plus en tant que tel. Il a probablement été démoli dans les années 1970. Il subsiste encore des vestiges de ce parc dans ce qui reste du domaine du comte de Chambrun. Ce jardin renferme le "temple de l'amour", petit chef-d'œuvre d'architecture romantique, ancien kiosque à musique, imitation du temple de la Sibylle à Tivoli (Rome).

Ci-dessous, vous pouvez voir la maison avenue Audiffret à Saint-Maurice, à Nice, où elle vivait enfant avec ses parents et sa sœur, ainsi qu'un petit chien nommé Rick, du moins je le crois. Elle m'avait parlé de cette maison, mais je n'ai pas de détails sur leur vie à Saint-Maurice et dans Nice à cette époque.

Figure 188 Sa maison avenue Audiffret à Saint Maurice – Nice 06.

Page suivante, voici une carte postale du Calife à mon grand-père. On peut y lire l'adresse à Nice en 1943 sur cette carte postale : 3, avenue AUDIFRET (Saint Maurice).

Le destinataire est indiqué comme "**M SAI le Damad Md Rachid**" (*sans nom de famille*).

Cette carte postale de 1943 porte un timbre de l'époque à l'effigie de Pétain. C'était certainement une période compliquée pour tous.

L'exil des Ottomans à Nice et leur généalogie.

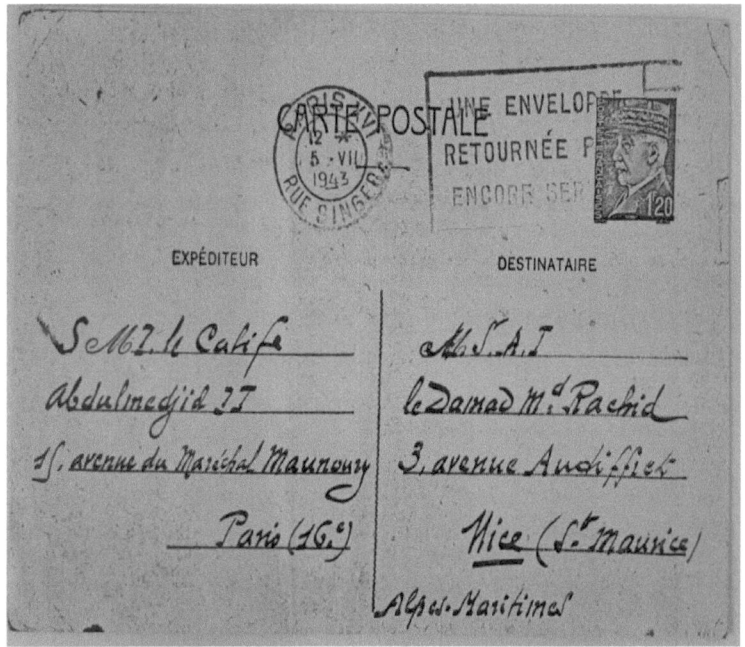

Figure 189 Carte postale du Calife à mon grand-père.

Voici le rendu du SCAN par l'intelligence artificielle Claude 3.5 Sonnet (C35S) :

Claude 3.5 Sonnet (C35S) dit : Je vais vous lire le contenu de la carte postale visible sur l'image :

Expéditeur : S.M.I. le Calife Abdülmedjid II 1, avenue du Maréchal Maunoury Paris (16e).

Destinataire : M. S.A.I. le Damad Md Rachid 3, avenue Audiffret Nice (St Maurice) Alpes Maritimes.

La carte porte un cachet postal de Paris daté du 12-5-VII 1943. Il y a aussi un tampon indiquant "NE ENVELOPPE RETOURNÉE P ENCORE SER".

Voyage dans le temps : Une enquête généalogique ottomane.

Un timbre de 1,20 franc avec le portrait du Maréchal Pétain est visible en haut à droite.

Claude 3.5 Sonnet (C35S) dit : Cette carte postale semble être un document historique intéressant, montrant une correspondance entre le calife Abdülmecid II, dernier calife de l'Empire ottoman, et un membre de sa famille (probablement son gendre, vu le titre "Damad" – *c'est inexacte, ce n'était pas son gendre*) pendant la Seconde Guerre mondiale, alors qu'ils étaient tous deux en France.

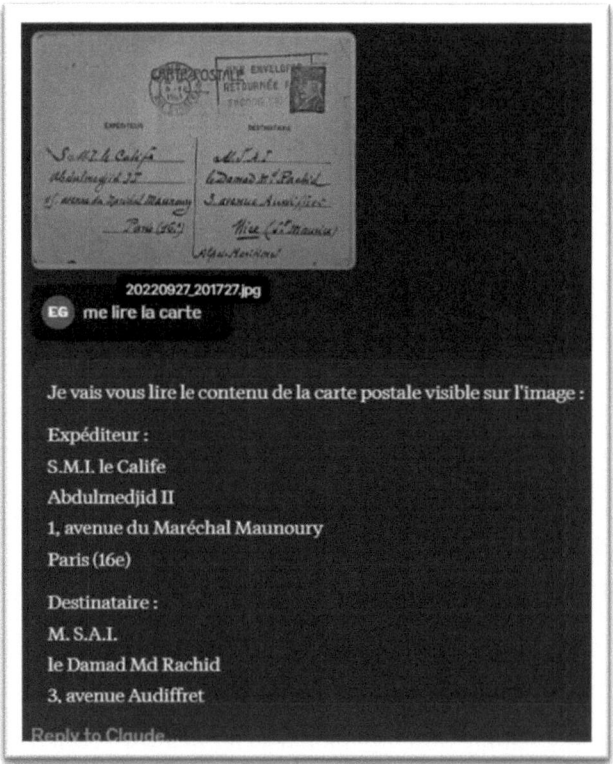

Figure 190 SCAN et OCR par Claude 3.5 Sonnet – rendu dans l'application d'IA.

L'exil des Ottomans à Nice et leur généalogie.

Ma mère était une personne très entière. Pour elle, les Allemands pendant cette période de guerre étaient des « Boches ».

Je n'ai jamais vraiment su ce qu'elle faisait pendant cette période de la guerre. Par contre, beaucoup de ses amies avaient été des résistantes, notamment G. Early et d'autres femmes qui avaient participé à cette guerre de l'ombre. Il y avait le Commandant Boulat et d'autres personnages discrets...

Parmi ses connaissances figuraient également des amis qui avaient fait la guerre, notamment une qui se nommait Billy. J'ai même entendu parler de Jean Moulin. Mais ceci est une autre histoire. J'ai conservé au milieu de mes archives des cartes de visite de ces personnes ainsi que des photos.

L'Institut Marie Clotilde :

Cela devait être étrange au début pour elle-même et ses amies à leurs débuts. En fait, J'imagine qu'elles se sont bien entendues rapidement. La Congrégation de Sainte-Clotilde est un ordre de droit pontifical (approbation pontificale en 1821 par Pie VII). Cet institut religieux apostolique, de spiritualité ignacienne, est dédié à l'éducation féminine.

Elle était l'une des plus anciennes princesses ottomanes qui avait quitté l'Empire en 1923. De ce fait, elle avait connu beaucoup de princes et princesses. Le téléphone sonnait souvent chez nous, les cousines parlaient avec elle. Lentement, elle est devenue le point de rencontre et de partage des informations avec une grande partie de la famille.

Mais revenons à l'Institut. Un jour de septembre 1820, lors du pèlerinage du Calvaire au Mont Valérien, elle fait la rencontre providentielle du Père Rauzan. Le 16 août 1821, elle fonde, avec son aide, l'Institut Sainte-Clotilde, et le même jour, elle prononce ses vœux de religieuse et prend le nom de Mère Marie-Thérèse de Sainte-Clotilde. Les Sœurs de Sainte-Clotilde ont ouvert en 1928 au 42 boulevard de la Madeleine "l'Institut Marie-Clotilde", un établissement d'enseignement secondaire avec internat.

Les Amies de ma Méliké à Nice :

Je tenais à vous les présenter, car elles ont permis à ma mère de s'intégrer dans cette belle région du sud de la France, le Comté de Nice.

Voici deux assistantes sociales, Marinette et Louisette, qui ont aidé plus d'une famille niçoise nécessiteuse que ma mère avait elle aussi aidée. Madeleine Courchet, Janine Chanavat, Mesdames Creneguy, Gardon, Vaglio, Massimi, les sœurs Dauprat, Madame Huges. Et enfin Mesdames Boulerre, Monti, Nosovitch, Touta, Guillemette Early et son mari Eric, et beaucoup d'autres. Pour certaines, c'étaient des amies de jeunesse qui avaient fréquenté la même école. Avec du recul, ce Collège Marie-Clotilde a été le creuset de son intégration.

La comtesse **Guzine de Montauband**, une femme assez exceptionnelle qui avait ouvert une pharmacie avant la guerre de 1939, je crois qu'elle avait été une des **premières pharmaciennes** à Nice. Elle prenait le thé avec Méliké le jeudi dans un salon avenue de Verdun à Nice.

La **Princesse Zubeda Lanote** est une personne qui a changé ma vie, car c'est elle qui m'a présenté mon épouse actuelle.

L'exil des Ottomans à Nice et leur généalogie.

Elle était la descendante **d'Ali Pacha** (le dernier khédive d'Égypte), elle a même commencé un roman, nous avons conservé le manuscrit et des photos.

C'était une grande amie de mes parents, elle venait à Saint-Jean-Cap-Ferrat en vacances dans une très belle villa.

Le hasard de la vie a fait que je vienne à Paris et elle l'avait su par l'intermédiaire de ma tante, la princesse Niloufer.

> *Toutes mes tantes et cousines échangées entre elles au téléphone, et ensuite elles donnaient des nouvelles à ma mère. C'est l'orient.*

J'étais assez souvent invité à déjeuner chez elle à Boulogne, c'est là que j'y ai rencontré mon épouse Martine.

Je venais la visiter le dimanche à 12h précises et nous déjeunions ensemble à Boulogne-sur-Seine, ceci une fois tous les deux mois.

La famille de la Princesse Zubeda Lanote avait hébergé dans l'un de ses palais en Égypte ma famille en exil.

> *Nous avions, toute la famille ottomane, une reconnaissance éternelle pour ce geste, qui n'a pas jeté ces malheureux dans la misère en plus de l'exil.*

Voyage dans le temps : Une enquête généalogique ottomane.

Figure 191 La Princesse Zubeda Lanote et moi.

L'exil des Ottomans à Nice et leur généalogie.

Méliké chez une ophtalmologiste en de 1945 :

Figure 192 Les deux sœurs pendant la guerre.

Je n'ai malheureusement plus en mémoire le nom de cette doctoresse, peut-être « Jaquet », du moins je le pense.

Elle avait une fille adoptive qui s'est rendue aux États-Unis pour son travail. Elle nous avait confié son chat, un magnifique Abyssin. Il était très amusant et savait ouvrir les portes en sautant sur la poignée. Au début, nous ne comprenions pas pourquoi certaines portes étaient ouvertes. Rapidement, ce petit mystère a été éclairci.

La Guerre de 1939-1945 :

Je n'ai pas beaucoup d'informations sur cette période.

Les deux sœurs étaient à Nice. La photo des deux sœurs mentionnée a été prise à la villa Danièle (du nom de ma cousine) devant l'hôtel de mes grands-parents à Nice. Je me souviens que Méliké racontait une histoire sur son père arrêté par la police (allemande à l'époque de la Seconde Guerre mondiale en 1944 ou 45). Elle est allée au commissariat et, par quel miracle, elle a pu le faire sortir sous le regard des employés et d'un officier allemand. Ensuite, elle aurait croisé cet officier à Nice (habillé en officier anglais, il semble qu'il ait été infiltré au sein des forces de l'Axe) et il lui aurait fait un petit signe de la main.

Il y a des zones d'ombre dans cette période où elle avait beaucoup de contacts anglais et avec des officiers qui sont venus à Nice après la guerre, notamment Billy, une femme anglaise, qui devait refaire des documents afin de percevoir sa retraite.

J'ai cru comprendre qu'elle faisait partie du réseau où il y avait des contacts avec celui de Jean Moulin. Un certain Commandant Boulat semble avoir joué un rôle important dans ces affaires un peu spéciales. Les résistants ne parlaient pas beaucoup de leurs aventures. Elle en faisait partie. Comme sa sœur, elles ont beaucoup aidé des personnes dans le besoin et notre famille ottomane à Nice.

L'exil des Ottomans à Nice et leur généalogie.

La rencontre de Fredy GIRAUDY et de Méliké :

Certainement en 1947, d'après la carte postale que j'ai trouvée dans mes documents datant de cette époque, leurs occupations et loisirs communs étaient :

- L'équitation (j'ai conservé des photos).
- Pour mon père, le bateau à voile et le ski.

J'ai aussi de nombreuses photos de mon père en militaire. Par la suite, il a été résistant, ce dont témoigne un document officiel (reconnaissance de la nation) que j'ai en ma possession.

Le Mariage de mes parents :

C'était en 1949, comme je l'ai lu sur le carton d'invitation qui avait été imprimé pour ce mariage. La situation était assez particulière : un protestant et une musulmane qui se mariaient à cette époque.

Un mariage entre un protestant et une musulmane était certainement peu commun à cette époque. 1949 était une période d'après-guerre, avec de nombreux changements sociaux en cours.

Ma naissance :

En décembre 1949.

Ci-après une calligraphie du nom de ma mère Méliké et de Erol par H. NAKIB.

Voyage dans le temps : Une enquête généalogique ottomane.

Figure 193 Interprétation calligraphiques des noms : Méliké et Erol.

Méliké ses amis et sa famille :

Nous avions beaucoup parlé avec ma mère, car Méliké ne voulait pas être enterrée en terre chrétienne, ni en Turquie, puisqu'elle était une des dernières à être née en terre ottomane. Il était impossible de lui donner une tombe à côté de son père, le Damad Rashid, qui lui est en Suisse.

Donc nous avons convenu de brûler son corps et de le disperser. Ainsi, ses cendres sont dans un jardin du souvenir où toutes les religions se rencontrent enfin en paix.

Je crois que c'était la meilleure solution. Du moins, je n'en ai pas trouvé d'autres.

L'exil des Ottomans à Nice et leur généalogie.

J'ai pu parler assez facilement de la mort avec elle. Étrangement, d'autres sujets étaient plus compliqués à aborder. Nous avions trouvé une solution pour échanger.

> *Pour ma part, la mort se décline sur quatre visions (je-tu-il-les autres). Je vais développer ce sujet dans un second livre sur Nice, les Ottomans et les Giraudy.*

Sa fin de vie a été compliquée, car son cancer des intestins nécessitait un traitement spécifique que seul un hôpital pouvait lui fournir.

Je n'ai trouvé qu'un établissement qui voulait bien l'héberger et lui prodiguer des soins. C'était celui de Tende, proche de la frontière italienne. Il se trouvait dans le haut pays niçois.

Presque tous les week-ends, je rentrais de Paris pour venir à Nice et de là, je me rendais à cet hôpital de montagne.

Entre-temps, mon épouse qui résidait à Nice préparait ses affaires, et nous allions en montagne vers la vallée de Tende. C'était une période assez complexe. Nous avons fait pour le mieux. Parfois, je montais seul en train (il est appelé le « train des Merveilles » eu égard à la vallée éponyme), car la route était assez longue en voiture et fatigante, avec une journée éprouvante, et un retour solitaire.

Au début, Méliké et moi allions au restaurant de l'hôpital, mais ensuite tout s'est compliqué et il lui a fallu garder la chambre. Il y avait des moments où nous échangions, nous parlions de cette époque ottomane que je n'avais jamais connue et de notre famille. Jusqu'au jour où, un matin, le médecin m'a appelé. C'était terminé, elle venait de nous quitter le 10 août 2007.

La jeunesse de Méliké et sa fin de vie :

Figure 194 Les deux sœurs enfants à Nice.

Elles étaient heureuses et insouciantes, du moins je le crois, en 1928/30 à Nice. J'ai réalisé un diaporama qui vous permet de visionner d'autres photos de ma mère. Vous pouvez le consulter à la fin de ce chapitre, il y a l'URL de celui-ci.

CHRONOLOGIE des événement liées à la vie de MELIKE :

- Fredy et Méliké vivaient à Nice, Villa Danièle, de 1949 à 1957.
- Achat de l'appartement : 7 avenue Jean Médecin, Nice 06000 - par Alfred GIRAUDY le 28/12/1957. Une vie tranquille à Nice, mes parents sont chez eux.

- 1998 : Agression de Méliké GIRAUDY en bas de son immeuble. Elle a perdu un œil pendant cette agression qui s'est déroulée dans le hall d'entrée du 7 avenue Jean Médecin à Nice.
- Décès d'Alfred GIRAUDY le 08/04/1998, 15 jours après l'agression de Méliké GIRAUDY, elle y perdra un œil. Mon père décède à la suite d'une prostration de deux jours.
- Hospitalisation de Méliké en 1998. Opération de Méliké la même année. Méliké reste chez sa sœur Émiré quelques semaines en convalescence.
- 1998 : Méliké rentre chez elle au 7 avenue Jean Médecin à NICE, elle y passera 7 années. Visite régulière de son médecin traitant le Dr GAJO, et de mes cousins les Chauvel. Merci à eux.
- 20/09/2004 : Mise sous tutelle de Méliké GIRAUDY avec son accord. Visite du Docteur sur place dans son appartement 7 avenue Jean Médecin 06000 NICE. Le Tribunal entérine cette situation, notification de Majeur Protégé. Depuis 1998, Méliké GIRAUDY a l'usufruit de l'appartement, Pierre GIRAUDY en est le nu-propriétaire.
- 30/11/2004 : Visite régulière de Méliké à NICE, elle est dans son appartement et voit régulièrement ses amies.
- 2005 : Appel téléphonique de sa voisine qui nous informe de sa situation. La santé de Méliké a empiré, nouvelle maladie de Méliké GIRAUDY.
- Janvier 2005 : Hospitalisation à l'hôpital Pasteur.
- **06/01/2005 :** Hospitalisation de Méliké GIRAUDY à L'Archet (Cancer des intestins avec occlusion). Puis hospitalisation à l'hôpital de Tende (car aucune clinique ne voulait prendre une personne de son âge avec des soins pour le cancer à Nice).

Voyage dans le temps : Une enquête généalogique ottomane.

- **Depuis 2005 :** Erol GIRAUDY et Martine sont dans l'appartement à NICE. Ils l'occupent afin d'être plus proches d'elle et ont transféré leur société et activité à Nice. Ils vont visiter Méliké autant que possible, soit en voiture ou en train.
- Décès de Méliké GIRAUDY à TENDE à l'hôpital le 10 août 2007.

Figure 195 Buste de Méliké réalisé par Rose.

L'exil des Ottomans à Nice et leur généalogie.

Arbre généalogique de Méliké sur geneanet :

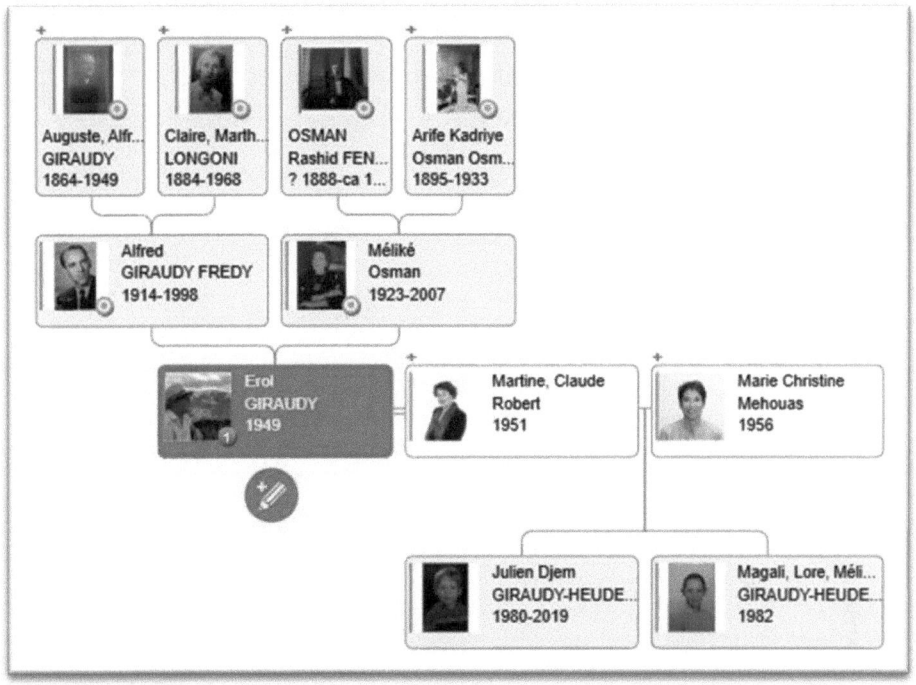

Figure 196 Arbre généalogique de Méliké sur Geneanet.

https://gw.geneanet.org/pierreerol_w?lang=fr&p=melike&n=osman&oc=0&type=tree

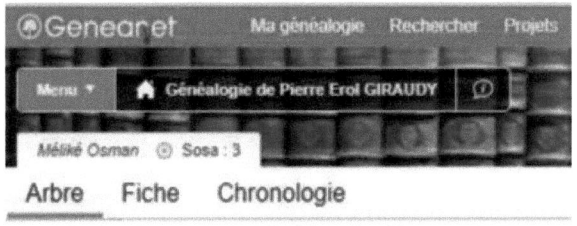

Figure 197 Une Visualisation sous trois formes différentes.

Voyage dans le temps : Une enquête généalogique ottomane.

Source et URL :

Melike Hanımsultan fille d'Arife Kadriye. sur wordpress :
https://pegad432132826.wordpress.com/2019/12/07/melike-hanimsultan-fille-darife

Méliké Osman sa généalogie sur geneanet :
https://gw.geneanet.org/pierreerol_w?lang=fr&n=osman&oc=0&p=melike&type=fiche
https://gw.geneanet.org/pierreerol_w?lang=fr&n=giraudy&oc=0&p=pierre+errol+arthur&type=timeline
https://gw.geneanet.org/pierreerol_w?lang=fr&n=osman&oc=0&p=melike&type=tree

Méliké Osman sur Rodovid FR :
https://fr.rodovid.org/wk/Personne:1384527

Diaporama sur ma mère :
https://sway.cloud.microsoft/ri7ynHq3euSVu369

Le collège à Nice :
http://marieclotilde.fr/

Le Parc Chambrun - Ville de Nice :
https://www.nice.fr/fr/parcs-et-jardins/le-parc-chambrun

Arife Kadriye Osman Osmanoğlu sur Geneanet :
https://gw.geneanet.org/pierreerol_w?lang=fr&p=arife+kadriye&n=osman+Osmanoğlu&oc=0&type=tree
https://fr.rodovid.org/wk/Personne:867417

L'exil des Ottomans à Nice et leur généalogie.

Chapitre 18 – La Princesse Emiré ma Tante :

Voici la famille de la sœur de ma mère et mes cousins de Nice. Elle est la fille de la Princesse ARIFE Kadriyé et du Damad Mehmet Rashid Osman. Emiré Osman est née le 7 décembre 1927, en exil à Nice.

Figure 198 Emiré la sœur de ma mère.

Arrière-petite-fille du Sultan Abdulmecid I, elle a droit également au titre de Princesse qu'elle portera sous le nom d'Emiré Rashid Osman de Larisse, et est membre de la famille Impériale Ottomane de Turquie.

Après une enfance relativement heureuse, malgré le manque certain de moyens dû en partie à l'exil de ses parents après la révolution kémaliste, la jeune Emiré va déménager à plusieurs reprises en fonction des rentrées d'argent.

L'exil des Ottomans à Nice et leur généalogie.

La vie était dure à cette époque, d'autant plus que sa mère était décédée jeune. Elle va ainsi se forger un caractère de tolérance et de sollicitude envers les plus démunis, ce qui expliquera plus tard son goût pour aider les autres.

Loin des lumières des palais et de la splendeur passée, que certains membres de la famille impériale ont essayé d'entretenir par des réunions mondaines, la Princesse Emiré se tournera très tôt vers le travail.

Pour arrondir les fins de mois, elle exercera plusieurs emplois, avant de créer, grâce à son diplôme de jardinière d'enfants, sa propre structure : "Le cours Osman".

Marquée par ses années de galère, dotée d'une énergie hors du commun et ne supportant pas l'injustice, Emiré, toujours à l'écoute des plus démunis, va, durant dix ans, s'occuper d'un enfant dont les parents ne peuvent assurer l'éducation.

Cette période, riche de bonheur et de rires, la marquera jusqu'à la fin de sa vie et cet enfant au regard enjôleur deviendra plus tard le parrain d'un de ses fils.

> *J'ai rencontré certains de ces enfants quand ils étaient devenus des adultes. Les liens qui s'étaient tissés ont perduré dans le temps jusqu'à sa disparition, et encore aujourd'hui, certains doivent garder dans un coin de leur cœur quelques-uns de ses poèmes, moi le premier.*
>
> *La période de la guerre m'est inconnue, mais je vois sur des photos de l'époque qu'elle était en uniforme d'infirmière.*

Toujours portée par un sentiment de générosité, Emiré s'engage en 1954 dans le secourisme, où elle rencontre son futur époux. Leur relation donnera plus tard les plus grandes preuves d'amour avec la naissance de trois enfants.

Malade depuis l'âge de trente-six ans, atteinte d'une maladie cardiaque, Emiré va continuer à se battre et donner d'elle une image de combattante, ne se plaignant jamais de son sort, et s'impliquer plus que jamais aux côtés des personnes nécessiteuses.

Sa vie faite d'amour avec un grand A, envers sa famille, ses amis et ses connaissances au gré de ses pérégrinations, s'arrête le 22 mai 2004, laissant derrière elle un vide difficile à combler, avec un cœur immense qui voulait contenir plus que le bonheur du monde.

> *Certains soirs, nous parlions de Napoléon. Elle collectionnait les soldats de l'Empire. Elle connaissait parfaitement cette partie mouvementée de l'histoire de France. En pendant de cette collection, elle en avait une seconde : une accumulation de clowns. Oui, de clowns. Ceux-ci devaient compenser l'aspect guerrier des troupes de l'empereur.*

Les poèmes de jeunesse que vous allez découvrir permettent de mieux cerner le caractère d'Emiré Osman, qui va des rires aux larmes, de la peur au bonheur, du passé au futur, de l'ombre à la lumière, du désespoir à l'espoir. Je vais les inclure dans un futur tome 3. Ils sont disponibles sur mon blog.

> *J'ai le souvenir d'un petit fascicule qu'elle m'avait donné à l'âge de 12 ans. Il traitait des comportements et astuces d'un éclaireur. Je l'avais conservé pendant des années. Je vois encore ce petit fascicule usé par le temps. Ses pages jaunies racontent l'histoire de*

L'exil des Ottomans à Nice et leur généalogie.

nombreuses aventures vécues et de leçons apprises. C'était le Manuel de l'Éclaireur, un trésor de sagesse pour tout jeune scout. Ce petit livre était bien plus qu'un simple guide ; c'était une porte ouverte sur un monde d'aventures et de croissance personnelle. Ces petits livres sont souvent précieusement conservés par les anciens scouts, comme un rappel de leurs expériences et des leçons apprises durant leur jeunesse. Il a guidé mon intérêt pour la randonnée et mes escapades dans la vallée des Merveilles.

Figure 199 Les deux sœurs à Nice.

Voyage dans le temps : Une enquête généalogique ottomane.

Les poèmes d'Émiré :

Elle écrivait des poèmes. Nous les avons conservés dans un petit fascicule. Certains sont disponibles sur mon site.

Figure 200 Les deux sœurs enfants à Nice.

Cette photographie a été certainement prise sur la Promenade des Anglais à Nice. Nous y apercevons au fond l'hôtel Negresco. Émiré est sur les genoux de notre grand-mère (elle est malheureusement décédée en 1933). À sa droite, Méliké, elle doit avoir 3 ou 4 ans. C'était donc en 1926 ou 1927.

Figure 201 Les deux sœurs à Nice et leur père.

Cette photographie a été prise dans le parc Chambrun. Les personnes représentées ont vécu dans le bâtiment qui figure derrière elles. Émiré, encore jeune fille, se tient à côté de son père, tandis que Méliké est assise sur une marche devant eux, et l'image date des années 1938/39.

Emiré Rashid Osman de Larissa 19 août 1949 :

>Née le 7 décembre 1927 à Nice, Décédée le 23 mai 2004 à Nice, inhumée à Nice. Mariée le 17 décembre 1957 à Nice avec **Joseph-René CHAUVEL** (né en 1935, décédé le 16 juin 2014 à Nice), il était titulaire de l'ordre national du mérite.

Les enfants d'Émiré :

Jean-Marc Vély CHAUVEL :

>Né le 16 octobre 1957 à Nice. Marié le 21 septembre 1983 à Nice avec **Aline KOWALSKI** (née le 15 novembre 1957 à Saint-Gaudens, Haute-Garonne)
>
>- Médailles d'or, d'argent et de bronze de la jeunesse, des sports et du mouvement associatif.
>- Médailles d'argent et de bronze de la Fédération française de basketball.
>- Grande médaille d'or du mérite philanthropique.

Figure 227 JM Chauvel

L'exil des Ottomans à Nice et leur généalogie.

Arbre généalogique des CHAUVELS sur geneanet :

Figure 202 Arbre de notre famille avec les Chauvel sur Geneanet.

https://gw.geneanet.org/pierreerol_w?lang=fr&p=emire&n=osman+chauvel&oc=0&type=tree

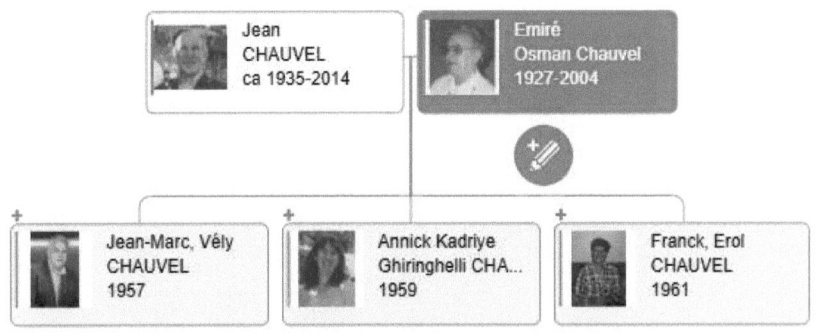

Figure 203 Détail de l'arbre des Chauvel.

https://gw.geneanet.org/pierreerol_w?lang=fr&p=emire&n=osman+chauvel&oc=0&type=tree

Annick Kadriye Ghiringhelli CHAUVEL :

Née le 4 mai 1959 (lundi) à Nice.

Union(s) et enfant(s) :

Mariée avec Jean-Pierre Ghiringhelli - 1959 dont :

Voyage dans le temps : Une enquête généalogique ottomane.

- Roland Ghiringhelli 1988.
- Gaetan Ghiringhelli 1990.
  Fille de Roland : Giulana Ghiringhelli.

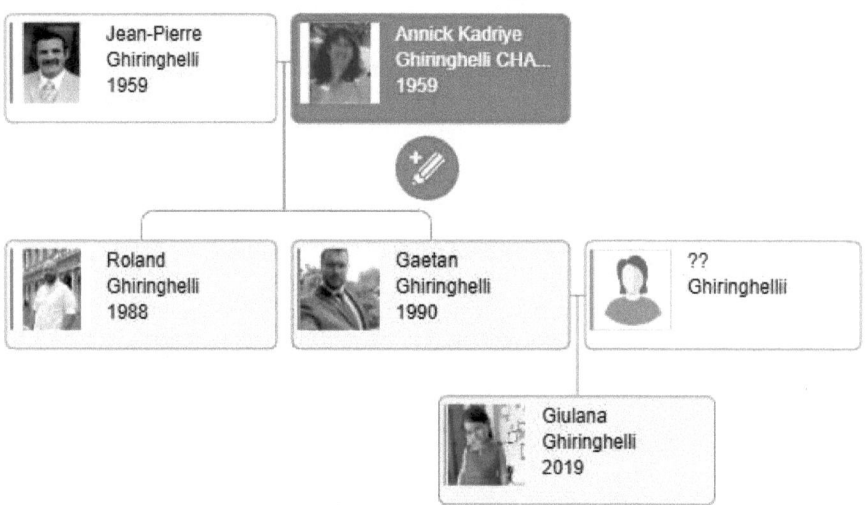

Figure 204 Arbre de la famille Chauvel-Ghiringhelli.

Enfants de Jean-Marc et Aline CHAUVEL :

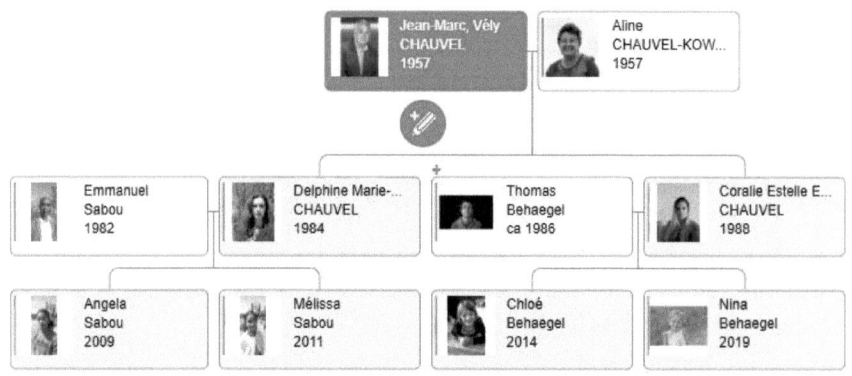

Figure 205 Les enfants de Jean-Marc et Aline.

Delphine Marie-Claire Roxane CHAUVEL

Née le 2 avril 1984 à Nice. **Mariée** avec **Emmanuel SABOU** (né le 12 avril 1982 à Cotonou, Bénin).

Angela Wooni SABOU Née le 18 octobre 2009 à Toulouse.

Melissa Wenou SABOU Née le 6 octobre 2011 à Toulouse.

Coralie Estelle Emiré CHAUVEL

Née le 2 mai 1988 à Nice. **En couple** avec **Thomas Behaegel** (né le 29 janvier 1986 à Soissons).

Enfants de Coralie et Thomas :

Chloé Delphine Marie Née le 25 avril 2014 à Metz.

Nina Lilou June Née le 22 janvier 2019 à Metz.

Franck, Erol CHAUVEL :

Né le 21 novembre 1961 (mardi) à Nice. Âge : 62 ans

Père de **Giovanni CHAUVEL-GALLIANO**. Séparé de sa mère. . Il vit à Nice, il a des activités réduite du fait d'un AVC.

Figure 206 Frank Chauvel

Voyage dans le temps : Une enquête généalogique ottomane.

Source et URL :

Les deux sœurs et les poèmes d'Émiré :
https://www.erolgiraudy.eu/2022/11/les-deux-surs-et-les-poemes

Arbre généalogique des Chauvel réalisé avec geneanet :
https://gw.geneanet.org/pierreerol_w?lang=fr&p=emire&n=osman+chauvel&oc=0&type=tree

Emiré Osman sur Rodovid FR :
https://fr.rodovid.org/wk/Personne:1384538

Jean-Marc Chauvel n. 16 octobre 1957 sur Rodovid FR :
https://fr.rodovid.org/wk/Personne:1413926

Emiré Osman n. 7 décembre 1927 d. 23 mai 2004 - Descendants - Rodovid FR :
https://fr.rodovid.org/wk/Special:ChartInventory/1384538

Méliké jeune à Nice et ses Cousines :
https://www.erolgiraudy.eu/2021/01/melike-jeune-nice.html

Histoire de Méliké ma mère. :
https://www.erolgiraudy.eu/2020/01/histoire-de-melike-ma-mere-au-debut-en.html

Il existe un petit livret avec des poèmes de ma Tante. :
https://www.erolgiraudy.eu/p/les-poemes-demire.html

L'exil des Ottomans à Nice et leur généalogie.

Voyage dans le temps : Une enquête généalogique ottomane.

Carnet n°5 : Découvertes – 02 IV 2023/2024.

Les non-dits et les éternels secrets :

Dans l'intimité de chaque famille, l'ombre des non-dits et des secrets s'étend comme une toile mystérieuse. Ces chapitres plongent dans les profondeurs des mystères enfouis au cœur de la famille ottomane, dévoilant les silences qui ont traversé les générations.

Lentement, une quête délicate a été entreprise pour dénouer les nœuds qui entrelacent notre histoire familiale, révélant des pans inattendus et parfois déchirants de notre passé.

Ma jeunesse a été bercée par l'art du peintre Matisse, un héritage précieux transmis par mes parents, envers qui je suis reconnaissant. Le musée Matisse était notre terrain de jeu, ainsi que les arènes de Cimiez à Nice. Niché au milieu d'un vaste parc d'oliviers centenaires, il abritait des vestiges romains et des arènes.

À cette époque, l'insouciance régnait alors que, âgé de 10 ou 11 ans, je jouais au milieu de ces témoins du passé. Au cœur de ce parc se dressait le **musée Matisse**, un lieu empreint de la magie artistique de ce grand maître. Ses œuvres, notamment ses découpages aux couleurs éclatantes, ornaient les murs du musée. Les photos de l'artiste maniant les ciseaux étaient autant de témoignages de sa créativité débordante.

Plus tard, j'ai retrouvé l'empreinte de Matisse au musée du **Centre Georges Pompidou à Paris**, au détour de mes activités liées à l'informatique. J'avais travaillé sur l'exposition Brancusi et mis en place la solution informatique

L'exil des Ottomans à Nice et leur généalogie.

permettant la gestion de l'exposition et la production des supports.

Les souvenirs que vous découvrez dans ces pages sont les fragments d'une époque où la liberté et l'insouciance étaient nos compagnons de jeu.

Ce livre est le fruit du désir de partager ces moments privilégiés. À travers ces lignes, les secrets longtemps gardés se dévoileront, invitant le lecteur à une plongée au cœur des mystères familiaux.

Que cette lecture soit une découverte aussi captivante que poignante.

Le point de rencontres et de partages :

Progressivement, ma mère est devenue le point de rencontres et de partages des informations pour les membres de la famille, avec une grande partie des « Osmanoğlu ».

Ils venaient aussi lui rendre visite à Nice quand ils étaient de passage sur cette Riviera française qui les avait accueillis dans leur exil il y a bien longtemps.

Beaucoup se sont intégrés et ont été assimilés, d'autres n'ont pas survécu.

Quoi qu'il en soit, la France a été une merveilleuse terre d'accueil pour ma famille.

Un monde nouveau s'offrait à nous, il fallait le conquérir.

Voyage dans le temps : Une enquête généalogique ottomane.

Chapitre 19 - Les livres et les réseaux :

Les livres sont d'indispensables accompagnateurs dans cette réflexion. Ils sont nécessaires afin d'arriver à rédiger le mieux possible celui-ci. J'ai dû parcourir certains ouvrages de nombreuses fois. Voici un extrait de cette liste incluant certains des ouvrages qui m'ont guidé dans cette rédaction.

Les livres de Ayşe Osmanoğlu :

« Poussé par le désir de garder leur mémoire vivante et d'allumer une étincelle d'intérêt dans le cœur de mes cinq enfants - une étincelle qui, je l'espère, se développera un jour en une flamme de fierté pour leur ascendance - j'ai commencé à écrire ce récit de Sultan Murad V [xlv] et ses descendants, qui pendant de longues années ont été retenus captifs au palais de Çırağan. »

Elle est diplômée de l'Université d'Exeter avec un diplôme en histoire et politique. Ensuite, elle a obtenu une maîtrise en études turques à SOAS, Université de Londres, spécialisée en histoire ottomane. Elle a passé les vingt années suivantes à aider son mari, puis elle a décidé de prendre un peu de recul il y a quelques années afin de trouver du temps pour se concentrer sur l'écriture de cet ouvrage.

L'exil des Ottomans à Nice et leur généalogie.

Les livres de Kenize MOURAD :

Kenizé Mourad est une romancière et journaliste française d'origine turco-indienne. Née à Paris, Kenizé de Kotwara est la fille d'une princesse turque, membre de la dynastie ottomane (petite-fille du sultan Mourad V par sa mère Hatidjé Sultane), mariée à un rajah indien mais réfugiée à Paris. Orpheline de mère peu après sa naissance, elle est élevée dans un milieu catholique.

Les livres de Jamil ADRA :

Voir à la fin de ce chapitre ses 20 livres gratuits.

Les livres et articles de Murat Bardakçı :

Une bibliographie de ses nombreux ouvrages, dont beaucoup sont rédigés en turc, est disponible à la fin de ce chapitre.

Les Conférences sur L'Empire ottoman et la Turquie face à l'Occident (5 années 2017 - 2022) :

L'historien Edhem Eldem a enseigné aux universités de Boğaziçi, Berkeley, Harvard et Columbia, à l'EHESS, à l'EPHE et à l'ENS. Il est l'auteur de travaux sur le commerce du Levant, l'épigraphie funéraire, la Banque ottomane, les dynamiques de l'occidentalisation, Istanbul au tournant du XXe siècle, l'orientalisme, la photographie, l'histoire de l'archéologie et des collections dans l'Empire ottoman.

Voyage dans le temps : Une enquête généalogique ottomane.

2017-2018 : L'Empire ottoman et la Turquie face à l'Occident :

Edhem Eldem inaugure cette nouvelle chaire d'Histoire turque et ottomane avec un cours qui portera sur le long XIXe siècle et sur la transformation de l'Empire ottoman face à l'Occident. De 2019 à 2022 : L'Empire ottoman et la Turquie face à l'Occident.

Les réseaux sociaux : Un excellent moyen de converser en famille :

Voir à la fin de ce chapitre ses nombreux livres et vidéos, ainsi que des présentations PowerPoint.

Les Ottomans sur Facebook :

J'ai décidé d'y publier des photos et vidéos sur la famille afin de faire un peu mieux connaître nos parents à des personnes intéressées. Voici comment cela s'est passé. La création d'un groupe ne garantit pas d'avoir de l'audience. De plus, pour quelques personnes qui publient des documents, photos et informations, 90% lisent et ne réagissent que très peu. Il faut avoir une politique de publication avec des modérateurs. Mon cousin Jean-Marc m'a bien aidé, ainsi que certains jeunes turcs.

Mettre en place cette solution offerte par Facebook me permet de comprendre et de « rencontrer » ces jeunes Turcs qui connaissent très bien l'histoire de ma famille. J'ai créé un point de rencontres et de partages sur Facebook en privé, bien entendu (il faut ensuite inviter des membres, 72 à ce jour). Ceci m'a ouvert d'autres portes bien utiles.

L'exil des Ottomans à Nice et leur généalogie.

Les autres réseaux sociaux :

Facebook, Instagram, Pinterest, Twitter (X).

Facebook privé EXTENDED OTTOMAN FAMILY :

Ce groupe est créé pour offrir aux membres vivants de la famille ottomane élargie, dispersés dans le monde entier, l'opportunité de communiquer entre eux. Afin de faciliter la vérification des informations sur leurs proches, une liste de plus de 265 membres vivants de la famille, descendants du sultan Mahmoud II, est disponible dans le forum de discussion. Le Şehzade Osman Selaheddin Osmanoğlu est le directeur du groupe, tandis que le soutien technique est assuré par Ibrahim Pazan. C'est un Groupe assez calme, avec peu d'échanges.

Cette page Facebook est celle de mon groupe privé « Les Ottomans » :

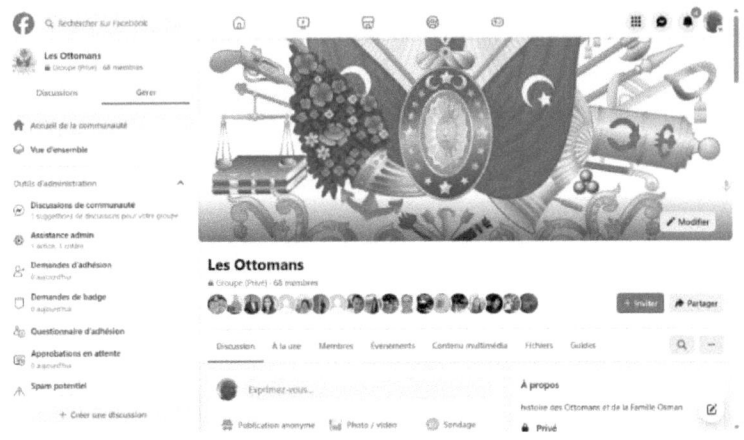

Figure 207Les Ottomans sur Facebook 72 membres.

Voyage dans le temps : Une enquête généalogique ottomane.

La géopolitique turque à travers l'histoire :

L'importance des ouvrages historiques :

Les livres sur la géopolitique nous aident souvent à mieux comprendre comment les pays ont évolué au fil du temps. Le livre "Histoire de la Turquie" de Hamit Bozarslan en est un bon exemple. Il raconte l'histoire de la Turquie de 1290 à 2022, nous donnant ainsi une vue d'ensemble de son passé.

Ce qui est particulièrement intéressant, ce sont les pages 647 et suivantes. Elles présentent les événements sur quatre colonnes côte à côte : "Périodes", "Empire ottoman/Turquie", "Moyen-Orient/monde musulman", et "Europe et monde". Cette façon de présenter les choses nous permet de voir facilement comment les événements dans différentes régions sont liés entre eux.

Le livre nous montre aussi l'importance de certains traités et accords, parfois peu connus du grand public, comme ceux de "Sèvres et Sykes-Picot". Il accorde également une place importante aux accords de Wilson et à la Société des Nations (SDN).

SOURCE ET URL :

Histoire de la Turquie - Hamit Bozarslan | Cairn.info :
https://www.cairn.info/histoire-de-la-turquie--9791021000650.html

L'effondrement de l'empire ottoman :
https://fr.wiki7.org/wiki/%D0%A0%D0%B0%D1%81%D0%BF%D0%B0%D0%B4_%D0%9E%D1%81%D0%BC%D0%B0%D0%BD%D1%81%D0%BA%D0%BE%D0%B9_%D0%B8%D0%BC%D0%BF%D0%B5%D1%80%D0%B8%D0%B8

L'exil des Ottomans à Nice et leur généalogie.

En 1948, Dürrüşehvar Sultane a publié un livre intitulé « Doğan ». Ce livre, qui a été publié à Hyderabad, comprenait certains des mémoires de la sultane ainsi que ses écrits dans le style des essais :

https://www.haberturk.com/yazarlar/murat-bardakci/1050938-son-halifenin-kizi-hilfetin-kaldirildigi-3-mart-1924-gecesi-yasadiklarini-anlatiyor

https://www.firstpost.com/living/durrushehvar-the-resolute-princess-how-the-ottoman-dynasty-heir-brought-style-reform-to-nizams-hyderabad-7941381.html

Ayşe Osmanoğlu - The Ottomans The Story of a Family :
http://ayseOsmanoğlu.com/

https://a.co/d/1PdJQwT

https://www.pinterest.co.uk/aysegulnev/a-farewell-to-imperial-istanbul/

https://www.pinterest.co.uk/aysegulnev/the-gilded-cage-on-the-bosphorus/

Kenizé Mourad :
https://www.babelio.com/auteur/Kenize-Mourad/9313

https://fr.wikipedia.org/wiki/Keniz%C3%A9_Mourad

https://www.bing.com/videos/riverview/relatedvideo?q=Kenize-Mourad&mid=D7083D45F025FCBCB32CD7083D45F025FCBCB32C&FORM=VIRE

Les livres de Jamil ADRA :
https://archive.org/search?query=creator%3A%22Jamil+ADRA%22

Le patrimoine immobilier d'Abdulhamid II :
https://archive.org/details/patrimoine-ah-2fr

Les héritiers de feu le sultan Abdul Hamyd Khan II contre le gouvernement de Sa Majesté Britannique 1930 :
https://archive.org/details/notes-audience-fr

Voyage dans le temps : Une enquête généalogique ottomane.

Les livres et articles de Murat Bardakçı :
https://www.goodreads.com/author/list/3426254.Murat_Bardak_

Les conférences de E. ELDEM incluant des vidéos et audios, plus des documents en PDF téléchargeables gratuitement sur :
https://www.college-de-france.fr/site/edhem-ELDEM/course-2021-2022.htm

Les Ottomans :
https://www.facebook.com/groups/894902731172816/

EXTENDED OTTOMAN FAMILY :
https://www.facebook.com/groups/8489310900/

Pinterest d'Erol :
https://www.pinterest.fr/erolgiraudy/

100 ans d'exil et de plus devenir apatride :
https://www.erolgiraudy.eu/2024/03/100-ans-dexil-plus-devenir-apatride.html

Quand il s'agit de l'exil… (derintarih.com) :
https://www.derintarih.com/dosya/surgun-deyince/?fbclid=IwZXh0bgNhZW0CMTEAAR3UIrvhsym49oAU5a5Snvf_hIuU-ktoXnahz4INoM1p52W63GbDvKHfS4s_aem_8pP1DpmvX0tlofIXhg6D8Q

Longue liste des accords, alliances, traités et conventions… :

1. Accord anglo-allemand
2. Convention russo-chinoise
3. Conventions et déclarations de La Haye
4. Alliance des huit puissances

> L'exil des Ottomans à Nice et leur généalogie.

  5. Accord franco-italien (1900)
  6. Alliance anglo-japonaise
  7. Accord franco-italien (1902)
  8. Accord anglo-français
  9. Accord de Londres
  10. Accord Katsura-Taft
  11. Traité de Bjork
  12. Conférence d'Algésiras
  13. Accord anglo-russe
  14. Protocole de Saint-Pétersbourg
  15. Accord russo-italien
  16. L'annexion de la Corée par le Japon
  17. Traité de Fès
  18. Accord franco-italien (1912)
  19. Accord de Potsdam
  20. Union balkanique
  21. Entente
  22. Accord sur les réformes arméniennes (1914)
  23. Ultimatum japonais à l'Allemagne
  24. **Accord Sykes-Picot**
  25. Guerre russo-turque (1877-1878)
  26. …

Traité - wiki7.org

Paix de Constantinople (1879) - wiki7.org.

Guerre russo-turque (1877-1878) - wiki7.org .

Voyage dans le temps : Une enquête généalogique ottomane.

Chapitre 20 - Des rencontres.

Elles sont assez incroyables (du moins pour moi) :

Le nombre de personnes qui sont venues à ma rencontre est impressionnant entre 2021 et 2024 : Ayşe Osmanoğlu, Ali Khan du Brésil, Laurent Gendre, Arvind Acharya, la Sultane Neslishah, Edouard POPE, Boussaid Ayoub, Tanju Tamkan, Eldem Edhem...

Souvent, quand j'échange sur ma famille avec des personnes que je rencontre, elles me posent deux questions :

parlez-vous turc et êtes-vous allé en Turquie ?

Ma réponse est non en ce qui concerne le turc ottoman :

Le turc que parlaient mes grands-parents maternels dans les années 1920 était imprégné d'une époque révolue. Il portait le nom de turc ottoman. Depuis la révolution de 1923, plus personne ne parle cette langue, hormis certains historiens ou des érudits. J'ai encore des souvenirs de les avoir entendus converser dans cette langue ancestrale.

C'était une langue façonnée par l'alphabet[xlvi] ottoman, une déclinaison de l'abjad arabe. Cet alphabet incluait des lettres destinées à l'écriture du persan, avec quelques ajouts spécifiques pour transcrire le turc et l'ottoman.

L'essor de la laïcité a été profondément inscrit dans la constitution turque sous la direction de Mustafa Kemal. Au cours de son règne, il a opéré des changements radicaux, abolissant l'islam en tant que religion officielle tout en maintenant une supervision étatique sur ses aspects.

L'exil des Ottomans à Nice et leur généalogie.

Sous la présidence autoritaire de Mustafa Kemal, qui s'est caractérisée par un parti unique, la Turquie a connu une révolution sociale et culturelle sans précédent, largement reconnue sous le nom de "Révolution kémaliste". Il a changé la langue et le turc actuel n'a plus rien à voir avec le turc ottoman. L'alphabet ottoman était une variante de l'abjad arabe, avec des lettres utilisées pour écrire le persan et quelques ajouts pour écrire la langue turque et ottomane. Il fut utilisé pendant toute la durée de l'Empire ottoman et au tout début de la République turque, jusqu'à son remplacement en 1928 par une variante de l'alphabet latin. Cet alphabet s'appelait elifbâ (الفبا) en ottoman.

Donc, je ne parle pas le turc.

À la deuxième question, j'apporte cette réponse : « Les circonstances de la vie ne m'ont point permis de me rendre en Turquie, mais je vais le faire. » "yapacak bir şey yok".

Revenons aux rencontres :

Ali Khan du Brésil. Son premier message m'est arrivé un jour depuis le Brésil où j'ai de la famille. Il était daté du samedi 9 janvier 2021.

"Bonjour, je suis Ali Khan Efendi, je suppose que nous sommes apparentés. Je suis brésilien, j'ai 60 ans. Je suis le fils du prince Civan - Bahat Asaletlu Necabetlu Mehemed Orhan Efendi. Je suis marié et j'ai un fils de 18 ans. Mon père a omis mon existence familiale car il a eu une relation avec une femme mariée et, pour ne pas avoir de documents, il a été expulsé du Brésil. J'ai des documents pour prouver qui je suis. Je ne cherche pas la renommée ou la reconnaissance médiatique, je préfère rester anonyme. Je suis un homme d'affaires très prospère avec un réseau de cliniques médicales et d'hôpitaux, et propriétaire d'une petite banque. J'aimerais rencontrer mes proches, en savoir plus sur mon père, recevoir des photos, des documents pour savoir qui est vraiment le sultan. Mon numéro de téléphone et WhatsApp est xxxxxxx / ou xxxxxx. J'habite à Itapema, État de Santa Catarina. J'espère qu'un jour je pourrai vous rencontrer. Je ne parle pas turc, anglais ou français, je ne parle que portugais."

Malheureusement, une rencontre ne s'est pas faite. Cela viendra peut-être un jour. Nous sommes toujours en contact et échangeons régulièrement.

Une autre rencontre assez inattendue :

Laurent Gendre + Arvind Acharya des USA.

Le Dimanche 10 janvier 2021.

Cher Monsieur,

Je n'ai découvert votre blog que très récemment, avec un grand bonheur.

En 1990, en vacances dans le sud de la France, nous avons acheté chez un antiquaire de Saint-Affrique (près de Millau) une malle qui nous plaisait.

Beaucoup plus tard, en 2014, je me suis intéressé aux étiquettes et ai commencé les premières recherches sur internet.

Il s'agissait d'une des malles du retour en France de Niloufer.

Depuis mes premières recherches, des tas de sources internet mettent au jour régulièrement de nouveaux documents ou de nouvelles photos. Je me suis pris au jeu et je les conserve systématiquement.

Tout comme vous, à en croire le lien vers "The Hindu" que vous indiquez sur votre blog, je suis tombé sur les articles d'Arvind Acharya.

Vous savez bien sûr qu'il est dépositaire et ayant droit des archives de **Niloufer** qui lui ont été remises par **Evelyn POPE** (veuve du second mari de Niloufer).

Je l'ai contacté par mail et nous nous sommes rencontrés à Paris en septembre 2019. Malheureusement, la crise du Covid est arrivée… Il n'est pas revenu en Europe depuis… et je ne suis pas allé à New York voir ces archives…

Je lui ai signalé il y a une dizaine de jours que j'avais trouvé un blog qui pourrait l'intéresser s'il ne le connaissait pas déjà (le vôtre) et voici sa réponse : "I am interested in meeting Pierre Erol Giraudy. Can you contact him please?"

Voici son adresse électronique et son téléphone (par WhatsApp). Il habite dans l'État de New York (et sa fille habite à Barcelone). Sincères salutations, **Laurent Gendre**

Puis le jeudi 14 janvier 2021, la liaison s'est faite :

Arvind Acharya est consultant en management à New York. Il travaille sur un film sur la vie de la princesse Niloufer. Il peut être contacté à l'adresse suivante : [adresse non fournie].

Une petite recherche sur "**Arvind Acharya Hyderabad**" révèle des résultats web intéressants, notamment sa bibliographie et des dizaines de documents.

Au final, nous nous sommes vus en Andorre. Nous sommes toujours en contact et échangeons régulièrement.

Voyage dans le temps : Une enquête généalogique ottomane.

"Sultane Neslishah - La dernière Sultane - Turquie" source YouTube :

Petite-fille du dernier sultan Vahideddin par sa mère et du dernier calife Abdülmecid par son père, elle était donc deux fois impériale.

Une dame exceptionnelle à l'histoire étonnante qui, petite fille, vivait dans le palais de Dolmabahçe, dernier palais de l'Empire ottoman. Je l'avais rencontrée à Paris au domicile de la princesse Niloufer et chez elle à Paris.

Figure 208 Sultane Neslishah - La dernière Sultane.

Figure 209 Sultane Neslishah - La dernière Sultane.

Voir le lien vers les vidéos en fin de ce chapitre.

L'exil des Ottomans à Nice et leur généalogie.

Edouard POPE :

Je l'avais rencontré à Nice quand la Princesse Niloufer et sa mère venaient voir ma mère. Mon père s'entendait bien avec elle. À cette époque, je devais avoir environ 11 ans. Elles séjournaient dans un hôtel avenue de Verdun à Nice.

C'est longtemps après que je l'ai revue à Paris dans le XVIe arrondissement, Square Lamartine. J'avais alors 25 ans. Le reste, vous l'avez d'ores et déjà lu dans le chapitre 15 de ce livre.

Arvind Acharya devrait publier prochainement un livre en anglais sur la princesse Niloufer. Lors de nos derniers échanges en 2024, il m'indiquait : « Je suis avec mon éditeur afin de valider la couverture ».

Figure 210 Edouard POPE et Princesse Niloufer.

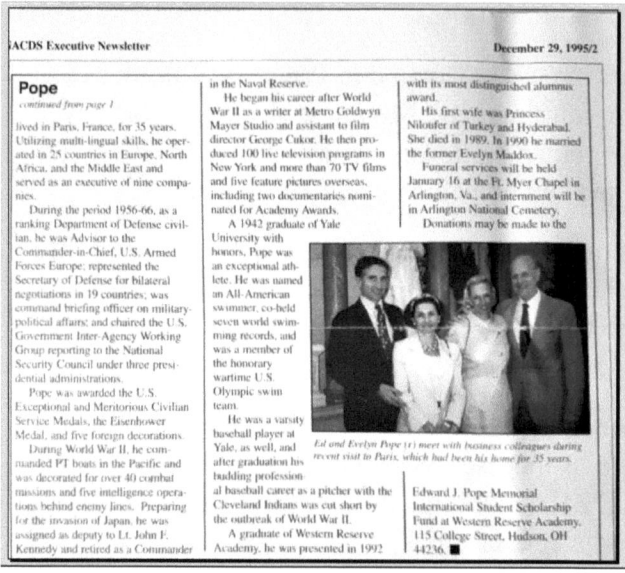

Figure 211 Article de presse sur Edouard POPE et EVE.

Edouard POPE a reçu la médaille américaine du service civil exceptionnel et méritoire, la médaille Eisenhower et cinq décorations étrangères. Pendant la Seconde Guerre mondiale, il a commandé des bateaux dans le Pacifique et a été décoré pour plus de 40 missions de combat et cinq opérations de renseignement derrière les lignes ennemies.

Se préparant à l'invasion du Japon, il a été affecté comme adjoint du lieutenant John F. Kennedy.

Il a pris sa retraite en tant que commandant de la réserve navale.

Edward J. POPE, était le directeur général des affaires internationales de la NACDS (National Association of Chain Drug Stores).

L'exil des Ottomans à Nice et leur généalogie.

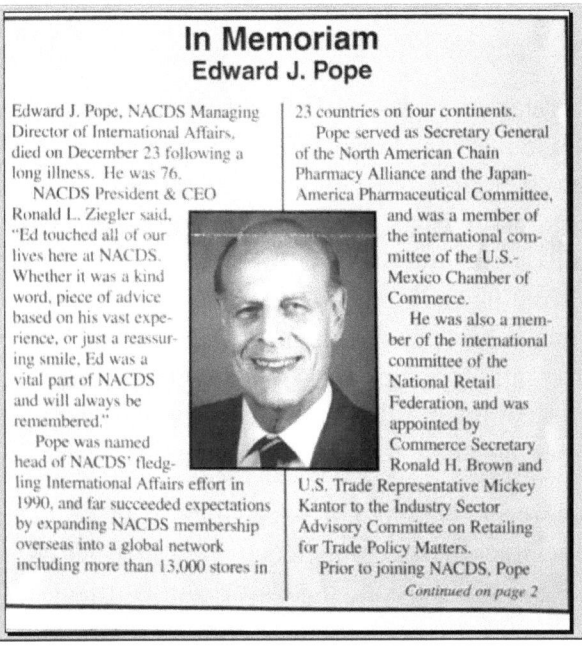

Figure 212 In Memoriam Edward J. Pope Edward J. Pope.

In Memoriam Edward J. POPE :

Le directeur général des affaires internationales de la NACDS est décédé le 23 décembre des suites d'une longue maladie. Il avait 76 ans. Ronald L. Ziegler, président et chef de la direction de la NACDS, a déclaré : « Ed a touché toutes nos vies ici à la NACDS. Qu'il s'agisse d'un mot gentil, d'un conseil basé sur son expérience ou simplement d'un sourire rassurant, Ed était un pilier essentiel de la NACDS et nous nous souviendrons toujours de lui. » POPE a été nommé à la tête de l'effort naissant de la NACDS en matière d'affaires internationales en 1990 et a largement dépassé les attentes en élargissant le nombre de membres de la NACDS à l'étranger pour en faire un réseau mondial comprenant plus de 13 000 magasins dans 23 pays sur quatre continents.

POPE a été secrétaire général de la North American Chain Pharmacy Alliance et du Japan America Pharmaceutical Committee, et membre du comité international de la Chambre de commerce États-Unis-Mexique. Il a également été membre du comité international de la National Retail Federation et a été nommé par le secrétaire au Commerce Ronald H. Brown et le représentant américain au Commerce Mickey Kantor au Comité consultatif du secteur de l'industrie sur le commerce de détail pour les questions de politique commerciale.

Avant de se joindre à la NACDS, il a vécu à Paris, en France, pendant 35 ans. Grâce à ses compétences multilingues, il a opéré dans 25 pays d'Europe, d'Afrique du Nord et du Moyen-Orient et a été dirigeant de neuf sociétés.

De 1956 à 1966, en tant que civil du ministère de la Défense, il a été conseiller du commandant en chef des forces armées américaines en Europe. Il a représenté le secrétaire à la Défense pour des négociations bilatérales dans 19 pays, a été officier d'information du commandement sur les affaires politiques militaires, et a présidé le groupe de travail interagences du gouvernement des États-Unis chargé de faire rapport au Conseil de sécurité nationale sous trois administrations présidentielles.

Il a commencé sa carrière après la Seconde Guerre mondiale en tant que scénariste au Metro Goldwyn Mayer Studio et assistant du réalisateur George Cukor. Il a ensuite produit des émissions de télévision en direct à New York et plus de 70 téléfilms et cinq longs métrages à l'étranger, dont deux documentaires nominés aux Oscars. Diplômé de l'Université

Yale en 1942 avec mention, POPE était un athlète exceptionnel.

Il a été nommé nageur All-American, a codétenu sept records du monde de natation et a été membre de l'équipe olympique américaine de natation honoraire en temps de guerre. Il a été un joueur de baseball universitaire et a reçu le prix d'ancien élève le plus distingué le 29 décembre 1995.

Sa carrière naissante de lanceur de baseball professionnel avec les Indians de Cleveland a été interrompue par le déclenchement de la Seconde Guerre mondiale.

Il était diplômé de la Western Reserve Academy.

Sa première épouse était la princesse Niloufer de Turquie et d'Hyderabad.

Elle est décédée en 1989. En 1999, il épousa ensuite Evelyn Maddox.

Les funérailles ont eu lieu le 16 janvier à la chapelle Fort Myer à Arlington, en Virginie, et l'inhumation a eu lieu au cimetière national d'Arlington.

Voyage dans le temps : Une enquête généalogique ottomane.

Les belles histoires :

La première Déclaration des Droits de l'Homme écrite en 1463. **Le firman de Bosnie de Mehmet II :**

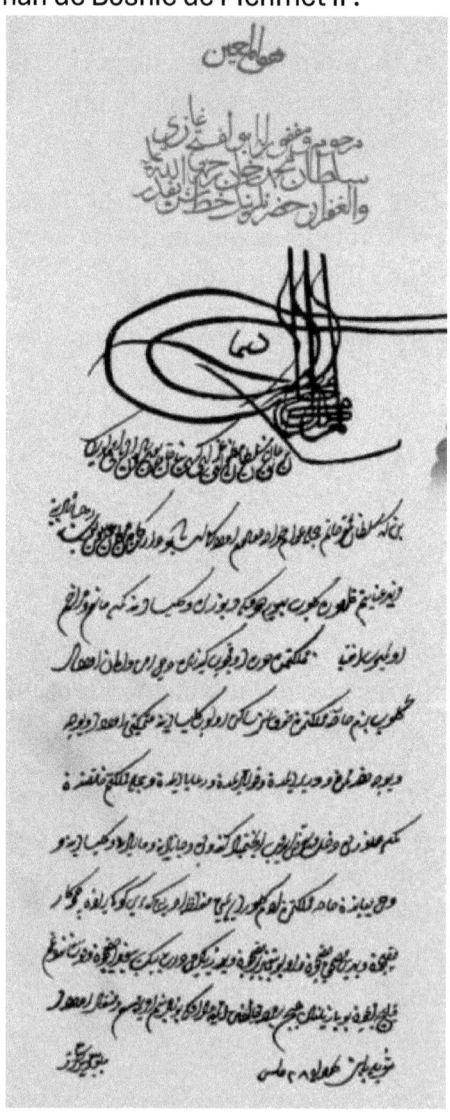

L'exil des Ottomans à Nice et leur généalogie.

Figure 213 Le firman de Bosnie de Mehmet II.

Le firman de Bosnie de Mehmet II, est effectivement un document historique important. Émis par le sultan ottoman Mehmet II (connu aussi sous le nom de **Mehmet le Conquérant**), est considéré par certains historiens comme l'un des premiers documents accordant certains droits et libertés religieuses.

Bien que ce firman ne soit pas universellement reconnu comme la "**première Déclaration des Droits de l'Homme**", il représente certainement un jalon important dans l'histoire de la tolérance religieuse et des droits accordés aux minorités dans un empire multiethnique et multireligieux.

Ce firman illustre la complexité de l'Empire ottoman, qui, tout en étant un état islamique, a souvent pratiqué une politique de tolérance relative envers les autres religions, en particulier dans les premiers temps de son expansion.

Il montre aussi la sophistication de la diplomatie ottomane et la manière dont l'empire gérait sa diversité religieuse et culturelle.

En 1971, les Nations Unis ont publié une traduction du document dans toutes les langues officielles des Nations Unies.

MEHMET, le fils de MURAD HAN, toujours victorieux :

« Le commandement de l'Honorable, le signe sublime du Sultan et le sceau illuminé du conquérant des mondes est le suivant :

Moi, **le Sultan Mehmet Han** informe tous, celui ou ceux en possession de ce décret impérial, que les Bosniaques Franciscains, sont entrés dans mes bonnes grâces, donc, j'ordonne :

Voyage dans le temps : Une enquête généalogique ottomane.

Ne laissez personne nuire ou déranger ceux mentionnés, ni leurs églises. Laissez les libre de circuler en paix dans mon empire, et laissez ceux devenus réfugiés sains et saufs. Permettez-leur de revenir et laissez-les s'installer à nouveau dans leurs monastères sans crainte, à chaque frontière de mon état.

Aucun, ni mes vizirs ou les fonctionnaires, ni mes serviteurs, ni aucun des citoyens de mon empire ne devra porter atteinte à leur honneur ou les insulter. Ne permettez à quiconque de proférer insultes, attaques ou mettre leurs vies, leurs propriétés ou la propriété de leur église en danger, ceux qui proviennent de leurs propres terres ont les mêmes droits.

Par Conséquent, en promulguant ce décret, je fais serment Par Allah, Créateur des Cieux et de la Terre, Celui qui subvient à toutes ces créatures, par 7 de Ses Saints Livres et du Saint Prophète d'Allah, Muhammad et de Ses 124000 prophètes, au nom de l'épée que je porte, personne ne devra outrepasser les écrits de ce décret, aussi longtemps qu'ils seront obéissants et fidèle à mon commandement ».

Ce texte est effectivement le contenu du fameux firman de Bosnie, qui démontre la politique de tolérance religieuse de Mehmet II envers les franciscains bosniaques après la conquête de la région en 1463.

Ce document est d'une grande importance historique pour plusieurs raisons :

Contexte historique : Il a été émis juste après la conquête ottomane de la Bosnie, montrant la politique de Mehmet II envers les populations nouvellement conquises.

Tolérance religieuse : Le firman garantit explicitement la liberté de culte et la protection des franciscains de Bosnie, ce qui était une politique remarquablement tolérante pour l'époque.

Droits et protections : Il accorde des droits spécifiques, notamment la liberté de mouvement, la protection des propriétés et des églises, et le droit de retour pour les réfugiés.

Autorité : Le sultan invoque non seulement son autorité personnelle, mais aussi celle d'Allah et des prophètes, donnant ainsi une grande solennité à son décret.

Portée historique : Bien que limité aux franciscains de Bosnie, ce document est parfois considéré comme un précurseur important dans l'histoire des droits de l'homme et de la tolérance religieuse.

Préservation :

L'original de ce firman est en Bosnie-Herzégovine, dans le Monastère Franciscain du Saint Esprit à Fojnica. Il a été exposé au public, grâce au ministère de la Culture à l'occasion du **700ème anniversaire** de la fondation de l'Empire Ottoman. Ce firman illustre la complexité de l'Empire ottoman, qui, tout en étant un état islamique, a souvent pratiqué une politique de tolérance relative envers les autres religions, en particulier dans les premiers temps de son expansion. Il montre aussi la sophistication de la diplomatie ottomane et la manière dont l'empire gérait sa diversité religieuse et culturelle.

Mehmed II "The Conqueror" II (bin Murad Han), Ottoman Sultan (1432 - 1481) - Genealogy (geni.com) :

Consulter son arbre en fin de ce chapitre sur le site GENI.

Voyage dans le temps : Une enquête généalogique ottomane.

Une belle rencontre au Collège de France :

Rana Hanımsultane (25 février 1926 - 14 avril 2008) est née à Paris, France, et décédée à Haydarpaşa, Istanbul, Turquie. Le 25 juillet 1949, elle épousa Osman Sadi ELDEM. Ils eurent deux filles, Ceyda ELDEM (née le 1er mars 1952) et Necla ELDEM (née le 24 mars 1954), ainsi qu'un fils, **Edhem ELDEM** (né le 2 mars 1960). Edhem épousa Zeynep Sedef Torunoğlu le 2 septembre 1983 et ils eurent un fils, Simin ELDEM, né le 2 janvier 1987.

Je mentionne Rana Hanımsultane car elle venait à Nice et rencontrait ma mère. Comme beaucoup de membre de notre famille. Mais je ne le savais pas. Alors comment l'ai-je su ?

Son fils Edhem ELDEM, qui s'avère être mon cousin, m'en a informé. Ceci a été une belle surprise pour moi.

Il m'indique : « Votre bisaïeul Mehmed Burhaneddin Efendi et le père de ma grand-mère, Selim Süleyman Efendi (1860-1909), étaient frères. Cela fait de nous des cousins. » Les rencontres improbables sont donc possibles, en voici la preuve.

Quand j'écoutais Edhem ELDEM lors de ses conférences au Collège de France, il m'a guidé dans mon approche de la Turquie et de notre famille ottomane.

J'étais loin d'imaginer qu'il avait connu ma mère et que nous étions cousins.

Voir page 13 du livre sur la "Genealogy of the Imperial Ottoman Family 2005".

Lire ce livre gratuit en se servant du lien en fin de ce chapitre.

L'exil des Ottomans à Nice et leur généalogie.

Edhem ELDEM est Professeur à l'Université de Boğaziçi, Istanbul - Histoire turque et ottomane (chaire internationale) et (college-de-france.fr).

Voici sa généalogie :

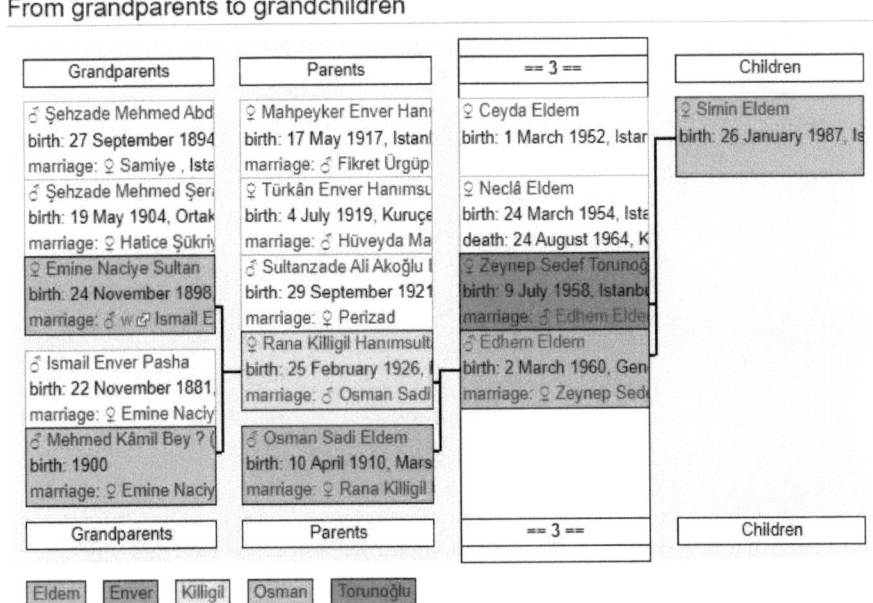

Figure 214 L'arbre généalogique Osman Sadi ELDEM.

Voyage dans le temps : Une enquête généalogique ottomane.

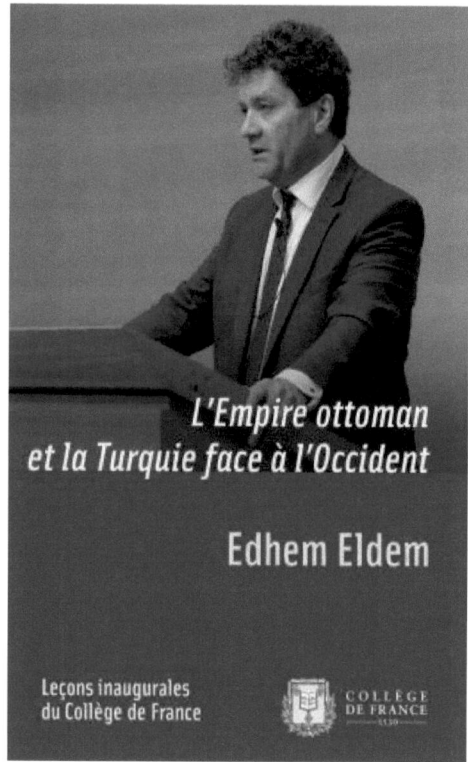

Figure 238 Edhem ELDEM est Professeur

L'historien **Edhem ELDEM** a enseigné aux universités de Boğaziçi, Berkeley, Harvard, Columbia, à l'EHESS, à l'EPHE et à l'ENS.

Titulaire de la chaire internationale d'Histoire turque et ottomane au Collège de France.

Il est l'auteur de travaux sur : Le commerce du Levant, L'épigraphie funéraire, La Banque ottomane, Les dynamiques de l'occidentalisation, Istanbul au tournant du XXe siècle, L'orientalisme, La photographie, L'histoire de l'archéologie et des collections dans l'Empire ottoman.

L'exil des Ottomans à Nice et leur généalogie.

Le Prince Sabahaddin, une figure controversée de l'histoire turque :

Il est important de vous présenter le Prince Sabahaddin pour montrer qu'il existait différentes visions de l'avenir de la Turquie.

Neveu du Sultan Abdul Hamid II, il dut fuir l'Empire ottoman fin 1899 avec son frère et son père, suite à un désaccord avec le Sultan.

Carrière et idéologie :

Sociologue et intellectuel, Sabahaddin représentait une menace pour la dynastie ottomane à cause de ses activités politiques et de son désir de promouvoir la démocratie à la fin du 19e et au début du 20e siècle. Il cofonda le Parti de la liberté, qui n'exista que brièvement, et s'opposa au Comité Union et Progrès. Son projet pour une Turquie démocratique s'inspirait des théories sociales de Frédéric Le Play et d'Edmond Demolins, prônant la décentralisation et l'initiative privée.

Exils successifs :

La vie du Prince Sabahaddin fut marquée par plusieurs exils :

1. En 1909, après l'interdiction de son parti.
2. Pendant la Première Guerre mondiale, en Suisse romande.
3. Un bref retour à Istanbul en 1919, espérant réaliser sa vision politique.
4. En 1924, banni définitivement par le Mouvement national turc de Mustafa Kemal (futur Atatürk).

5. Après la création de la République de Turquie en 1923, une loi du 3 mars 1924 expulsa tous les membres vivants de la Maison d'Osman.

Héritage et influence :

Le Prince Sabahaddin joua un rôle important dans la diffusion d'idées spirituelles et philosophiques. Il présenta notamment John G. Bennett à G.I. Gurdjieff en 1920 à Istanbul, une rencontre qui influença profondément Bennett. Ce dernier étudia et diffusa par la suite les enseignements de Gurdjieff. Sabahaddin initia également Bennett à divers systèmes religieux et occultes.

Fin de vie :

Exilé en 1924 à l'âge de 46 ans, il s'installa d'abord à Paris puis à Londres. Sa mère, Seniha Sultane, connut une fin de vie difficile, vivant dans la pauvreté à Nice avant de décéder en 1931. Son enterrement fut compliqué en raison du manque d'argent de la famille.

Sabahaddin tenta de survivre en exil, mais sa santé se dégrada. Il réduisit sa nourriture à un seul repas par jour faute de moyens. Il s'éteignit dans la misère le 30 juin 1948 dans un village de montagne près de Neuchâtel, à l'âge de 71 ans. Son corps fut rapatrié à Istanbul en 1952 et enterré près de la tombe d'Âdile Sultane.

Selon John G. Bennett, les dernières années de Sabahaddin furent marquées par la frustration, la déception et l'exil.

Ce personnage hors norme de notre famille, que je n'ai jamais connu personnellement, m'a beaucoup interpellé par sa vie et ses théories.

L'exil des Ottomans à Nice et leur généalogie.

Comme on le dit souvent, c'est parfois la pierre rejetée qui devient la clé de voûte.

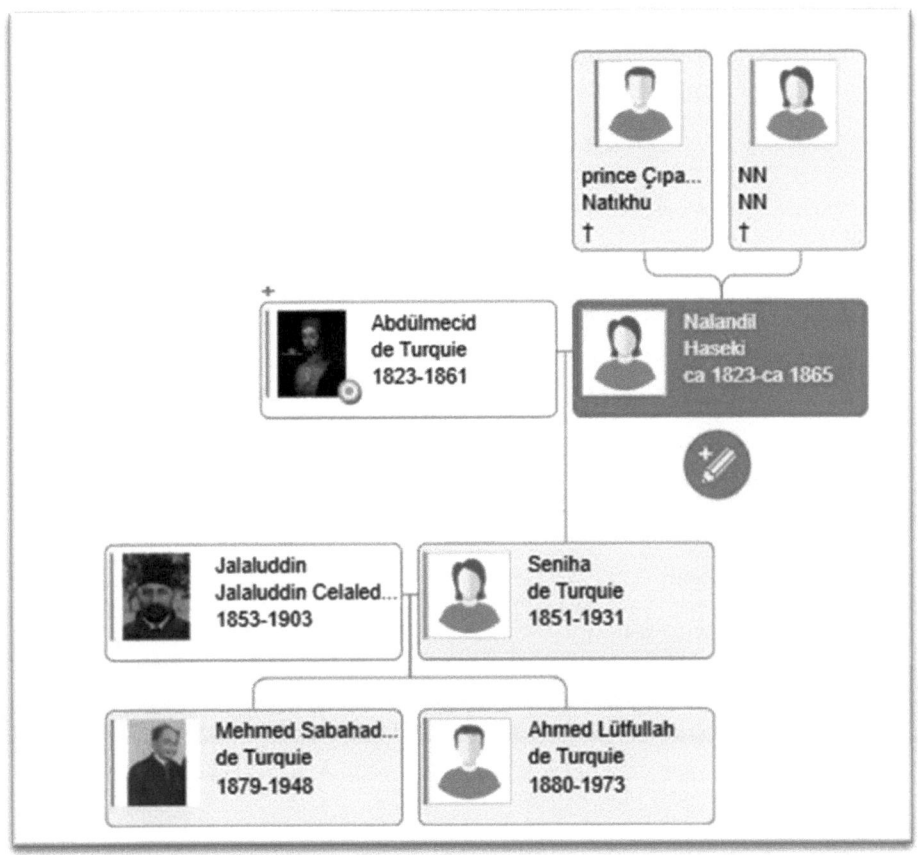

Figure 215 Arbre généalogique du Prince Mehmed Sabahaddin de Turquie.

*«Un jour j'ai lu un livre, et ma vie a changé.» Cette toute première phrase du roman **La vie nouvelle** d'**Orhan Pamuk** résume parfaitement la trajectoire du **Prince Sabahaddin**.*

Voyage dans le temps : Une enquête généalogique ottomane.

Source et URL :

Prince Sabahaddin: How can Turkey be saved? :
https://www.dailysabah.com/portrait/2018/02/10/prince-sabahaddin-how-can-turkey-be-saved

https://gw.geneanet.org/pierreerol_w?lang=fr&n=de+turquie&oc=0&p=mehmed+sabahaddin&type=timeline

E-Periodica - Le Prince Sabahaddin (1879-1948) :
https://www.e-periodica.ch/digbib/view?pid=szg-006:2002:52::699#347

Consultation (bnf.fr) :
https://archivesetmanuscrits.bnf.fr/ark:/12148/cc95848w

Ekrem Bugra Ekinci - LES PARENTS MALHEUREUX DU SULTAN HAMID - MAHMUD PACHA ET LE PRINCE SABAHADDIN :
https://ekrembugraekinci.com/article/?ID=990&sultan-hamid%E2%80%99in-hayirsiz-akrabalari----mahmud-pa%C5%9Fa-ve-prens-sabahaddin

Mehmed Sabahaddin :
https://en.wikipedia.org/wiki/Mehmed_Sabahaddin

Mehmed Sabahaddin de Turquie sur Geneanet :
https://gw.geneanet.org/pierreerol_w?lang=fr&n=de+turquie&p=mehmed+sabahaddin&oc=0&type=tree&

Sultane Neslishah - La dernière Sultane – Turquie :
https://youtu.be/KKQ-vIMk47o
https://www.erolgiraudy.eu/2024/07/sultane-neslishah-la-derniere-sultane.html

EDWARD J. POPE DIES - The Washington Post :
https://www.washingtonpost.com/archive/local/1995/12/27/edward-j-pope-dies/99982ce9-7c68-444c-a6d7-050d662da9d5/

https://fr.wikipedia.org/wiki/Cimeti%C3%A8re_national_d%27Arlington

L'exil des Ottomans à Nice et leur généalogie.

Unravelling the royal mystery | Unravelling the royal mystery :
https://www.deccanchronicle.com/160103/lifestyle-booksart/article/unravelling-royal-mystery

Le firman de Bosnie de Mehmet II - Chroniques Ottomanes :
https://chroniquesottomanes.fr/co-le-firman-bosniaque-du-sultan-mehmet-ii/

L'épée du Conquérant (Fatih Sultan Mehmet) - Chroniques Ottomanes et plus :
https://chroniquesottomanes.fr/co-l-epee-du-conquerant/
https://chroniquesottomanes.fr/co-les-turcs-seldjoukides-d-anatolie/
https://chroniquesottomanes.fr/tag/sultan-abdulhamid/

Mehmed II "The Conqueror" II (bin Murad Han), Ottoman Sultan (1432 - 1481) - Genealogy (geni.com) :
https://www.geni.com/people/Mehmed-II-bin-Murad-Han-The-Conqueror-Ottoman-Sultan/385223927880013853

Genealogy of the Imperial Ottoman Family (livre gratuit) :
https://archive.org/details/GenealogyOfTheImperialOttomanFamily2005

Edhem ELDEM. 2 March 1960 :
https://en.rodovid.org/wk/Person:883783

L'Empire ottoman et la Turquie face à l'Occident de Edhem ELDEM : https://books.openedition.org/cdf/6204

Chapitre 21 - Les souvenirs.

Les Odalisques de Matisse :

J'ai eu connaissance de plusieurs informations à ce sujet. L'une concerne un tableau vendu pendant la guerre qui aurait appartenu à ma famille. L'autre implique une cousine vivant à Gap en France qui aurait échangé des lettres avec Matisse.

Je me souvenais qu'elle avait eu une correspondance avec l'artiste. Dans les archives de ma mère, il y avait des documents sur elle, mais aucune lettre. Elles ont probablement été détruites à Gap, malheureusement. Avait-elle été son modèle ? Je n'en ai aucune idée, je crois que c'est exact. Il ne reste qu'un document attestant de son décès, qui n'a pas plus d'intérêt que cela.

Figure 216 Tableaux de Matisse (odalisques).

L'exil des Ottomans à Nice et leur généalogie.

Odalisque est un tableau réalisé par le peintre **français Henri Matisse** en 1926. Faisant partie de la série des Odalisques, cette huile sur toile représente une femme en haut transparent, assise les bras levés dans un intérieur décoré, un livre sur ses genoux. L'œuvre est conservée au musée Artizon, à Tokyo, au Japon. **Odalisque** aux bras levés est une autre peinture d'Henri Matisse, achevée en 1923. Cette huile sur toile, mesurant 23 par 26 pouces, se trouve à la National Gallery of Art à Washington DC. Le style de Matisse a changé et évolué radicalement tout au long de sa carrière, incluant une collection large et variée de tableaux représentant le nu féminin. Ses peintures d'Odalisque ont été inspirées par son voyage au Maroc.

Quand j'avais 12 ans, j'allais avec mes parents aux arènes de Cimiez. Il y avait des vestiges romains anciens et une villa rose. Celle-ci servait de musée aux œuvres de Matisse, principalement des collages. Combien de fois j'ai parcouru ces salles ! J'aimais beaucoup ces œuvres.

Beaucoup plus tard, j'ai eu des activités pour le Centre Georges Pompidou, où s'est tenue une exposition majeure sur l'œuvre de Matisse. J'y ai vu ces Odalisques.

En rapport avec Matisse, un article de haberturk.com rapporte :

"Le tableau de la princesse ottomane morte dans la 'salle des nécessiteux' est vendu aux enchères à un prix record. Une œuvre du peintre français Henri Matisse, l'un des noms les plus importants de la peinture du XXe siècle, sera mise aux enchères le 3 février à Londres, à partir d'un prix estimé entre

32,5 et 44 millions de livres sterling. Voici la triste histoire de la dame qui a servi de modèle pour ce tableau et d'autres de Matisse : il s'agit de Nermin Sultane, la petite-fille du sultan Abdülaziz et du sultan Abdülhamid, dont la vie s'est terminée le 7 novembre 1998 dans le service des indigents d'un hôpital en France."

« Les funérailles de **Nermin Sultane** ont été célébrées par deux amis fidèles, son médecin **Charles Turcy**, qui ne l'a pas quittée dans ses dernières années, et **sa femme**. De la regrettée **Nermin Sultane**, que j'aimais beaucoup, avec qui je me suis liée d'amitié pendant des années et que j'appelais et avec qui je parlais deux fois par semaine au téléphone, il me restait son turc exquis avec sa voix très harmonieuse gravée dans ma mémoire en souvenir, les albums qu'elle a envoyés peu de temps avant sa mort, quelques documents lui appartenant ainsi qu'à son père, et son célèbre tableau qui sera vendu aux enchères à Londres pour l'art mondial... ».

Sa vie :

Descendante du sultan Abdülaziz, elle est née à Istanbul en 1923. Elle appartenait à la dynastie tant du côté de sa mère que de son père. Son père, le Şehzade Şevket Efendi, il était le fils d'Abdülaziz. Sa mère, Adile Hanımsultane, était l'enfant de Naime Sultane, la fille d'Abdülhamid, et de Kemaleddin Pacha, le fils de Gazi Osman Pacha, le héros de Pleven.

Le **Şehzade Şevket Efendi** était le petit-fils du 32e sultan ottoman Abdülaziz. Alors qu'il était capitaine de marine et pilote de 21 ans, il a été exilé par les kémalistes avec la dynastie ottomane en 1924. Leurs maisons ont été pillées. Il

L'exil des Ottomans à Nice et leur généalogie.

est arrivé en Égypte sans un sou en poche. Sa femme l'a quitté, ils ont divorcé en 1928.

Il n'a pas vu sa fille **Nermin Sultane**, qui avait 3 ans lorsqu'il est parti en exil, pendant 20 ans car le prince, n'avait pas de passeport, ne pouvait pas quitter le Caire.

Lors de l'exil de la famille impériale en mars 1924, Nermin s'installe à Nice, en France, avec sa grand-mère Naime Sultane, car celle-ci estime que le couple est trop jeune et inexpérimenté pour s'occuper de la fillette. Nermin a développé une tuberculose osseuse dès son plus jeune âge qui l'a accompagnée toute sa vie. La jeune fille était handicapée.

Nermin et sa grand-mère vivaient à Cimiez. Henri Matisse, l'un des peintres français les plus en vue, vivait dans la maison voisine. Un jour, il rencontra Nermin, qu'il trouva vraiment belle. Matisse a demandé à Nermin de devenir modèle pour sa peinture. C'est ainsi qu'en 1942, le tableau "Odalisque Au Fauteuil Noir" a été réalisé avec le consentement de Nermin. Le tableau a par la suite pris de l'importance et, en 2015, il a été mis en vente aux enchères de Sotheby's à Londres.

Au début de la Seconde Guerre mondiale, Nermin et sa grand-mère se sont installées à Tirana, en Albanie. Elle s'est fiancée en Albanie, mais son fiancé a été exécuté par le dirigeant communiste albanais **Enver Hoxha**. Nermin et sa grand-mère ont ensuite été détenues dans un **camp de concentration nazi**, où Naime est morte. Après la mort de sa grand-mère, un officier de renseignement britannique en Égypte, l'historien **Lord Patrick Kinross**, l'a ensuite amenée au Caire par un avion de transport militaire. Elle commence à vivre avec son père dans le quartier de Zamalek. Le roi

Farouk d'Égypte leur a accordé un « salaire » provenant des fondations ottomanes. Cependant, après la révolution égyptienne de 1952, elle a de nouveau dû quitter l'Égypte, après quoi elle s'est installée en Algérie.

Nermin a obtenu un emploi aux Nations Unies et a fourni des conseils sociaux aux réfugiés. Elle a été active pendant la guerre d'indépendance algérienne.

Après l'indépendance de l'Algérie, Nermin s'installe à Bagnols-sur-Cèze pour vivre avec son père Mahmud. Après le décès de son père en 1973, elle a commencé à recevoir sa pension.

Nermin est restée alitée jusqu'à sa mort. Elle est décédée le 7 novembre 1998 dans un hôpital local à l'âge de soixante-quinze ans et y a été enterrée.

Figure 217 Nermin Sultan peinture de Matisse.

L'exil des Ottomans à Nice et leur généalogie.

Ses amis l'appelaient « Nezi » et ce nom était une abréviation de « Nezahat ». Son nom complet était un peu long : **Nezahat Nermin Hamide Compassion**...

Elle n'était citoyenne d'aucun pays, elle était en France depuis un demi-siècle, elle vivait en tant que réfugiée politique à **Bagnols-sur-Cèze**.

Son « document d'identité d'apatride » délivré par le gouvernement français portait la mention « **Princesse impériale ottomane** » écrite à côté de son nom.

Le Palais Régina lieu de résidence de Matisse à Nice :

Figure 218 Palais Régina lieu de résidence de Matisse à Nice.

Voyage dans le temps : Une enquête généalogique ottomane.

Le tableau inspiré de la princesse ottomane, morte dans le service des indigents, est vendu aux enchères à un prix record.

La beauté du visage de la jeune princesse a fasciné le peintre, il a su persuader la sultane de peindre son tableau avec mille demandes, et c'est ainsi qu'est né le célèbre tableau.

La princesse turque Nermin Sultane, qui a inspiré un tableau d'Henri Matisse vendu aux enchères à Londres pour **44 millions de livres sterling**.

Elle est décédée dans le service des indigents d'un hôpital à Gap, en France, en 1998.

Je sais que ma mère parlait à Nermin au téléphone le soir en fumant cigarette sur cigarette. Ne dit-on pas : fumer comme un Turc ? Notre grand-père et ma mère en étaient les dignes représentants.

L'exil des Ottomans à Nice et leur généalogie.

Les sultans tapissaient le mur du salon chez mes parents :

Figure 219 Notre dynastie Ottomane.

Voyage dans le temps : Une enquête généalogique ottomane.

Il y avait le même genre « d'arbre généalogique » chez moi à Nice. J'ai ainsi appris à les connaître sans pour autant les avoir connus.

> « Pour aussi infidèle que soit la mémoire, elle me semble néanmoins le principal moyen dont nous disposons pour découvrir la façon dont fonctionne l'esprit d'un enfant. C'est seulement en ressuscitant nos propres souvenirs que nous pouvons nous rendre compte à quel point l'enfant a une vision déformée du monde. »
>
> E. A. B.

Ainsi l'auteur de 1984 met-il lui-même en garde contre toute interprétation hâtive de son œuvre et contre les souvenirs qui, en aucun cas, ne font office de vérité.

L'exil des Ottomans à Nice et leur généalogie.

SOURCE ET URL :

Images de Matisse Odalisque :
https://www.bing.com/search?PC=U523&q=matisse+odalisque&FORM=ANAB01

Le tableau de la princesse ottomane morte dans la salle des nécessiteux est aux enchères à un prix record :
https://www.haberturk.com/yazarlar/murat-bardakci/1026493-muhtaclar-kogusunda-can

Mahmud Şevket Efendi - Vikipedi :
https://tr.wikipedia.org/wiki/Mahmud_%C5%9Eevket_Efendi

La sultane du tableau de Matisse est morte dans le quartier des pauvres | Murat BARDAKÇI Chronique :
https://www.hurriyet.com.tr/matisse-tablosunun-sultani-yoksullar-kogusunda-oldu-39063152

Hamide Nermin Nezahat Sultane :
https://en.wikipedia.org/wiki/Nermin_Sultan

Genealogy of the Imperial Ottoman Family :
https://archive.org/details/GenealogyOfTheImperialOttomanFamily2005

George Orwell, un jeune Anglais de la classe moyenne supérieure :
https://www.lepoint.fr/histoire/george-orwell-un-jeune-anglais-de-la-classe-moyenne-superieure-08-11-2022-2496827_1615.php#11

Voyage dans le temps : Une enquête généalogique ottomane.

Istanbul accueille les descendants du Sultan Abdulhamid II la veille de l'anniversaire de sa mort (aa.com.tr) :
https://www.aa.com.tr/fr/turquie/istanbul-accueille-les-descendants-du-sultan-abdulhamid-ii-la-veille-de-l-anniversaire-de-sa-mort/1062380

Laudun-l'Ardoise : le docteur **Charles Turcy** nous a quittés - midilibre.fr :
https://www.midilibre.fr/2017/10/03/laudun-l-ardoise-le-docteur-charles-turcy-nous-a-quittes,1569115.php

Hamide Nermin Nezahat Sultana de Turquie : généalogie par Henri FREBAULT (frebault) sur geneanet :
https://gw.geneanet.org/frebault?lang=fr&n=de+turquie&p=hamide+nermin+nezahat+sultana

Hamide Nermin Nezahet Osmanoğlu (c.1923-c.1998)- Bagnols Sur Cèze - Geni :
https://www.geni.com/people/Hamide-Nermin-Nezahet-Sultan/6000000024610934753

L'exil des Ottomans à Nice et leur généalogie.

Chapitre 22 – Réflexions et découvertes :

En tant que membre de cette lignée, je partage mes réflexions personnelles sur le processus de découverte et les émotions qui ont jalonné cette quête, ainsi que la compréhension approfondie acquise sur ma famille à travers ce long parcours « initiatique ». Dans les pages de ce livre, je vous invite à vous remémorer ces moments intimes, à réfléchir sur l'impact de l'exil sur l'identité familiale et sur la façon dont le temps a façonné notre perception de ces événements.

Au début de ma vie, je ne m'intéressais pas beaucoup à l'histoire de ma famille. La réalité ottomane était autour de moi, très présente, comme je vous l'ai raconté au début de mon livre. Comme je ne parlais pas le turc ancien et que ma mère ne parlait pas parfaitement le turc ottoman et moderne (car elle a quitté son pays natal lorsqu'elle était nouveau-née en 1923), elle ne me l'a pas appris.

Beaucoup de mots étaient mystérieux pour moi à cette époque, mais ensuite, les traducteurs informatiques m'ont beaucoup aidé. C'est ainsi, sans m'en rendre compte, que j'ai connu et enregistré tous ces souvenirs. Maintenant, ma situation de retraité me permet de lire et d'écrire sur ce sujet. De plus, avec les traducteurs sur le web et l'IA, j'ai pu prendre connaissance de nombreux textes en turc.

La généalogie a tenu une place importante dans cette découverte de ma famille. D'un arbre au début modeste est née une ramification complexe et riche en surprises, comme vous avez pu le voir. Maintenant, il y a presque une trentaine d'arbres généalogiques dans ce livre.

L'exil des Ottomans à Nice et leur généalogie.

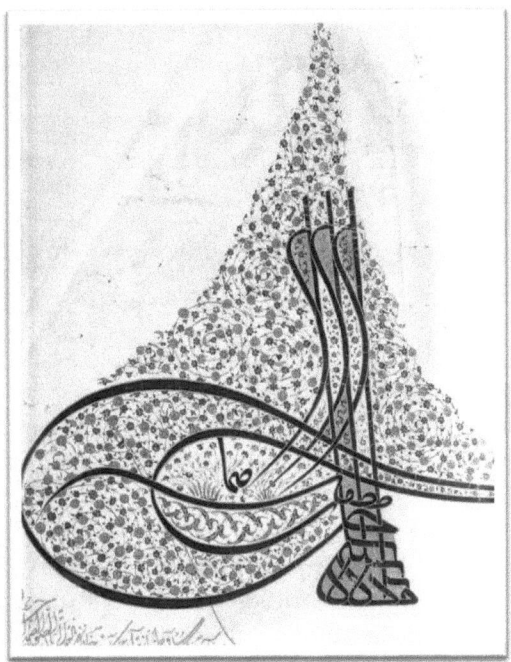

Figure 220 Une jolie Tuğra.

Une réflexion de **Nathan DEVERS** sur le concept de vie, un point de début essentiel pour la généalogie : « Comment définir la vie ? « Définir » signifie délimiter, tracer la frontière qui distingue tel ou tel concept et met son essence en relief. En l'occurrence, quand il s'agit de la vie, ses bornes sont évidentes. Il s'agit d'une part de la naissance et de la mort à l'autre extrémité. La date de naissance et celle de la mort sont, selon le sens commun, les deux bornes de l'existence humaine : celles qu'on mentionne dans les notices biographiques, celles qu'on voit sur les tombes. Or, ces dates représentent paradoxalement les deux seuls instants dont un individu n'est pas responsable : Proust n'a pas choisi de naître en 1871, ni Simone de Beauvoir de mourir en 1986. Pourquoi des événements contingents et contraints résumeraient-ils le parcours d'un homme ? Dans l'Antiquité, les Grecs valorisaient une autre date : l'acmé, l'instant où l'on devient soi-même… ».

PENSER CONTRE SOI-MÊME *de **Nathan DEVERS** (Éditions Albin MICHEL).*

Pour qui fait de la généalogie, voici une réflexion intéressante de la part de l'auteur de ce livre ci-dessus.

Voir le lien (URL) à la fin de ce chapitre.

La généalogie impériale en république, le cas de la Turquie :

« En Europe occidentale, l'arbre généalogique est un lieu bien connu de l'imaginaire familial…/…En Turquie, la généalogie intéresse un public réduit ; les sociétés de spécialistes y sont rares, et nul ethnologue ou anthropologue n'a encore songé à situer la recherche des ancêtres entre science et passion …/…Si des diagrammes généalogiques furent dessinés par les descendants, c'était dans le but principal d'assurer la bonne distribution des ressources de la fondation.»

> « Pour rester un outil juridique authentifié, la généalogie doit donc faire peau alphabétique neuve. C'est à cette condition que les membres du **Waqf** pourront continuer de faire valoir leurs droits auprès de l'administration, et que, dans un autre ordre d'utilité, ils pourront remonter le fil de leur généalogie. »

Source Cairn.info : Olivier BOUQUET.

L'exil des Ottomans à Nice et leur généalogie.

À partir de l'exemple du lignage de Halil Hamid Pacha, cette étude de Cairn.info met en évidence trois types de construction généalogique.

« Leurs chronologies sont décalées sur l'ensemble de la période contemporaine ; leurs modes d'expression vont du **cercle familial restreint** à **l'espace médiatique national** ; mais elles ont en commun de procéder de références impériales articulées au cadre républicain.

Nous distinguons ainsi une **généalogie publique**, opérateur médiatique d'une naturalisation des origines familiales, produit de la réorientation récente du discours ethnogénétique national ;

une **généalogie institutionnelle**, outil administratif au service d'une fondation pieuse bi-séculaire, support d'une appartenance juridiquement reconnue au lignage, liée à deux procédés complémentaires d'identification et d'incorporation des descendants ;

une **généalogie dynastique**, forme historique intermédiaire entre les deux précédents types, lieu de cristallisation d'un sentiment familial et d'une aspiration nobiliaire, caractérisée par un double travail de captation symbolique et d'invention patriarcale. »

Olivier Bouquet est un historien français spécialisé dans l'étude de l'Empire ottoman. Formé à l'École nationale des chartes, où il a acquis des compétences en paléographie (l'étude des écritures anciennes). En plus de son rôle d'enseignant, il est également chercheur au Centre d'études en sciences sociales sur les mondes africains, américains et asiatiques (**CESSMA**). Ses travaux portent principalement sur l'histoire de l'Empire ottoman, un vaste empire multiethnique et multiconfessionnel qui a existé de la fin du XIIIe siècle jusqu'au début du XXe siècle. En tant qu'expert reconnu de l'histoire ottomane, Il apporte un éclairage précieux sur les processus historiques qui ont façonné le Moyen-Orient, l'Afrique du Nord et les Balkans, ainsi que sur les héritages de cette histoire dans le monde contemporain.

Figure 221 Pourquoi l'Empire ottoman ? Six siècles d'histoire

Lecture du relevé privé des registres de naissance de la famille impériale ottomane[xlvii] :

Ils incluent les dates biographiques des sultans (d'Osman Ier à Abdülhamid II), des premiers ministres, des dignitaires du clergé et des chefs de l'armée. Il m'a fallu, dans ce cas, obtenir des traductions en français de ces écrits en turc

L'exil des Ottomans à Nice et leur généalogie.

ancien. Pour cela, j'ai consulté le site bnf.fr et téléchargé des documents en turc ottoman. La lecture de ce type de document a été un frein au début de la rédaction de ce livre.

Figure 222 Extrais du relevé privé des registres de naissance.

Il y a dans ce livre plus de cent occurrences des termes « généalogie » et « généalogique », ainsi qu'une trentaine d'arbres, formant une petite forêt. Une approche généalogique de ma famille ottomane a été essentielle afin de mieux appréhender la complexité de mes liens familiaux qui s'étendent sur plus de 800 ans.

> *Soyez indulgents quant à ce travail de généalogie ; peut-être que certains noms ne sont pas orthographiés parfaitement, je vous demande de m'en excuser par avance.*

Voyage dans le temps : Une enquête généalogique ottomane.

Arbres généalogiques de la dynastie ottomane :

Des tableaux sont actuellement en cours de restauration, le tout premier représentant **l'arbre généalogique de la dynastie ottomane**, datant de l'époque du sultan Abdülhamid Ier.

Le tableau de 7 mètres carrés est en cours de restauration et sera prochainement exposé au Musée national de peinture des palais en 2025. Ci-dessous vous découvrez un tableau actuellement en cours de restauration en Turquie, le tout premier à illustrer une présentation remontant à l'époque du sultan Abdülhamid Ier.

Figure 223 Arbre généalogique époque Abdülhamid Ier..

Cette œuvre fait l'objet d'une reconstitution et sera bientôt présentée au Musée national de peinture des palais en 2025 en Turquie[xlviii].

L'exil des Ottomans à Nice et leur généalogie.

Des tuğras de l'art et des monogrammes :

Par chance, mes documents et photos ont été préservés dans le temps et au cours de mes nombreux déménagements.

Elles étaient présentes dans mon appartement familial et j'ai donc appris à les apprécier. Tuğra[xlix], également orthographié « tughra » ou « tugra » (en arabe : طغراء), est un mot turc désignant le **monogramme des sultans ottomans**. Il est issu du style de calligraphie arabe divanî, utilisé pour les besoins de l'administration ottomane.

La calligraphie avait une place importante. Comme vous l'avez lu, les Ottomans maîtrisaient parfaitement cet art. Les tuğras servaient à un usage similaire au cartouche de l'Égypte ancienne ou au monogramme royal des monarques britanniques. Chaque sultan ottoman avait sa propre tuğra ce qui en fait une indication précieuse en généalogie pour permettre une datation. Si vous voulez en savoir plus sur la calligraphie, il y a de nombreux ouvrages disponibles. Je vous conseille également un roman pour une première approche : *Mon nom est Rouge* d'Orhan PAMUK. Un second livre de cet auteur, *Istanbul*, décrit la ville en hiver, sous la neige...

Tout est noir et blanc, comme les photos que j'ai connues, ma famille en conservait précieusement certaines. À cette époque, il n'y avait guère de photos en couleurs.

« C'est un livre important pour moi, car c'est le premier que j'ai lu de cet auteur. Ensuite, il y en a eu beaucoup d'autres. Celui-ci, je l'ai donné à mon fils, mais comme il est mort jeune, je n'ai jamais parlé de ce livre avec lui, malheureusement. J'aurais bien aimé avoir son avis. »

Pas de fin à cette étonnante histoire et travaux de généalogie, juste une suite... 100 ans après :

La tombe de notre grand-père et de notre grand-mère en Suisse. En fait, je ne sais pas où est celle de sa première épouse, la Princesse Arife Kadriye Sultane, une tombe de plus qui a été égarée dans les méandres de l'histoire ottomane, des guerres et de l'exil dans un monde qui, au début de leur deuxième vie, n'était pas le leur.

Figure 224 La tombe de nos grands-parents

Des Turcs visitent la tombe de ma famille en Suisse et sont en contact avec moi. La première fois, j'étais agréablement surpris. Ils m'ont fait parvenir des photos.

J'en suis reconnaissant à la famille Gedik.

Un Salon à Nice, une Fenêtre sur l'Orient :

Dans mon enfance et adolescence, baignées par la douce lumière de Nice, une ville où la mixité ethnique, sociale et

L'exil des Ottomans à Nice et leur généalogie.

culturelle était une richesse appréciée, les étrangers étaient non seulement bienvenus, mais intégrés à notre quotidien.

Mes racines plongent dans cette diversité, entre la Niçoise et l'Ottomane, une dualité que je chéris et porte avec fierté.

Les Ottomans, tels des conteurs du passé, ont tissé les fils de mon enfance. Les récits de l'Orient ont fleuri dans mon esprit, façonnant un parcours initiatique marqué par la rencontre avec les membres inspirants de ma famille.

Mon salon à Nice était une fenêtre ouverte sur l'Orient, orné de turgas, d'arbre généalogique, de portraits et de photos anciennes d'Istanbul. Chaque objet, chaque image contribuait à l'enchantement de ce voyage immobile. La cuisine, elle aussi, était une passerelle entre deux mondes. Les saveurs exquises des plats orientaux et des pâtisseries délicates peuplaient notre table. Ma mère était une experte en art culinaire oriental, orchestrant des festins qui faisaient naître la fête à chaque commencement de confection.

Les desserts, étaient une source de délices :

Les loukoums, qui viennent du turc « *lokum* » [1], le halva, les börek et knafeh (les cheveux d'ange sont utilisés pour réaliser des pâtisseries de différentes formes, souvent remplies de noix hachées) et bien d'autres merveilles.

Ces douceurs ont forgé ma passion pour la gastronomie orientale, m'entraînant à la découverte des restaurants libanais, où chaque visite était une célébration de ces saveurs envoûtantes. À travers ces expériences, je me suis épanoui dans un **métissage culturel**, une harmonie entre l'Orient et l'Occident, sans jamais renier mes origines niçoises et ottomanes.

Voyage dans le temps : Une enquête généalogique ottomane.

Figure 225 Chez Méliké, le petit secrétaire.

Des livres sur la Turquie et les Ottomans ont été mes compagnons, nécessaires pour plonger plus profondément dans l'histoire de ma famille et comprendre les fils tissés par le temps. Dans ce récit, où la frontière entre la réalité et l'imagination s'estompait, j'ai pris des libertés tout en respectant les nuances de la société de l'époque et les intrications généalogiques. Mes écrits, focalisés sur les rencontres avec les Princes et Princesses de ma vie, que ce soit à Nice ou à Paris, m'ont permis de mieux appréhender ma propre histoire et de créer un espace privé sur Facebook.

"Les OTTOMANS" est un groupe Facebook privé où je partage ce riche héritage. Peut-être qu'un jour, je le rendrai public.

Dans ma généalogie sur geneanet, vous pourrez aussi trouver de nombreuses informations, surtout dans les fiches individuelles, qui renseignent sur la personne. Je m'efforce

L'exil des Ottomans à Nice et leur généalogie.

de les compléter afin de ne pas créer un arbre contenant uniquement des dates et des noms, comme certains le font.

Quel intérêt cela aurait-il pour le visiteur ?

De mon point de vue, il faut, dans la mesure du possible, documenter les étapes de la vie des personnes, inclure des liens vers les sources des informations fournies. Bien entendu, cela n'est pas possible pour toutes les fiches généalogiques. Les photos sont aussi très importantes et consolident votre arbre généalogique. Elles seront souvent une référence pour les jeunes membres de votre famille, car combien de photos restent anonymes pour l'éternité ?

Mon arbre généalogique sur geneanet comporte 392 individus à ce jour dont 115 personnes de la famille ottomane et 60 en plus sur les giraudy.

Bien entendu, dans cet arbre ne figurent que les Princesses Princes et, Damad... Que j'ai connu ou qui ont eu un impact notable sur la vie de mes descendants.

Maintenant, je vais vous présenter mon salon à Nice, avec ses Turgas, son arbre généalogique, ses portraits et ses photographies en noir et blanc. C'était plus qu'un simple décor.

Ce salon était le théâtre où se jouaient les récits de mes oncles et tantes, des acteurs dont les histoires remontaient lentement des profondeurs de la mémoire, se recomposant par bribes, document après document, pour former le tableau vivant de mes origines ottomanes.

Voyage dans le temps : Une enquête généalogique ottomane.

Figure 226 Le salon avec le petit secrétaire au tiroir secret à Nice.

Figure 227 Mon Oncle SAI Général Prince Fuad Osmanoğlu dans notre salon.

L'exil des Ottomans à Nice et leur généalogie.

« La photo du Prince, capturée à Nice dans la demeure de mes parents au 7 avenue Jean Médecin, est un témoignage précieux de notre histoire ottomane à Nice.

En ces lieux empreints de souvenirs, ils vous accueillent tous une dernière fois, ouvrant leur porte et leurs cœurs.

Vous serez toujours le/la bienvenu(e), dans cette maison où l'hospitalité demeure éternelle. »

> *Je mets cette phrase entre guillemets, car depuis nous avons déménagé et vivons à l'étranger, mais elle reflète bien la volonté de cette porte ouverte qui qualifiait mes parents.*

Un voyage à travers l'orient et l'occident :

Au fil des années, ma vie a été façonnée par une fascination constante pour la richesse culturelle, l'histoire complexe et les récits captivants qui peuplent les pages des livres. Mon exploration intellectuelle a été guidée par des auteurs éminents, notamment Pierre Loti, Orhan Pamuk et Edhem Eldem, dont les œuvres ont ouvert les portes d'un monde de réflexion, de recherche et d'analyse.

Les Contes de Nasreddine Hodja, joyau de mon enfance à Nice, ont égayé mes jeunes années, semant la joie à travers des histoires empreintes de sagesse orientale. Entre Nice, terre de diversité ethnique et culturelle, et les écrits sur l'Empire ottoman, j'ai tracé mon chemin, tissant un lien unique entre ces deux mondes si différents et si proches.

Dans ma quête de compréhension du monde oriental et de ses méandres historiques, j'ai souvent ressenti le manque de ressources à Nice. Cependant, les écrits d'auteurs turcs ont dissipé l'obscurité entourant certains aspects de l'Empire ottoman. Ainsi, je suis devenu un être hybride, un mélange harmonieux entre l'orient et l'occident, n'oubliant jamais mes racines niçoises et ottomanes.

Au cœur de cette dualité culturelle, Nice a été pour moi un creuset d'identités diverses, avec sa propre langue, ses traditions et sa cuisine. Les archives familiales ottomanes, composées d'arbres généalogiques et de documents précieux, ont été le terreau fertile de mon exploration personnelle. Entre les récits oraux confus de mes parents et les photographies du passé, j'ai entrepris le délicat travail de démêler les fils du temps.

Avec ces précieuses reliques comme compagnons de voyage, j'ai arpenté montagnes et vallées pendant plus de quarante ans. L'année 2015 a marqué le moment où je pouvais enfin déposer mes bagages, non seulement géographiquement en m'installant en Andorre en 2017, mais aussi mentalement.

Ma retraite a été le signal pour entreprendre une plongée profonde dans mes racines, avec un an et demi de recherches généalogiques et historiques comme prélude à l'écriture de ce livre.

Ainsi commence mon récit, une exploration de mes origines, agrémentée d'incroyables rencontres avec des Indiens, des "cousins et cousines" disséminés à travers le monde, des aventuriers et des révolutionnaires.

Chacune de ces rencontres a exigé des investigations approfondies, des analyses généalogiques et historiques pour démêler les fils d'une histoire complexe et souvent dramatique.

L'exil des Ottomans à Nice et leur généalogie.

Aujourd'hui, avec le luxe du temps accordé aux loisirs et à la lecture, je me plonge dans les livres qui dévoilent les strates de l'histoire ottomane et contemporaine de la Turquie.

Mon objectif est clair : comprendre mes ancêtres et leur monde, éclairer les récits compliqués et souvent poignants qui ont marqué leur existence. Mon histoire, tissée de ces fils multiples, est un hommage à la richesse de la diversité culturelle et à la persévérance dans la quête de l'identité.

Les mers et les détroits unissent autant qu'ils séparent. Entre l'Asie et l'Europe, cités, empires et royaumes ont cherché à unifier les rivages de la mer Égée ainsi que les rives des détroits de l'Hellespont et du Bosphore : Athènes, la Macédoine, le diadoque Lysimaque, Mithridate, Rome bien sûr et son successeur Byzance.

Il faut en retenir l'aide et l'assistance à la famille :

Nous apportions à manger à ceux qui avaient faim. Les autres sont morts malheureusement. La vie est cruelle.

Les visites des trois princes chez Méliké permettaient de faire revivre, pour un instant, l'Empire ottoman et leur permettaient de parler le turc.

Personne ne peut savoir ce qu'il fallait faire et comment le faire, car nous n'avions point vécu ce terrible exil et ainsi devenu apatrides.

Voyage dans le temps : Une enquête généalogique ottomane.

Fig. 16. Virgin Mary with the Infant Christ and Joseph (?), detail. From *Cem'-i Tārīḫ*, Ankara, Museum of Ethnography, MS 8457, fol. 5b. (Photo: Melis Taner)

Fig. 17. Ishmael praying in front of the Ka'ba, detail. From *Cem'-i Tārīḫ*, Ankara, Museum of Ethnography, MS 8457, fol. 5b. (Photo: Melis Taner)

Figure 228 Représentation de la Vierge et d'Ishmael dans un même cadre.

Les six jours de mars où tout a basculé :

Je vous ai déjà présenté ce livre gratuit : **Déportation, expulsion et bannissement de la dynastie ottomane, 1-6 mars 1924** de Jamil Adra. Son URL est disponible à la fin de ce chapitre.

« Le 3 mars 1924, une loi d'exil a été adoptée pour les Ottomans, touchant 37 membres masculins de la famille, y compris le dernier sultan et le dernier calife.

Cependant, la portée de l'expulsion a été élargie pour inclure également les sultanes et les filles princières, les garçons

L'exil des Ottomans à Nice et leur généalogie.

appelés sultanzades, les filles appelées lady sultans, ainsi que les épouses des sultans, califes et princes. Au total, 155 personnes ont été exilées, y compris des femmes et des enfants, ainsi que des serviteurs liés aux membres de la famille.

Le nombre réel d'exilés était de 250, car des mères, des enfants, des grands-mères et des serviteurs ont également été contraints de quitter leur pays. » Maintenant, vous pouvez mieux appréhender ce départ brutal pour l'inconnu à cette époque.

De nombreux membres de notre famille ne connaissaient point l'Europe et ses coutumes. Quel choc ils ont dû avoir, car ils étaient en « terra incognita ».

Figure 229 Nos armoiries, voir les notes 1 et 2 de ce livre.

Voyage dans le temps : Une enquête généalogique ottomane.

Les agents extérieurs :

Une dernière réflexion m'est venue, suite à des échanges avec une personne pendant une soirée en catalogne en 2024 à la campagne en Catalogne.

En 1916, de nombreuses tractations se faisaient dans le dos du monde arabe.

Ces accords secrets n'ont été finalement révélés au grand public que le 23 novembre 1917 dans un article des **Izvestia** et de la **Pravda**, puis repris le 26 novembre 1917 dans le **Manchester Guardian**.

Le traité Sykes-Picot des accords secrets :

« À la suite de la révolution d'Octobre qui renverse la jeune république russe instaurée depuis la révolution de Février et installe le pouvoir bolchevique, le nouveau gouvernement de Pétrograd découvre dans les archives du ministère des Affaires étrangères une copie du texte du traité **Sykes-Picot** qu'il porte, en janvier 1918, à la connaissance du gouvernement ottoman, toujours possesseur des territoires concernés. Les découpages sont faits avant 1918. »

Les quatorze points de Wilson :

Ces accords prévoient un découpage du Proche-Orient en cinq zones à l'issue de la Première Guerre mondiale. Rapidement attaqué dès qu'il a été rendu public, ce texte est finalement entériné en 1920. À la fin de la guerre, la France et le Royaume-Uni se voient attribuer des mandats par la Société des Nations. Les "Quatorze points de Wilson" établissent un programme de paix pour reconstruire l'Europe.

L'exil des Ottomans à Nice et leur généalogie.

C'est le traité de Sèvres en 1920 qui oblige l'Empire ottoman à renoncer aux provinces arabes et africaines. Ce traité est signé alors que se déroule la partition de l'Empire ottoman, de 1918 à 1922.

Les services secrets britanniques et français :

Ils ont joué un rôle déterminant dans l'élaboration et la mise en œuvre des Accords **Sykes-Picot**. Leur implication a commencé par la conduite de négociations secrètes, loin des regards du public et de nombreux officiels gouvernementaux. Leurs services ont fourni des informations cruciales sur les territoires du Moyen-Orient, influençant directement la délimitation des zones d'influence.

En fait, la politique anglaise s'incorpore dans une vaste stratégie de protection de l'Inde. Les Allemands ont envoyé dès 1914 des missions le long des routes de Perse qui conduisent aux Indes. L'Angleterre et la Russie devancent le projet allemand en occupant militairement la Perse en 1915, les Russes au nord, les Anglais au sud. En 1915-1916, la Perse est entièrement occupée par l'Entente.

Voir aussi l'influence du général Auguste SARROU, il était en contact avec notre famille… Il participa à la mission internationale de réorganisation de la gendarmerie ottomane de 1904 à 1914, et fut attaché militaire à l'ambassade de France à Ankara après 1922.

Voyage dans le temps : Une enquête généalogique ottomane.

Les services secrets :

Sur le terrain, les agents des services secrets ont manipulé les acteurs locaux pour faciliter la future mise en œuvre des accords. Ils ont également œuvré à protéger le secret de ces arrangements pendant près d'un an, jusqu'à leur révélation par les Bolcheviks en 1917.

Parallèlement, ils menaient des opérations de contre-espionnage pour contrer les efforts d'autres puissances comme l'Empire ottoman et l'Allemagne.

L'influence des services secrets s'est étendue à la sphère politique, leurs rapports orientant les décisions des dirigeants sur la partition du Moyen-Orient. Après la divulgation des accords, ils ont été impliqués dans la gestion des conséquences diplomatiques et dans les efforts pour maintenir l'influence de leurs pays dans la région.

Ces services ont également établi des réseaux d'agents et d'informateurs durables, surveillé les mouvements nationalistes arabes émergents, et contribué à adapter les accords aux réalités complexes du terrain.

Les conversations entre ma mère et mes oncles prenaient souvent un tour sombre lorsque certains noms surgissaient. J'écoutais, intrigué, ces appellations qui revenaient comme des ombres menaçantes dans leurs discussions.

Ces noms, prononcés avec une grimace ou un soupir las, semblaient être les vestiges d'un passé douloureux ou conflictuel. Ils teintaient les échanges d'une amertume palpable, évoquant des personnes qui, bien qu'absentes, continuaient de jeter leur ombre sur notre présent familial.

L'exil des Ottomans à Nice et leur généalogie.

Chaque fois que ces noms résonnaient dans la pièce, l'atmosphère se chargeait de tension. Sans tout comprendre encore, je percevais le malaise qu'ils suscitaient, comme des échos lointains de querelles ou de trahisons et des déclaration de Balfour. Ces figures, dont je ne connaissais que les noms, semblaient avoir laissé des cicatrices dans l'histoire de notre famille, des blessures qui, visiblement, peinaient à se refermer.

L'implication de ces personnages souvent « secret » ont ainsi façonné le Moyen-Orient moderne, laissant un héritage controversé marqué par des frontières artificielles et des tensions persistantes dans la région. Voir aussi à ce sujet, les activités de mes oncles, notamment celles du Prince Orhan en Albani avec le SOE.

Les impacts durables de ces décisions :

« Les Ottomans n'étaient plus en mesure de contrer ce qui se passait, encore moins les autres composantes des pays arabes. Ces décisions diplomatiques exogènes ont façonné les frontières et les dynamiques politiques du Moyen-Orient moderne.

Ces événements illustrent la complexité des relations internationales au début du 20e siècle et l'impact durable des décisions prises par les grandes puissances sur le destin des peuples du Proche-Orient.

La révélation tardive de ces accords secrets a contribué à une méfiance durable envers les puissances occidentales dans la région. »

Voyage dans le temps : Une enquête généalogique ottomane.

SOURCE ET URL :

Pour en savoir plus voir sur mon site :
https://www.erolgiraudy.eu/

Source : BOUQUET Olivier :
https://www.cairn.info/pourquoi-l-empire-ottoman--9782072941436-page-11.htm

https://histparis.hypotheses.org/olivier-bouquet

Calligraphie arabe divanî, voici les liens :
https://fr.wikipedia.org/wiki/Tu%C4%9Fra#

https://islamicart.museumwnf.org/database_item.php?id=object;ISL;tr;Mus01;42;fr

https://en.wikipedia.org/wiki/Tughra

Déportation, expulsion et bannissement de la dynastie ottomane, 1-6 mars 1924 :
https://archive.org/details/mars-1924

Penser contre soi-même de Nathan Devers :
https://www.fnac.com/a18606541/Nathan-Devers-Penser-contre-soi-meme

Sur Rodovid :
https://en.rodovid.org/wk/Person:1384539

Auguste Sarrou (1874-1968) (bnf.fr) :
https://data.bnf.fr/fr/14531079/auguste_sarrou/

Le Général et la Princesse :
https://www.erolgiraudy.eu/2022/11/le-general-et-la-princesse.html

L'exil des Ottomans à Nice et leur généalogie.

Rapport du lieutenant-colonel Auguste Sarrou sur la situation en Turquie. (saltresearch.org) :
https://archives.saltresearch.org/handle/123456789/34391

Le Roi ZOG et le Prince Orhan :
https://www.erolgiraudy.eu/p/le-roi-zog-et-le-prince-orhan.html

Special Operations Executive :
https://en.wikipedia.org/wiki/Special_Operations_Executive?oldid=218641813

SOE en Albanie :
https://fr.m.wikipedia.org/wiki/SOE_en_Albanie

Le Prince Sabahaddin (1879-1948) :
https://www.e-periodica.ch/digbib/view?pid=szg-006:2002:52::699#347

https://archivesetmanuscrits.bnf.fr/ark:/12148/cc95848w

https://ekrembugraekinci.com/article/?ID=990&sultan-hamid%E2%80%99in-hayirsiz-akrabalari----mahmud-pa%C5%9Fa-ve-prens-sabahaddin

https://en.m.wikipedia.org/wiki/John_G._Bennett

Les services secrets turcs, l'Organisation Spéciale au MIT :
https://www.cairn.info/revue-strategique-2014-1-page-131.htm

Balfour Declaration | History & Impact | Britannica :
https://www.britannica.com/event/Balfour-Declaration

In 60 Seconds : The Sykes-Picot Agreement explained :
https://www.facebook.com/watch/?v=10154219139483958

Voyage dans le temps : Une enquête généalogique ottomane.

Carnet n°6 : Épilogue – 18 II 23 au 14 VIII 24.

« Mes quatre grands-parents et tous leurs ancêtres depuis douze générations sont nés sous la même dynastie ottomane ; comment auraient-ils pu ne pas la croire éternelle ?

"De mémoire de rose, on n'a jamais vu mourir un jardinier", soupiraient les philosophes français des Lumières en songeant à l'ordre social et à la monarchie de leur propre pays. Aujourd'hui, les roses pensantes que nous sommes vivent de plus en plus longtemps, et les jardiniers meurent.

En l'espace d'une vie, on a le temps de voir disparaître des pays, des empires, des peuples, des langues, des civilisations. L'humanité se métamorphose sous nos yeux. Jamais son aventure n'a été aussi prometteuse, ni aussi hasardeuse. Pour l'historien, le spectacle du monde est fascinant.

Encore faut-il pouvoir s'accommoder de la détresse des siens et de ses propres inquiétudes. »

Amin MAALOUF – *Le naufrage des civilisations – Grasset 2019.*

Vous avez découvert ma généalogie tout au long de ces chapitres. L'exil et le fait d'être apatride sont de mauvais souvenirs pour tous mes aïeux. Depuis 100 ans, nous résidons en France, cette extraordinaire terre d'accueil. L'intégration s'est bien faite.

L'exil des Ottomans à Nice et leur généalogie.

Cette saga familiale, marquée par l'exil et la résilience, transcende les frontières du temps :

À travers ces pages, je vous ai conviés à un voyage immersif au cœur d'une histoire méconnue, à la rencontre de personnages qui ont bravé l'adversité avec courage et détermination.

Que cette histoire serve de témoignage, que la mémoire de ma famille trouve écho dans vos pensées, et que ce livre contribue à la préservation d'un héritage méritant d'être mieux connu. L'art, la musique et la cuisine devraient aider les peuples à mieux se comprendre, à s'accepter et à être ainsi en paix.

Actuellement, les Turcs restaurent beaucoup de tableaux ottomans. Le premier tableau représentant l'arbre généalogique de la dynastie ottomane est en cours de restauration. Peint à l'époque du sultan Abdülhamid Ier, ce tableau de 7 mètres carrés devrait être exposé au Musée national de peinture des palais l'année prochaine, en 2025.

Une loi d'amnistie générale pour notre famille :

Cependant, plutôt que d'adopter une loi distincte à cet effet, la Grande Assemblée nationale a choisi d'intégrer cette question dans une loi d'amnistie générale rédigée à l'occasion du **cinquantième anniversaire de la République**.

Il est intéressant de noter que, bien que la loi elle-même n'ait pas été adoptée, l'article huit a été accepté et publié le 18 mai 1974, mettant ainsi fin à cinquante ans d'exil pour les membres masculins restants de la dynastie. Cet article stipule :

"Les articles 2, 3, 4 et 5 de la loi n° 431 du 26 décembre 1342 (3 mars 1924), modifiée par la loi n° 5958 du 16 juin 1952, ont été abrogés. Les membres masculins de la dynastie qui souhaitent bénéficier de cette circonstance se voient accorder les mêmes droits que les membres féminins conformément à la loi 5958 modifiant la loi 431."

Depuis lors, un nombre considérable de membres masculins de la dynastie sont retournés en Turquie, beaucoup d'entre eux s'installant et obtenant finalement la citoyenneté turque. Techniquement, il n'y a donc plus de mesure légale ou de limitation contre les membres de la dynastie et de la famille ottomanes.

Néanmoins, la plupart des membres de ma famille sont restés assez réservés sur cette période de leurs vies, il y a 100 ans.

La vie nous ramène toujours à nos racines.

Si vous parlez un peu turc, vous pourrez régulièrement entendre le mot *kısmet* (destin), que les Turcs emploient pour justifier une situation qu'ils ne peuvent pas maîtriser.

Ils ponctuent aussi souvent leurs phrases de l'expression "*yapacak bir şey yok*", ce qui signifie "il n'y a rien à faire".

L'exil des Ottomans à Nice et leur généalogie.

Les trois ancêtres de notre lignée directe :

Figure 230 Nos trois aïeuls ottomans.

Les trois piliers de notre lignée, espacés dans le temps comme des jalons de notre histoire familiale, se dévoilent enfin à mes yeux.

Je vous salue, ancêtres, artisans discrets de notre présent.

* * *

Vos vies, tissées dans la trame de l'Histoire, ont façonné notre existence ; sans vous, nous ne serions que des pages blanches dans le grand livre du temps.

Voyage dans le temps : Une enquête généalogique ottomane.

La rédaction de cet ouvrage m'a ouvert les yeux sur les sacrifices consentis par tant de membres de notre famille.

J'ai pris conscience des bouleversements qu'ils ont endurés, propulsés sans avertissement dans un monde dont les règles leur étaient étrangères.

* * *

La révolution turque de 1923, tel un raz-de-marée, a balayé leurs repères, les forçant à se réinventer dans un paysage social et politique en pleine mutation.

* * *

Je réalise pleinement aujourd'hui l'ampleur du défi qu'ils ont dû relever : s'adapter à un nouvel environnement tout en préservant leur identité culturelle.

Non seulement ils ont réussi cette adaptation, mais ils ont également transmis l'histoire de notre famille, en nous inculquant des valeurs et des principes essentiels. Je suis profondément reconnaissant envers ma famille pour cet héritage.

Dans leur parcours, l'Orient et l'Occident se sont entremêlés.

Leurs regards, encore empreints des souvenirs du pays natal, ont dû s'habituer à un avenir incertain, tandis que leurs cœurs oscillaient entre la nostalgie du passé et l'espoir d'un nouveau départ.

L'exil des Ottomans à Nice et leur généalogie.

Voyage dans le temps : Une enquête généalogique ottomane.

L'auteur :

J'ai écrit : plus de 12 livres (y compris 2 sur l'IA), des articles, monté des formations, réalisé des études et des vidéos, partageant ainsi mes connaissances avec un public plus large.

Je pratique la généalogie et l'informatique depuis plus de 40 ans.

Affiliations et expertises :

- Membre des programmes **Microsoft Windows Insider** CANARY, O365, EDGE et BING depuis 2014.

- Consultant en veille technologique.

- Membre fondateur du Club d'IA UGAIA en Andorre.

- Membre des clubs AIDAUG aux États-Unis (groupe mondial d'utilisateurs spécialisés en **intelligence artificielle**, données et analyse) et de GUILD4AI.

- MVP SharePoint pendant 15 ans.

- Ancien membre et vice-président du Lions Club Nice Impérial.

Ressources et liens :

- Blog sur la Généalogie de mes familles :

https://www.erolgiraudy.eu

- Mes 12 livres : https://www.ugaia.eu/p/mes-livres.html

- BnF Catalogue général :

https://catalogue.bnf.fr/rechercher.do?motRecherche=Giraudy+Erol&critereRecherche=0&depart=0&facetteModifiee=ok

L'exil des Ottomans à Nice et leur généalogie.

- Users Group Artificial Intelligence Andorra :

https://www.ugaia.eu

- Chaîne YouTube :

https://www.youtube.com/@EROLGIRAUDY

- GitHub :

https://github.com/peg500and](https://github.com/peg500and

- About.me : http://about.me/giraudyerol

- GUILD4AI : https://lecercle.guild4ai.ai/home

À propos du titre MVP (Most Valuable Professional) :

Le titre de MVP (**Most Valuable Professional**) est décerné par Microsoft aux personnes qui ont démontré une contribution exceptionnelle à la communauté Microsoft en partageant leur expertise et leur passion pour les technologies de Microsoft.

Ce statut est accordé pour une année à la fois et est renouvelable. Je l'ai été pendant 15 ans jusqu'à 2015.

Les MVP bénéficient d'avantages tels que des invitations à des événements exclusifs, des formations et un support technique privilégié.

Nous allions une fois par an aux USA pour rencontrer les équipes de Microsoft et échanger avec eux.

Voyage dans le temps : Une enquête généalogique ottomane.

Figure 231 L'une de mes certifications Copilot de Microsoft.

Figure 232 Photo de certains de mes livres.

L'exil des Ottomans à Nice et leur généalogie.

Voyage dans le temps : Une enquête généalogique ottomane.

Table des illustrations :

Figure 2 Trois ottomans. 2
Figure 1 Armoirie Ottomane. 3
Figure 3 La tuğra du Sultan Abdülmecid. 5
Figure 4 L'appartement de Méliké à Nice. 7
Figure 5 Seconde photo de l'appartement de Méliké à Nice. 9
Figure 6 AbdülMedjid I Osmanoğlu. 12
Figure 7 Prince Mehmed BURHANEDDIN. 13
Figure 8 Notre arrière-grand-père Prince Ibrahim Tevfic Osmanoğlu. 14
Figure 9 Méliké et Émiré en infirmières pendant la guerre. 15
Figure 10 Généalogie simplifiée avec nos grands-parents. 16
Figure 11 Notre arbre généalogique réduit. 17
Figure 12 La tuğra du Sultan Abdülmecid. 21
Figure 13 La tuğra du Sultan Murad V. 33
Figure 14 Couverture du livre : Les 6 jours de mars où tout a basculé. 36
Figure 15 Les nombreux livres de Jamil ADRA. 37
Figure 16Passeport NANSEN. 41
Figure 17 Fridtjof Nansen. 43
Figure 18 Carte adressée à mon grand-père et signée de la main du Calife. 45
Figure 19 Le livre de la Princesse Neslişah Osmanoğlu. 47
Figure 20 Nos armoiries. 53
Figure 21 Photo d'une partie de la famille en Turquie. 62
Figure 22 Statistiques sur Geneanet. 72
Figure 23 Ancêtres manquants sur Geneanet. 73

Figure 24 Évolution de mon arbre généalogique sur Geneanet. ..73
Figure 25 Utilisations des outils sur Geneanet. 74
Figure 26 Vue partielle de notre arbre sur Rodovid.....................76
Figure 27 Vue de détail sur notre arbre sur Rodovid. 76
Figure 28 Le site Internet d'Ibrahim PAZAN. 78
Figure 29 Notre branche dans cet arbre généalogique. 79
Figure 30 Les descendants de Mehmed Burhaneddin notre aïeul. 80
Figure 31 Surlignés les descendants de Mehmed Burhaneddin notre aïeul. 81
Figure 32 Genealogy of the Imperial Ottoman Family 2005. 83
Figure 33 Maquette du livre 1er version 1999. 84
Figure 34 Version payante de 2011 du livre sur notre généalogie. 87
Figure 35 Généalogie illustrée entre Ottomans and Safavides. ...89
Figure 36 Mon arbre avec mes parents sur Geneanet. 91
Figure 37 Les descendants d'AbdülMedjid Kan I Osmanoğlu......92
Figure 38 Carte géographique Larissa.......................................94
Figure 39 Prof. Dr. M. Fadlullah Cerrahoğlu et sa fille. 97
Figure 40 Traduction du document de mon grand-père. 102
Figure 41 1er arbre de notre grand-père sans commentaires.... 103
Figure 42 Le 2eme arbre avec les commentaires de notre grand-père...106
Figure 43 Article de presse 1995 extrait d'une série sur notre généalogie. 118
Figure 44 Notre arbre généalogique avec les derniers enfants sur Rodovid. 119
Figure 45 Mon site sur Geneanet. 121

Figure 46 Rose KELLER-OSMAN et mon Grand-père Rashid au 1er plan et derrière Méliké et Emiré. 130
Figure 47 Le Sultan Vahideddin Khan et son fils Mehmed Ertuğrul Efendi. 133
Figure 48 Le Sultan Mehmet VI Vahideddin. 135
Figure 49 Fleure de magnolia. 141
Figure 50 La villa Magnolie en Italie. 142
Figure 51 Le sultan Ottoman Mohammed VI. 142
Figure 52 Ensemble immobilier des Villas Magnolie en Italie. 143
Figure 53 VILLA NOBEL en Italie. 144
Figure 54 Villa Patrone en Italie. 145
Figure 55 Villa de Fausto Zonaro à Sanremo. 146
Figure 56 La tuğra du Sultan Mehmed VI 149
Figure 57 Le Prince AbdülMedjid , Janvier 1337. 150
Figure 58 Le Calife AbdülMedjid et le train de l'exil. 151
Figure 59 La tuğra du calife Abdulmedjid II 153
Figure 60 La descendance et ascendants du Calife AbdülMedjid II sur Geneanet. 154
Figure 61 Le tableau du Calife ABDULMECID II. 155
Figure 62 Billet de train du 6 mars 1924. 162
Figure 63 Photo du Palais Alhambra à Nice. 165
Figure 64 Le Grand Hôtel à Nice. 167
Figure 65 La lettre avec la croix bleue et le cachet rouge. 170
Figure 66 Le premier extrait est du journal suisse l'Impérial du 29 août 1924. 171
Figure 67 Plan sur l'emplacement du Palais Carabacel à Nice. .. 177
Figure 68 Plan indicateur de la ville de Nice | Gallica (bnf.fr) 179
Figure 69 Case 25 la Villa PATOSKA et la 26 est celle du Palais. 180

L'exil des Ottomans à Nice et leur généalogie.

Figure 70 A la droite de l'Institution Stanislas on peut y voir l'Allée du Palais. 181
Figure 71 Vue aérienne du quartier incluant l'Allée du Palais. ... 181
Figure 72 Vue du quartier Carabacel à cette époque. 182
Figure 73 Vue du quartier Carabacel à cette époque. 182
Figure 74 La Villa Ernestine futur Impérial Hôtel. 183
Figure 75 La villa ou se déroula le mariage en 1931. 184
Figure 76 Mon grand-père à 3 périodes différentes de sa vie..... 192
Figure 77 L'arbre incluant mes grands-parents, enfants.. 194
Figure 78 La tombe en suisse de notre grand-père................... 194
Figure 79 Carte de Larissa (Grèce) 199
Figure 80 Carte postale manuscrite du Calife avec sa signature. 202
Figure 81 Carte postale du Calife avec les adresses du Calife et celle de Nice pour mon grand-père. 202
Figure 82 Carte du Calife manuscrite avec sa signature........... 203
Figure 83 Avenue du Maréchal-Maunoury dans le XVIème. 204
Figure 84 Tableau 1 avec des adresses de la famille ottomane en 1938. 210
Figure 85 Tableau 2 avec des adresses de la famille ottoman... 211
Figure 86 Tableau 3 avec des adresses de la famille ottomane. 212
Figure 87 Tableau 4 avec des adresses de la famille ottomane. 214
Figure 88 Tableau 5 avec des adresses de la famille ottomane. 217
Figure 89 Tableau 6 avec des adresses de la famille ottomane. 219
Figure 90 Tableau 7 avec des adresses de la famille ottomane. 220
Figure 91 Tableau 8 avec des adresses de la famille ottomane. 221
Figure 92 La Famille a vécu dans tout Nice et dans certaines villes avoisinantes. 224

Figure 93 L'Alhambra Palace une folie orientale à Cimiez. 225
Figure 94 Hôtel L'Excelsior Régina Palace(Alamy stock photo). . 227
Figure 95 Le château anglais. 227
Figure 96 L'hôtel Majestic de Nice. 229
Figure 97 Hotel Avenue de Verdun Nice. 230
Figure 98 Photos des cinq Princes Ottomans. 234
Figure 99 Arbre généalogique incluant des photos miniatures.. 237
Figure 100 Notre arbre généalogique sans toutes les branches.238
Figure 101 Rose à Nice, avec Rashid Osman et ses deux filles Méliké et Émiré. 240
Figure 102 Prince Rashid Osman à Obstalden en Suisse.......... 243
Figure 103 Prince Abdulaziz et sa famille en Égypte. 251
Figure 104 La famille Abdulaziz et ma mère Méliké à Nice. 252
Figure 105 L'arbre généalogique de la branche Abdülaziz. 254
Figure 106 Livre sur les mémoires du Prince Ali Vasib Efendi.... 255
Figure 107 La Famille ABDULAZIZ et Méliké. 256
Figure 108 L'arbre des YEGHEN sur GENI. 257
Figure 109 L'arbre de Bar-Kamal Aly Reza YEGHEN sur GENI.... 258
Figure 110 La CNI de la Princesse et du Prince. 260
Figure 111 Mes planches photos sur cette famille. 261
Figure 112 SAI le Général Prince son monogramme et ses décorations. 264
Figure 113 Arbre généalogique du Prince FUAD. 265
Figure 114 SAI Prince Fouad à Cannes en France. 266
Figure 115 Le grand hôtel de la Croisette, Le MARTINEZ.......... 267
Figure 116 Prince Fuad chez la Princesse Niloufer à Paris. 268
Figure 117 SAI Prince Fouad (l'un de mes nombreux album). ... 269
Figure 118 Les deux amis en Suisse. 270

L'exil des Ottomans à Nice et leur généalogie.

Figure 119 Seconde lettre du Prince Fuad. 271
Figure 120 Enveloppe de la main du prince Fuad..................... 272
Figure 121 Prince Osman Fuad (extrême droite) avec son père, Şehzade Mehmed Selaheddin et son frère 1906..................... 274
Figure 122 Extrais de l'arbre généalogique du Prince Fuad. 275
Figure 123 Commandant en chef des groupes africains 278
Figure 124 SAI Le Général Prince. 279
Figure 125 Mariage à NICE des fils du NISAM article de presse. 284
Figure 126 Mariage à NICE des fils du NISAM suite de l'article de presse. 285
Figure 127 Figure 130 Prince Fuad à Nice sur la terrasse de Méliké. 288
Figure 128 SAI Prince Fuad en Suisse 1967 avec mon grand-père. 290
Figure 129 Livre dédicacé par SAI le Prince Général Fuad Osman. 294
Figure 130 Le Prince Ahmed Nihad. 295
Figure 131 La tombe 296
Figure 132 Vue ensemble des tombes musulmanes................ 297
Figure 133 Plan des tombes ottomanes (document de Tanju Tamkan)... 298
Figure 134 Liste des tombes (document de Tanju Tamkan)....... 299
Figure 135 La tombe du Prince Fuad (document de Tanju Tamkan). 300
Figure 136 La tombe de Prince Fuad en 1974. 301
Figure 137 SAI Prince Orhan enfant. 306
Figure 138 Le Şehzade Abdülkerim avec des soldats japonais, Tokyo, 1933. 312

Figure 139 Hôtel Cadillac de Times Square N-Y. 314
Figure 140 Plaque funéraire du Prince Abdülkerim 1906 – 1935. 317
Figure 141 Article de presse sur l'exposition de peinture. 323
Figure 142 Extrait des films, voir l'URL ci-dessous « mariage du Roi ZOG ». 325
Figure 143 Extrait des films, voir l'URL en fin de ce chapitre. 326
Figure 144 SAI Prince Orhan jeune. 330
Figure 145 SAI Prince Orhan et ma Mère Méliké chez nous. 332
Figure 146 SAI Prince Orhan avec Méliké et Kénizé. 333
Figure 147 Orhan Efendi en uniforme albanais 337
Figure 148 Article de presse sur SAI Prince Orhan 338
Figure 149 Article de presse dans le Nice-Matin sur SAI Prince Orhan à Nice 339
Figure 150 Article de presse dans le Nice-Matin du 18 mars 1994 sur SAI Prince Orhan à Nice 341
Figure 151 Étaient présent Méliké, Émiré, Fredy GIRAUDY, Jean CHAUVEL. 342
Figure 152 Lettre de la Mairie de Nice. 344
Figure 153 Article de presse sur SAI Orhan Osmanoğlu. 346
Figure 154 Arbre généalogique de SAI Orhan Osmanoğlu. 349
Figure 155 Arbre du Prince Mehmed Orhan. 350
Figure 156 SAI Prince Ibrahim Tevfik. 354
Figure 157 Arbre de SAI Prince Ibrahim Tevfik 358
Figure 158 Les 3 fonctions de Geneanet. 359
Figure 159 Fatma Zehra Sultane. 359
Figure 160 L'arbre Généalogique sur Rodovid de notre arrière-grand-père. 360

L'exil des Ottomans à Nice et leur généalogie.

Figure 161 Notre grand-mère Arife Kadriye Sultane (à gauche). 361
Figure 162 LES PRINCESSE NILUFER et DURRUSEHVAR à leurs mariages 402
Figure 163 La MALLE DES INDES de la Princesse. 410
Figure 164 Arvind et moi au restaurant en Andorre. 413
Figure 165 Les princesses et princes chez Princesse Niloufer photo de de Tanju Tamkan. 414
Figure 166 Princesse Niloufer à PARIS avec moi chez elle à Paris. 415
Figure 167 Princesse Niloufer jeunes 416
Figure 168 Niloufer Hospital 420
Figure 169 Princess Niloufer of Hyderabad (1916-1989). Paris, March 1947. 426
Figure 170 Livre sur généalogie de la Hanedan détail sur la Princesse Nilufer. 429
Figure 171 Arbre de Princesse Nilufer. 429
Figure 172 Fathema de Princesse Nilüfer 430
Figure 173 Jacob Diamond, di 184,75 carati 432
Figure 174 Pendente con diamante Golconda e perla 433
Figure 175 Le Nizam. 435
Figure 176 Armoirie Ottomane. 438
Figure 177 SAI La Princesse Fevzier OSMANOGU notre Tante. . 440
Figure 178 S.A.I. la princesse Fevziye OSMANOĞLU et Méliké. 442
Figure 179 Arbre S.A.I. la princesse Fevziye OSMANOĞLU. 444
Figure 180 S.A.I. Fevziye SULTANE princesse OSMANOĞLU. 451
Figure 181 Armoirie Ottomane. 453
Figure 182 Arbre généalogique incluant notre descendance des grands-parents aux petits-enfants. 457

Figure 183 Arbre généalogique incluant notre descendance des grands-parents aux petits-enfants. 457
Figure 184 Arbre généalogique incluant notre aïeul le sultan Mahmud II. 458
Figure 185 Le sultan Mahmud II et ses 12 épouses. 459
Figure 186 La tuğra du Sultan Mahmud II. 463
Figure 187 Méliké ma mère à Nice. 464
Figure 188 Sa maison avenue Audiffret à Saint Maurice – Nice 06. 466
Figure 189 Carte postale du Calife à mon grand-père. 467
Figure 190 SCAN et OCR par Claude 3.5 Sonnet – rendu dans l'application d'IA. 468
Figure 191 La Princesse Zubeda Lanote et moi. 472
Figure 192 Les deux sœurs pendant la guerre. 473
Figure 193 Interprétation calligraphiques des noms : Méliké et Erol. 476
Figure 194 Les deux sœurs enfants à Nice. 478
Figure 195 Buste de Méliké réalisé par Rose. 480
Figure 196 Arbre généalogique de Méliké sur Geneanet. 481
Figure 197 Une Visualisation sous trois formes différentes. 481
Figure 198 Emiré la sœur de ma mère. 484
Figure 199 Les deux sœurs à Nice. 487
Figure 200 Les deux sœurs enfants à Nice. 488
Figure 201 Les deux sœurs à Nice et leur père 489
Figure 202 Arbre de notre famille avec les Chauvel sur Geneanet. 491
Figure 203 Détail de l'arbre des Chauvel. 491
Figure 204 Arbre de la famille Chauvel-Ghiringhelli. 492

L'exil des Ottomans à Nice et leur généalogie.

Figure 205 Les enfants de Jean-Marc et Aline............................ 492
Figure 206 Frank Chauvel 493
Figure 207 Les Ottomans sur Facebook 72 membres. 501
Figure 208 Sultane Neslishah - La dernière Sultane. 510
Figure 209 Sultane Neslishah - La dernière Sultane. 510
Figure 210 Edouard POPE et Princesse Niloufer. 511
Figure 211 Article de presse sur Edouard POPE et EVE............. 512
Figure 212 In Memoriam Edward J. Pope Edward J. Pope. 513
Figure 213 Le firman de Bosnie de Mehmet II. 517
Figure 214 L'arbre généalogique Osman Sadi ELDEM. 521
Figure 215 Arbre généalogique du Prince Mehmed Sabahaddin de Turquie. 525
Figure 216 Tableaux de Matisse (odalisques). 528
Figure 217 Nermin Sultan peinture de Matisse. 532
Figure 218 Palais Régina lieu de résidence de Matisse à Nice... 533
Figure 219 Notre dynastie Ottomane. 535
Figure 220 Une jolie Tuğra. 541
Figure 221 Pourquoi l'Empire ottoman ? Six siècles d'histoire .. 544
Figure 222 Extrais du relevé privé des registres de naissance. .. 545
Figure 223 Arbre généalogique époque Abdülhamid Ier.. 546
Figure 224 La tombe de nos grands-parents 548
Figure 225 Chez Méliké, le petit secrétaire. 550
Figure 226 Le salon avec le petit secrétaire au tiroir secret à Nice. 552
Figure 227 Mon Oncle SAI Général Prince Fuad Osmanoğlu dans notre salon. 552
Figure 228 Représentation de la Vierge et d'Ishmael dans un même cadre.. 556

Figure 229 Nos armoiries, voir les notes 1 et 2 de ce livre. 557
Figure 230 Nos trois aïeuls ottomans. 567
Figure 231 L'une de mes certifications Copilot de Microsoft. ... 572
Figure 232 Photo de certains de mes livres. 572
Figure 233 Outil de généalogie Trello dans le cloud. 604

L'exil des Ottomans à Nice et leur généalogie.

Voyage dans le temps : Une enquête généalogique ottomane.

Index :

12 volumes (Souvenirs), 156
1924, une loi d'exil, 556
7 boucles
   Nice, 208
700ème anniversaire, 519
Abdülaziz, 18
Abdülmecid, 18
Abdülhamid Ier, 546
Abdülkerim Efendi, 312
AbdulMedjid, 12, 13, 20, 91
AbdülMedjid, 7, 9, 11, 45, 47, 56, 88, 115, 133, 150, 154, 159, 161, 162, 167, 168, 175, 236, 244, 254, 262, 309, 365, 377, 442, 450
   Personnalités ottomanes et royales, 7, 44
accords secrets, 558
   Concepts historiques et politiques, 558, 561
Âdile Sultane, 524
Aga, 319, 608
agents des services secrets
   Concepts historiques et politiques, 560
agents extérieurs, 558
Albani, 326, 561
Albanie, 531, 563
Alfred GIRAUDY, 478

Alfred Nobel, 144
Alhambra, 189
   Nice, 165
Ali Khan du Brésil, 506, 507
Ali Pacha, 471
Alice Nicolas
   Nice, 169
Aline CHAUVEL, 492
Aline KOWALSKI, 490
Amin MAALOUF, 564
Ancestris, 605
apatrides, 40, 246
Arbre de notre famille avec les CHAUVELS, 491
arbre généalogique, 70, 551, 602
   Généalogie, 536, 549
   Terminologie généalogique et dynastique, 542
arbre généalogique de la dynastie ottomane
   Généalogie, 546
Arbre généalogique des deux sœurs, 481
arbres généalogiques
   Terminologie généalogique et dynastique, 554
architectures, 190
archives familiales, 554

L'exil des Ottomans à Nice et leur généalogie.

Arife Kadriye Osman Osmanoğlu, 14, 461
armoiries
 Calife, 175
armoiries ottomanes, 612
Arvind Acharya, 403, 405, 408, 409, 417, 422, 430, 506, 508, 509, 511
Auguste Sarrou, 562, 563
Auguste SARROU, 559
Ayşe Osmanoğlu, 498, 506
Azam Jah, 421
Baba, 27
bagage de 725 kg, 161
Bagnols-sur-Cèze, 533
bannis, 57
bannissement, 562
Bar-Kamal Aly Reza Yeghen, 257
Bey, 608
Beyzade, 608
bibliographie, 599
 Généalogie, 599
BIBLIOGRAPHIE OTTOMANE, 599
billet de train, 160
billets de train, 188
Boğaziçi, Istanbul, 521
BOUQUET, 562
Boussaid Ayoub, 41, 150, 291, 506
boza, 162
Cairn.info, 39, 542, 543
calendrier annuel hégirien, 151, 188
calendrier grégorien, 151
calendrier hégirien, 150
calendrier islamique, 150
Califat ottoman, 600
califats, 600
Calife, 152, 156
calife ottoman ABDULMECID II, 155
calife, Abdülmecid, 18
calligraphie, 547, 610
Carabacel, 185
Carnet, 34, 128, 234, 400, 496, 564
carnets, 598
carte des 7 boucles
 Lieux et résidences impériales, 223
carte postale, 201, 203
Çatalca, 152, 159
Ce tableau, peint par le dernier Calife ottoman, 155
Cerrahoğlu, 96
CESSMA, 543
chapelle Fort Myer à Arlington, 515
Charles Dalmas, 184
Charles Turcy, 530
ChartInventory
 Outils et logiciels généalogiques, 82
ChatGPT, 28

Chauvel, 494
CHAUVEL, 491, 492
Chérif Hussein, 134
Chine, 310, 311
CHRONOLOGIE des événement liées à la vie de MELIKE, 478
Cimetière de Baqi, 163
cimetière parisien de Thiais, 387
Çırağan, 139
Classement des logiciels
    Généalogie, 605
CLAUDE 3.5, 28
Claude 3.5 Sonnet, 468
Claude 3.5 Sonnet (C35S), 467
cloud, 29
CNAM-IESTO, 415
Collège de France, 10, 520, 522
Collège Stanislas, 178
colonel SARROU, 25
colophon, 89, 90
Colophons, 608
Commandant Boulat, 474
communauté étrangère
    Nice, 215
Comte Raymond de Castellane, 42
concubines, 77, 460
Conférences sur L'Empire ottoman, 499
Constitution ottomane, 113
construction généalogique
    Généalogie, 543

Contes de Nasreddine Hodja, 553
contre-espionnage
    Concepts historiques et politiques, 560
Copilot
    Outils technologiques pour la généalogie, 572, 606
COPILOT, 28
cosmopolite, 216
Côte d'Azur
    Nice, 206
cousin Brésilien, 320
Covid, 412
cuirassé britannique HMS Malaya, 134
damad, 193
Damad, 608
Damad Rashid, 476
décisions diplomatiques exogènes
    Concepts historiques et politiques, 561
Déclaration des Droits de l'Homme, 516
Déportation, 562
Déportation, expulsion et bannissement, 556
deux clans antagonistes, 156
Diaporama, 482
Djijim, 27
Doğan, 503
Dolmabahçe, 152

L'exil des Ottomans à Nice et leur généalogie.

duc Amedeo, 147
Dürrişehvar Sultane, 156
Dürrüşehvar Sultane, 503
Edhem Eldem, 39, 521, 522
Edhem ELDEM, 10, 32, 520, 522, 527
Edouard POPE, 329, 407, 416, 506, 511, 512
EDWARD J. POPE, 526
Edward POPE, 409
Efendi, 608
ELDEM, 32, 39, 87, 504, 521, 527, 602
Eldem Edhem, 506
Émile Bieckert, 177, 178
Emine Nazikeda Kadınefendi, 374
Emir ül Muminin, 608
Émiré
  princesse, 15
Emire Hanımsultane, 455
enfants de la Veuve, 25
ePUB, 20
Erol, 476
Erol GIRAUDY, 288, 480
Erol GIRAUDY OSMAN, 2, 31, 32
espionnage, 25
espions russes ou chinois, 318
éternels secrets, 496
ex-calife, 172
exil, 57, 246
EXIL, 6

exilés, 271, 329
Facebook, 6, 413, 500
Family Tree Builder, 606
Fatih Sultan Mehmet, 527
Fausto Zonaro, 145
fiches généalogiques, 551
fiches individuelles, 550
firman, 519
firman de Bosnie de Mehmet II, 517
Franck, Erol CHAUVEL, 493
G.I. Gurdjieff, 524
GALIPE, 99
GALIP-Effendi, 200
Gandhi, 418, 430
Gandhiji, 428
GEDCOM
  Outils et logiciels généalogiques, 82
généalogie, 7
Généalogie 4.0
  Généalogie, 607
généalogie dynastique
  Généalogie, 543
généalogie familiale, 71
  Terminologie généalogique et dynastique, 71
généalogie féminine, 460
généalogie impériale
  Généalogie, 542
généalogie institutionnelle
  Généalogie, 543
généalogie publique

Voyage dans le temps : Une enquête généalogique ottomane.

Généalogie, 543
Généalogie simplifiée, 16
généalogie sur Geneanet, 550
généalogistes francophones, 605
Geneanet, 19, 20, 72, 73, 603
Geneawiki, 606
Général Prince Fuad Efendi, 133
Geni Tree, 603
géopolitique, 502
Giovanni CHAUVEL, 493
GIRAUDY, 464
Glossaire, 608
GLOSSAIRE OTTOMAN, 599
Gramps, 606
Grand Hôtel
 Grande Guerre, 166
Grand Hôtel des Alpes, 162
Grand Palais, 191
Grande Guerre, 187
Grande Mosquée de Paris, 163, 164
Guerre de 1939-1945, 474
Guerre russo-turque, 505
Guillemette Early, 470
Guzine de Montauband, 470
H. NAKIB, 475
Hamit Bozarslan, 502
Hân, 608
HANEDAN, 77
 Gémealogie, 77, 88, 125
Hanim, 609

Hanim Efendi, 609
Hanim Sultane, 609
Haseki Kadin Efendi, 609
Hayriye SEFOULINE, 92
Henri Matisse, 531
Heredis, 605
Histoire de la Turquie, 502
HMS Malaya, 134
hôpital Niloufer, 421
hôtel ALHAMBRA, 168
Hotel Avenue de Verdun Nice, 229
Hôtel Impérial
 Nice, 183
Hussein ben Ali, 156
Hyderabad, 403
IA
 Outils technologiques pour la généalogie, 28, 30, 122, 467, 540, 605, 607
Ibrahim PAZAN, 77
İbrahim Pazan, 78
Ibrahim Tevfic Osmanoğlu, 13, 14, 19
Ibrahim Tevfik, 355
İbrahim Tevfik Efendi, 193
IKBAL-IQBAL, 609
importer des personnes, 82
Indians de Cleveland, 515
Instagram, 501
intelligence artificielle, 121

L'exil des Ottomans à Nice et leur généalogie.

Outils technologiques pour la généalogie, 604
Ittihad, 174
Izvestia, 558
Jamil ADRA, 18, 19, 37, 77, 83, 356, 499, 503
Japon, 311
Jawaharlal Nehru, 428, 430
Jean-Marc CHAUVEL, 77
Jean-Marc Vély CHAUVEL, 490
John F. Kennedy, 512
John G. Bennett, 524
Joseph-René CHAUVEL, 490
KADINE, 609
Kadriye Hüseyin, 449
Kenize MOURAD, 499
Kerime Senyücel, 60
Khalifa, 418
Khilafat, 403, 417, 418
kunya, 610
L'arbre Généalogique sur RODOVID, 71
L'Orient des femmes au XVIIe siècle, 461
La croix bleue, 170
La généalogie cognatique, 77
La malle des Indes, 409
la princesse Kadrié, 172
La révolution turque de 1923, 568
La Société Des Nations, 192
LAB GENEALOGIE, 604

Généalogie, 604
l'abolition du califat Calife, 173
laissez-passer, 203
l'Alhambra Palace Lieux et résidences impériales, 225
l'arbre généalogique, 15, 76, 98, 193, 275
Larissa, 93, 198
Laurent Gendre, 506, 508, 509
Le firman de Bosnie, 527
Le prince Mehmed Abdulaziz, 250
Le roi Zog Ahmet Zogu, 344
L'épée du Conquérant, 527
Les autres réseaux sociaux, 501
Les enfants du Şehzade Ibrahim Tevfik, 363
Les OTTOMANS, 550
Les outils de Geneanet, 604
Les réseaux sociaux, 500
L'espion à l'intérieur, 191
l'hôtel Ahlambra, 154
L'hôtel Majestic de Nice, 228
liste, 211
  Nice, 212
liste des accords, 504
Listes des califes, 600
livre gratuit, 527
livre sur notre généalogie, 17
logiciels de généalogie, 605
l'ölü helvası, 347

Voyage dans le temps : Une enquête généalogique ottomane.

Lord Patrick Kinross, 531
l'Orient-Express, 245
loukoums, 549
lyncher le sultan Vahideddin, 148
Madame Demet Sabancı Çetindoğan, 155
Magnolia, Miraflores et Nobel, 140
maharadjas de l'Inde, 245
Mahatma Gandhi, 419
Mahmud II, 458
Mahmud II b. 20 July 1784 d. 1 July 1839 descendants (Inventory) - Rodovid EN, 461
Mairie de Nice
  Nice, 208
malle, 409, 410
Malte, 132
Manchester Guardian, 558
Maréchal Pétain, 203
Maréchal-Maunoury, 163
mariage de raison
  Rose, 195
Martine, 31, 480
Matisse, 528, 529
Mecque, 134
Médine, 185
Mehmed BURHANEDDIN, 13
Mehmed II "The Conqueror" II (bin Murad Han), Ottoman Sultan (1432 - 1481) - Genealogy (geni.com), 527

Mehmed Muhsin Yeğen Pacha, 138
Mehmed V Resad, 18
Mehmed VI Vahideddin, 18
Mehmet Orhan Osmanoğlu, 338
Méliké, 477, 479, 480
  princesse, 15, 40, 464
Méliké Hanımsultane, 455, 465
Méliké Osman : généalogie, 482
Mete Tunçay, 157
métissage culturel, 549
Metro Goldwyn Mayer Studio, 514
MIT, 174
MIT (Organisation nationale de renseignement), 191
Moazzam Jah, 422
Mohamed-Hussein Khaïri, 446
Mon retour d'expérience (REX):, 603
mosquée Tekkiye, 135
Murad V, 18
Murat Bardakçı, 43, 155, 160, 191, 335, 499, 504
Mustafa Kemal, 159, 507
Mustapha Kemal, 172
Mustapha Kemal Atatürk, 244
MyHeritage, 603
mystère, 316
Nansen, 40
Nasreddin Hodja, 601

Nathan DEVERS, 541, 542
National Intelligence Organization, 174
Necla Sultane, 325
Negresco, 488
Nehru, 431
Nermin Sultane, 530, 531
Neslişah, 43, 45, 46, 47, 111
Neuchâtel, 524
Nezahat Nermin Hamide Compassion, 533
Nezi, 533
Nice, 206, 210, 212, 240
NICE, 470
Nizam, 157, 196, 433, 435
Nizam d'Hyderabad, 430
Nizam d'Hyderabad, 166, 245, 377
notre livre sur notre généalogie, 461
Obstalden, 242
OCR, 172, 468
Odalisques, 528
Olivier Bouquet, 543
Ömer Faruk, 159
OneDrive
  Outils et logiciels généalogiques, 598
OneNote, 29
  Outils et logiciels généalogiques, 598
Orhan PAMUK, 247, 547

OSMAN Rashid FENARIZADE, 14, 238
Osmanoğlu, 11
outil, 82
outils, 29, 72, 82
  technologiques pour la généalogie, 598
Outils, 121, 124
outils généalogiques, 602
palais CARABACEL, 168
Palais Carabacel, 154, 177
Palais de Nice
  Lieux et résidences impériales, 228
Palais Régina, 533
paléographie
  Terminologie généalogique et dynastique, 543
Pandit Nehru, 428
parc Chambrun, 489
parcours ottomans
  Nice, 207
Pasha, 609
passeport Nansen, 240
PATOSKA
  Nice, 180
Pétain, 466
petit fascicule
  Nice, 209
Pierre Loti, 450
Pierre LOTI, 30, 34, 245
Pinterest, 501

Plan indicateur de la ville de Nice, 189
plans d'urbanisation, 186
poèmes, 488, 494
Pratiques de documentation, 460
Pravda, 558
Première Guerre mondiale, 134
  Nice, 169
Prince Abdulaziz, 249
prince Damad Rachid bey, 172
prince **Ertuğrul Osman**, 445
Prince Faik, 93, 239
prince Ibrahim Tevfik, 92
Prince Ibrahim TEVFIK, 354, 375
Prince Mehmed Ertuğrul Efendi, 133
prince Orhan, 333
Prince Orhan, 306, 318, 321, 330, 332, 333, 334, 336, 338, 339, 341
Prince Rashid FENARIZADE, 54
prince Rashid FENARIZADE de LARISSA, 192
Prince Sabahaddin, 523, 524, 525
Prince: Ali Vasib Efendi, 191
princesse Arife Kadriye, 98
Princesse Arife Kadriye Sultane, 548
Princesse Dürrüşehvar, 402
princesse Fevziye, 442

princesse Hayriye, 441
princesse Kadriye, 241, 448
princesse **Kadriye OSMAN**, 454
princesse Neslişah, 185
princesse Nilüfer, 401
Princesse Nilüfer, 402
Princesse Zubeda Lanote, 470, 471, 472
procès, 156
procès à Nice en 1935, 196
prohibitionnistes, 173
promenades dans Nice, 206
Qazi, 404, 417
quatorze points de Wilson, 558
Quatorze points de Wilson
  Concepts historiques et politiques, 558
Rana Hanımsultane, 520
rapports secrets, 174
Rashid Osman, 239
recherches généalogiques
  Généalogie, 554
registres de naissance
  Généalogie, 544
réseau de renseignement, 163
réseaux d'agents
  Concepts historiques et politiques, 560
révolution d'Octobre, 558
Rodovid, 452, 456, 461, 562, 602
  Outils et logiciels généalogiques, 82
RODOVID

Généalogie, 193
roi Zog, 326
Roi ZOG 1er, 326
roi Zog Ier d'Albanie, 307
Rose Keller, 195, 240
Rose OSMAN-KELLER, 194
russe, 215
Sabahaddin
   Sabahaddin, 524
Sabiha Sultane, 135
SAI La Princesse Fevzier OSMANOGU, 440
SAI le Damad Md Rachid, 466
Saint-Exupéry, 54
Sanremo, 132, 146
São Paulo, 321
SCAN, 172, 467, 468
SCAN-OCR, 172
Schweizer Illustrierten, 242
SDN, 55
seconde Organisation spéciale, 153
Seconde Organisation spéciale, 174
Şehzade Ali Vasıb Efendi, 138
Şehzâde Ali Vâsıb Efendi, 49
Şehzade Mehmed Burhaneddin Efendi, 354
Şehzade Osman Selaheddin Osmanoğlu, 138
Seniha Sultane, 524
service secret, 327

services de renseignement chinois, 316
services secrets, 153, 163, 174, 176, 188, 191, 318
   Concepts historiques et politiques, 559, 560
Shehzade
   Termes liés à la noblesse et à la royauté, 610
Simplon Express, 152
Simplon Orient Express, 151
Sinan, 66
six jours fatidiques, 355
Société des Nations
   SDN, 502
Société des Wagons-Lits, 184
SOE, 561, 563
   service secret, 327, 328
Source et URL, 113, 118, 120, 121, 396, 436, 452, 461, 482, 494, 502, 526, 537, 562
sources des informations, 551
Special Operations Executive, 327, 563
Statut des femmes, 460
Suisse, 241
Sultan AbdulMedjid, 16, 19
sultan calife, Mehmet VI Vahideddin, 134
sultan Hussein Kamel, 445
sultan Hussein Kamil d'Égypte, 446

sultan Mahmoud II, 17
Sultan Mehmed Reşat, 158
Sultan Ottoman Mehmed VI Vahideddin, 132
Sultan Soliman le Magnifique, 135
Sultan Vahideddin, 45
Sultan Vahideddin Khan, 132
Sultan Yavuz Selim, 136
sultane Melek, 445
Sultane Neslishah, 506, 510, 526
Sykes-Picot, 502
    Concepts historiques et politiques, 558, 559
symboles des armoiries ottomanes, 612
tableau généalogique, 85
tableaux de l'ex-calife ottoman, 189
Tanju Tamkan, 298, 299, 300, 379, 381, 382, 383, 384, 385, 386, 387, 414, 506
Teşkilat-ı Mahsusa, 174
tombe
    Généalogie, 548
tombes, 65, 297, 298, 299, 374, 376, 379, 396
Transkribus, 122
travaux de généalogie
    Généalogie, 606
Trello, 29, 71, 604
    Outils et logiciels généalogiques, 598

TRELLO, 604
Tropy
    Outils et logiciels généalogiques, 598
tuğra, 7, 9
    Signature du Sultan et Calife, 5, 21, 33, 149, 153, 463, 612
Tuğra, 541, 547, 610
tuğras, 547
turc ancien, 121
Turkestan
    Prince Orhan, 310
Twitter (X), 501
U.G.A.I.A., 604
UGAIA, 121, 124
Umberto I, 147
un petit père Noël
    Rose, 198
Université Paris-Dauphine, 415
Valide Sultane, 610
villa Magnolie, 146
Villa Miraflores, 143
Villa Nobel, 141
villa PATOCKA, 178
villa Xoulces, 168, 172
Villa Xoulces, 169
    Lieux et résidences impériales, 231
Villas Mauresques
    Lieux et résidences impériales, 223
Vittorio Emanuele II, 147
waqf, 610

L'exil des Ottomans à Nice et leur généalogie.

Waqf, 542
Western Reserve Academy, 515
X rouge
  Liste, 210
Xoucles
  Nice, 168, 184

Xoulces
  Nice, 169
YEGHENS, 249
Zotero
  Outils et logiciels généalogiques, 598

Bibliographie :

Les sources, les carnets avec leurs outils plus l'IA :

Ma bibliographie est constituée d'un document volumineux, réalisé avec **Zotero** et **Tropy**, ainsi que de mes carnets sur **OneNote** et **OneDrive**, et de **Trello** (des solutions informatiques souvent hébergées dans le cloud).

Zotero inclut une fonction de bibliographie automatique que vous pouvez découvrir sur leur site web : https://www.zotero.org/

Pour éviter d'alourdir ce livre, j'ai publié cette longue liste sur mon site web : https://www.erolgiraudy.eu/p/bibliographie-pego-livre.html

Pour éviter d'alourdir ce livre, j'ai publié cette longue liste sur mon site web : https://www.erolgiraudy.eu/p/bibliographie-pego-livre.html

Mes **carnets** m'ont permis d'organiser mes sources et mes recherches de manière efficace. J'y ai également intégré des **notes manuscrites** et des **enregistrements sonores**. Une phase de classification et d'archivage a précédé la rédaction de ces carnets. Toutes les photos sont maintenant soigneusement classées dans des albums, de même que les documents.

Voici les **étapes de classification** et **d'archivage** qui ont précédé la rédaction de mes carnets :

https://www.erolgiraudy.eu/search/label/Genealogie

https://www.erolgiraudy.eu/2022/01/stockage-des-photographies-et-classement.html

https://www.erolgiraudy.eu/p/outils-de-genealogie.html

La bibliographie pour ce livre est disponible à l'adresse suivante :

https://www.erolgiraudy.eu/p/bibliographie-ottomane_8.html

Elle contient plus de 800 références en 2024. À la vue de cette longue liste, je suis étonné d'avoir visité autant de sites et consulté autant d'ouvrages pour ce projet de livre. Cette bibliographie témoigne de l'ampleur des recherches effectuées pour enrichir ce livre sur la généalogie de ma famille.

Bibliographies du livre :

BIBLIOGRAPHIE – LISTE – GLOSSAIRE – NOTES – ORIENTATIONS - ARTICLES :

Ma liste :

https://www.erolgiraudy.eu/p/bibliographie-ottomane_8.html

BIBLIOGRAPHIE OTTOMANE :

https://www.erolgiraudy.eu/p/bibliographie-ottomane_8.html

GLOSSAIRE OTTOMAN :

https://www.erolgiraudy.eu/p/glossaire-ottoman.html

NOTES DE FIN DU LIVRE OTTOMAN :

https://www.erolgiraudy.eu/p/note-de-fin-du-livre-ottoman.html

ORIENTATIONS BIBLIOGRAPHIQUES OTTOMANS :

https://www.erolgiraudy.eu/p/orientations-bibliographiques-ottomans.html

Listes des califes :

En 632, à la mort de Mahomet, prophète de l'islam, un calife prend le commandement des musulmans. Voici les principaux califats qui ont marqué l'histoire :

1. Les quatre premiers califes, également appelés Rashiduns.
2. Califat omeyyade de Damas.
3. Califat abbasside de Bagdad (750 - 1258).
4. Califat fatimide.
5. Califat omeyyade de Cordoue.
6. Califat almohade de Marrakech.
7. Califat abbasside du Caire.
8. Califat ottoman.
9. Califat chérifien (1924-1925), le 102ème.

Ces califats ont joué un rôle significatif dans l'histoire de l'islam, chacun marquant une période distincte et souvent influente dans le développement politique et culturel du monde musulman.

https://fr.wikipedia.org/wiki/Liste_des_Califees

https://gw.geneanet.org/frebault?lang=fr&n=de+turquie&nz=frebault&oc=1&p=abdulmecid&pz=henri&type=tree

LES ARTICLES :

https://www.erolgiraudy.eu/p/le-roi-zog-et-le-prince-orhan.html
https://www.erolgiraudy.eu/p/les-poemes-demire.html
https://www.erolgiraudy.eu/p/orchestre-de-harem-dans-lempire-ottoman.html
https://www.erolgiraudy.eu/p/lettre-de-prince-fuad.html
https://www.erolgiraudy.eu/p/le-prince-mukarram-jah-fete-ses-88-ans.html
https://www.erolgiraudy.eu/2022/10/les-adresses-de-la-famille-ottomane-en.html
https://fr.wikiversity.org/wiki/Civilisation_turque/Cuisine

Notes sur les sources :

Sources et Livres :

Les contes et légendes des peuples turcs, comme ceux recueillis par Xavier de Planhol et les histoires de Nasreddin Hodja, illustrent souvent l'adage : « La vérité ne rejoint jamais la fiction, elle la dépasse souvent. Les légendes sont tenaces et souvent fausses. » Ces récits traditionnels offrent un regard fascinant sur la culture et l'imagination des peuples turcs, mêlant réalité et fiction pour transmettre des enseignements et des réflexions profondes.

Les Blogs. :

https://ayseOsmanoğlu.com/

https://www.instagram.com/aysegulnevsultan/

https://twitter.com/AyseGulnev

https://www.facebook.com/ayseOsmanoğluauthor/

Ouvrages sur la famille et conférences :

Avec mon père le sultan Abdulhamid :

http://editions.ehess.fr/ouvrages/ouvrage/les-ottomans/

http://liseuse.harmattan.fr/2-7384-1043-X

https://www.editions-harmattan.fr/livrehttps://www.editions-harmattan.fr/livre-avec_mon_pere_le_sultan_abdulhamid_de_son_palais_a_la_prison-9782738410436-5278.htmlavec_mon_pere_le_sultan_abdulhamid_de_son_palais_a_la_prison-9782738410436-5278.html

Exil sur la riviera Française et Italienne des familles ottomanes il y a 100 ans.

Conférences de Edhem ELDEM disponibles en Français, elles sont gratuites :

https://www.college-de-france.fr/site/edhem-ELDEM/symposium-2021-10-0115h00.htm

Murat Bardakci :

https://www.amazon.fr/s?k=Murat+Bardakci&__mk_fr_FR=%C3%85M%C3%85%C5%BD%C3%95%C3%91&crid=2GH42IZHDDVCL&sprefix=murat+bardakci%2Caps%2C71_&ref=nb_sb_noss

https://www.amazon.fr/gp/product/6257231205/ref=ox_sc_act_title_2?smid=A3PR7RBXL

ED7PV&psc=1

https://www.amazon.fr/gp/product/6257231205/ref=ox_sc_act_title_2?smid=A3PR7RBXL

Sur des sites et blogs :

https://www.erolgiraudy.eu/2022/11/des-retrouvailles-familiales-fatma.html

https://www.erolgiraudy.eu/p/outils-de-genealogie.html

https://www.cairn.info/revue-d-histoire-moderne-et-contemporaine-2011-2-page-146.htm

https://www.academia.edu/40389078/An_Illustrated_Genealogy_Between_the_Ottomans_a nd_the_Safavids?email_work_card=view-paper

Solutions et outils généalogiques :

Rodovid est d'origine Ukrainien. J'ai complété cet arbre généalogique sur Rodovid ci-dessous :

https://fr.rofdovid.org/wk/Personne:1384536

Exil sur la riviera Française et Italienne des familles ottomanes il y a 100 ans.

Nouveaux menus de Geneanet : les "outils de travail" plus arbres :
https://www.geneanet.org/blog/post/2024/02/nouveaux-menus-de-geneanet-les-outils-de-travail-dans-le-detail

MyHeritage (pour certains types de représentation graphiques) :
https://www.myheritage.fr/site-686691681/giraudy

Geni Tree des compléments avec des arbres, ceux des Yegens :
https://www.geni.com/family-tree/index/6000000181475258834

MyHeritage (fusion de profils) :
https://www.myheritage.fr/fan-view-686691681-8000001/giraudy#:

Mon retour d'expérience (REX) :

https://www.erolgiraudy.eu/p/mes-retours-sur-lutilisations-doutils.html

https://www.erolgiraudy.eu/2024/07/etude-du-document-genealogy-of-imperial.html?m=0

https://www.erolgiraudy.eu/2024/05/le-logiciel-transkribus-dai-pour.html

Arbre généalogique ottoman (simplifié) :

https://en.wikipedia.org/wiki/Ottoman_family_tree_(simplified)

Il s'agit d'un arbre généalogique masculin pour tous les sultans ottomans et leurs mères :
https://en.wikipedia.org/wiki/Ottoman_family_tree

Liste des consorts impériaux ottomans :
https://en.wikipedia.org/wiki/List_of_Ottoman_imperial_consorts

Ikbal (titre) :
https://en.wikipedia.org/wiki/Ikbal_(title)

Liste des titres et appellations ottomans :
https://en.wikipedia.org/wiki/List_of_Ottoman_titles_and_appellations

Tutoriel : Extraction d'informations d'un fichier GEDCOM avec l'IA (ugaia.eu) :

https://www.ugaia.eu/p/tutoriel-extraction-dinformations-dun.html

LAB GENEALOGIE | Trello :

Trello : permet un partage dans et via le Cloud de mes données et recherches.

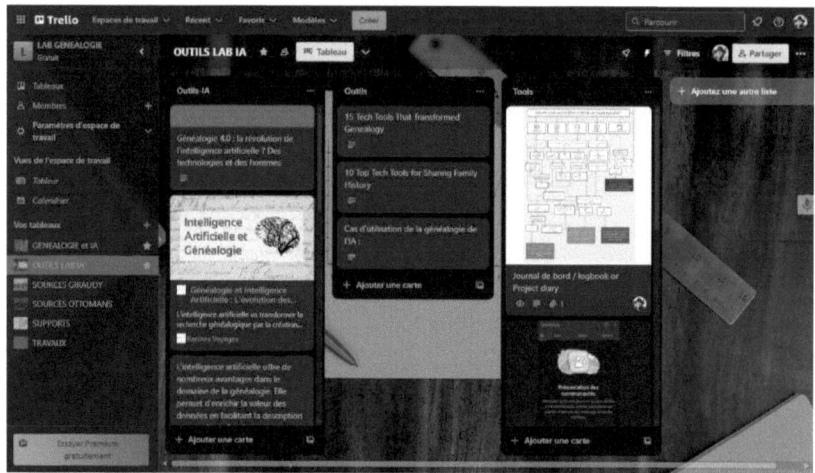

:

Figure 233 Outil de généalogie Trello dans le cloud.

https://trello.com/w/lab68547737

Les outils de Geneanet sont vraiment un plus. Néanmoins, j'utilise aussi d'autres solutions et outils voir ci-dessus et dans mes notes.

Outils de travail avec Geneanet :

https://gw.geneanet.org/pierreerol_w/tools

Elles apportent des possibilités de recherches et de découvertes complémentaires, surtout avec l'intelligence artificielle,

Voir sur mon blog U.G.A.I.A. à propos de l'IA.

Logiciels de reconnaissance de texte pour la généalogie avec l'IA :
https://www.ugaia.eu/2024/04/des-logiciels-de-reconnaissance-de.html

https://www.ugaia.eu/2024/07/claude-35.html

https://www.ugaia.eu/2024/07/artefacts-de-claude-35-sonnet-c35s.html

https://www.erolgiraudy.eu/2024/07/etude-du-document-genealogy-of-imperial.html

https://www.erolgiraudy.eu/2024/05/artificielle-intelligence-et-poesie-je.html

https://www.ugaia.eu/p/tutoriel-extraction-dinformations-dun.html

Genealogy (transkribus.org) :
https://www.transkribus.org/genealogy

Types de logiciels de généalogie et leurs usages :

L'enquête menée auprès de généalogistes francophones en 2024 a révélé des informations intéressantes sur l'utilisation des logiciels de généalogie. Voici les principaux points à retenir :

Types de logiciels de généalogie :

68,8 % des généalogistes utilisent un logiciel installé sur leur ordinateur.

29,4 % préfèrent les logiciels de généalogie en ligne.

Seulement 1,9 % ne recourent pas à un logiciel.

Classement des logiciels :

Heredis reste le logiciel de généalogie le plus utilisé (49,9 %). https://www.heredis.com/ Je l'ai testé, c'est une excellente solution.

Généatique et Geneanet suivent, avec respectivement 13,8 % et 13,3 % d'utilisateurs. C'est la solution que j'utilise.

Ancestris ferme la marche avec 8 % d'adoption.

Autres options :

Certains généalogistes choisissent de construire leur arbre sans logiciel : À la main, avec cahiers, notes, fiches et classeurs, ou bien en utilisant des logiciels de dessin, de traitement de texte ou de tableur.

Des alternatives gratuites comme Ancestris, Family Tree Builder, Ancestrologie, et Gramps sont également disponibles.

En savoir plus :

Le classement 2024 des logiciels de généalogie :
https://www.genealogiepratique.fr/classement-logiciels-genealogie/#comment-2765

Moteur de recherche des personnes décédées INSSE :
https://deces.matchid.io/search

Portail : Sources généalogiques sur Geneawiki :
https://fr.geneawiki.com/wiki/Portail:Sources_g%C3%A9n%C3%A9alogiques

Utilisation de Copilot pour lire et commenter un article de presse au format JPG. (ugaia.eu) :
https://www.ugaia.eu/2024/06/utilisation-de-copilot-pour-lire-et.html

Comment traduire automatiquement en français un acte étranger - genealogiepratique.fr :
https://www.genealogiepratique.fr/comment-traduire-automatiquement-en-francais-un-acte-etranger/

Organisez vos travaux de généalogie avec Trello :
https://www.genealogiepratique.fr/organisez-vos-travaux-de-genealogie-avec-trello/?_sc=Mjc5MTc4OSMxNTQ3&utm_campaign=Trello+2024&utm_medium=email&utm_source=brevo

Exil sur la riviera Française et Italienne des familles ottomanes il y a 100 ans.

Généalogie 4.0 : la révolution de l'IA ? Des technologies et des hommes - DUMAS (ugaia.eu)
https://www.ugaia.eu/2024/06/genealogie-40-la-revolution-de-lia-des.html

Il y a des possibilités de créer des **arbres** et des **livres** sur nos familles en automatiques, ils sont assez complets. Tous les « logiciels on-line » de généalogie permettent ces genres de publications.

Voici des exemples :

Toutes les solutions pour imprimer votre généalogie (1ère partie) - Geneanet
https://www.geneanet.org/aide/toutes-les-solutions-imprimer-genealogie

Toutes les solutions pour imprimer votre généalogie (2ème partie) - Geneanet
https://www.geneanet.org/aide/toutes-solutions-imprimer-genealogie-2eme-partie

Graphiques et Livres - Giraudy Web Site – MyHeritage :
https://www.myheritage.fr/FP/family-tree-builder-charts.php?s=686691681

Geni Tree - P. Giraudy :
https://www.geni.com/family-tree/poster/6000000114327379824

Glossaire :

APPENDICE DES TITRES DE NOBLESSE TURCS ET OTTOMANS.

Aga : Titre attribué aux officiers supérieurs de l'armée et de la maison impériale (Commandeur).

Bey : il y a 200 ans, équivalent à Seigneur : aujourd'hui, équivalent à Monsieur.

Bey Efendi, Bey Effendi : post-titre du Damad, époux des filles du Sultan.

Beyzade: fils d'un Bey.

Colophons : note finale placée à la fin d'un livre ou d'un manuscrit, généralement avec des détails relatifs à sa production. Ces détails peuvent inclure le nom de l'imprimeur et la date et le lieu d'impression.

Damad: littéralement gendre, titre du gendre du Sultan, ou du chef de la famille impériale, s'il est marié sous le règne de ce dernier (en turc moderne, Damat).

Efendi, Effendi : littéralement maître, propriétaire, post-titre dans la famille impériale et pour les dignitaires (ci-après Efendi)

Emir ül Muminin : Commandeur des croyants.

Hâdim ül Haremeyn ish Sherifeyn : Protecteur des deux villes saintes (La Mecque et Médine), titre décerné à Sélim Ier par le chérif de La Mecque.

Hân: post-qualification, littéralement souverain, souverain, traduit parfois par Sa Majesté Impériale (SMI).

Hanim: C'est une qualification donnée à l'origine au 16ème siècle aux Princesses de l'Empire de Byzance et des royaumes d'Anatolie qui ont épousé le Sultan, pour faire une distinction entre elles et les épouses esclaves du Sultan.

Hanim Efendi: post-titre des épouses des fils et des descendants du Sultan. Le mot Hanim vient de Hatun (ou Khatun) qui est encore traduit en turc moderne par Madame. Il y a 200 ans, c'était l'équivalent de Lady.

Hanim Sultane : titre de la fille du Sultan et descendants du Sultan (traduit par Princesse).

Haseki Kadin Efendi: post-titre de la mère de la fille du Sultan.

IKBAL-IQBAL : Le terme "**Iqbal**" était utilisé dans l'Empire ottoman pour désigner la faveur ou la **bonne fortune accordée aux sultanes et autres membres de la cour impériale**. Ce mot symbolisait souvent la prospérité et la bénédiction que le sultan ou l'empire pouvait accorder à une personne.

Kadin : Littré - kadine - définition, citations, étymologie (littre.org) : Mot qui signifie **dame en turc** et qui se dit des maîtresses en pied du sultan.

Mères des sultans ottomans : Valide Sultane était le titre de la mère du sultan régnant. Les mères qui sont mortes avant l'accession au trône de leurs fils n'ont jamais pris le titre de sultane valide comme Hürrem, Muazzez, Mihrişah et Şermi. D'autre part, les belles-mères qui n'étaient pas les mères biologiques mais qui élevaient les princes dont les mères étaient mortes prenaient le titre de **Valide Sultane** comme Perestu.

Pasha: Titre de noblesse personnel décerné aux hauts dignitaires militaires et civils.

Shehzade : titre des fils et des descendants mâles du Sultan.

Turgas : Tuğra, également orthographié « tughra » ou « tugra », est un mot turc désignant le monogramme des sultans ottomans. Il est issu du style de calligraphie arabe divanî, utilisé pour les besoins de l'administration ottomane. Ces symboles présentaient, sous la forme d'une calligraphie, le nom du sultan, son titre et son ascendance directe – la kunya – ainsi que la formule « toujours victorieux » ou « victorieux à jamais ».

Valide Sultane: mère du Sultan, équivalent de la **Reine Mère**.

Le waqf ou wakf : (arabe : وقف pl. : awqaf أوقاف) ou vakıf (en turc, pl. evkâf), ou wakf-alal-aulad, est, dans le droit islamique, une donation faite à perpétuité par un particulier à une œuvre d'utilité publique, pieuse ou charitable, ou à un ou plusieurs individus.

Exil sur la riviera Française et Italienne des familles ottomanes il y a 100 ans.

Notes de fin :

[i] **Historique des armoiries ottomanes :**
Les armoiries ottomanes modernes **ont été créées à la fin du XIXe siècle** en turquie, elles sont inspirées par la tradition héraldique européenne. **Le Sultan Abdülhamid II a adopté la conception finale le 17 avril 1882**. Elles ont été utilisées entre 1882 et 1923, jusqu'à l'éclatement de l'Empire ottoman.

[ii] **Armoirie Ottomane signification :**
Ces armoiries comprenaient deux drapeaux : le drapeau de l'Anatolie et des autres Eyalets asiatiques, représentant un croissant et une étoile sur fond rouge, ainsi que le drapeau de la Roumélie, qui comportait trois croissants sur une base verte. Certains éléments graphiques de ces armoiries, comme l'ovale central ainsi que le croissant et l'étoile orientés verticalement, ont été repris dans les armoiries de la Turquie moderne. Les **symboles des armoiries ottomanes** reflètent l'histoire, la culture et les valeurs de l'Empire ottoman, **et ils ont une signification profonde** avec des éléments clés. En voici quelques-uns :

1. Symboles du haut :
 - Au sommet se trouvent les rayons du soleil.
 - Le tuğra du sultan de cette époque, en forme de soleil de couleur verte avec un contour doré.
 - Un croissant de lune s'ouvrant vers le Nord porte une inscription en ottoman (alphabet arabe) qui signifie : « Le gouvernant qui est le Khan de l'Empire ottoman doit louer Dieu et demander son aide pour gouverner ».

2. Symboles du milieu :
 - Un bouclier ovale avec des motifs en contour représentant les seize États historiques turcs.
 - Un chapeau à plumes au-dessus du bouclier, symbolisant le fondateur de l'Empire ottoman, Osman Bey.
 - À droite du bouclier, le drapeau de l'Anatolie et des autres eyalets asiatiques : un croissant de lune blanc ouvrant vers l'est suivi d'une étoile à cinq branches blanches sur un fond rouge.
 - À gauche du bouclier, le drapeau de la Roumélie : trois croissants de lune sur fond vert.

3. Symboles des côtés :
 - À droite du drapeau ottoman : une flèche, des haches, une épée de guerre, une épée de cérémonie, un canon et une massue.

Exil sur la riviera Française et Italienne des familles ottomanes il y a 100 ans.

- À gauche : une hache, un fusil, une balance symbolisant la justice, deux livres superposés (le vert pour le Coran et le rouge pour la loi ottomane), un bouquet de fleurs et une ancre représentant la marine ottomane.
- En bas : une flèche et une torche désignant les guerres de nuit.

Ces armoiries **sont riches en histoire et en symbolisme**, reflétant la grandeur et la diversité de l'Empire ottoman.

https://tr.wikipedia.org/wiki/%C5%9Eefkat_Ni%C5%9Fan%C4%B1

[iii] Dans **un tiroir secret** que j'ai découvert un jour tout à fait par hasard, il y avait aussi un second compartiment dans un autre meuble de la même pièce.

[iv] **Le colonel SARROU** un officier du renseignement français. Il Participa à la mission internationale de réorganisation de la gendarmerie ottomane de 1904 à 1914, et fut attaché militaire à l'ambassade de France à Ankara après 1922.
https://www.erolgiraudy.eu/2022/11/le-general-et-la-princesse.html

[v] **Edhem ELDEM** : Professeur à l'université de Boğaziçi à Istanbul et titulaire de la chaire internationale d'histoire turque et ottomane au Collège de France de 2017 à 2022, Edhem Eldem est notamment l'auteur de L'Empire ottoman et la Turquie face à l'Occident (Fayard, 2018) et de L'Alhambra. À la croisée des histoires (Les Belles Lettres, 2021). Que sais-je :
https://www.quesaisje.com/search?search_api_fulltext=Eldhem

[vi] **Mon Blog :** https://www.erolgiraudy.eu/ voir aussi **mes pages** : https://draft.blogger.com/blog/page/edit/5883120426827594589/1967500319457620153

[vii] **Pierre LOTI** a écrit de nombreux romans sur la turquie : Louis-Marie-Julien Viaud dit Pierre Loti, né le 14 janvier 1850 à Rochefort et mort le 10 juin 1923 à Hendaye, est un écrivain et officier de marine français. Protestant, officier de marine, romancier. En 1886, il obtient le prix Vitet de l'Académie française, pour l'ensemble de son œuvre. Ses romans les plus connus sont Le mariage de Loti, Mon frère Yves, Pêcheur d'Islande, Madame Chrysanthème, etc. Lorsqu'il fut candidat à l'Académie, il était retenu par son service et il fut dispensé des visites ; il apprit à bord du Formidable, en rade d'Alger, son élection à l'Académie le 21 mai 1891. Il fut reçu le 7 avril 1892 par Alfred Mézières. https://www.academie-francaise.fr/les-immortels/pierre-loti

[viii] Professeur à l'université de Boğaziçi à Istanbul et titulaire de la chaire internationale d'histoire turque et ottomane au Collège de France de 2017 à 2022, **Edhem Eldem** est notamment l'auteur de L'Empire ottoman et la Turquie face à l'Occident (Fayard, 2018) et de L'Alhambra. À la croisée des histoires (Les Belles Lettres, 2021). https://www.quesaisje.com/edhem-eldem

[ix] **NANSEN :** Prince Orhan, mon oncle, aurait pendant longtemps utilisé ce type de passeport.

[x] **Comte Raymond de Castellane** qui l'a aidé ainsi que les autres membres de la famille impériale à avoir le passeport français.
https://fr.m.wikipedia.org/wiki/Maison_de_Castellane

La lignée de Salernes Branche ainée : barons d'Entrecasteaux et comtes de Grignan. La branche ainée des seigneurs de Salernes s'éteignit au début du XVIIIe siècle avec le marquis de Grignan, sans postérité de son mariage en 1704 avec Mademoiselle de Saint-Amand. Sa mère, la comtesse de Grignan, était Françoise de Sévigné (1646-1705), la principale destinataire des lettres de sa mère, Madame de Sévigné. Branche de Castellane-Esparron et rameau de Castellane Saint-Julien : Georges de Castellane-Salernes est marié en 1435 à Marguerite de Trians ; ils ont 4 fils dont Raymond Geoffroy qui est l'auteur de la branche d'Esparron et du rameau de Saint-Julien. Louis Provence de Castellane-Esparron est autorisé par le Roi Juan-Carlos d'Espagne en 1993 à relever le titre espagnol de duc d'Almazan de Saint-Priest et de grand d'Espagne de 1ère classe, à lui transmis en ligne féminine.

[xi] **Bey :** équivalent à Seigneur.

[xii] **Murat Bardakçı :** (né le 25 décembre 1955) est un journaliste turc travaillant sur l'histoire ottomane et l'histoire de la musique turque. Il est également chroniqueur pour le journal Habertürk. Il était venu à Nice et a interviewé ma mère, ainsi que plusieurs membres de la famille. L'un de ses livres Les Derniers Ottomans : l'exil et l'héritage de la dynastie ottomane Auteur Bardakci, Murat, 1955- Edition 3e édition. Publié Istanbul : publication grise, 1992. La description 219, [80] p. de planches : ill., ports., facsims. ; 24 cm., 1918-1923. ISBN 975765213X
  https://www.youtube.com/watch?v=Hl98x-5YJxA
  https://en.wikipedia.org/wiki/Murat_Bardak%C3%A7%C4%B1

[xiii] **Shehzade :** titre des fils et des descendants mâles du Sultan.
http://www.osmanli700.gen.tr/english/miscel/ranks.html

[xiv] **Geneanet :** Geneanet (ou GeneaNet) est un site de généalogie en ligne qui propose une plateforme collaborative pour les personnes intéressées par la recherche de leur histoire familiale. En 2019, la base de données contenait six milliards de références. En 2021, Geneanet a été acquis par le groupe américain Ancestry.
https://www.geneanet.org/blog/post/2024/02/nouveaux-menus-de-geneanet-les-outils-de-travail-dans-le-detail

[xv] **.Rodovid** : Arbre généalogique d'Erol Giraudy-Osman sur Rodovid.

https://en.rodovid.org/wk/Person:1384539

Rodovid est un portail d'arbre généalogique multilingue gratuit. Il a été conçu et développé pour les personnes intéressées par leur propre histoire familiale et pour celles qui s'intéressent à l'histoire des familles royales et des personnages célèbres. Le nom Rodovid vient du mot ukrainien Geneanet, qui signifie « lignée, généalogie ». Il utilise une technologie de pointe de création d'arbres généalogiques pour organiser les informations généalogiques sur les parents vivants et décédés et les relations entre eux dans un arbre généalogique cohérent. Le moteur de Rodovid permettant de créer des arbres généalogiques est probablement la technologie en ligne la plus avancée à ce jour. Rodovid est ouvert à tous. Les visiteurs sont invités à contribuer à des informations et à les publier sur ce site Web à tout moment. Il est basé sur le système de gestion de contenu MediaWiki. Il permet aux utilisateurs de créer leurs propres pages, de modifier des pages créées par d'autres utilisateurs, de démarrer des pages de discussion, etc. Rodovid est entretenu par un groupe de passionnés à Kiev, en Ukraine.

[xvi] **KADINE :** Littré - kadine - définition, citations, étymologie (littre.org) : Mot qui signifie dame en turc et qui se dit des maîtresses en pied du sultan.
https://www.littre.org/definition/kadine

[xvii] **IKBAL-IQBAL :** Le terme "Iqbal" était utilisé dans l'Empire ottoman pour désigner la faveur ou la bonne fortune accordée aux sultanes et autres membres de la cour impériale. Ce mot symbolisait souvent la prospérité et la bénédiction que le sultan ou l'empire pouvait accorder à une personne.

[xviii] **L'Empire ottoman :** Le rôle clé des esclaves et des concubines dans le "monde sanglant de la succession" https://www.bbc.com/afrique/66092067

[xix] **GEDCOM :** Tutoriel : Extraction d'informations d'un fichier GEDCOM avec l'IA (ugaia.eu). Procédure étape par étape avec CLAUDE 3.5 Sonnet : https://www.ugaia.eu/p/tutoriel-extraction-dinformations-dun.html

[xx] **Ottomans Origines :** Le passé turc n'est pas qu'ottoman et l'histoire ottomane n'est pas que turque. C'est dire que l'intitulé de cette nouvelle chaire couvre un domaine très vaste et pour le moins complexe, voire ambigu.

Nous porterons cependant notre regard sur un contexte plus ciblé qui, tout en réduisant l'ampleur du sujet, permettra d'intégrer ces deux dimensions de la question dans une réflexion historique particulière : celle de l'Empire ottoman et de la Turquie républicaine face à l'Occident.

Ce questionnement s'inscrira à son tour dans une chronologie chevauchant les périodes moderne et contemporaine, du dix-huitième siècle à nos jours. L'Empire ottoman (en turc ottoman : دولت عليه عثمانيه / devlet-i ʿaliyye-i ʿo͟smâniyye, littéralement « l'État ottoman exalté » ; en turc : Osmanlı İmparatorluğu ou Osmanlı Devletia), connu historiquement en Europe de l'Ouest comme l'Empire turc, la Turquie ottomane ou simplement la Turquie, est un empire fondé à la fin du xiiie siècle au nord-ouest de l'Anatolie, dans la commune de Söğüt (actuelle province de Bilecik), par le chef tribal oghouze Osman Ier. Après 1354, les Ottomans entrèrent en Europe, et, avec la conquête des Balkans, le Beylik ottoman se transforma en un empire transcontinental.

Après l'avoir encerclé puis réduit à sa capitale et à quelques lambeaux, les Ottomans mirent fin à l'Empire byzantin en 1453 par la conquête de Constantinople sous le règne du sultan Mehmed II.

https://www.college-de-france.fr/site/edhem-eldem/course-2017-2018.htm

[xxi] Le mot **colophon** vient du grec ancien κολοφών / kolophṓn : « couronnement, achèvement2 » ; le mot est aussi associé à la ville de Colophon. Ce sont les humanistes qui ont popularisé ce terme. Comme évoqué précédemment, le colophon est présent dans deux types de livres, les manuscrits et les livres imprimés.
https://fr.wikipedia.org/wiki/Colophon_(livre)

[xxii] Sources : La version officielle en français, **communiquée par la Porte aux Puissances**, a été publié initialement par **Le Constitutionnel** du lundi 3 mars

Exil sur la riviera Française et Italienne des familles ottomanes il y a 100 ans.

1856, (BNF, Gallica). On la trouve également dans l'Annuaire pour 1856 de Lesur, 1861, Documents, p. 280 (Gallica) et enfin dans le Corps de droit ottoman, publié par George Young (en français), 1905, Oxford, Clarendon Press, vol. II, texte XXI, p. 8 (Bibliothèque de Stanford). C'est seulement dans cette dernière édition que les mesures sont numérotées, ce que nous avons reproduit ci-dessous.

https://mjp.univ-perp.fr/constit/tr1856.htm

[xxiii] **Source issues du Net :** Liste des sultans ottomans.
https://tr.wikipedia.org/wiki/Osmanl%C4%B1_padi%C5%9Fahlar%C4%B1_listesi
http://www.osmanli700.gen.tr/english/chronology/chronologyindex.html

Mehmed V :
https://tr.wikipedia.org/wiki/V._Mehmed

Dynastie ottomane :
https://tr.wikipedia.org/wiki/Osmanl%C4%B1_Hanedan%C4%B1

[xxiv] **Transkribus** est une plateforme basée sur l'IA pour la numérisation et la transcription de documents historiques imprimés, dactylographiés et manuscrits.
https://www.transkribus.org/fr
https://www.transkribus.org/public-models
https://www.youtube.com/channel/UC-txVgM31rDTGlBnH-zpPjA

[xxv] **Murat Bardakçı** : Journaliste et auteurs de livres sur notre famille : Son Osmanlılar + Sürgündeki Hanedan 2 Kitap Set (en turc moderne).
https://www.merkezkitabevi.com/urun/son-osmanlilar-surgundeki-hanedan-2-kitap-set

[xxvi] **Le HMS Malaya** est un cuirassé de classe Queen Elizabeth en service dans la Royal Navy de 1916 à 1944. Il traverse ainsi les deux conflits mondiaux du xxe siècle, participant notamment à la bataille du Jutland et à la campagne de Méditerranée ; il sert de réserve lors du débarquement de Normandie. https://fr.wikipedia.org/wiki/HMS_Malaya

[xxvii] **La recherche généalogique sur des lieux d'habitations** peut être une tâche complexe mais enrichissante. Voici quelques pistes pour vous aider dans votre recherche :
1. Localisation des lieux-dits,
2. Utilisation du cadastre,

3. Consultation des registres paroissiaux et d'état civil,
4. Utilisation de sites de généalogie,
5. Lecture de documents et livres historiques,
6. France Archives (pour l'hôtel de mes grands-parents à Nice).
https://www.genealogiepratique.fr/localiser-lieux-dits-genealogie/
https://francearchives.gouv.fr/fr/agent/167918676

xxviii **Peintures du Calife Abdülmecit,** il était polyglotte puisqu'il parlait l'arabe, le persan mais aussi le français, l'allemand et l'anglais. Il avait une passion particulière pour l'art.
https://www.turquie-news.com/le-tableau-du-Califee-ottoman-abdulmecid-ii

xxix **Mehmed V** :
https://tr.wikipedia.org/wiki/V._Mehmed

xxx **OCR** la reconnaissance de caractères permet de décrypter des documents en s'appuyant sur l'IA. La reconnaissance optique de caractères (ROC, ou OCR pour l'anglais optical character recognition), ou « océrisation », désigne les procédés informatiques pour la traduction d'images de textes imprimés ou dactylographiés en fichiers de texte. OCR en ligne intelligent alimenté par ChatGPT :
https://sider.ai/lp/ocr?source=b&p1=ocr&p2=search&msclkid=c6a1138f6fb11b346e7775f0dec83b11

xxxi Dans l'Empire ottoman, un damad (en turc ottoman : داماد / dâmâd, du persan داماد ; en turc moderne : damat) était un beau-frère du sultan. C'était le cas de mon grand-père Rashid de LARISSA.

xxxii Source : **L'histoire de la Suisse**, dans le salon de coiffure de la princesse turque (nationalmuseum.ch). Michael van Orsouw est docteur en histoire, poète et écrivain. Il publie régulièrement des ouvrages historiques. Je lui avais parlé.
https://blog.nationalmuseum.ch/fr/2021/02/une-princesse-dans-le-pays-de-glaris/

xxxiii **L'exposition nationale suisse de 1964.**
https://fr.wikipedia.org/wiki/Exposition_nationale_suisse_de_1964

xxxiv Source : L'histoire de la Suisse – **Dans le salon de coiffure de la princesse turque** (nationalmuseum.ch). Michael van Orsouw.

Exil sur la riviera Française et Italienne des familles ottomanes il y a 100 ans.

[xxxv] **Notre grand-père** : Le Damad Rashid FENARIZADE de LARISSA.
https://www.erolgiraudy.eu/2021/12/mon-grand-pere-le-damashttps://www.erolgiraudy.eu/2021/12/mon-grand-pere-le-damas-rashid.htmlrashid.html

[xxxvi] Le **lycée Galatasaray** est une institution établie au milieu de Beyoğlu et dans le plus bel endroit. La création de **Mekteb-i Sultani** visait essentiellement à répondre à un besoin. Pendant les périodes de **Mahmut II** et de **Tanzimat**, qui étaient les **périodes d'occidentalisation**, des innovations ont commencé à être apportées dans le domaine de l'éducation.
http://www.gsl.gsu.edu.tr/tr/tarihce/mekteb-i-sultani-nin-kurulusu

[xxxvii] Avec **la restauration Meiji, le Japon**, qui a commencé à se moderniser en prenant l'exemple de l'Occident depuis 1868, a atteint une puissance qui pouvait changer les équilibres de l'Asie en peu de temps avec les avancées qu'il a réalisées dans les domaines économique et militaire. Cette situation l'amène inévitablement à se battre d'abord avec la Chine, puis avec la Russie tsariste. Le Japon, qui est sorti victorieux des deux guerres, a cherché à gagner de nouveaux territoires sur le continent sous la direction de l'armée, de la bureaucratie civile et de groupes nationalistes influents unis autour de l'idée d'un « grand asiatisme ». Le Japon, qui étend sa sphère d'influence en établissant des occupations directes ou des administrations fantoches, tente également de pénétrer le monde turc. Les Japonais, qui ont soutenu le soulèvement qui a commencé au Turkestan oriental en 1933, ont tenté de placer le **prince Abdülkerim Efendi**, petit-fils du sultan Abdülhamid II, comme empereur et calife du Turkestan à la tête du nouvel État islamique à établir si la rébellion réussissait. Dans cet article, de nouveaux documents dans les archives japonaises seront examinés et l'attitude de la République de Turquie et de l'Union soviétique à l'égard de cette formation sera tentée d'être clarifiée.
https://www.acarindex.com/dosyalar/makale/acarindex-1423872953.pdf

[xxxviii] **Aga** : Titre attribué aux officiers supérieurs de l'armée et de la maison impériale (Commandeur).

[xxxix] **Halva :** https://fr.wikipedia.org/wiki/Halva Lire de Rudyard Kipling : Les Yeux de l'Asie.
https://fr.wikisource.org/wiki/Les_Yeux_de_l%E2%80%99Asie/02

Exil sur la riviera Française et Italienne des familles ottomanes il y a 100 ans.

[xl] **Emine Nazikeda Kadınefendi :**
https://tr.wikipedia.org/wiki/Emine_Nazikeda_Kad%C4%B1nefendi

[xxix] **Princess Durrushehvar, daughter of the last Caliph**
https://medium.com/@khan.elisabeth/ottoman-princesses-in-india-3-4ecba7f12fa4

[xlii] **Le nom de famille Qazi** trouve son origine dans le mot arabe "qa'id", qui signifie "chef, chef de clan ou de tribu". Il s'agit d'une ancienne fonction tenue par des hommes qui guidaient une tribu en temps de guerre. Les familles Qazi étaient donc d'anciens chefs de tribus qui jouaient un rôle important dans la culture et la société d'origine. Aujourd'hui, ce nom est encore associé à la position de leader et à des valeurs anciennes telles que l'honnêteté, l'intégrité et la loyauté. Il est considéré par beaucoup comme un titre d'honneur.

[xliii] Le **mouvement Khilafat** (1919-1922) est une campagne politique lancée par les musulmans indiens de l'Inde britannique contre la politique britannique contre la Turquie et le démembrement planifié de l'Empire ottoman après la Première Guerre mondiale par les forces alliées.

[xliv] *Khalifa* ou *Khalifah* (arabe : خليفة ; communément « calife » en français) est un nom ou un titre qui signifie « successeur », « souverain » ou « chef ». Il fait le plus souvent référence au chef d'un califat, mais est également utilisé comme titre parmi divers groupes religieux islamiques et autres. Khalifa se prononce parfois aussi comme « kalifa ».

[xlv] **Sultan Murat V** : Histoire de la Famille et de la franc-maçonnerie en Turquie.
https://www.erolgiraudy.eu/p/histoire-de-la-famille-et-de-la-franc.html
https://mason-mahfili.org.tr/

[xliii] **L'alphabet ottoman** était une variante de l'abjad arabe, avec des lettres utilisées pour écrire le perse et quelques ajouts pour écrire la langue turque et ottomane. Il fut utilisé pendant toute la durée de l'empire ottoman et au tout début de la République turque, jusqu'à son remplacement en 1928 par une variante de l'alphabet latin. Cet alphabet s'appelait elifbâ (الفبا) en ottoman.

https://fr.wikiversity.org/wiki/Civilisation_turque/%C3%89critures#L'alphabet_Ottoman

[xlvii] **Généalogie impériale ottomane : Relevé privé des registres de naissance de la famille impériale ottomane, avec les dates biographiques des sultans**

Exil sur la riviera Française et Italienne des familles ottomanes il y a 100 ans.

(d'Osman Ier à Abdülhamid II), des premiers ministres, des dignitaires du clergé, des chefs de l'armée... **Achevé à Istanbul.**
Cote : Supplément turc 1613 - 1878 Muhammed Bahaeddin. | Gallica (bnf.fr) - Type de support ; 82 ff. ; 210 x 140 mm, Reliure maroquin grenat avec médaillon central, rose aux "deux ors". XX lignes à la page, réclames, encre noire, écritures neshi et taliq. - Frontispièces.- Texte en turc. Bibliothèque nationale de France. Département des Manuscrits - Achat 1996 : 96-18.
https://archivesetmanuscrits.bnf.fr/ark:/12148/cc103052h
https://gallica.bnf.fr/ark:/12148/btv1b100924460#

[xlviii] **SCAN-IMAGE-OCR :** Explications fournie par l'IA sur cette image montre deux personnes, vraisemblablement des restauratrices, qui travaillent sur un grand panneau peint ou un tableau. Elles portent des blouses blanches, ce qui laisse penser qu'elles sont en train d'exécuter un travail délicat et professionnel, probablement la conservation ou la restauration d'une œuvre d'art. L'une d'elles porte des gants, ce qui est une mesure de précaution courante dans le travail de restauration pour protéger à la fois l'œuvre et le restaurateur.

L'œuvre elle-même présente une série d'images disposées en médaillons ou ovales. Les scènes représentées semblent être de nature historique ou allégorique et présentent des personnages dans différents paramètres. La palette de couleurs est dominée par des verts, des rouges et des tons terreux, et l'imagerie est dans un style qui suggérerait son origine européenne, probablement de la Renaissance ou d'une période similaire.

Les logos et le texte dans l'image suggèrent que l'origine de la photographie est turque, comme indiqué par le drapeau et la référence au site Web "www.millisaraylar.gov.tr" et à des comptes sociaux associés à "millisaraylar", qui pourrait être lié à une institution officielle turque, telle que l'administration des palais nationaux ("Millî Saraylar" en turc), ce qui est responsable de la conservation des palais et des œuvres d'art historiques en Turquie.

[xlix] **Origine du tuğra** : Le terme "tugra ou tuğra" désigne une calligraphie spéciale utilisée comme signature ou emblème royal par les sultans ottomans. Son origine est turque, et le mot a évolué depuis le 11e siècle.

Évolution et Usage : La forme classique du tuğra ottoman remonte au XVIe siècle, combinant le nom du sultan, celui de son père, et des titres en arabe, persan et mongol. Il a été utilisé sur des documents officiels, des pièces de monnaie et comme décoration architecturale.

Rôle du Nişāncı : Le Nişāncı, un érudit de la chancellerie impériale, était chargé de dessiner les tuğra. Ces emblèmes étaient si sacrés que leur reproduction non autorisée pouvait être punie de mort.

Disparition et Conservation : Avec la fondation de la République de Turquie, les tuğra ont été retirés des bâtiments publics, mais certains ont été préservés dans des musées ou recouverts sur place pour protéger leur valeur artistique.
https://turkpidya.com/fr/tugra-tout-ce-que-vous-devez-savoir/

[II] **Le loukoum :** C'est à la fin du XIXe siècle que le loukoum devient un motif littéraire ou artistique. Charles Dickens, dans son quinzième et dernier roman, Le Mystère d'Edwin Drood, met en scène l'héroïne, Rosa, se rendant dans un magasin de loukoums. On raconte que Picasso en raffolait et y trouvait même un appui à son inspiration. Plus tard, **le loukoum a eu les honneurs de la littérature française avec Romain Gary**, Jean-Paul Sartre ou Michel Tournier. Mais c'est le film tiré de la saga de C. S. Lewis, Le Monde de Narnia (2005), lorsqu'Edmund goûte aux loukoums de la sorcière blanche, qui a propulsé la friandise au rang de star incontestée, en augmentant ses ventes de 400% dans le monde... :
https://lepetitjournal.com/istanbul/comprendre-turquie/mais-dou-vient-donc-le-celebre-loukoum-352204

[I] **Cette liste** (faites par l'IA en faisant une extraction des termes de l'index) vous donne un aperçu clair des principales catégories que nous avons identifiées dans **le regroupement des termes**. Chacune de ces catégories englobe un aspect spécifique de la généalogie, de l'histoire ottomane, ou des outils et pratiques associés.
1. Terminologie généalogique et dynastique
2. Titres et rangs ottomans
3. Outils et logiciels généalogiques
4. Concepts et pratiques généalogiques
5. Documents historiques et officiels
6. Lieux et résidences impériales
7. Personnalités ottomanes et royales
8. Villes et régions importantes
9. Institutions et organisations

Exil sur la riviera Française et Italienne des familles ottomanes il y a 100 ans.

10. Concepts historiques et politiques
11. Calendriers et datation
12. Ressources et archives généalogiques
13. Pratiques culturelles ottomanes
14. Outils technologiques pour la généalogie
15. Réseaux sociaux et plateformes en ligne
Termes liés à la noblesse et à la royauté

« Bien sûr, dans l'édition au format ePUB qui sera publiée conjointement avec ce livre, tous ces liens seront actifs.

De plus, les photos en couleurs seront visibles dans la version électronique, contrairement à la version papier, où elles seraient coûteuses à imprimer.

Le prix de vente du livre au format ePUB sera inférieur à trois euros. »

Dans l'idéal il faudrait lire le livre et explorer les liens internet en parallèle, afin de mieux comprendre notre généalogie et son histoire.

Voici le lien permettant de télécharger le livre gratuit sur l'intégralité de notre généalogie à partir du sultan Mahmoud II (1785-1839, r. 1808-1839) :

https://archive.org/details/GenealogyOfTheImperialOttomanFamily2005

Exil sur la riviera Française et Italienne des familles ottomanes il y a 100 ans.

Dans le vent qui souffle sur les pays des exilés,
Résonne le chant de leurs âmes errantes,
Qui murmurent : "Nous sommes toujours là,
Dans le cœur d'Istanbul, immortels."
Juin 2024.

Allez sur mon site vous aurez la possibilité de lire l'histoire de la Bague de princesse Niloufer, et bien d'autres…

https://www.erolgiraudy.eu/2020/01/la-bague.html

Exil sur la riviera Française et Italienne des familles ottomanes il y a 100 ans.

Dans les pages de cet ouvrage personnel, le destin des derniers Ottomans se dévoile telle une tapisserie finement tissée. À travers **six carnets** empreints de nostalgie, je vais vous guider des rives du Bosphore aux rivages ensoleillés de la Riviera.

C'est l'histoire d'une noblesse déracinée, de princes et princesses dont les vies extraordinaires se réinventent dans l'exil. La princesse Méliké, fil conducteur de ce récit, nous introduit dans un monde où le faste d'antan côtoie la mélancolie du présent.

Ce livre est à la fois une quête personnelle et un témoignage historique, mêlant avec grâce souvenirs familiaux et chroniques d'une époque révolue. Il peint le portrait saisissant d'une dynastie au crépuscule de sa gloire, oscillant entre la grandeur de son héritage et les défis d'une nouvelle vie en terre d'asile.

Au-delà de l'histoire familiale, ce livre explore également les outils modernes dédiés à la généalogie. Je partage mes retours d'expérience (REX) sur l'utilisation de **l'intelligence artificielle (IA)** pour analyser et extraire des données de documents précieux pour tout généalogiste.

En tant que co-auteur de deux livres sur **Copilot de Microsoft** et **OpenAI**, et auteur de nombreux ouvrages techniques, j'apporte une perspective unique sur l'intersection entre **technologie** et **recherche généalogique**.

J'ai joint à cet ouvrage de nombreuses sources généalogiques accompagnées de photos, offrant ainsi un aperçu visuel et technique de cette fascinante quête familiale.

Erol GIRAUDY-OSMAN. www.erolgiraudy.eu

Exil sur la riviera Française et Italienne des familles ottomanes il y a 100 ans.

Exil sur la riviera Française et Italienne des familles ottomanes il y a 100 ans.

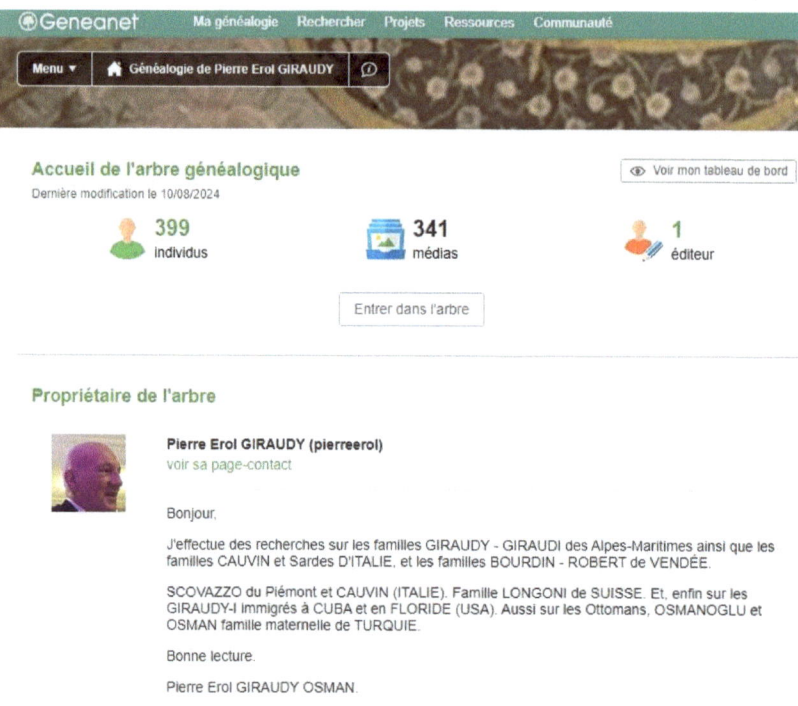

Les 399 individus dans mon arbre généalogique.

www.erolgiraudy.eu

https://gw.geneanet.org/pierreerol_w?lp=0